Und vergiss nicht, glücklich zu sein

Dr. *Christophe André* ist Psychiater und Psychotherapeut am Hôpital Sainte-Anne in Paris und gilt als einer der renommiertesten Psychologen Frankreichs. Er hat zahlreiche populäre psychologische Sachbücher geschrieben, von denen einige auch in Deutschland zu Bestsellern wurden, u.a. mit François Lelord: »Der ganz normale Wahnsinn« oder »Die Macht der Emotionen«.

Christophe André

Und vergiss nicht, glücklich zu sein

Aus dem Französischen übersetzt von
Martin Klaus und Manuela Lenzen

Campus Verlag
Frankfurt/New York

Die französische Ausgabe erschien unter dem Titel »Et n'oublie pas d'être heureux. Abécédaire de psychologie positive«.
Copyright © ODILE JACOB, 2014

ISBN 978-3-593-50256-4

Das Werk einschließlich aller seiner Teile ist urheberrechtlich geschützt. Jede Verwertung ist ohne Zustimmung des Verlags unzulässig. Das gilt insbesondere für Vervielfältigungen, Übersetzungen, Mikroverfilmungen und die Einspeicherung und Verarbeitung in elektronischen Systemen.
Copyright © 2015 Campus Verlag GmbH, Frankfurt am Main
Umschlaggestaltung: Gennett Agbenu und Thierry Wijnberg, Berlin
Illustrationen und Handschrift: Gennett Agbenu, Berlin
Satz: Publikations Atelier, Dreieich
Gesetzt aus der Sabon und der DIN
Druck und Bindung: Beltz Bad Langensalza
Printed in Germany

Dieses Buch ist auch als E-Book erschienen.
www.campus.de

Für Christian Bobin,
der immer den Mut hat,
nach seinem Herzen zu handeln.

Inhalt

Vorwort für die deutsche Ausgabe 13
Einleitung: »Ich möchte den Chef sprechen!« 16

A wie atmen 27
ABC – Aberglaube – Abgründe – Abhandlungen über das Glück – Abhängigkeit – Abstand – Abstinenz – Achtsamkeitsmeditation – Akrasie – Akzeptieren – Alles ist gut – Alltag – Alter Herr – Altruismus – Anderen Glück wünschen – Anfängergeist – Angst – Ängstlich und glücklich – Anklagen – Ansteckung – Antidepressiva – Antivorbilder – Arbeit und Glück – Arkadien – Asien – Ataraxie – Atmung, Liebe und Wohlwollen – Aufhören zu denken – Aufmerksamkeit – Ausgang – Ausprobieren – Ausruhen vor dem Schlaf – Auswahl

B wie beim Wort nehmen 49
Bach und Mozart – Bedauern – Begegnungen – Beleidigung durch Glück – Beim Wort genommen werden – Berechtigt – Besinnung – »Beweg deinen Hintern!« – Bewundern – Bewundernswerter Autor? – Bewusstsein – Bildschirme

C wie Chancen 60
Chancen auf Glück – Cioran – Coué

D wie Dankbarkeit 63
Dänemark – Dankbarkeit – Danksagungen des Marc Aurel – »Das hast du mir noch nie gesagt« – Demokratie – Demokratie und warme Dusche – »Denk daran, dass ich dich geliebt habe« – Depression – Der merkwürdige Herr, der überhaupt nichts tat – Diktatur des Glücks – Download – Drei schöne Dinge – Dringend oder wichtig?

E wie Ehrfurcht 75
Easterlin-Paradox – Effizienz und Glück – Egoismus – Egoismus, ist er unvermeidlich? – Ehegatte – Eheleben – Ehrfurcht – Einkaufswagen oder das wahre Leben – Einsamkeit – Elektrizität – Ekstase – E-Mail eines Freundes – Emotionales Gleichgewicht – Emotionen – Emotionen, negative – Emotionen, positive – Empathie – Endlichkeit – Enthusiasmus – Entzücken – Epikur – Epiktet – Erfolg – Erinnerungen und Vergangenheit – Erleichterung – Ermüdung – Ernsthafte Dinge – Erster Kuss – Erwachen – Eudämonie – Euphorie – Ewige Wiederkehr – Ewigkeit – Existenzielle Ängste

F wie Freude 96
Fallende Blüten – Falsche Propheten – Familie – Fehler der anderen – Fensterläden – Fernsehen – Fisch – Flexibilität – Flow – Flut von Negativismus – Fontenelle – Forever young – Fragilität – Frankreich – Freiheit – Freud – Freude – Freunde – Freundlichkeit – Friedhof – Früher – Frühling – Fortschritte machen – Fülle des Glücks – Fußgänger

G wie genießen 111
Gärtner – Ganz einfach gut – Gebet – Geduld – Gegenwart – Gegenwärtiger Augenblick – Geheimnisse des Glücks – Gehirn – Gelassenheit – Geld – Genesen – Genießen – Genuss-Menü – Gerede – Gesundheit – Gewaltlosigkeit – Gewissheiten Positiver Antipsychologie – Glaube – Glück auf dem Rastplatz – Glück der anderen – Glücklichsein beschließen – Glück

messen – Glücksrezepte – Glück und Vergnügen – Glück und Verlangen – Glück vergessen – Gräser und Wälder – Grenzen der Positiven Psychologie – Großzügige Schwester – Großzügigkeit – Grübeleien – Gute Laune – Gute Taten

H wie heute 133
»Halt dich gerade!« – Harmonie – Hedonistische Gewöhnung – Hedonismus – Hedonistisches Gleichgewicht – Herbst – Herbstwind – Herzlichen Glückwunsch zum Geburtstag! – Heute – Hochbegabt für Glück – Hoffnung – Horror und Glück – Humor – Hunde und Katzen

I wie Illusionen 142
Ich – Illusion – Impfstoff – Induktion von Emotionen – Infragestellen – In fünf Jahren sterben – Intelligenz

J wie Jubel 148
Ja, aber: nie wieder! – Jahreszeiten – Der Ja-Sager – Jeremia – Jubel

K wie Karma 152
K – Kann Glück unglücklich machen? – Express-Karma – Kassandra – Kausalitäten – Kinder – Klagen – Koan – Koan über das Böse – Kohärenz – Kontrolle – Körper – Krankheit – Kreativität: die Maus, die Eule und der Käse – Krill – Krise – Kritik des Glücks

L wie Leben 162
Lachen – Lächeln – Langeweile – Langlebigkeit – Langsamkeit – Langweilige Leute – »Lass die Sonne herein!« – Leben – Lehre – Leichtigkeit – Leiden – Lernen – Letzte Male – Liebe – Loslassen – Lotto – Lüge

M wie Mantra 174
Mama – Mandela – Mantra – Marc Aurel – Marone – Martin Luther King – Materialismus in der Psychologie – Mathe-

matische Formeln für das Glück – Meckern oder nicht meckern – Medaillen – Meister des Glücks – Melancholie – Mentale Bilder und Geschwindigkeit – Midlife-Crisis – Milde – »Mist, Mist, Mist!« – Mitleid – Modernität – Montesquieu – Moral – Moskau – Morgen

N wie Natur 192
Nachgeben – Nachsicht – Nachteile des Glücklichseins – Nachts im Freien – Nahrung – Natur – Neid – Neugier – Neuroplastizität – Nicht urteilen – Nirwana – Nostalgie – Not – Nützlich

O wie Offenheit 202
Offenheit des Geistes – Ohne Glück ... – Ohnmächtig, aber da – Ökologie und Psychologie – Optimismus – Oxymoron des Glücks

P wie perfekter Augenblick 207
Panne – »Papa, wenn du stirbst ...« – Partys – Perfekter Augenblick – Perfektion des Glücks – Perplexität – Petersilie, gegenseitige Hilfe und Nasenpopel – Pflichten des Glücks – Pipi – Plattitüden – Polizei – Politisch und psychologisch – Positiv denken – Positive Klarstellung – Positive Lenkung – Positive Psychologie – Positives bei anderen sehen – Prävention – Prinz de Ligne – Probleme – Psychoanalytiker – Psychodiversität – Psycho-Neuro-Immunologie

Q wie Quellen des Glücks 223
Qualen in der Freude – Quellen des Glücks – Quietismus

R wie Recht auf Unglück 225
Rächer mit der Maske – Recht auf Glück – Recht auf Unglück – Reichtum beruhigt – Religion – Revolutionen – Rückfälle – Rue des Champs-Pierreux – Rührung

S wie Sonne 230
Sandwich – Schaben, Kirschen und negative Tendenz – Schadenfreude – Schal – Scharfsinn – Schaufenster für Emotionen: das Gesicht – Schaufenster – Schenken – Schicksalsschlag – Schizophrenie und Liebe – Schlechte Laune – Schlechtes sagen, ohne es zu tun – Schlecht gelaunter Affe – Schmerz – Schnurrbart – Schön – Schuld – Schuldig, weil man glücklich ist – Schwach oder verletzlich? – Schwan – Seil und Kette – Selbstheilung – Selbstkontrolle – Selbstmord – Selbstwertgefühl – Selektives Gedächtnis – Seufzen oder nicht mehr seufzen – Sex und Glück: »Oh ja!« – Sex und Glück: »Naja ...« – Sinn des Lebens – Sklave seiner selbst – Snobismus – Snoopy – Sokrates – Sorgen – Sorge um das Glück – Soziale Bindungen – Später – Spinoza – Stärken und Schwächen – Steiler Hang und Freundschaft – Stille – Stimmungsabhängigkeit – Stolz – Stopp! – Strecken

T wie Traurigkeit 263
Tetrapharmakos (»Vierfache Medizin«) – Therapie – Tiere – Tod – Todeslager – »Total happiness!« – Tragisch – Training für den Geist – Trauer des Caligula – Trauer und Trost – Träumen – Traurigkeit – Trost – Trotzdem – »Tu dein Bestes« – Tugenden

U wie Unglück 275
Überall – Überfluss – Üble Nachrede – Umherschweifen des Geistes – Unangenehmer Miesepeter – Ungewissheit (vor angenehmen Ereignissen) – Ungewissheit (nach angenehmen Ereignissen) – Ungewissheit und Angst – Unglück – Unhöflich – Untugend – Utopie

V wie Verzeihung 284
Veränderung: die Möglichkeit – Veränderung: die Schritte – Vergangenheit – Die Vergangenheit schönen – Vergleiche – Vergnügen – Verrückte – Verzeihung – Verzichten – Ver-

zweiflung – Vier Lebensregeln – Vorbilder und Antivorbilder – Vorher und nachher – Vorsätze – Vorschreiben oder verbieten – Vorurteile und Geländewagen – Vorurteile (Rückfall)

W wie Wohlwollen 295
Waffenstillstand (Armistice) – Wahrheit – Walden – Walhalla – Wall Street – Wann bin ich wirklich ich selbst? – »Was hast du heute für andere getan?« – Weisheit – Weltuntergang – Werbung – Wert – Wetter – Widerstandsfähigkeit – Widmung – Wiederfinden – Winter – Wintersonnenwende – Wissenschaft – Wohlbefinden – Wohlwollen – Wölfe – Wolken – Worry – Worte, Worte – Wünsche

X wie anonym 309
X – X in Aktion – Xenismus – Xerophil

Y wie Yin und Yang 312
Yacht – Yin und Yang – Yippie!

Z wie Zen 314
Zahnfee – Zahnschmerz – Zappen – Zebras – Zeit haben – Zeitweise glücklich – Zen – Zerstreuungen und Streuungen – Zucchini-Gratin – Zukunft – Zufrieden – Zum Atmen gezwungen – Zu spät – Zu viel Glück? – Zum Schluss

Schluss: In der Stunde meines Todes 323

Anmerkungen 326

Vorwort für die deutsche Ausgabe

Ich freue mich sehr, Ihnen die deutsche Fassung dieses Buches zu präsentieren, das gewiss mein persönlichstes Werk ist. Meine Beziehung zu Deutschland ist einfach, in meinen Augen aber bedeutsam: Im Unterschied zu vielen Franzosen, die für dieses Land eine Mischung aus Angst und Bewunderung empfinden, fühle ich Zuneigung, denn Deutschland ist für mich mit zahlreichen Erinnerungen an glückliche Momente verbunden.

Die erste Erinnerung geht auf meine Schulzeit, genauer auf die Jahre nach dem Wechsel von der Grund- in die weiterführende Schule zurück. Meine Eltern beschlossen, mich für eine Klasse anzumelden, in der die erste Fremdsprache Deutsch war, während fast alle anderen Englisch oder Spanisch wählten (das war in Toulouse, im Süden Frankreichs, etwa hundert Kilometer von der spanischen Grenze entfernt). Ihnen ging es dabei zunächst nur um schulischen Ehrgeiz: Deutsch galt als schwierig, und nur guten Schülern wurde empfohlen, sich für Klassen anzumelden, in denen es unterrichtet wurde. Im ersten Jahr hatte ich das Glück, auf eine außergewöhnlich sympathische, sehr engagierte und hübsche Lehrerin zu treffen, die diese Kurse in Momente des Glücks verwandelte, und in die alle Jungen der Klasse sehr verliebt waren. Wir waren höchst motiviert, die deutsche Sprache und etwas über die deutsche Kultur zu lernen …

Dies alles freute meinen Großvater mütterlicherseits, zu dem ich eine sehr intensive Beziehung hatte (siehe zum Beispiel den Eintrag »Schaufenster« dieses Buches). Wie alle Männer seiner Generation hatte er während des Zweiten Weltkriegs gegen die Deutschen gekämpft. Nach der Niederlage Frankreichs 1940 wurde er als Kriegsgefangener nach Deutschland geschickt, um in einem landwirtschaftlichen Betrieb zu arbeiten. Als aktiver Kommunist hatte er kein Ressentiment gegen die Deutschen, denn er betrachtete den Krieg als eine Manipulation der Völker durch das, was er mit zusammengezogenen Augenbrauen und tiefer Stimme »das Großkapital« nannte, das darauf ziele, sie gegeneinander aufzubringen. Er war also eher bereit, sich mit ihnen zu verbrüdern, als sie zu hassen. Er pflegte sogar gute Beziehungen zu den Betreibern des Bauernhofs, auf dem er arbeitete, und besuchte sie, als wieder Friede war, häufig. Er hatte also ebenfalls ein freundschaftliches Verhältnis zu Deutschland ...

Dann kam, wie für alle Schüler in der Sekundarstufe, die Zeit der Sprachaustausche. Da meine Eltern mich immer noch in den bestmöglichen Klassen haben wollten (wir kamen aus bescheidenen Verhältnissen, und meine Eltern wollten, dass ich Erfolg hatte), hatten sie mich auch bei der zweiten Fremdsprache immer noch nicht für Englisch oder Spanisch angemeldet, sondern für Latein und Altgriechisch. Also blieb mir als mögliches Ziel nur Deutschland, was mir überhaupt nicht missfiel, da ich sehr neugierig darauf war, dieses Land »in echt« kennenzulernen. Die Familie, bei der ich einen Sommer lang wohnte, lebte in Essen im Ruhrgebiet. In touristischer Hinsicht ist das vielleicht nicht die attraktivste Stadt, doch ich begegnete einer außergewöhnlich netten Familie, warmherzig und gastfreundlich, die mich wie einen Sohn behandelte. Auch dies sind schöne Erinnerungen an glückliche Momente ...

Schließlich kamen die Studienjahre und die medizinische Fakultät. Mein bester Freund und ich waren damals von Berlin begeistert. Wir fuhren oft dorthin. Das war zu Anfang der 1980er-Jahre, kurz vor dem Fall der Mauer. Ich erinnere mich noch lebhaft an die sehr spezielle Atmosphäre in jedem der beiden Teile der Stadt: Westberlin als Insel des Kapitalismus und der künstlerischen Freiheit inmitten eines kommunistischen Ozeans; und Ostberlin, das wir regelmäßig besuchten, wie eine Reise in eine andere Welt, trist und bewegend zugleich. Da wir Deutsch sprachen, hatten wir zahlreiche Begegnungen mit jungen Berlinern und vor allem mit jungen Berlinerinnen. Meine Liebe für den Klang der deutschen Sprache hat ihren Ursprung sicherlich eher in diesen Jahren als in der Schulzeit, denn die Musik der Liebesworte einer Freundin klingt für immer in den Ohren nach ...

Nun gut, ich werde Ihnen jetzt weder von meinem intensiven Genuss der Werke Bachs, Goethes, Schillers und anderer erzählen, noch von meinem Freund Florian, einem deutschen Fotografen, der in Paris lebt und mir regelmäßig von den Schönheiten des Schwarzwalds vorschwärmt. Ich möchte lediglich hiermit schließen: In Deutschland gibt es ein Sprichwort, das lautet »Glücklich wie Gott in Frankreich«. Ich gebe zu, wir sind sehr glücklich hier. Doch was mich angeht, würde ich hinzufügen: »und so glücklich, wie ich jedes Mal in Deutschland war«.

Christophe André, Paris, Sommer 2014

Einleitung:
»Ich möchte den Chef sprechen!«

Es begann alles ganz normal: Das Arbeitsessen in einem kleinen Pariser Restaurant mit einem extravertierten, etwas unruhigen und sehr selbstbewussten, mir aber sehr lieben Freund, neigte sich dem Ende entgegen. Wir hatten gut gegessen, in angenehmer Umgebung mit schneller und freundlicher Bedienung. Tadellos. Und dann unterbricht mein Freund plötzlich das Gespräch, zieht die Augenbrauen hoch und ruft nach dem Kellner. Der ist ein wenig beunruhigt, möchte wissen, was los ist, aber mein Freund antwortet nur: »Ich möchte den Chef sprechen!« Der Kellner, verblüfft und durchaus bedauernswert, geht also. Ich frage: »Was ist los? Ist etwas nicht in Ordnung?« Doch mein Freund gibt mir nur die etwas vage Antwort: »Nein, nein, du wirst schon sehen«. Er sieht dabei recht selbstzufrieden aus, was mich aber nicht wirklich beruhigt.

Dann kommt der Kellner mit dem Chef zurück, den er aus der Küche geholt hat: »Stimmt etwas nicht, meine Herren?« Und mein Freund antwortet mit einem breiten Lächeln: »Nein, es ist alles bestens! Ich wollte Ihnen nur persönlich meinen Glückwunsch aussprechen! Das Essen war köstlich und der Service perfekt!« Nach kurzer Fassungslosigkeit (offenbar war ihnen so etwas noch nicht passiert) breitet sich ein Lächeln auf den Gesichtern von Chef und Kellner aus. Dann unterhalten wir uns noch ein Weilchen mit ihnen darüber, dass Gäste den Chef für gewöhnlich nur rufen, um sich zu beschweren, nicht, um ihn zu beglückwünschen.

So entdeckte ich die Positive Psychologie.

Negative Psychologie?

Bis dahin hatte ich in meinem Beruf und in meinem Leben negative Psychologie betrieben. Ich hielt es mit Jules Renard[1]: »Wir sind nicht glücklich: Unser Glück, das ist das Schweigen des Unglücks.« Als junger Psychiater hatte ich ein einfaches Bild von meinem Beruf: kranke Menschen behandeln und sie wieder ins Gleichgewicht bringen, damit sie ihr Leben weiterleben können. In der Hoffnung, sie nicht wiederzusehen, oder jedenfalls nicht so bald. Als junger Mensch war ich nicht sehr glücklich, auch wenn ich das Leben interessant und manchmal lustig fand. Wenn sich tagelang nichts Positives für mich ereignete, begnügte ich mich mit dem Negativen und war bereit, darüber zu lachen, so wie Woody Allen, als er sagte: »Ich würde gern mit einer Botschaft der Hoffnung enden, doch ich habe keine! Wären Sie auch mit zwei Botschaften der Hoffnungslosigkeit einverstanden?« Kurz, die Psychiatrie war nicht lustig, das Leben auch nicht.

Doch allmählich gingen mir die Augen auf, über meinen Beruf und über mein Leben.

Ich werde Ihnen hier nicht mein Leben erzählen, ich spreche in diesem Buch ohnehin genug von mir (von mir als gewöhnlichem Vertreter der Menschheit und nicht als besonderem, anderem, irgendwie bemerkenswertem Wesen). Doch die Positive Psychologie hat für mich Vieles verändert, zum Guten natürlich. Ich weiß heute, dass meine Arbeit als Psychiater nicht einfach darin besteht zu reparieren, was im Geist und in der Seele meiner Patienten beschädigt ist (Negative Psychologie), sondern auch darin, ihnen zu helfen, das zu entwickeln, was bei ihnen gut läuft oder was mit ein wenig Mühe gut laufen könnte, damit sie glücklicher sein und das Leben genießen können (Positive Psychologie). Nicht nur, weil ich ihnen wohlgesonnen bin, sondern auch, weil ich weiß, weil wir nun wissen, dass Glück ein ausgezeichnetes Mittel ist, psychischen Leiden vorzubeugen oder Rückfälle zu verhindern (und da es in der Psychiatrie zahlreiche Rückfälle gibt, hat man einen guten Grund, sich mit dem Glück zu befassen). Wir dürfen die Psychotherapie nicht länger als eine Methode betrachten, die darin besteht zu sagen: »Erzählen Sie mir Ihre Probleme, wieder und wieder, und dann werden wir sehen, was wir damit anfangen ...« Wir dürfen nicht weiter darauf warten, dass die Menschen erkranken und wieder erkranken, um sie zu behandeln und wieder zu behandeln. Deshalb brauchen wir die Positive Psychologie. Und es muss sich dabei wirklich um Positive Psychologie handeln, nicht um einen Ersatz oder eine Mogelpackung.

»Denken Sie nicht mehr daran! Denken Sie positiv!« Das ist keine Positive Psychologie ...

Als ich noch neu im Beruf war, sagten meine älteren Kollegen ihren Patienten, wenn sie geheilt, aber doch mal wieder niedergeschlagen waren: »Jetzt ist alles gut, vergessen Sie das alles, denken Sie positiv und genießen Sie das Leben.« Und leider, leider erlitten sie häufig einige Monate oder Jahre später einen Rückfall.

Heutzutage wissen wir, dass die Depression eine Krankheit ist, die dazu tendiert zurückzukehren, so wie Krebs dazu tendiert, Metastasen zu bilden. Aber Achtung: Eine Tendenz ist keine Gewissheit; der Begriff besagt nur, dass unsere Leiden dazu neigen zurückzukehren, wenn wir uns keine Mühe geben, wenn wir unsere Lebensweise nicht ändern, wenn wir weitermachen wie zuvor. Deshalb interessieren wir uns heute dafür, wie man Rückfällen vorbeugt: Wir raten unseren Patienten nicht mehr, zu vergessen, sondern ihre Lebenweise und ihre Denkweise zu ändern. Wir versuchen nicht unbedingt, sie zu beruhigen (»Das ist vorbei, das kommt nicht wieder«), sondern ihnen die Augen zu öffnen (»Das kann zurückkommen«), ihnen dabei aber Hoffnung zu machen (»Doch kann man viel tun, um das zu verhindern«). Wir sagen ihnen, »Denken Sie daran«, nicht um ihnen Angst zu machen, sondern um sie dazu zu bewegen, sich um sich selbst zu kümmern. Und wir geben ihnen eine genaue Anleitung, wie das gelingen kann: Genau so arbeitet die Positive Psychologie!

Wenn man geheilt ist, muss es einem natürlich gelingen, nicht zu viel an das zu denken, was schlecht laufen könnte (dabei kann uns die Psychotherapie helfen), aber man muss auch verstärkt daran denken, was gut laufen könnte (das ist die Rolle der Positiven Psychologie).

Trotzdem besteht Positive Psychologie nicht darin, vage gute Ratschläge zu geben wie »Nehmen Sie das Leben leicht!« oder »Denken Sie positiv!« Sie ist auch kein Sichtschutz, der den Patienten daran hindert, die Probleme zu sehen, oder gar eine Aufforderung, seine Aufmerksamkeit nur auf die glücklichen und fröhlichen Aspekte seines Lebens zu richten – mit dem Risiko zu vergessen, dass Widrigkeiten und Unglück ebenfalls integrale Bestandteile dieses Lebens sind. Sie ist keine trügerische Sicht auf das Dasein, es geht nicht darum zu hoffen, dass das Leben freundlich zu uns sei, oder mit aller Kraft zu versuchen, es so zu sehen.

Positive Psychologie ist viel ambitionierter, komplizierter und subtiler.

Was ist Positive Psychologie?

Sie ist ganz einfach die Erforschung dessen, was im menschlichen Geist gut funktioniert, derjenigen mentalen und emotionalen Fähigkeiten, die uns helfen, das Leben zu genießen, Probleme zu lösen und Unglück zu überwinden – oder es zumindest zu überleben. Sie lässt uns Optimismus, Vertrauen, Dankbarkeit und ähnliche Gefühle empfinden. Das Ziel ist zu verstehen, wie wir diese kostbaren Fähigkeiten in unserem Geist bewahren können, und vor allem diese Kunst denjenigen beizubringen, die sie brauchen. Als Mediziner sehe ich natürlich, inwiefern sich dies auf meine Patienten anwenden lässt: den Niedergeschlagenen helfen, weniger niedergeschlagen zu sein, den Ängstlichen, weniger ängstlich zu sein, und zwar nicht nur, indem man ihre Symptome lindert, sondern auch, indem man ihnen hilft, ihre Aufmerksamkeit auf die glücklichen Aspekte ihres Lebens zu richten. Dazu sind sie nicht in der Lage, wenn ihre Krankheit akut ist, und wenn es ihnen besser geht und sie dazu in der Lage wären, wissen sie nicht, wie sie es anstellen könnten. Im weiteren Sinne können natürlich alle Menschen, nicht nur die besonders Verletzlichen, lernen, mit ihrem Menschsein besser zurechtzukommen, ihr Wohlbefinden und ihr Glück zu kultivieren und an andere weiterzugeben. Das hätte zahlreiche Vorteile, nicht nur im Gesundheitsbereich, sondern für alle Institutionen, in denen man heute – zu Recht – davon überzeugt ist, dass Menschen, denen es psychisch gut geht, ihr Bestes geben, ob beim Lernen (in der Schule), bei der Arbeit (im Unternehmen) oder beim mutigen und großmütigen Regieren (in der Politik).[2]

Die Positive Psychologie hat drei wesentliche Komponenten: Sie ist Überzeugung, Wissenschaft und Praxis.

Zuerst die Überzeugung: Leben ist eine Chance. Und diese Chance verderben wir oft, weil wir nicht intelligent genug sind. Es handelt sich dabei nicht um die Intelligenz, mit der wir mathematische Formeln oder komplexe Probleme lösen, sondern um die Intelligenz des Glücks, die darin besteht, das Leben so zu sehen wie es ist, umfassend, mit seinen schönen und seinen schlechten Seiten, und es zu lieben, ganz gleich was geschieht. Diese Intelligenz besteht nicht darin, neues Wissen zu erwerben, sondern darin, mit überkommenen Gewissheiten zu brechen, vor der Tür des eigenen Geistes zu kehren, um dem Glück einen Weg zu bahnen, das, wie man weiß, in den einfachen Dingen liegt. Dann die Wissenschaft: Was die Positive Psychologie von guten Ratschlägen oder älteren Methoden (die innerhalb ihrer Institutionen durchaus zweckmäßig sein können) unterscheidet, ist, dass sie nach wissenschaftlicher Bestätigung sucht. Nicht nur gute Gefühle, auch gute Argumente: klinische Studien (was funktioniert und was funktioniert nicht?), Biologie, Neuroimaging und so weiter. Bei ihrer Suche nach dem, was unser Wohlbefinden fördern könnte, geht die Positive Psychologie so methodisch wie gründlich vor und entdeckt dabei häufig Konzepte und Überzeugungen der antiken Philosophie wieder und bestätigt sie: Für die Griechen und Römer war das intelligente Streben des Bürgers nach Glück ein hohes und legitimes Ziel, und es setzte eine regelmäßige Arbeit an sich selbst voraus.

Und schließlich die Praxis: Wissen und Konzepte genügen nicht. Nie. Um weiterzukommen, muss man etwas tun!

Fünf Regeln für die Praxis der Positiven Psychologie

Es gibt sehr viele wissenschaftliche Arbeiten und Handbücher zur Positiven Psychologie, doch alle betonen die folgenden zentralen Punkte.

1) Wichtig ist, was ich tue, und nicht, was ich weiß

Seit mehr als zwei Jahrtausenden verkünden die Weisen des Morgen- und des Abendlandes den Menschen die gleichen Botschaften: Für ein glückliches Leben muss man den Augenblick genießen, der Natur nahe bleiben, andere Menschen respektieren, ein einfaches und nüchternes Leben führen, ruhig Blut bewahren und so weiter. Das ist derartig offenkundig, dass man in Bezug auf diese Ratschläge gelegentlich von »großen Plattitüden« spricht. Und dennoch, so platt sie auch sein mögen, diese Empfehlungen sprechen uns an – wir wissen und fühlen, dass sie richtig sind. Alle hören den Weisen zu, alle bewundern sie, alle stimmen ihnen zu. Und dann gehen alle davon und machen weiter wie bisher. Niemand macht sich an die Arbeit. Bestenfalls versucht man es halbherzig, besteht dann aber nicht weiter darauf, weil es schwieriger ist als erwartet, weil es ermüdend ist oder weil man nicht augenblicklich Ergebnisse erzielt; und schließlich gibt man auf. Und wenn der Weise uns etwas gereizt nachläuft und am Ärmel festhält, antworten wir ihm: »Ja, ja, ich weiß, ich weiß.« Natürlich wissen wir! Sogar ein Kind weiß, was glücklich und was das Leben schön macht! Nur verstehen wir nicht, dass die Schwierigkeit nicht im Wissen liegt, sondern in dessen Anwendung, besonders wenn diese regelmäßig und anhaltend sein soll. Wir verstehen nicht, dass es nicht darum geht, *was ich weiß*, sondern darum, *was ich tue*. Liegt es vielleicht daran, dass wir uns mit der Positiven Psychologie so schwer tun? Weil wir lieber abschätzig lächeln als prüfen, weil wir den Intellekt zu hoch schätzen und die Praxis zu gering? Wir sind lieber Denker und Kommentatoren des Glücks als dessen Handwerker und Praktiker.

2) Ohne Schweiß kein Preis?

Wir wissen sehr gut, dass wir regelmäßig trainieren müssen, um mehr Kondition, mehr Kraft, mehr Gelenkigkeit zu erlangen. Wir wissen, dass es nicht reicht zu sagen: »Ab jetzt werde ich versuchen, mehr Kondition, Kraft oder Gelenkigkeit zu haben«, und dies sehr stark zu wollen. Uns ist klar, dass wir laufen müssen, Muskeltraining machen, Yoga oder Gymnastik. Regelmäßig.

Für unseren Körper akzeptieren wir dies, aber was die guten Vorsätze für unsere Psyche angeht, denken wir weiterhin: »Dieses Mal mache ich ernst, ich bin motiviert und ich werde versuchen, mich weniger zu stressen, das Leben mehr zu genießen, weniger zu meckern, die schönen Momente besser auszukosten, statt sie mir durch meine Sorgen zu verderben.« Aber nein, so funktioniert das nicht! Wie für die Kondition oder die Muskeln reicht es nicht zu wollen, man muss trainieren. Ein solches »Training des Geistes« sind die Übungen der Positiven Psychologie. Man darf sie nicht als nette Spielereien betrachten. Es geht darum, neuronale Netze, die positive Emotionen mobilisieren, auszubilden und regelmäßig zu aktivieren.

Ich erkenne gern an, dass die Formel »Ohne Schweiß kein Preis« etwas radikal ist. Einige Lebensfreuden schenkt uns das Leben unverhofft und unverdient, jedenfalls ohne dass wir uns darum bemüht hätten. Es hat aber zwei Nachteile, wenn man sich nur an diese vom Himmel kommenden Gnadengaben hält: 1) Sie kommen nicht so häufig vor; 2) wir könnten sie verschwenden und sogar versäumen sie zu bemerken, wenn unser Geist sich nur mit unseren Sorgen und »den Dingen, die zu tun sind«, befasst. Deshalb wird uns ein wenig Schweiß einiges mehr an Glück bescheren. Ein Freund sagte einmal zu mir: »Aber Christophe, ist Glück, das nach Schweiß riecht, nicht wie ein Paar, das sich bemüht, sich zu lieben? Kommt wahre Liebe nicht ohne Anstrengungen aus? Wie das wahre Glück?« Ja, mein Freund, nur ... Auch in der Liebe muss man sich anstrengen! Nicht so sehr, um Liebe zu erwecken, sondern damit sie anhalten, tiefer werden, sich entwickeln, lebendig und interessant bleiben kann. Ohne diese Bemühungen wird die Liebe nicht auf Dauer brennen.[3] Das Gleiche gilt für das Glück: Unsere Bemühungen dienen nicht so sehr dazu, es herbeizurufen oder aus dem Nichts entstehen zu lassen, sondern dazu, es besser zu ergreifen, wenn es vorbeigeflogen kommt, es besser auszukosten. Und es während unseres gesamten Lebens lebendig und gegenwärtig zu halten.

Untersuchungen haben gezeigt, dass diese Bemühungen unser Glück nur dann mehren, wenn sie auf wirksamen Strategien beruhen: Je mehr Mühe man sich gibt, desto bessere Ergebnisse erzielt man. Aber unter einer Bedingung: Man muss die richtigen Anstrengungen unternehmen![4] Die Positive Psychologie möchte herausfinden, welche das sind.

3) Nicht nachlassen

Die Übungen der Positiven Psychologie vermitteln nicht augenblicklich ein Glücksgefühl. Oder jedenfalls nur selten. Sie bereiten diese Empfindungen lediglich vor und fördern sie, machen uns aufmerksamer gegenüber angenehmen Situationen, sensibler für die schönen Dinge und Momente unseres Lebens. Die Veränderungen erfolgen allmählich, wie bei jedem Lernvorgang. Auch dies kennen wir: Wenn man etwas Neues lernt, braucht es häufig Zeit, bis sich greifbare Ergebnisse einstellen. Wir wissen dies und akzeptieren es für alles Lernen – Klavier oder Englisch, Aquarellmalerei oder Tennis. Für alles, außer für unser psychisches Wohlbefinden. Das soll sofort funktionieren. Und weil dem nicht so ist, sagen wir uns häufig:»Ich hab's ja versucht, aber es hat nicht geklappt.« Und wir schließen daraus, dass die Methode wirkungslos oder dass sie für uns nicht geeignet ist. In der Presse gibt es häufig satirische Beiträge zu diesem Thema, auch im Fernsehen spottet man darüber:»Ich habe alles versucht, um glücklich zu sein, und wissen Sie was? Alles Quatsch, ich bin jetzt überhaupt nicht glücklicher!« Was würde man von jemandem sagen, der uns erzählte: »Ich habe die Geige genommen, ich habe mit dem Bogen über die Saiten gestrichen, und es ist nicht nur nichts Schönes dabei herausgekommen, sondern es klang ganz schrecklich. Die Geige taugt nichts!«?

4) Das Seil und die Fäden

Die Übungen der Positiven Psychologie folgen dem, was ich »Seillogik« nenne: Ein Seil besteht aus zahlreichen Fäden, von denen jeder einzelne zu dünn ist, um etwas Schweres zu heben. Doch wenn sie miteinander verdrillt sind, werden sie zu einem Seil, und das kann sehr schwere Gewichte heben oder ziehen (es kann etwa die Last des Unglücks anheben, auch wenn sie sehr schwer wiegt). Das Training des Geistes im Sinne der Positiven Psychologie folgt diesem Muster: Eine einzige Art der Anstrengung, der Übung, genügt nicht, um unsere mentalen Gewohnheiten zu verändern. Wir müssen die Übungen nicht nur wiederholen, wie wir oben gesehen haben, sondern sie auch zusammentragen und vervielfachen. Zusammengenommen werden sie dann eine große Kraft zur Veränderung entfalten. Das ist letztendlich wie bei der Ernährung: Auch wenn wir nur gesunde Nahrungsmittel zu uns nehmen, muss die Diät vielfältig und ausgewogen sein. Auch wenn Obst gut für die Gesundheit ist, werden wir am Ende ein Problem haben, wenn wir nichts anderes essen. In der Positiven Psychologie gibt es eine sehr große Vielfalt von Übungen, sie entspricht der ebenfalls sehr großen Vielfalt von Eigenschaften, die wir für ein glückliches Leben kultivieren müssen.

5) Ein Platz für das Unglück

Die Positive Psychologie hat nicht zum Ziel, völlig zu verhindern, dass wir unglücklich werden. Das wäre unrealistisch. Sie hat das Ziel, uns dabei zu helfen, es nicht unnötigerweise oder zu lange zu sein. Denn Widrigkeiten und Unglück gehören nun einmal zum menschlichen Schicksal, alle Traditionen, östliche wie westliche, haben uns stets daran erinnert: Das Glück ist das Licht und das Unglück ist sein Schatten, beide sind untrennbar. Deshalb interessiert sich die Positive Psychologie auch für die Resilienz, dafür, wie man dem Leiden widerstehen kann: nicht einfach, indem man Leidensanlässe soweit wie möglich umgeht oder einschränkt, sondern auch, indem man die mentalen Ressourcen nutzt, über die ein jeder von uns verfügt. In der gegenwärtigen Welt, jedenfalls in ihrem reichen westlichen Teil, gibt es ein interessantes Paradox: Je mehr unsere Gesellschaft versucht, uns durch eine Vielzahl von Versicherungen und Transferleistungen vor Unglück zu schützen, desto stärker greifen die psychotherapeutischen Verfahren (und zwar nicht nur in der Positiven Psychologie) den klassischen Diskurs der Stoiker wieder auf: Man muss die Tatsache akzeptieren, dass in unserem Leben widrige Ereignisse auftreten und sich darauf vorbereiten, statt davon zu träumen, ihnen niemals begegnen zu müssen.

Hin zu einem aufgeklärten Glück

Das Glück des Einzelnen und der Gesellschaft ist das große Ziel der Positiven Psychologie. Dieses Glück kann aber nicht als Sichtschutz dienen, als Schirm, der uns alle Widrigkeiten vergessen lässt. Es muss für uns vielmehr eine Kraftquelle sein, die uns hilft, der Not entgegenzutreten, wie Claudel einmal bemerkte: »Das Glück ist nicht das Ziel des Lebens, sondern das Mittel zum Leben.« Das Glück ist das Mittel, um die düstere Seite des Lebens zu ertragen. Ohne das Glück käme uns das Dasein vor wie eine Folge von Ärgernissen und Sorgen, manchmal auch Dramen. Was es auch wirklich ist. Doch zum Glück ist es nicht *nur* das: Das Dasein ist auch eine Folge von Freuden und Entdeckungen, die uns dabei helfen, durch die Not zu gehen, und die uns motivieren weiterzumachen, ganz gleich, was kommen mag.

Es ist also unnütz, uns auf die Suche nach einem abstrakten Glück jenseits der Jahreszeiten unseres Lebens zu machen, bleich wie die Früchte, die im Gewächshaus angebaut werden. Das einzige Glück, das zählt, ist jenes, das in unserem Leben verwurzelt ist: verbeult, unregelmäßig, unvorhersehbar, doch letztlich schmackhafter, mit einer Geschichte, die seinen Gehalt und sein Aroma ausmacht.

Das Unglück zu akzeptieren heißt jedoch nicht, es zu wünschen, es zu lieben, es zu erdulden. Es bedeutet lediglich, seine düstere Gegenwart anzuerkennen, zu wissen, dass es da sein wird, regelmäßig, zu allen Zeiten unseres Lebens, sei es in Form eines leisen Hauches (als Schatten im Bild unserer glücklichen Augenblicke) oder eines wilden Sturms (in den dunkelsten Stunden unserer Existenz). Das bedeutet auch anzuerkennen, dass wir das, was wir heute für Unglück halten, vielleicht morgen oder übermorgen als eine Chance betrachten werden, eine schmerzhafte Erfahrung zwar, die aber unseren Lebenslauf zu unserem Vorteil verändert hat. Soll man ständig nach einer – positiven oder negativen – Bedeutung suchen, nach einem Zusammenhang in all dem, was uns widerfährt? Oder soll man es akzeptieren, mit einem Lächeln auf den Lippen und einem offenen Geist für das Mysterium, wie der Dichter Christian Bobin vorschlägt? Der hellsichtige Bobin sagt Folgendes: »Ich begriff auch sehr schnell, dass wahre Hilfe nie so aussieht, wie wir sie uns vorstellen. Hier bekommen wir eine Ohrfeige, dort reicht man uns einen Fliederzweig, und es ist stets derselbe Engel, der seine Gunst verteilt. Das Leben strahlt, eben weil es unverständlich ist.«[5]

Ohrfeigen und Flieder stehen auch auf dem Programm der folgenden Seiten.

Und der Engel?

Er ist da, hinter dir.

Er schaut dir über die Schulter.

Wie immer.

A wie atmen

Was auch geschehen mag, atme.
Wenn du liebst oder wenn du weinst, wenn alles ist und nichts.
Ganz einfach, weil du lebst.

ABC Die Idee zu diesem Buch kam mir (zum Teil), als ich mein Büro betrachtete: eine fröhliche Unordnung. Natürlich ist es voller wissenschaftlicher Bücher und Zeitschriften. Und verschiedenster Dinge aller Art: Meditationsbank, Grünpflanzen, Ikonen, Marien- oder Buddhastatuen, ein Gerät, um sich am Kopf zu massieren. Eine Wand mit Kinderzeichnungen, die meine Töchter, meine Neffen, Patenkinder oder auch andere Kinder gemalt haben. Bilder, die mir Freunde schenkten, ein Poster von den All Blacks, ein Porträt von Martin Luther King, ein Plüsch-Freud, Fotos meiner Töchter, ein Wimpel des Stadions von Toulouse. Das alles ist für mich eine Quelle des Glücks und der Dankbarkeit dem Leben gegenüber. Es ist eine heterogene Zusammenstellung, doch so ist auch das Glück: eine Anhäufung von Momenten und Erfahrungen, die scheinbar ebenso bunt zusammengewürfelt sind wie diese Dinge.

So kam es zu diesem Buch, das eine Sammlung von Geschichten und Reflexionen rund um die Suche nach dem glücklichen Leben ist, und zwar in ihrer modernen und wissenschaftlichen Form, der sogenannten »Positiven Psychologie«. In einer solchen Sammlung, die kein anderes erkennbares Ordnungsprinzip hat als das Alphabet, kann man das komplexe und unvorhersehbare Wesen des Glücks vielleicht am besten darstellen: kleine verstreute Stückchen Glück, die man hier und da aufgesammelt hat, und deren Wiederholung das Gefühl eines glücklichen Lebens mit sich bringt. Gelegentlich kommt in uns das Gefühl auf, dass all diese Augenblicke einen Sinn und einen Zusammenhang haben. Das hält natürlich nicht an, zum Glück, denn das wäre zu ernst und zu langweilig. Wir wenden uns dann wieder der Zerstreuung zu, das heißt dem Leben. Aber diese flüchtige Erkenntnis ist wunderbar und motivierend.

Ist dieses Buch eine Fibel oder ein Wörterbuch? Auf den ersten Blick ähneln sich beide wegen ihrer alphabetischen Reihenfolge. Abgesehen davon, dass die Schulfibel früher das Lesen vermitteln wollte. Ich hoffe, dass Sie, während Sie zwischen den Artikeln dieses ABC-Buchs der Positiven Psychologie hin und her springen, spüren, wie Sie mehr Klarheit darüber erlangen, was Ihr Leben glücklicher machen kann. Ich bin überzeugt, dass man Glücklichsein lernen kann. Zunächst, weil zahlreiche Arbeiten dies belegen.[1] Dann deshalb, weil ich es selbst gelernt habe. In Sachen Glücklichsein gibt es, wie wir sehen werden, Hochbegabte, zu denen ich aber nicht gehöre. Ich gehöre eher zu den gewöhnlichen Schülern, die sich für den Stoff interessieren und sich deshalb Mühe geben. Diese Bemühungen tragen stets Früchte. Sie machen uns nicht unbedingt zu stets glänzenden Virtuosen. Aber zu Menschen, die eindeutig glücklicher sind, als wenn sie sich keine Mühe gegeben und es dem Leben überlassen hätten, sich um ihr Glück zu kümmern, indem es ihnen Ereignisse und Begegnungen auf den Weg wirft, die sie aufnehmen oder ignorieren können.

Die Hochbegabten werden diese Fibel also kaum lesen müssen, die Desillusionierten werden keine Lust dazu haben, aber alle anderen werden sich vielleicht dafür interessieren.

Aberglaube Es ist lustig, wie abergläubisch manche Leute in Bezug auf das Glück sind. Ein wenig wie bei der Gesundheit, wenn die Leute auf die Frage »Wie geht's?« nicht zu antworten wagen »Mir geht's sehr gut«, aus Angst, den bösen Blick auf sich zu ziehen und krank zu werden. Genauso habe ich Freunde, die nicht gern zugeben: »In diesem Moment bin ich vollkommen glücklich.« Stets ist da die Befürchtung, dass ihnen das Unglück bringen könnte. Es ist auch wirklich wahrscheinlich, dass, wenn alles gut für uns läuft, unsere Gesundheit uns früher oder später (große oder kleine) Probleme bereiten und unser Glück abnehmen wird. Aber es gibt natürlich keine Kausalwirkung: Nicht weil wir uns eingestanden haben, dass wir glücklich oder gesund sind, haben sich die Dinge zum Schlechteren gewandelt, sondern weil diese Phänomene einem klassischen Gesetz unterliegen, der »Regression zum Mittelwert«[2]. Jedes Phänomen, das aus dem Mittelwert ausbricht, hat die ganz natürliche Tendenz, dahin zurückzukehren. Die Spitzenwerte des Glücks und die Abgründe des Unglücks gehorchen dieser Regel. Ein Grund mehr, das Glück zu genießen, wenn es da ist, und im Unglück nicht zu verzweifeln: Weder das eine noch das andere währt ewig.

Abgründe »Die Vergangenheit ist ein bodenloser Abgrund, der alles Vergängliche schluckt; und die Zukunft ist ein anderer Abgrund, zu dem wir keinen Zutritt haben; der eine verfließt fortwährend in den anderen; die Zukunft fließt durch die Gegenwart in die Vergangenheit; wir stehen zwischen diesen beiden Abgründen und spüren es; denn wir spüren das Verrinnen der Zukunft in die Vergangenheit; diese Empfindung ist die Gegenwart über dem Abgrund.«

Dieser Satz stammt von Pierre Nicole, einem jansenistischen Theologen, und hat mich sehr erschüttert, als ich ihn zum ersten Mal las (in einem Buch eben mit dem Titel *Abîmes [Abgründe]* von Pascal Quignard). Und er bewegt mich immer noch jedes Mal, wenn ich ihn wieder lese, durch seine Musikalität und seine geheimnisvolle Aura. Er ruft mir diesen Abgrund in Erinnerung, über den sich unsere fragilen Leben spannen, und das unendliche Verrinnen der Zeit. Entsetzen setzt ein. Und wenn der Moment des Entsetzens vorüber ist, was tun? Durchatmen, lächeln. Den Schmerz und die Klage annehmen. Die verrückte Zerbrechlichkeit der Gegenwart annehmen. Akzeptieren, dass die Dinge so sind wie sie sind. Weiterhin regelmäßig den Abgrund betrachten, der sich uns ununterbrochen in Erinnerung bringt, diesen Abgrund, der sich durch diese unaufhörliche und unerbittliche Bewegung verkörpert, in der die Gegenwart nur das »Verfließen der Zukunft in die Vergangenheit« ist. Und dann den ganzen Rest ansehen: das Leben. Durchatmen, lächeln, wieder und wieder. Freunde sagten zu mir: »Fang dein ABC nicht mit negativen Begriffen an.« Aber nein, Freunde, das ist nicht schlimm, die Leser sind nicht blöd: Sie wissen, dass das Unglück niemals weit vom Glück entfernt ist. Vielmehr verhält es sich so: Angesichts bestimmter Ängste haben wir das Bedürfnis nach Glück. Spüren aber auch seine Grenzen, denn es lässt die Abgründe nicht verschwinden. Fest steht aber vor allem seine Notwendigkeit: Nur das Glück kann uns davon abbringen, in die Abgründe zu starren, indem es uns dazu bringt, andere ebenso faszinierende Dinge zu betrachten: das Leben, die Liebe, die Schönheit.

Abhandlungen über das Glück Man meint häufig, dass unser Zeitalter Spitzenreiter in Sachen Bücher und Schriften über die Kunst, glücklich zu sein, sei. Ich bin mir da nicht so sicher, denn diesen Rekord hält wahrscheinlich das 17. Jahrhundert. Voltaire, Rousseau, Diderot, Madame du Deffand, Madame du Châtelet, alle großen Geister der Zeit haben über das Glück geschrieben. Die Gründe für dieses Phänomen sind vielfältig. Sie sind zugleich religiös (der Rückgang der Allmacht des Katholizismus im alltäglichen Leben und der Rückgang des Strebens nach dem Heil zugunsten des Strebens nach Glück), philosophisch (die Geburt des modernen Individualismus) und politisch (die Demokratisierung des Glücks) motiviert. Jedes Mal, wenn die Macht der Religionen zurückgeht, wenn die persönlichen Freiheiten zunehmen und die Demokratie sich ausbreitet, gewinnt das Streben nach Glück an Bedeutung. In der Hoffnung, dass der Zustand von Dauer ist ...

Abhängigkeit Glücklich zu sein bedeutet, abhängig zu sein. Philippe Delerm schreibt sogar: »Glücklich zu sein bedeutet, jemanden zu haben, den man verlieren kann.«[3] Ist Abhängigkeit von der Liebe wie Abhängigkeit vom Glück? Auf jeden Fall wie die Abhängigkeit vom Atmen oder vom Essen, also ganz normal, denn das sind die Grundbedürfnisse eines jeden Menschen.

Abstand »Wenn jemand sagt, ›Ich bin glücklich‹, so meint er damit ganz einfach: ›Ich habe zwar Ärger, aber der lässt mich kalt.‹« (Jules Renard, »20. Januar 1902«, *Tagebuch*). Keinen Ärger haben? Unmöglich. Von ihm kaltgelassen werden? Nicht immer leicht, aber häufig möglich.

Abstinenz In *Des Teufels Wörterbuch* definiert der amerikanische Schriftsteller Ambrose Bierce einen Abstinenzler wie folgt: »Ein schwacher Mensch, der der Versuchung nachgibt, sich selbst ein Vergnügen zu versagen.« So gibt es viele Glücksabstinenzler, die meinen, dass das Glück sie endgültig verweichlichen würde. Also verschieben sie es auf später, sie möchten lieber weitergehen, weiterarbeiten, weiter nur schuften und leiden. Im besten Fall träumen sie vom Glück. Sie halten sich für stark, doch vielleicht sind sie bloß schwach: Sie haben Angst loszulassen und sich gehen zu lassen.

Achtsamkeitsmeditation Die Korrelationen zwischen Achtsamkeit und subjektivem Wohlbefinden (dieser verschämte Name, den man dem Glück in der wissenschaftlichen Forschung gibt) werden seit Langem beschrieben und analysiert.[4] So verändert ein Meditationstraining von nur wenigen Wochen Dauer die elektrische Aktivität des Gehirns in dem Sinne, dass eine Zunahme der EEG-Signatur von positiven Emotionen zu beobachten ist.[5] Neue Arbeiten setzen die Erforschung dieser Verbindung fort: Teilnehmer eines zwölftägigen Meditationsseminars, das in zwei Teilen mit einem Abstand von drei Monaten stattfand, hatten zum Beispiel deutlich höhere Scores für ihr subjektives Wohlbefinden als die Kontrollgruppe.[6] Die Mechanismen des Zusammenhangs zwischen Achtsamkeit und Positiver Psychologie sind zahlreich und ziemlich logisch:

- Achtsamkeit erhöht die mentale Aufnahmefähigkeit für angenehme Momente des Alltags, die häufig vernachlässigt werden, weil sich unsere Aufmerksamkeit auf unsere Sorgen oder Ziele konzentriert. Indem wir uns unser Leben stärker vergegenwärtigen, erschließen sich uns zahlreiche Quellen von Wohlbefinden. Es bedeutet, sich die Zeit zu nehmen, innezuhalten und Luft zu holen, den Himmel zu betrachten, einem Vogel zu lauschen, eine Speise zu genießen.
- Sie hilft denjenigen, die sie regelmäßig praktizieren, der hedonistischen Gewöhnung zu entgehen. Das ist die Neigung unseres Geistes, die Quellen für Wohlbefinden nicht mehr wahrzunehmen, wenn sie in unserem Leben ständig gegenwärtig sind. Indem die Achtsamkeit uns dazu bringt, alle Dinge und Einzelheiten unseres Alltags auf frische und neue Weise zu betrachten, hilft sie uns, zahlreiche unbedeutende Augenblicke zu genießen.
- Achtsamkeit kann außerdem negative Emotionen begrenzen, indem sie das Grübeln erschwert; dies ist einer der wichtigsten Wirkungsmechanismen bei der Verhinderung von depressiven Rückfällen.[7] Man weiß, dass ein Patient, der grübelt, sich doppelt bestraft: erstens, indem er sein Leiden verstärkt und zweitens, indem er seinen Geist für die schönen Momente des Lebens verschließt (indem er beispielsweise seine beruflichen Probleme während eines Familienwochenendes wälzt).
- Achtsamkeit trägt durch mehrere Mechanismen[8] zur automatischen emotionalen Regulierung bei. Einer besteht in einer erhöhten Fähigkeit, frühzeitig die Veränderungen der eigenen emotionalen Zustände[9] zu erkennen und sich somit frühzeitig und auf geeignete Weise um sie zu kümmern.
- Sie weitet den Aufmerksamkeitsfokus und fördert somit das Entstehen von positiven Emotionen. Achtsamkeit lässt Praktizierende realisieren, dass man im Leiden oder auch bei alltäglichen Handlungen die natürliche Tendenz hat, die Aufmerksamkeit zu verengen und zu konzentrieren; indem der achtsame Mensch sich darum bemüht, regelmäßig den Aufmerksamkeitsfokus zu öffnen und zu weiten, fördert er direkt das Entstehen von positiven Emotionen. Denn es ist bekannt, dass Letztere

mit einer erweiterten Aufmerksamkeit zusammenhängen, die uns empfänglicher für den allgemeinen Zusammenhang als für Einzelheiten werden lässt.[10] Sie stabilisiert die Aufmerksamkeit. Mehrere Studien haben gezeigt, dass Aufmerksamkeitsstreuung mit einer größeren Wahrscheinlichkeit mit negativen emotionalen Empfindungen verbunden ist.[11] Achtsamkeit verändert auch das Verhältnis zu unserem eigenen Selbst,[12] indem sie insbesondere unsere Fähigkeiten zum Selbstmitleid (im Sinne der Sensibilität für die eigenen Gefühle) entwickelt.[13] Das ist der Grund, weshalb Anhänger der Positiven Psychologie sich sehr für Achtsamkeitsmeditation interessieren.[14]

Akrasie Willensschwäche, die dazu führt, dass wir nicht nach unseren Werten und Absichten handeln können. Dass wir wütend werden, obwohl wir beschlossen haben, ruhig zu bleiben; egoistisch handeln, obwohl wir wissen, dass Großzügigkeit das einzige Mittel ist, um in dieser Welt friedlich zusammenzuleben; uns beschweren, obwohl wir wissen, dass das zu nichts führt. Und warum? Pascal meint, das liege in unserer Natur: »Der Mensch ist weder Engel noch Tier und das Unglück will es, dass, wer einen Engel aus ihm machen will, ein Tier aus ihm macht.« Die Psychologie spricht hier von mangelnder Selbstkontrolle. Es ist nicht leicht, ein Verhalten zu praktizieren, das wir nicht sehr früh in unserer Kindheit gelernt, bei vielen anderen lange Zeit beobachtet und selbst geübt haben. Im Zusammenhang mit der Positiven Psychologie erscheint uns Akrasie als ein normales und vorhersehbares Problem, zumindest was die Verhaltensweisen angeht, die wir im Erwachsenenalter entwickeln müssen, weil wir sie in jungen Jahren nicht erlernt haben. Haben wir einmal beschlossen, uns zu ändern, ist es eine Frage der neuronalen Verschaltung, der Reflexe und des wiederholten Übens; eine Frage der Ausdauer, der Richtung, in die man gehen muss. Und man braucht Zeit, in der man sich nicht nach den erzielten Ergebnissen beurteilen darf. Schwierigkeiten zu haben bedeutet nicht, dass etwas unmöglich ist, für die Menschen allgemein oder für einen selbst, sondern nur, dass es schwierig ist.

Akzeptieren Alles beginnt mit dem Akzeptieren. Das heißt Ja sagen zum Leben, Ja sagen zu den Sorgen. Zu den Sorgen auch? Ja, zu den Sorgen auch. Obwohl das Unglück stets präsent ist und das Glück sich verbirgt? Ja, auch dann. Einfach Ja sagen.

Akzeptieren, das bedeutet nicht, Leid positiv zu bewerten, es bedeutet nur festzustellen, dass es existiert. Es bedeutet nicht zu sagen, »Es ist gut«, sondern zu sagen, »Es ist da«. Und gleich danach, »Was kann ich tun?« Und zu akzeptieren, dass in diesem »Was kann ich tun?« Möglichkeiten aller Art stecken. Ich kann die Situation ändern oder meine Reaktion, mich bewegen oder abwarten. Wir denken häufig, dass die Revolte des »Nein« (»Nein, das ist nicht möglich; nein, ich werde kämpfen«) der ruhigen Kraft des »Ja« überlegen sei. Das ist manchmal richtig, aber nicht immer. Und am stärksten ist die Verbindung beider: »Ja, das ist so, ich akzeptiere es, ich sehe es, es ist da; aber nein, ich kann die Dinge nicht so laufen lassen.« Leicht gesagt, was heißt das aber in der Praxis?

In der Praxis besteht das Akzeptieren darin, gedanklich jemandem gegenüber Ja zu sagen, der uns nicht zustimmt; nicht Ja zu seinen Argumenten (»Ja, er hat recht«), sondern Ja zur Existenz dieser Argumente und Ja zu seinem Dissens (»Ja, ich weiß wohl, dass er mir nicht zustimmt«) und ihm weiter zuzuhören, um ihn gut zu verstehen und ihm dann gut widersprechen zu können.

Es bedeutet, Ja zur Niederlage zu sagen, ohne sich ihr jedoch zu unterwerfen. Ja zur Not zu sagen, denn es gibt sie, aber dann nicht die Schultern hängen zu lassen. Akzeptieren bedeutet, sich die Zeit zu nehmen, genau hinzuschauen, was vor sich geht. Sich die Zeit zum Durchatmen zu nehmen, um zu verstehen und um nachzuspüren, bis man erkennt, was man tun kann. Es geht nicht um ein Akzeptieren statt Handeln, sondern um ein Akzeptieren vor der Wahl der angemessenen Handlung. Der echten Wahl. Ohne zu akzeptieren werden wir nur impulsiv reagieren und diese Reaktionen werden uns stets auf die gleiche Weise zum selben Ergebnis führen. Und wo liegt der Zusammenhang mit dem Glück? Ganz einfach: Akzeptieren bewahrt uns vor sinnlosen Kämpfen. Grabenkämpfen, die erschöpfen und manchmal unnütz sind, wo Loslassen besser wäre; Kämpfen in unserem Geist, denn unser Grübeln über den Widerstand gegen die Wirklichkeit (»Das ist nicht möglich!«, »Das ist nicht wahr!«, »Ich träume!«) erschöpft uns innerlich.

Alles ist gut Glücklich sein, wenn alles gut läuft, das ist gar nicht so absurd. Wie der Philosoph Alain bemerkte: »Auf allen Schulen müsste es Unterricht geben in der Kunst, glücklich zu sein. Nicht in der Kunst, glücklich zu sein, wenn einen das Unglück beim Wickel hat: Das überlasse ich den Stoikern; vielmehr in der Kunst, glücklich zu sein, wenn die Umstände erträglich sind und die Bitternis des Lebens sich auf Kleinigkeiten beschränkt.«[15]

Alltag Wichtigste Quelle für die Glücksproduktion. Die Vorkommen sind beträchtlich, die Nutzung ist einfach: Man muss nur Augen und Bewusstsein öffnen.

Alter Herr Er ist einer meiner Lehrmeister des Glücks. Heute ist er auch ein alter kranker Mann. Ich habe ihn vor einigen Tagen wiedergesehen, und wir haben etwas Zeit miteinander verbracht. Ich war bewegt, als ich diesen Mann sah, von dem ich in fünfundzwanzig Jahren viel gelernt habe. Und ich bin besorgt um ihn. Er ist alt und leidet an einer bedrohlichen und einschränkenden Krankheit; wie wird er diese beiden Klippen umschiffen? Ich gebe zu, ich bin auch um meinetwillen etwas besorgt. Ich habe Angst zu erfahren, wie dieser intelligente Mensch, mein liebstes Vorbild für Glück, nun ganz am Ende seines Weges den Crashtest der Krankheit und des nahenden Todes überstehen wird.

Also höre ich ihm zu, ich beobachte ihn. Er ist älter geworden, und er ist langsamer, weniger agil. Man sieht, dass er gelegentlich vom Leiden geschüttelt wird, es zeichnet sein Gesicht und seinen Körper. Die Müdigkeit auch: Ich bemerke, dass er diskret auf bestimmte Gesten (etwas aufheben, das zu Boden gefallen ist) oder auf bestimmte Worte (etwas Kompliziertes erklären) verzichtet.

Aber in vielen anderen Momenten wird alles wieder lebendig. Sein Gesicht hellt sich auf, seine Stimme wird klar, seine Augen nehmen neuen Glanz an. Das Glück kehrt zurück, wie die Sonne, die durch die Wolken dringt, oder wie der Wind, der plötzlich die Segel eines langsam gewordenen großen Bootes bläht und ihm wieder Schwung und Tempo verleiht. Dann freut er sich, zeigt Interesse, lässt seinen Geist funkeln, verströmt Freundlichkeit und Wohlwollen. Er ist immer noch so, wie ich ihn kennengelernt, geliebt und bewundert habe. Das Ende naht, sein Ende, aber er ist sich unter dem Staub der Jahre nicht untreu geworden, sein Wesen hat sich nicht verändert. Er hat noch dieselben Werte (das Leben ist immer die Mühe wert, und es ist viel schöner, wenn man lacht, wann immer es möglich ist) und die gleiche Empfänglichkeit für Glück (sich darüber freuen, das Leben in sich selbst und um sich herum zu sehen). Er hat das Beste aus seinem Leben herausgeholt, sich selbst und andere glücklich gemacht, so gut er es konnte. Er weiß, dass seine Zeit bald zu Ende geht. Das macht ihn manchmal etwas traurig, denn er liebte das Leben sehr, doch es hindert ihn nicht daran, im Grunde weiterhin glücklich zu sein.

Ich empfinde eine Mischung aus Zärtlichkeit und Dankbarkeit. Ich fühle mich beruhigt und versöhnt. Und mehr denn je motiviert, seinem Beispiel zu folgen: Gib dein Bestes, und vergiss nicht, glücklich zu sein, wann immer das Leben es dir erlaubt.

Altruismus bedeutet, sich für das Glück anderer einzusetzen, sich für seinen Nächsten zu interessieren und sich ihm zu widmen, ohne dafür einen Dank oder eine Gegenleistung zu erwarten.

Griesgrämige Zeitgenossen behaupten, dass Altruismus nichts anderes sei als ein verkleideter Egoismus: Ich helfe anderen, weil ich mir davon Wohlbefinden und Vergnügen verspreche, vielleicht sogar Wiedergutmachung und Dank von dem Menschen, dem ich geholfen habe – und der es mir eines Tages vergelten wird, so hoffe ich wenigstens. Oder von der Gesellschaft, die mir Bewunderung entgegenbringt. Das gibt es bestimmt. Aber nicht so häufig; und vielleicht verwechselt man hier die Motivation mit den Folgen. Dass Altruismus Bewunderung und Dank bewirkt, ist offenkundig. Dass er nur dadurch motiviert ist, scheint mir eine Ausnahme zu sein und nicht die Regel. Die Arbeiten der Positiven Psychologie und der Evolutionslehre weisen heute in diese Richtung.[16] Das Gute an diesen Arbeiten ist zudem, dass sie zeigen, dass altruistische Gesten allmählich das Glück derjenigen steigern, die sie ausführen.

Wie funktioniert das? Zweifellos durch mehrere Mechanismen. Zum einen ist es die Freude, Dank zu ernten. Ich halte beispielsweise gern an, um Fußgänger an Überwegen ohne Ampel über die Straße zu lassen. So habe ich häufig Anspruch auf ein Lächeln oder eine kleine Dankesgeste mit der Hand. Zum anderen die Freude daran, jemandem eine Freude bereitet zu haben. Und nicht zuletzt beruht es auf einer noch viel tieferliegenden Empfindung, der Freude daran, die Welt besser oder zumindest etwas weniger schlecht gemacht zu haben, dem Eindruck, ein Körnchen Sanftmut gesät zu haben; oder auch auf der Freude, vielleicht eine andere Person motiviert zu haben, selbst auch etwas freundlicher und altruistischer zu sein. Es ist diese dunkle und mächtige Empfindung, seine Aufgabe als Mensch erfüllt und die Welt mit dem heilsamen Virus Altruismus infiziert zu haben.[17]

Anderen Glück wünschen Wir müssen uns über das Glück anderer freuen können. Funktioniert das nicht, haben wir etwas Grundlegendes nicht verstanden. Es ist leicht, sich über das Glück der Menschen zu freuen, die wir lieben. Jenseits dieses kleinen Kreises ist es schwieriger – Gefühle wie Gleichgültigkeit oder Neid können im Weg stehen. Wenn wir Schwierigkeiten mit dem Glück anderer haben, hilft es, wenn wir uns in Erinnerung rufen: Je mehr Glück es auf der Erde gibt, desto schöner ist unser aller Leben; mehr Glück bedeutet weniger Gewalt und Leiden.

Anfängergeist Geisteszustand nennt man die Einstellung, mit der wir aufnehmen, was uns geboten wird und was wir erleben, wie wir es beurteilen, was wir darüber denken. Unnötig darauf hinzuweisen, dass diese Einstellung in der Positiven Psychologie eine herausragende Bedeutung hat, übrigens auch in jeder anderen Form der psychologischen oder psychotherapeutischen Praxis. Keine der in diesem Buch vorgebrachten Überlegungen oder Empfehlungen wird in Ihren Augen, oder besser vor Ihrem kritischen Sinn, Gnade finden, wenn Sie Ihren Geist nicht dafür öffnen. Ihre Einstellung muss nicht unbedingt positiv oder wohlwollend, aber wenigstens neugierig und ehrlich sein. Das wird im Zen-Buddhismus *Anfängergeist* genannt. Es bedeutet: Nicht über etwas urteilen, bevor man es nicht ausprobiert hat. Wenn man Schwierigkeiten hat, weder aufgeben noch die Methode kritisieren, sondern mehr trainieren und üben. Der Anfängergeist, das ist Neugierde gemischt mit Lebendigkeit und Demut. Das ist, auch wenn man skeptisch ist, ein wohlwollender und teilnehmender Skeptizismus.

Angst Alle unsere Ängste nehmen uns etwas von unserem Glück. Sie versperren uns den Horizont. Angst, das ist Angst zu scheitern, etwas zu verpassen, nicht geliebt zu werden, krank zu werden, zu leiden, zu sterben. Die Stoiker und Behavioristen erklären uns, die einzige Möglichkeit, sich zwar nicht unbedingt von ihnen zu befreien (viele davon können wir nicht rational fassen), aber von der Macht, die sie über uns haben, unabhängig zu werden, liege darin, ihnen entgegenzutreten. Ihnen nicht mehr zu entfliehen und ihnen nicht mehr zu gehorchen, sich umzudrehen und ihnen ins Gesicht zu schauen. Dann sehen, was geschieht – meistens passiert nichts. Jedenfalls äußerlich, während es innen wehtut und stark rumort. Wir fliehen vor unseren Ängsten wie ein Pferd vor seinem Schatten. Wir werden sie niemals abhängen können. Doch indem wir aufhören zu fliehen, hören wir auf, sie zu nähren.

Ängstlich und glücklich Im Allgemeinen sind die Menschen mäßig glücklich und mäßig ängstlich. Und das gleichzeitig. Wer nicht versteht, dass diese Verbindung nicht nur möglich, sondern sogar unvermeidlich ist, versteht die Positive Psychologie nicht!

Angst ist das schmerzvolle Wirklichkeitsbewusstsein, Glück das fröhliche. In beiden Fällen bleiben wir in der Realität. Die Angst sagt uns: »Gewiss ist es ein Glück zu existieren, doch man muss einen Preis dafür zahlen, und zwar in Form von Sorgen und Nöten.« Und das Glück flüstert uns zu: »Gewiss sind Sorgen und Nöte nie weit, und doch, was für ein Segen ist die Existenz!« Da wir wissen, dass beide Recht haben, schwanken wir ständig zwischen ihnen hin und her. Unser Geist neigt sich der einen oder der anderen Wahrnehmung der Wirklichkeit zu. Bis zu dem Tag, an dem wir begreifen, dass es nur eine einzige Realität gibt, die aus den glücklichen und den unglücklichen und schmerzvollen Momenten besteht.

Die Wirklichkeit, so lehrt uns der Philosoph Clément Rosset, ist das, was sich den Illusionen und den Trugbildern widersetzt.[18] Häufig heißt es, das Glück sei nur eine Illusion, weil es das Unglück gebe und der Tod stets der Sieger bleibe. Doch wer so argumentiert, hat nichts verstanden. Denn es gibt ebenso die Trugbilder der Hoffnungslosigkeit und der Negativität. Und das klarsichtige Glück, das die Not und seine Trugbilder akzeptiert, ist ein reales Glück. In diesem Sinne sind wir zugleich ängstlich und glücklich.

Anklagen Wenn wir besorgt und enttäuscht sind, und wenn dann auch noch eine Prise Frustration und Wut hinzukommt, nehmen wir unangenehme Situationen nicht mehr als normale Probleme in einem normalen Leben wahr, sondern als Anomalien in einem grundsätzlich ungerechten Leben. Und wir wollen nach Schuldigen suchen, in unserer Umgebung oder in uns selbst. Der weise Epiktet sagt dazu: »Den Ungebildeten erkennt man daran, dass er anderen Vorwürfe macht, wenn es ihm schlecht geht, den philosophischen Anfänger daran, dass er sie sich selbst macht. Der wirklich Gebildete macht solche Vorwürfe weder einem anderen noch sich selbst.«[19] Wir gewinnen viel Zeit, Energie und Glück, wenn wir lernen, nicht immer zu versuchen, einen Verantwortlichen anzuklagen oder zu verurteilen – sich selbst, die anderen oder das ach so fiese Leben. Es kommt darauf an zu erkennen, was repariert werden muss, damit das nicht noch einmal geschieht, in diesem Sinne zu handeln und dann zu anderem überzugehen. Die Zeit, die man für Wut und Grübeln verwendet, ist für das Glück verlorene Zeit. Und außerdem ist das Leben kurz, würde Epiktet hinzufügen!

Ansteckung Glück ist ansteckend, wie es alle Emotionen sind, seien sie positiv oder negativ. Wissenschaftler haben nachgewiesen, dass unser Glückspegel allmählich ansteigt, wenn wir Jahr für Jahr Umgang mit glücklichen Personen haben.[20] Zweifellos die entspannteste Weise, glücklicher zu werden!

Antidepressiva Leider sind das keine »Glückspillen«. Ich habe bewusst und absichtlich »leider« geschrieben. Manchmal würde ich einigen meiner Patienten, die das Leben besonders stark malträtiert, gern die Möglichkeit geben, durchatmen und genießen zu können. Doch so funktioniert das nicht. Antidepressiva machen nicht glücklicher, lassen unser Gehirn nicht künstlich gute Laune erzeugen, sondern sie mindern die Intensität unserer seelischen Schmerzen, genauso wie ein Schmerzmittel unsere physischen Schmerzen lindert. Das ist schon viel, wenn es funktioniert (leider sprechen nicht alle Kranken auf Antidepressiva an). Dennoch können Antidepressiva, wenn sie wirken, bei einigen Patienten eine erstaunliche Wirkung haben. Sie können eine Fähigkeit verleihen, das Leben zu genießen,[21] die über die Minderung oder Eliminierung negativer Emotionen (Depressionen oder Ängste) hinausgeht. Es ist, als erlaube dieses Aussetzen der seelischen Leiden es, das Licht des Glücks besser wahrzunehmen als zuvor.

Darum wollen oder können manche Patienten – trotz eventueller Nebenwirkungen, trotz der Verlegenheit, »von einer Pille abhängig zu sein« – diese Behandlung nicht mehr aufgeben. Dann bitten sie uns Psychiater um Rat: »Was soll ich tun? Die Mittel das ganze Leben weiternehmen oder das Risiko eingehen, damit aufzuhören und andere Methoden anzuwenden?« Natürlich ist beides möglich: Weitermachen ist einfacher (eine Tablette zu schlucken dauert nur Sekunden), eine andere Methode zu erlernen ist interessanter und befriedigender, dauert aber Jahre. Wir raten stets, den zweiten Weg zu versuchen. Doch wenn die Menschen in der Vergangenheit schon sehr gelitten haben, wenn wir sie als Risikopatienten einschätzen, dann ist es uns lieber, wenn sie mithilfe des Medikaments fähig sind, glücklich zu sein, anstatt ohne Medikament niedergeschlagen und unglücklich zu sein. Es ist besser, mit Krücken voranzukommen, als ohne sie unbeweglich zu verharren.

Antivorbilder Im Leben begegnen wir Vorbildern, denen wir nacheifern, aber auch Antivorbildern. Sie sind ebenso inspirierend wie erstere, allerdings mit dem Unterschied, dass wir uns bemühen, ihnen *nicht* ähnlich zu sein. Viele laufen dem Glück nach, weil sie gesehen haben, wie unglücklich ihre Eltern waren, wie diese sich das Leben schwer gemacht und dabei gespürt haben, dass ihnen das bei der Suche nach dem Glück im Weg stand. Es Papa und Mama nicht nachzumachen, das ist schon mal ein Ansatz. Im Allgemeinen neigen wir allerdings unser ganzes Leben lang dazu, zu dem zurückzukehren, was wir an ihrer Seite erlebt, beobachtet und unbewusst gelernt haben. Nicht, dass es unmöglich wäre, sich davon zu distanzieren, doch braucht es dafür einen langen Atem und es zählt zu den Bemühungen, die wir unser ganzes Leben lang fortsetzen müssen.

Es gibt aber auch Antivorbilder auf Papier. Für mich gehört Cioran dazu. All seine Aphorismen, die so voller Dunkelheit und Pessimismus sind, wirken auf bizarre Weise stimulierend auf mich (Meine Reaktion: »Oje, schnell zurück an die Arbeit, hin zum Glück!«). Weil sie intelligent sind, brillant und häufig zutreffend. Das Leben ist häufig genau so, wie Cioran es beschreibt. Ein Grund mehr, sich nicht der Hoffnungslosigkeit hinzugeben. Das tat offenbar auch Cioran selbst nicht: Die meisten seiner Angehörigen beschreiben ihn als einen angenehmen, humorvollen Menschen, der gern plauderte, lachte und auf dem Land spazieren ging. Seine Schriften waren für ihn ein Ventil, hielten ihn aber letztlich nicht davon ab, das Leben zu lieben.

Ich danke Cioran dafür, dass er mir auf seine Weise den Weg zum Glück gezeigt hat. Und an dieser Stelle auch ein Dankeschön an all meine anderen Antivorbilder.

Arbeit und Glück Was hat Arbeit mit Glück zu tun? Die Weltgeschichte hatte einen ziemlich schlechten Start, als Gott in der Schöpfungsgeschichte Adam und Eva fuchsteufelswild aus dem Paradies vertrieb (wo sie nicht arbeiten mussten!) und sie dazu verurteilte, sich ihr Brot im Schweiße ihres Angesichts zu verdienen. Die Geschichte ging dann genauso schlecht weiter mit der Ungerechtigkeit in den vorindustriellen Gesellschaften. Die Reichen betrachteten Arbeit zu dieser Zeit weiterhin als Fluch und Schande, arbeiteten nicht, sondern ließen die Armen für sie arbeiten. Mit den großen revolutionären Ideen des Zeitalters der Aufklärung änderte sich das. Glück wurde als ein Recht betrachtet und Arbeit als ein Wert. Der Müßiggang wurde verdächtig, wohingegen harte Arbeit Glück und Würde verlieh, wie es der Philosoph Helvetius formulierte: »Der tätige Mensch ist der glückliche Mensch.« Und auch wenn Diderot dies etwas abschwächte, indem er schrieb: »Ich würde mehr an die Arbeitsfreuden eines Zimmermanns glauben, wenn mir der Zimmermann selbst von ihnen erzählte«, ist das Bild des Arbeiters, der seine Arbeit lieben und sich in ihr entfalten kann, nach wie vor in unserem Geist verankert. Neu ist, dass man heute von der Arbeit zunehmend erwartet, man könne sich durch sie persönlich entfalten. Im Idealfall ist sie nicht mehr bloß ein Broterwerb, sondern auch ein Mittel, um Beziehungen zu knüpfen, seinem Leben Sinn zu geben, zu lernen, sich zu verwirklichen. Dies ist sicherlich der Grund dafür, dass bei einer repräsentativen Umfrage mit sechstausend Teilnehmern jeder Vierte spontan die Arbeit als Quelle von Glück angab.[22] Die Hälfte der Befragten meinte, dass bei ihrer Arbeit die positiven Aspekte überwögen; dieser Anteil nahm mit der Qualifikation zu (70 Prozent bei Führungskräften, 30 Prozent bei ungelernten Arbeitern). Am höchsten schätzten in dieser Studie schließlich die Arbeitslosen und Angehörigen des Prekariats die Bedeutung der Arbeit ein: Wie so häufig erkennen wir den Wert und die Bedeutung einer Quelle von Glück erst, wenn sie uns entzogen oder verboten wird. Das ist auch bei der Arbeit der Fall.

Arkadien In der Schule habe ich Griechisch gelernt, und ich liebte es. Ich mochte es, mir das antike Griechenland vorzustellen, dessen Autoren ich mühsam entzifferte. Und ich träumte sehr gern von Arkadien und dem schönen Leben dort. Diese Region Griechenlands mit ihren Bergen und kleinen Dörfern wurde von den griechischen und lateinischen Dichtern als das idealisierte Land des Glücks besungen, als Land, in dem im Goldenen Zeitalter die Hirten im Einklang mit der Natur lebten. Die lateinische Redewendung »Et in Arcadia ego« spielt darauf an: »Auch ich habe in Arkadien gelebt.« So zeigt ein Gemälde von Nicolas Poussin eine Gruppe von Hirten, die ein Grab entdecken, in das diese Worte gemeißelt sind. Auch wenn unser Leben schön war, so schön wie es damals in Arkadien hätte sein können, endet es doch mit dem Tod. Jedes irdische Paradies ist vergänglich. Es ist merkwürdig: Früher ließ es mir das Blut in den Adern erstarren, wenn ich daran dachte. Das ist vorbei. Wenn ich nun über Arkadien nachdenke und sinniere, möchte ich nicht mehr dem Gedanken an den Tod entfliehen, sondern dem Leben nachlaufen.

Asien Gelegentlich habe ich den Eindruck, dass Asien für die Weisheitssuche heute die gleiche Rolle spielt wie früher Arkadien für die Sehnsucht nach Glück: ein mythischer Ort, von dem wir meinen, dass die Menschen dort über Tugenden verfügen, die den unseren überlegen sind. Das ist nicht korrekt, aber verführerisch.

Ataraxie Ist Glück als Abwesenheit von Unruhe und Leiden vorstellbar? Nein, das reicht nicht immer, denn nicht unglücklich zu sein bedeutet nicht, glücklich zu sein. Es ist auch nicht immer notwendig, denn manchmal können wir trotz Leid und Krankheit glücklich sein.[23] Doch meistens müssen wir unsere Schmerzen besänftigen, um uns dem Glück öffnen zu können. Das ist der erste Schritt, der Jules Renard dazu veranlasste, zu schreiben: »Unser Glück, das ist das Schweigen des Unglücks.«[24] Für die Philosophen der Antike war Ataraxie, das Schweigen der Leidenschaften, eine gute Sache. Sie war nicht gleichbedeutend mit Gleichgültigkeit, Passivität oder Apathie. Sie war das Ergebnis eines Bemühens um innere Befreiung, darum, sich von der Abhängigkeit von unnützen Begierden und Leidenschaften, die die Seelenruhe bedrohen, zu lösen. Sie war gewissermaßen ein fruchtbarer Boden, auf dem man hoffte, die Blumen des Glücks wachsen zu sehen.

Atmung, Liebe und Wohlwollen Meditationen, die auf dem Wohlwollen anderer gegenüber basieren, erhöhen sehr deutlich das Wohlbefinden derjenigen, die sie regelmäßig praktizieren. Sie stärken insbesondere das Gefühl der Nähe und Brüderlichkeit gegenüber der ganzen Menschheit und nicht nur gegenüber den eigenen Freunden und Verwandten.[25] Bei diesen Übungen wird oft empfohlen, mit dem Atem Wohlwollen zu empfangen und auszusenden. Mutter Teresa hat es in einem ihrer Interviews gesagt: »Ganz einfach: Liebe einatmen, Liebe ausatmen!«

Aufhören zu denken Glück besteht manchmal darin, an nichts zu denken – besonders, wenn man einschlafen möchte. Ich erinnere mich an einen Abend, als ich meiner jüngsten Tochter den Gutenachtkuss gab und wir wie üblich noch etwas plauderten.

»Papa, ich glaube, ich kann nicht einschlafen, ich bin zu genervt.«
»Ach ja? Ist etwas nicht in Ordnung, hast du Sorgen?«

»Nein, nein, aber mir geht so viel im Kopf herum. Weißt du, wie man aufhört zu denken?«

»Oje! Das ist schwer, mit dem Denken aufzuhören. Denkst du an Dinge, die dich beunruhigen?«

»Ach nein, jetzt hör auf, den Psychiater zu spielen, Papa! Ich weiß bloß nicht, wie ich mein Gehirn anhalten kann, damit ich einschlafen kann. Sag mir, wie das geht!«

»Nun, was oft hilft, ist, nicht zu versuchen einzuschlafen, sich nicht zu sagen: ›Ich muss einschlafen, ich muss einschlafen‹, sondern sich zu entspannen. Indem man zum Beispiel seine Atmung spürt, indem man auf die Luft achtet, die in die Nase kommt, dann in die Lungen hinunterströmt, schließlich lauwarm wieder ausgeatmet wird. Indem man spürt, wie Brust und Bauch sich heben und senken, ganz langsam ... Spürst du das alles?«

»Ja, klar.« Und nach einem Augenblick: »Ich spüre es, aber das funktioniert nicht so toll. Weißt du nichts Besseres?«

»Weißt du, den Schlaf kann man nicht herbeibefehlen, man kann nur darauf warten, dass er kommt, und versuchen, sich nicht zu sehr zu ärgern, weil man jetzt unbedingt sofort schlafen möchte.«

»Also gut, ok. Vergiss es. Massier mir lieber ein bisschen den Rücken, bitte.«

Was ich dann auch tat. Und sie schlief ein.

Die Moral von der Geschichte: Um mit dem Denken aufzuhören, braucht man nicht unbedingt einen Psychiater, manchmal reicht es, wenn jemand einem den Rücken massiert.

Aufmerksamkeit Für Daniel Kahneman, den einzigen Psychologen, der den Nobelpreis erhielt (aber für Wirtschaft!), und der zugleich in Positiver Psychologie spezialisiert ist, ist »Aufmerksamkeit der Schlüssel für alles«[26]. Mit anderen Worten, die Ausrichtung unserer Aufmerksamkeit zu steuern, ist eine beträchtliche Hilfe für unser subjektives Wohlbefinden. Wir sollten uns fragen: Schenken wir eher den guten oder den schlechten Seiten unseres Daseins Aufmerksamkeit und sind wir uns dessen bewusst?

Dem Aufmerksamkeit zu schenken, was man tut – ist das eine Quelle des Glücks? Ja. Nimmt man von Versuchspersonen über mehrere Wochen hinweg kleine Emotionsproben[27], um festzustellen, wie glücklich sie sind, kommt man zu mehreren beunruhigenden Ergebnissen. Vor allem zeigt sich: Je mehr unser Geist umherschweift, desto weniger glücklich sind: Geistige Zerstreuung ist also tödlich für das Glück. Zudem stellt sich heraus, dass einer der besten Auslöser für positive Emotionen nicht die Art der Tätigkeit ist, die man ausübt, sondern der Aufmerksamkeitsgrad, mit dem man sie ausübt. So macht es zum Beispiel glücklicher, sich auf seine Arbeit zu konzentrieren, als geistesabwesend seinem Hobby nachzugehen. Ein Weg zu mehr Wohlbefinden besteht also darin, zu lernen, seine Aufmerksamkeit zu stabilisieren (zum Beispiel durch Meditationsübungen).

Ausgang Eines Abends, spät, in Sainte-Anne. Nach einer langen Beratung begleite ich meinen letzten Patienten zur Bürotür. Er ist zum ersten Mal da, medizinisch-technokratisch ausgedrückt, ein »Erstberatungspatient«. Die armen Erstberatungspatienten sind am Ende der Beratung häufig verwirrt. Nachdem sie dem Psychiater eine Menge schmerzhafter Dinge erzählt haben, finden sie sich in einem langen Flur wieder, in dem alle Türen gleich aussehen, und sie erkennen den Weg nicht wieder, den sie gekommen sind: Geht es rechts oder links zum Ausgang? Dieser Patient ist ziemlich deprimiert, leidet sehr unter Schlafstörungen. Aber er ist auch sehr lustig. Spott dient ihm wie vielen anderen als Mittel gegen die Verzweiflung oder sogar gegen die Depression. Also fragt der Patient mich, als er nicht weiß, ob er nach rechts oder nach links gehen soll, nicht, wie jeder andere es täte: »Wo ist der Ausgang?«, sondern sieht mich mit seinen dunklen, lachenden Augen an und fragt: »Es gibt hier einen Ausgang, oder?« Innerlich lache ich noch den ganzen Abend und den nächsten Tag darüber. Vielen Dank, lieber Patient, dass du in einer Sekunde die Ermüdung eines langen Beratungstags verscheucht hast. Trotz deiner eigenen Leiden.

Ausprobieren Zahlreiche unserer Probleme mit »Glücksrezepten« beruhen darauf, dass wir sie nicht einmal ausprobieren. Und die übrigen kommen daher, dass wir zu schnell aufgeben.

Ausruhen vor dem Schlaf Vor drei Wochen in Sainte-Anne, während der Montagabend-Meditationsgruppe. Wir sprechen gerade über eine Übung, die wir eben gemacht haben und während der mehrere Teilnehmer, Patienten und Therapeuten spürten, dass sie einzuschlafen begannen. Deshalb erzählt uns Michaël, der Assistenzarzt der Station, eine Geschichte dazu:

> Mein kleiner Bruder trödelt im Wohnzimmer herum, bevor er schlafen geht. Er setzt sich in einen Sessel und beginnt zu dösen. Ich komme vorbei und frage ihn:
> »Warum gehst du nicht in dein Bett schlafen?«
> »Ich schlafe nicht, ich ruhe mich aus.«
> »Du ruhst dich aus, jetzt?«
> »Ja, ich ruhe mich aus, bevor ich schlafen gehe!«

Eine messerscharfe Logik: Sich ausruhen und schlafen ist nicht das Gleiche. Und sich auszuruhen, bevor man schlafen geht, ist gar keine so schlechte Idee. Ja, sich auszuruhen bedeutet, sich zu beruhigen, zu entspannen, sich einem kurzen Moment der Achtsamkeit hinzugeben: nur den Atem spüren, existieren, da sein. Ein dritter Bewusstseinszustand zwischen Wachen und Schlafen, ein Zustand der mentalen Präsenz ohne bestimmtes Ziel. Und wenn man ihm ein Ziel geben möchte, kann man beschließen, bewusst an die kleinen Glücksmomente des Tages zu denken, um mit etwas anderem einzuschlafen als den Sorgen.

Auswahl Unsere Konsum- und Überflussgesellschaft lässt uns glauben, es sei gut, eine größtmögliche Menge von Wahlmöglichkeiten zu haben. Doch das ist nicht so sicher, jedenfalls nicht immer und nicht in allen Bereichen.[28] Wenn man die Wahl zwischen fünfzehn Olivenölmarken, zwanzig Pkw-Modellen oder dreißig Urlaubszielen hat, ist das gar nicht so gut. Sicher erinnern Sie sich, dass Sie schon kurz zurückgeschreckt sind, als Sie eine Speisekarte mit Dutzenden Gerichten vor sich hatten? Diese immense Auswahl hat zwei Nachteile: Sie setzt uns unnützem Mikrostress aus und sie bringt uns dazu, unnötig psychische Energie aufzuwenden. Man hat nachgewiesen, dass perfektionistische Verbraucher (»Ich will die beste Wahl treffen«) gestresster und weniger glücklich sind als die relativierenden (»Ich werde mir jetzt nicht die Hacken krumm laufen, das Ding sieht ordentlich aus, das nehme ich, ich verbringe jetzt nicht Stunden mit der Suche«).[29] Im Leben ist es zweifellos genauso wie zwischen den Regalen eines Supermarkts. Wir dürfen Überfülle nicht mit Freiheit, und noch weniger mit Glück, verwechseln.

B wie beim Wort nehmen

*Ich werde meinen Psychiater reinlegen
und ihn beim Wort nehmen,
um einmal etwas Spaß zu haben.*

Bach und Mozart Bach und Mozart machen uns glücklich, jeder auf seine Weise. Bachs Musik mit ihrer Regelmäßigkeit und mathematischen Intelligenz ruft in uns Ruhe und Dankbarkeit hervor, bewirkt ein ruhiges Streben zum Göttlichen, macht Lust zu beten, zum Himmel zu schauen und an Gott zu glauben. Mozarts Musik mit ihrer Heiterkeit und Eleganz ruft in uns Freude hervor, den Wunsch auszugehen, zu lächeln und zu leben, durch die Welt zu gehen und sie schön zu finden.

Bedauern Ich erinnere mich an einen Meditations-Workshop, bei dem unser Lehrer uns eine dieser merkwürdigen Sachen machen ließ, auf die nur Meditationslehrer kommen können. Er bat uns, einen Kreis zu bilden und dann einen Schritt nach vorn zu machen. Nach einigen Sekunden Stille sagte er dann: »Und versucht jetzt, diesen Schritt nicht gemacht zu haben.« Noch nie hatte ich von einer derart frappierenden Veranschaulichung der Sinnlosigkeit, ein bestimmtes Bedauern zu empfinden, gehört oder sie gar erlebt (sie zeigt den Unterschied zwischen Unterricht durch das Wort und Unterricht durch Erfahrung).

In französischen Wörterbüchern wird Bedauern als »schmerzliches Bewusstsein in Bezug auf die Vergangenheit aufgrund des Verschwindens angenehmer Momente« definiert. Man denkt mit Bedauern an seine Kindheit, seine Ferien, eine Jugendliebe. Descartes beschreibt es in seinem Buch *Die Leidenschaften der Seele*:

»Aus der Erinnerung an das vergangene Gute entspringt das Bedauern, eine Art Traurigkeit [...]« (*Die Leidenschaften der Seele*, Art. 67) Es gibt zahlreiche Beziehungen zwischen Gefühlen des Bedauerns und Glück. Bedauern kann Glück gefährden, denn es drängt uns wider unseren Willen zum Grübeln über die Vergangenheit. La Bruyère hat mit einem gewissen Pessimismus in seinem Werk *Les caractères (Die Charaktere)* festgestellt, dass Menschen ihr Bedauern schlecht nutzen: »Das Bedauern, welches die Menschen über den schlechten Gebrauch der schon erlebten Zeit empfinden, führt sie nicht immer dazu, von dem Rest einen besseren Gebrauch zu machen.« Die meisten Untersuchungen, die in diesem Bereich[1] durchgeführt wurden, unterstreichen, dass Bedauern unvermeidlich ist und dass es genauso mit dem Handeln wie mit dem Unterlassen einer Handlung einhergehen kann: Man hat etwas getan, was man nicht hätte tun sollen, oder umgekehrt, man hat etwas nicht getan, was man hätte tun sollen. Zahlreiche Studien scheinen darauf hinzuweisen, dass man kurzfristig mehr Bedauern für etwas empfindet, was man getan hat, als für etwas, was man nicht getan hat. Evolutionspsychologen nehmen übrigens an, dass die Funktion des Bedauerns genau darin liegt, uns zu ermöglichen, Lehren aus unseren Fehlern zu ziehen, uns dazu zu veranlassen, in der Zukunft vorsichtiger zu sein, bevor wir uns wieder in eine ungewisse Aktion stürzen. Aber langfristig ist das Bedauern von Nichthandeln am belastendsten, denn was wir in unserem Leben am meisten bedauern, ist das, was wir nicht getan haben: »Ich hätte mein Studium fortsetzen sollen«, »Ich hätte meinen Kindern mehr Zeit widmen sollen«, »Ich hätte vor seinem Tod mehr mit meinem Vater sprechen sollen«.

Begegnungen Zahlreiche Studien zeigen, dass neue Begegnungen und menschliche Interaktionen sehr günstig für unser emotionales Wohlbefinden sind.[2] Einer der Mechanismen besteht wahrscheinlich darin, dass wir Menschen, die wir nicht oder kaum kennen, mehr zulächeln und dass dieses Lächeln uns selbst guttut. Dieser Nutzen der sozialen Beziehung ist logisch, aber das Interessanteste ist, dass wir ihn im Vorfeld häufig unterschätzen, obwohl alle Untersuchungen zeigen, dass neue Begegnungen uns zumindest ein wenig und kurzzeitig aus unseren verdrießlichen Grübeleien reißen können. Das ist das Elend mit der gedanklichen Vorwegnahme des Ergebnisses unserer Handlungen, wenn es uns schlecht geht: Statt zu handeln (in diesem Fall Beziehungen zu knüpfen), um auszuprobieren, ob etwas funktioniert, verzichten wir darauf, weil wir glauben zu wissen, dass es nicht funktionieren wird. Wir opfern den Versuch einer Gewissheit. In Sachen Glück ist das nie gut.

Beleidigung durch Glück Glück kann die verletzen, die unglücklich sind. Das Glück anderer lässt sie ihr eigenes Unglück noch stärker empfinden und gibt ihnen ein noch stärkeres Gefühl von Einsamkeit. Ihr eigenes Glück kann ihnen sogar als anstößig erscheinen (wie in der Trauer). Deshalb hat Resilienz viel mit Glück zu tun. Sie besteht nicht nur darin, die Gewalt und das Unglück zu überleben, das uns zustößt, sondern auch darin, dem Glück von Neuem ein Existenzrecht zuzusprechen.

Beim Wort genommen werden Die Szene ereignete sich vor einigen Wochen in meiner Sprechstunde in Sainte-Anne. Ich empfange eine Patientin, die ich bereits seit Langem kenne. Sie hat komplizierte Probleme und eine komplizierte Persönlichkeit. Sie hat mich um einen Notfalltermin gebeten, da diese Probleme leider wieder akut geworden sind. Am Ende der Sprechstunde, als sie endlich wieder beruhigt und ein wenig getröstet ist, zieht sie ein sorgfältig eingepacktes Geschenk aus der Tasche: »Damit möchte ich mich bei Ihnen dafür bedanken, dass Sie sich um mich kümmern und dass Sie mir einen Notfalltermin gegeben haben. Ich weiß, dass Sie viel zu tun haben.«

Als Mediziner erhalten wir von Zeit zu Zeit Geschenke von unseren Patienten. Das freut uns natürlich (weil es ein Geschenk ist und eine Anerkennung für unsere Bemühungen) und bringt uns in

Verlegenheit (denn wir haben nur unsere Arbeit getan). Wenn ich ein Geschenk erhalte, empfinde ich all dies, und ich bedanke mich, wobei ich vor allem mein Vergnügen zum Ausdruck bringe (»Das ist sehr freundlich«). An jenem Tag sage ich, ich weiß nicht, warum: »Vielen Dank, aber das war nicht nötig.« Und da meine Patientin in ihren Beziehungen zu anderen etwas merkwürdig ist (auch wenn sie das bei ihrer Arbeit als Ärztin nie ernsthaft gestört hat) und mit sozialen Konventionen und doppeldeutigen Botschaften nicht viel anfangen kann, sehe ich, wie ihr Gesicht einen verlegenen Ausdruck annimmt. Sie fragt: »Stört es Sie, dass ich Ihnen ein Geschenk mache?« Ich: »Hm, ja, ein wenig. Ich behandle Sie gern, es geht Ihnen besser, das ist mein Geschenk.« Sie: »Da es Sie stört, möchte ich Sie nicht mit meinem Geschenk belästigen.« Die Arme! Sie weiß jetzt nicht mehr, was sie mit ihrem Paket anstellen soll, und zögert, es vollständig aus ihrer Tasche zu ziehen. Ich komme mir etwas blöd vor. Jetzt, da sie mir das Geschenk mitgebracht hat, da sie es für mich ausgesucht hat, macht es mir in Wirklichkeit natürlich Freude. Es ist nicht schlimm, wenn sie es zurücknimmt, es wird mir nicht fehlen, aber ich kann ein Geschenk nicht einfach zurückweisen. Sie mit ihrem Paket gehen zu lassen, das wäre weder nett noch respektvoll. Daher sage ich: »Nein, es freut mich sehr, dass Sie an mich gedacht und dass Sie mir ein Geschenk mitgebracht haben, das ist sehr freundlich von Ihnen.« Ich begnüge mich mit einer einfachen Botschaft, mit nur einer Information, ich konzentriere mich auf das Wesentliche, und ich verzichte auf Erklärungen zum Warum meiner Verlegenheit. Sie ist erleichtert, lächelt, reicht mir das Paket, und wir wechseln das Thema, als ich sie plaudernd zur Tür begleite.

Gute Lektion. Nachher frage ich mich, ob sie es mir nicht absichtlich gegeben hat, schelmischer, als ich sie mir vorgestellt hätte, nach dem Motto: »Ich werde meinen Psychiater reinlegen und ihn beim Wort nehmen, um einmal etwas Spaß zu haben«. Ich glaube es nicht wirklich, das ist absolut nicht ihre Art. Man wird sehen. Für mich ist jedenfalls klar, dass ich, wenn man mir wieder ein Geschenk macht, nicht mehr sagen werde: »Das war nicht nötig!«

Berechtigt »Wer zu Papier bringt, was er leidet, wird ein trauriger Autor; aber ein ernsthafter, wenn er uns sagt, was er litt und weshalb er jetzt in der Freude ausruht«, sagt uns Nietzsche.[3] So sind die Worte derjenigen, die durch das Unglück gegangen sind und uns vom Glück erzählen, zweifellos die stärksten, berechtigtsten und kostbarsten, die es gibt.

Besinnung Das letzte Mal, als ich allein zum Grab meines Vaters gegangen bin, um nachzudenken, habe ich aufmerksam verfolgt, was in meinem Kopf vor sich ging. Allein zu sein ist etwas ganz anderes, als zu mehreren zu sein. In Gemeinschaft wird mehr getan (den Blumen Wasser geben, das Grab ein wenig reinigen) und mehr geplaudert. Wenn man allein ist, ist man mit seiner Innenwelt konfrontiert. Man hat Zeit, sich bei seinem Tun zu betrachten, sich beim Denken zuzuhören, sich beim Empfinden zu beobachten. An jenem Tag habe ich zunächst bemerkt, dass vage Gedanken und Bilder in meinem Kopf in wilder Unordnung kamen und gingen. Kindheitserinnerungen und Erinnerungen an das Lebensende meines Vaters. Ich hielt nichts fest, ließ alles einfach auftauchen und wieder verschwinden. Und blieb dabei ganz im gegenwärtigen Augenblick, betrachtete weiter das Grab, hatte weiter wirre Gedanken, hörte weiter die Geräusche des Lebens um mich herum. Dann hatte ich Lust, mit ihm zu sprechen, ihm Nachrichten von hier unten zu übermitteln. Lust, wieder ein wenig Kontrolle über diese Unordnung zurückzuerlangen. Ich hatte den Eindruck, dass ich die letzten Male, die ich zum Friedhof gegangen war, nicht wirklich mit meinen Vater »gesprochen« hatte. Dass ich mich zumindest an jenem Tag nicht damit begnügen dürfe, meinen Geist herumschweifen zu lassen, während ich an ihn dachte, sondern die Sache ein wenig organisieren müsse.

Also habe ich mich auf Dankbarkeit konzentriert, ich habe ihm für das gedankt, was er mir vererbt hat: die Freude, mich anzustrengen, die Sorge um die anderen, die Liebe zu den Büchern, die Zurückhaltung beim Klagen. Ich habe ihm dafür gedankt, dass er hart gearbeitet hat, um uns, meinem Bruder und mir, das Studieren zu ermöglichen, was ihm selbst nie vergönnt war. Ich habe diesem Gefühl der Dankbarkeit erlaubt, sich in mir auszubreiten. Ich habe gefühlt, wie es mir die Brust wärmte, ich habe etwas stärker geatmet, um es über meinen ganzen Körper zu verteilen. Ich blieb einige Minuten über den Kanal der Dankbarkeit mit meinem Vater verbunden. Ich sah, wie die guten Erinnerungen allmählich die weniger guten beiseite schoben, sich auf einen Platz in der ersten Reihe meiner Erinnerungen und meiner Emotionen drängten. Und ich fühlte, dass das in diesem Augenblick die bestmögliche Haltung war. Ich hatte auch den seltsamen Eindruck, meinem Vater in diesem Augenblick etwas zu übermitteln. Und dass diese Übertragung mich selbst ebenfalls erfüllte. Ich spürte physisch, was man häufig in Bezug auf Geschenke sagt, dass sie den Schenkenden bereichern und nähren.

Und dann bin ich allmählich wieder auf den Friedhof zurückgekommen. Ich habe wieder das Grab betrachtet, mein Geist begann wieder herumzuschweifen, zu den anderen Namen, jenen meines Großvaters, meiner Großmutter.

Ich ging ganz langsam durch die Alleen wieder zurück, betrachtete jeden Gedenkstein und fühlte mich mit allen Toten verbunden, die mich umgaben. Beruhigendes Gefühl: Die Menschheit besteht fort.

»Beweg deinen Hintern!« In der Verhaltenstherapie – wie im Leben auch – muss man versuchen, das, was man anderen empfiehlt, auch selbst zu tun. Anderen Ratschläge zu geben, an die man sich selbst nicht hält, wäre ja auch eine komische Idee! Einmal unterhielt ich mich mit einem meiner Patienten, der sich in einer leicht depressiven Phase befand. Er erzählte mir, dass er dazu neige, viel zu Hause zu bleiben, sich gedanklich im Kreise zu drehen, wenig Aktivität aufzubringen, sich wenig zu bewegen. Da er auch zu Hause arbeitet, hat er wirklich nicht viel Bewegung in seinem Leben! Und Unbeweglichkeit befördert unter anderem die Depression. Also beginnen wir darüber nachzudenken, was er alles versuchen könnte, um sich zu bewegen. Und plötzlich bemerke ich, dass die Situation etwas absurd ist. Wir sprechen davon, uns zu bewegen, während wir mit dem Hintern fest in unseren Sesseln sitzen! Deshalb sage ich zu ihm: »Los, wir nehmen unsere Mäntel und setzen die Überlegung draußen fort, wir gehen spazieren!« Er ist etwas überrascht, nimmt den Vorschlag aber lächelnd an. Draußen ist mieses Wetter: grau, kalt, etwas Sprühregen, ein echtes Novemberwetter. Doch kein Problem, wir gehen trotzdem spazieren, zuerst durch den Park von Sainte-Anne, dann durch den Park nebenan. Wir gehen und wir reden. Und schließlich kehren wir zurück, ganz ruhig und zufrieden, eben weil wir spazieren gegangen sind und geredet haben. Mein Patient sagt, dass ihm das gutgetan habe und dass es ihn an die Spaziergänge erinnere, die er manchmal sonntags unternimmt, wenn er Freunde zu Besuch hat. Er meint, dass er diese Spaziergänge sehr mag. Ich bin ebenfalls zufrieden, dass ich mit ihm spazieren gegangen bin unter diesem grauen Himmel, der mit einem Mal nichts Feindseliges oder Abschreckendes mehr hat, weil er selbstverständlicher Teil unseres Spaziergangs war und seinen Platz in unserem Tag gefunden hat. Ich bitte meinen Patienten, jeden Tag eine Stunde spazieren zu gehen, wie wir es eben getan haben. Ich mache ihn darauf aufmerksam, dass das Spazierengehen eine bessere Möglichkeit ist, das Grübeln zu vermeiden, als nur in Gedanken zu versuchen, sich daran zu hindern. Als wir auseinandergehen, kann ich es kaum erwarten, ihn wiederzusehen, um zu erfahren, ob es geklappt hat!

Bewundern Eine positive Emotion, die sich durch das Vergnügen daran auszeichnet, etwas oder jemanden zu finden oder zu betrachten, dessen Eigenschaften den unsrigen überlegen sind und uns gefallen. Bewunderung ist einfacher, wenn uns diese Eigenschaften nicht erdrücken, nicht bedrohen. Man kann eine Person oder eine ihrer Verhaltensweisen, ein Kunstwerk oder eine Landschaft, ein Tier oder eine Pflanze bewundern. Wenn man bewundert, ist man glücklich, etwas Schönes oder Gutes zu finden. Warum ist das so angenehm? Weil man sich dann als interessiert, dankbar, erfreut, und durch das Leben und die Begegnung mit dem Gegenstand der Bewunderung bereichert erlebt.

Die Unfähigkeit zu bewundern kann mit geistiger Borniertheit einhergehen, wenn jemand sagt: »Einen Menschen bewundern? Wenn man genau hinsieht, findet man doch immer einen Fehler!« Oder: »Eine Landschaft, ein Tier, ein Denkmal bewundern? Ja, okay, aber wozu soll das gut sein?« Dann macht man lieber schnell wieder etwas anderes, etwas Wichtigeres: kritisieren zum Beispiel ...

Ein anderer Grund für die Unfähigkeit zu bewundern liegt in unseren persönlichen Unsicherheiten. Ohne Selbstvertrauen ist Bewundern schmerzhaft. Bewundern, speziell andere bewundern, bedeutet dann, sich herabzusetzen. Man denkt dann automatisch: »Ich habe diese Eigenschaft, die ich an jener Person bewundere, nicht«, und dann: »Also bin ich ihm unterlegen.« Die Geringschätzung seiner selbst kann so zum Hindernis für eine stille Bewunderung werden, das heißt für eine Bewunderung ohne Selbstverachtung und ohne die Idealisierung des anderen. Zu lernen, wie man bewundert, ohne sich selbst zu verachten, ist eine sehr gute Übung, sowohl für das Glücklichsein wie für das Selbstwertgefühl.

Deshalb werden in den Seminaren zur Positiven Psychologie auch Bewunderungsübungen empfohlen: Eine Woche lang jeden Tag Bewundern trainieren! Zwei grundlegende Prinzipien sind dabei zu beachten:

- Das erste Prinzip lautet: mit dem Herzen bewundern, nicht nur mit dem Geist. Es genügt nicht, zu bemerken, dass etwas oder jemand bewundernswert ist. Man muss einen Augenblick innehalten, es oder ihn beobachten, sich Zeit nehmen zu verstehen, was man bewundert, und das Vergnügen am Betrachten zu spüren. Es gibt das physische Innehalten bei einer Landschaft oder einem Gegenstand (statt nur zu registrieren, dass etwas schön war, und gleich vorbeizugehen). Es gibt auch das gedankliche Innehalten bei einem Menschen – keine Angst, man muss sich nicht vor ihm aufstellen und ihn glückselig anlächeln, damit die Übung wirkt!
- Das zweite Prinzip lautet: den Blick für die Bewunderung schärfen. Das heißt dafür zu sorgen, dass der bewundernde Blick sich nicht nur auf das Ungewöhnliche und deutlich Sichtbare richtet,

sondern auch auf das, was für den eiligen Blick zu unscheinbar ist und dennoch Bewunderung verdient. Indem ich die Schwelle senke, ab der meine Bewunderung erregt wird, vervielfache ich die Gelegenheiten, mich glücklich zu fühlen.

Bewundernswerter Autor? Ich bin verlegen, wenn ich den Eindruck habe, dass meine Leser mich für einen Weisen halten. Einerseits ist es normal, dass man dazu neigt, einen Autor, den man liebt, zu idealisieren, sich vorzustellen, er sei anders als die anderen Menschen, er sei im Leben so sensibel und einfühlsam wie in seinen Büchern. Ich möchte nicht verallgemeinern, denn ich kenne nicht sämtliche Autoren dieser Welt, doch was mich angeht, so funktioniert das nicht. Zu dieser Frage schrieb Christian Bobin sehr treffend: »Der Mensch, von dem man spricht, wenn man über meine Bücher spricht, existiert nicht.«⁴ Natürlich sind Autoren nicht perfekt. Auch wer wie ich über Meditation schreibt, regt sich auf. Auch wer wunderbare ätherische Gedichte schreibt, interessiert sich für schnöden Mammon, wenn er seine Einkommensteuer bezahlen muss. Wir Autoren müssen genau die gleichen Anstrengungen unternehmen wie Sie, liebe Leser, um im Leben weiterzukommen und uns unserem Ideal zu nähern. Vielleicht haben Autoren in bestimmten Bereichen etwas Vorsprung. Vielleicht haben sie etwas geleistet, von dem sie in ihren Schriften sprechen möchten. Die Bewunderung oder Wertschätzung darf uns nicht blind machen. Auch hier gilt wieder das Grundprinzip der Positiven Psychologie: die enge Verflechtung von Licht und Schatten, von Vollkommenheit und Unzulänglichkeit. Dies genau macht das Leben – und die Psychologie – so interessant.

Bewusstsein Glück ist Wohlbefinden, dessen man sich bewusst ist. Wohlbefinden bedeutet, satt zu sein, sich im Warmen, in Sicherheit und in Gesellschaft von friedlichen und wohlwollenden Artgenossen zu befinden. Das gilt für alle Lebewesen, ganz gleich, ob es sich um ein Schwein, ein Schaf, einen Truthahn oder einen

Menschen handelt. Wohlbefinden, das ist schon nicht schlecht. Menschen können aber auch etwas Stärkeres empfinden, das sich Glück nennt. Dank ihrer Fähigkeit zu einem reflexiven Bewusstsein können sie sich sagen: »Was ich gerade erlebe, ist Glück, eine Gunst. In diesem Augenblick ist mein Leben schön und gut.« Auf diese Weise machen sie ihr Wohlbefinden zu einer viel intensiveren Erfahrung, zu einem Moment des Glücks. Wahrscheinlich bewirkt dieser Perspektivwechsel, dass der auf diese Weise bewusst gewordene Augenblick uns noch angenehmer ist und noch tiefer in unserem Gedächtnis gespeichert wird. Er wird uns somit später als Ressource dienen können, wenn die Zeiten einmal härter sind. Wir durchleben jedoch leider eine ganze Menge angenehmer Momente, ohne davon in dem Maße zu profitieren, wie wir es eigentlich könnten. Weil wir oft zu beschäftigt sind, das heißt, weil unser Geist mit anderem beschäftigt ist (unseren Sorgen, der Zukunft, den Einzelheiten einer Situation, die uns auf die Nerven geht), erleben wir nur ein animalisches Wohlbefinden (was immerhin schon nicht schlecht ist), aber sind noch nicht glücklich. Aus diesem Grund liebe ich den Satz von Albert Camus: »Nicht glücklich zu sein, wünsche ich jetzt, sondern nur, bewusst zu sein.«[5]

Bildschirme Während eines langen beruflichen Telefonats muss meine Gesprächspartnerin auf einmal auflegen und sagt, sie rufe in zwei oder drei Minuten zurück, um das Gespräch fortzusetzen. Da ich an meinem Schreibtisch vor meinem Computer sitze, ist mein erster Reflex, davon zu profitieren, um meine E-Mails zu checken. Ich fange also damit an und merke: Oje, da sind ja schon wieder einige Mails eingegangen! Ich werde sie besser gleich lesen und beantworten, dann spare ich etwas Zeit.

Plötzlich hält meine Hand über der Tastatur inne. Ich werde mir bewusst, dass es besser wäre, diese paar Minuten auf eine andere Weise zu verbringen, als mehrere Dinge gleichzeitig zu tun und mir dadurch zusätzlich zu dem Stress dieses Gesprächs, bei dem ich mich ziemlich konzentrieren muss, weiteren Stress aufzubürden, indem ich schnell einige Mails beantworte.

Es wäre besser durchzuatmen, die Schultern zu entspannen, aufzustehen und mich zu strecken, ein wenig im Büro herumzugehen. So könnte ich weiter in Ruhe an das aktuelle Gespräch denken, auch wenn es vorübergehend unterbrochen ist. Es wäre besser, wenn ich zum Fernster ginge und den Himmel betrachtete. Kurz, es wäre besser, wenn ich nicht an meinem Computer kleben würde, da ich plötzlich spüre, dass ich müde und angespannt bin. Nicht sehr, nur ein wenig, daher hatte ich es nicht bemerkt. Ohne diese kurze Irritation hätte ich mich darauf vorbereitet, etwas anderes zu tun. Aber wenn ich nicht abschalte, wenn ich meinem Gehirn und meinem Körper keine Erholung gönne, treibe ich sie aus der Komfortzone und zweifellos auch aus dem Effizienzbereich hinaus.

Natürlich tue ich jetzt, da ich es begriffen habe, ohne zu zögern, was in solchen Momenten zu tun ist: Ich gehe zum Fenster, ich atme ruhig durch, ich betrachte den Himmel und ich werde mir all dessen bewusst, was in diesem Augenblick und in meinem Leben vorhanden ist.

Und ich warte darauf, dass das Telefon klingelt. Ganz ruhig. Zufrieden und mit dem Bewusstsein zu existieren, statt weiter verschlossen und verkrampft zu sein. Als es wieder klingelt, bemerke ich, dass mir, obwohl ich nicht absichtlich an unser Gespräch dachte, eine ganze Menge klarer Ideen gekommen sind, während ich meinen Körper und mein Gehirn Luft holen ließ. Und noch heute, einige Wochen nach diesem Mikroereignis, erinnere ich mich daran als einen angenehmen Augenblick meines Lebens. Und ich empfinde einen winzig kleinen Hauch Glück, wenn ich an diese kleine Akzentverschiebung denke, die meinen Tag, neben vielen anderen, erhellt hat.

C wie Chancen

Du denkst oft nicht daran,
Gefangener alter Überzeugungen;
Doch fast immer hast du die Wahl:
Reden oder schmollen, aufbauen oder zerstören,
schimpfen oder lächeln.

Chancen auf Glück. Man sagt von den Franzosen, sie seien motzig und depressiv. Liegt das vielleicht an der Art und Weise, wie sie Glück [bonheur] wahrnehmen? Im französischen Wort »bonheur« steht »heur« für die zufällige Seite des Glücks. Das Glück als Glücksfall? Das würde einer pessimistischen und griesgrämigen Weltsicht entsprechen. Doch moderne Forschungsarbeiten zum Glückhaben zeigen, dass Glück nicht vom Himmel fällt, sondern dass es das Ergebnis einer Reihe unbewusster Einstellungen und Verhaltensweisen ist.[1] Punkt eins: Glückhaben ist eine Geisteshaltung, eine Art, das Leben zu interpretieren. Ein Beispiel: Sie sind in der Bank, um ein Scheckbuch abzuholen. Ein maskierter Mann kommt herein, zieht eine Pistole und verlangt die Kasse. Als er flüchtet, schießt er in alle Ecken, um den Anwesenden Angst zu machen und sie von einer Verfolgung abzuhalten. Sie werden von einer Kugel am Arm getroffen. Hatten Sie nun Glück oder Unglück? Unglück, werden die Deprimierten sagen: »Wäre ich fünf Minuten früher oder später gekommen, hätte ich kein Problem. Und außerdem war ich der Einzige, der verletzt wurde.« Glück, werden die Frohnaturen sagen: »Das hätte mein Ende sein können, zwanzig Zentimeter weiter rechts wäre mein Herz gewesen, zum Glück hat mein Schutzengel über mich gewacht!«

Punkt zwei: Glückhaben, dazu gehört auch eine Reihe von Verhaltensweisen, die das Eintreffen günstiger Dinge befördern. Studien haben gezeigt, dass Menschen, die von sich sagen, dass sie Glückspilze sind, sich genauer umschauen, wenn sie in eine neue

Situation kommen, und dadurch beispielsweise die Banknoten finden, die die Forscher auf den Boden gelegt haben. Oder dass sie leichter ein Gespräch mit Unbekannten anfangen und dadurch Informationen, Freundlichkeiten, Kontakte sammeln, die ihnen im Moment angenehm sind und ihnen später vielleicht nützlich sein können. Glückhaben und positive Emotionen verstärken sich also gegenseitig: Je positiver die Einstellung, desto mehr Chancen auf Glück hat man; und umgekehrt, je mehr Glück man erlebt, desto positiver wird die eigene Einstellung dazu. Glückhaben ist also ein Nebeneffekt des Glücklichseins.

Cioran Es ist schon eigenartig, wie wichtig es für mich ist, Cioran zu lesen. Dieser Mann, den seine Freunde und Verwandten als einen häufig vergnügten und humorvollen Menschen beschrieben, war von Düsternis so fasziniert wie Paul Valéry von Intelligenz. Hier ein Beispiel:[2] »Ich lebe nur, weil es in meiner Macht steht, zu sterben, wann es mir belieben wird: ohne die *Idee* des Selbstmordes hätte ich mich schon längst selbst getötet.« Ich habe mich lange gefragt, warum ich diesen Autor überhaupt mag, wo er doch so düster und pessimistisch scheint – ich, der ich mich ansonsten für die Suche nach dem Glück interessiere. Ich dachte lange, es liege daran, dass er meine traurigen und depressiven Seiten anspreche. Oder daran, dass er ein Gegenmodell darstellt: Jenseits einer bestimmten Schwelle und einer bestimmten Häufigkeit der Konfrontation sind Traurigkeit und Pessimismus nicht mehr ansteckend, der sogenannte Sättigungseffekt tritt ein, durch den das »Zuviel« (auch von dem, was man mag) ein »Aufhören« bewirkt. Ich erinnere mich, dass man gelegentlich versuchte, die Tabaksucht auf diese Weise zu behandeln: Man bat die Raucher, mehrere Zigaretten hintereinander zu rauchen, bis ihnen schlecht wurde. Möglicherweise führt hoch dosierter Pessimismus zu einem Sättigungseffekt und wirkt dadurch anregend. Möglicherweise erzeugt er auch Lust auf Leichtigkeit und Glück und verdeutlicht, dass beide absolut nötig sind, um das Leben zu ertragen. Ich mag Cioran auch deshalb, weil er uns mit beißender Weisheit unsere Irrtümer und Überspanntheiten aufzeigt, und weil er uns über die Fallen unseres Denkens aufklärt. Christian Bobin hat mir eines Tages die Augen geöffnet:[3] »Er macht das Feld der echten Hoffnung frei, weil er alle leichten Rauschzustände daraus vertrieben hat. [...]. Mit einem kleinen Besen fegt er den ganzen Unrat der einfachen Tröstungen hinfort, und danach beginnt für mich das wahre Wort. Er macht das gleiche wie der Winter: Er reißt endlich die abgestorbenen Zweige ab. Das nennt man den Frühling vorbereiten.« Genau das ist es: Ich mag Cioran, weil er für uns den Weg zum Glück frei macht.

Coué Émile Coué, erst Apotheker, dann Psychotherapeut, gelangte Anfang des 20. Jahrhunderts durch seine Arbeiten zur Autosuggestion zu Weltruhm. Seine Beobachtungen und Empfehlungen waren keineswegs so simpel, wie man gelegentlich sagt, sondern basierten einfach auf dem heute nachgewiesenen großen Einfluss unserer Gedanken auf unsere seelische Verfassung und unsere Gesundheit: Je mehr wir düstere Gedanken wälzen, desto stärker mindern wir unsere Chancen, uns wohlzufühlen. Studien zeigen, dass das Aufschreiben, Lesen oder Hören von positiven, wertschätzenden Sätzen eine positive Wirkung auf unsere Gesundheit, unsere Fähigkeit zur Selbstkontrolle (beispielsweise die Absicht, weniger zu rauchen, weniger zu trinken) hat. Das Gegenteil ist leider auch richtig: Wenn wir ständig von anderen oder von unserer inneren Stimme hören, dass wir Nullen sind oder dass wir uns nicht von unserer Krankheit erholen werden, glauben wir das am Ende. Das Merkwürdige ist: Alle Welt ist davon überzeugt, dass es wie Gift wirkt, wenn man sich ununterbrochen sagt, man sei eine Null, aber alle Welt ist ebenfalls davon überzeugt, dass es nichts bewirkt, wenn man sich ständig wiederholt, dass man etwas dagegen tun kann. Wurden uns die Coué-Methode und ihre amerikanischen Abwandlungen des permanenten positiven Denkens möglicherweise zu häufig als Heilmittel verkauft? Jedenfalls weiß man heute, dass wir gut daran tun, so freundlich und *realistisch positiv* wie möglich mit uns selbst zu sprechen.

D wie Dankbarkeit

Alle Freuden sind dir gegeben:
vom Leben, von deinen Mitmenschen, von einem Gott (vielleicht).
Darum empfinde Dankbarkeit, die dein Herz und dein Glück stärkt.

Dänemark Dänemark steht sehr häufig ganz oben auf der Liste der Länder, deren Bürger am glücklichsten sind. So habe ich einen Sommerurlaub mit der ganzen Familie dort verbracht, um zu versuchen, das Geheimnis der Dänen zu verstehen. Ich hatte vor der Reise ein wenig darüber gelesen, und ich wusste, dass zu den Dingen, die die Zufriedenheit der Einwohner Dänemarks erklären, insbesondere der relativ geringe Abstand zwischen den Reichsten und Ärmsten, das Teilen starker kultureller und identitätsstiftender Werte sowie ein Wohlfahrtsstaat zählen, der noch gut funktioniert.[1] Und dann habe ich die Dänen im Alltag beobachtet und daraus meine eigenen, zugegeben etwas prosaischeren Schlüsse gezogen: nach der Rückkehr ein Fahrrad kaufen, viel Fisch essen und mehr mit den Nachbarn im Viertel sprechen. Was ich dann auch getan habe.

Dankbarkeit Dankbarkeit bedeutet, sich über das zu freuen, was man anderen verdankt. Wir haben neulich mit einer unserer Patientengruppen in Sainte-Anne über die verschiedenen möglichen Ebenen von Dankbarkeit nachgedacht:

- Man kann sie gegenüber jemandem empfinden, der uns absichtlich Gutes getan, z. B. Hilfe gewährt oder etwas geschenkt hat.
- Oder man empfindet sie gegenüber jemandem, der uns Gutes tat, ohne dabei an uns persönlich zu denken. Das kann z. B.

Dankbarkeit gegenüber dem Bäcker für sein gutes Brot sein, auch wenn wir es bei ihm gekauft haben, das spielt keine Rolle.
- Wir können sie auch gegenüber anderen Menschen empfinden, denen wir niemals begegnen werden. In diese Kategorie fällt z. B. Dankbarkeit gegenüber Mozart, Bach, allen Menschen, die vor uns lebten und die uns all das hinterließen, was es an Schönem gibt, gegenüber Generationen von Bauern, die unsere Landstriche geformt haben, und so weiter.

Als wir zusammen darüber diskutierten, sind wir sogar auf Momente wie die Betrachtung eines Sonnenuntergangs, einer schönen Landschaft oder eines schönen Himmels zu sprechen gekommen. Ist dies keine Dankbarkeit, weil wir es der Natur verdanken und nicht anderen Menschen? Doch, ich denke schon. Dankbar sind wir auch gegenüber unseren Eltern und Vorfahren, die uns ermöglichten auf der Welt zu sein, um dies zu sehen. Gegenüber den Menschen der Vergangenheit und der Gegenwart, die es uns ermöglichten und ermöglichen, in einem friedlichen Land zu leben.

All diese Überlegungen zur Dankbarkeit öffnen uns die Augen für folgende Selbstverständlichkeit: Wir verdanken fast alles anderen Menschen. Wir können uns darüber freuen und jedes Mal wenn es möglich ist unsere Dankbarkeit ausdrücken.

Wie Freundlichkeit kostet auch Dankbarkeit nur einige Worte, die jedoch einen großen Wert haben. Kürzlich ist mein Schwiegervater nach Paris gekommen, um hier einige Tage zu verbringen. Als er wieder ging, habe ich ihm einen kleinen Tipp zu den Abfahrtszeiten des TGV gegeben, sodass er, anders als vorgesehen, eine Stunde früher abfahren und einen direkten Zug ohne Umsteigen nehmen konnte. Nichts Wichtiges also. Dennoch hat er sich am nächsten Tag die Mühe gemacht mich anzurufen, um sich bei mir zu bedanken: »Wegen deines Tipps habe ich eine sehr angenehme Reise gehabt, ich war dir die ganze Fahrt lang dankbar dafür.« Meine erste innerliche Regung war, dass das zu viel Dankbarkeit für einen so kleinen Tipp war. Dann habe ich mir gesagt, dass er recht hatte (wie gewöhnlich in Sachen Psychologie des Glücks: Er ist hier hochbegabt). Immerhin hat die Tatsache, dass er Dankbarkeit empfand, seine Fahrt und sein Weltbild verschönert; und dass er sie mir ausdrückte, hat mir Freude gemacht. Das Ganze hat ihn ebenso wie mich lediglich einige Sätze »gekostet«. Dankbarkeit zu trainieren ist sehr einfach:

1. Schreiben Sie, sagen wir während einer Woche, jeden Abend drei angenehme Ereignisse des Tages auf (ein Spaß mit einem Angehörigen, ein schöner Spaziergang in der Natur, eine interessante Lektüre).
2. Überlegen Sie, welches dieser Ereignisse anderen Menschen zu verdanken ist (der Freund, der mich zum Lachen brachte; die Leute, die den Weg angelegt und befestigt haben, auf dem ich spazieren ging; der Verfasser des Buches, das Sie gerade lesen.
3. Werden Sie sich dessen bewusst und freuen Sie sich darüber, dass Sie mit so vielen Ihnen bekannten und unbekannten Menschen so vorteilhaft verbunden sind. Wiederholen Sie diese Erfahrung mehrere Male im Jahr. In Zeiten, in denen das Leben leicht ist, dann in solchen, wo es das weniger ist. Und wenn Sie ein Fachmann in Sachen Dankbarkeit geworden sind, wiederholen Sie sie auch, wenn Sie leiden. Das Schöne dabei: Dankbarkeit, Mitgefühl, Bewunderung schwächen die Wirkung unserer Leiden ab. Auch wenn es in solchen Momenten schwer zu akzeptieren ist, so können doch nur wir allein beschließen, sie zu empfinden.

Anhand dieser Übungen kann man verstehen, warum Dankbarkeit uns guttut: Sie hilft uns, uns an die guten Momente unseres Lebens zu erinnern. Sie hilft uns, uns der Tatsache bewusst zu werden, dass ein Mensch zu sein viel mehr Vorteile als Nachteile hat.

Danksagungen des Marc Aurel In seinem Militärlager im Land der Quaden am Fluss Gran setzt sich Kaiser Marc Aurel eines Abends an seinen Arbeitstisch und beginnt, seine *Selbstbetrachtungen* niederzuschreiben – mit seitenlangen Danksagungen, die aufzählen, was er anderen verdankt:

»Mein Großvater Verus gab mir das Beispiel der Milde und Gelassenheit. Meine Mutter war mir durch ihre Frömmigkeit und Wohltätigkeit ein Vorbild. Rusticus machte mir begreiflich, dass ich immer an der Bildung und Besserung meines Charakters zu arbeiten hätte [...]. Sextus war mir das Muster des Wohlwollens, das Beispiel eines echten Familienvaters; an ihm lernte ich, was es heißt, nach der Natur zu leben. Seine Würde hatte nichts Gezwungenes, er wusste zuvorkommend die Wünsche seiner Freunde zu erraten und ertrug geduldig die Unwissenden und diejenigen, die ohne Überlegung urteilen. Von Alexander, dem Grammatiker, sah ich, dass er gegen jedermann nur mit Schonung verfuhr; er machte niemals eine beleidigende Bemerkung wegen eines fremdartigen oder sprachwidrigen Ausdrucks [...]. Ich danke den Göttern, dass ich rechtschaffene Großeltern, rechtschaffene Eltern, eine rechtschaffene Schwester, rechtschaffene Lehrer, rechtschaffene Hausgenossen, Verwandte, Freunde, ja fast durchweg rechtschaffene Menschen um mich gehabt habe [...].«

Diese Liste ist alles andere als langweilig, sie ist faszinierend und bewegend, denn sie ist ernsthaft und berechtigt. Sie zeichnet das Bild eines Mannes, der sich bemüht, gut und rechtschaffen zu sein, sie umreißt die Anstrengungen, die die Menschen, zu jeder Zeit und an jedem Ort, unternehmen müssen, um noch menschlicher zu werden. Sie ist eine Übung der Würde und der Demut, die meines Wissens in der Literatur nicht ihresgleichen hat.

»Das hast du mir noch nie gesagt« Eines Mittags, vor dem Essen, mit meiner jüngeren, sehr lebenslustigen Tochter. Wir haben beschlossen, uns ein Omelett zu machen. Ich sage ihr: »Schlag mir mal sechs Eier auf.« Und ich sehe, wie sie innehält und lächelt, mit der Eierschachtel in der Hand und dem lebhaften Blick eines Menschen, dessen Gehirn gerade auf Touren kommt. Wegen meines fragenden Gesichtsausdrucks sagt sie:

»Es ist seltsam, das hast du mir noch nie gesagt!«
»Wie?«

»Hm, ja, es gibt Sätze, die du oft zu mir sagst, etwa: ›Wasch dir die Hände, bevor du zu Tisch kommst!‹, ›Vergiss die Schlüssel nicht!‹, ›Träum süß!‹, ›Hast du gut geschlafen?‹, ›Hattest du heute einen schönen Tag?‹. Aber diesen Satz habe ich noch nie gehört, es war das erste Mal in meinem Leben!«

Und wir prusten vor Lachen.

Sie hat recht, und sie ist sehr scharfsinnig: Unseren Angehörigen gegenüber sagen und wiederholen wir oft die gleichen Dinge, sodass sie am Ende gar nicht mehr zuhören und nicht mehr darauf hören. Vor allem, wenn wir ihnen stets die gleichen Reden halten, so wie Eltern das häufig bei ihren Kindern tun, um sie zu erziehen. Sie hören uns dann überhaupt nicht mehr zu. Wir sind zu Maschinen geworden, die vorhersehbare und nutzlose Worte sagen. Doch in einer Situation, die etwas anders, etwas unerwartet ist, sind auch unsere Worte neu. Genau einen solchen Augenblick hat meine Tochter sofort erfasst. Ich habe mich an jenem Tag lange über ihren wachen Geist gefreut und mir gewünscht, dass ich auch mit der vollen Aufmerksamkeit für das Leben und das, was man mir sagt, leben könnte.

Demokratie Demokratie begünstigt das Glück, dies bestätigen zahlreiche Studien aus der Positiven Psychologie.[2] Zunächst die Demokratie an sich: Wenn man sich frei fühlen kann, seine Meinung zu sagen, und das Gefühl hat, dass sie zählt, fördert dies das Glück. Beispielsweise sind die Schweizer Kantone, in denen es die meisten Volksabstimmungen gibt, auch diejenigen, deren Einwohner sich am glücklichsten fühlen.[3] Demokratie befördert auch durch die Werte, die sie transportiert, und die Gefühle, die zu empfinden sie erlaubt, das Glück. Das tägliche Wahrnehmen und Beobachten von Gerechtigkeit, Gleichheit und Vertrauen zwischen den Individuen spielt eine wichtige Rolle für das Gefühl, in einem bestimmten Land glücklich zu sein. Dasselbe gilt, wenn nur geringe Einkommensunterschiede und eine wahrnehmbare Solidarität im Alltag (wie beispielsweise gegenseitige Hilfe zwischen Nachbarn oder Unbekannten an öffentlichen Orten) bestehen. Dies hat zum Beispiel den Bürgern bestimmter Länder des Ostens beim Übergang zur Demokratie gefehlt. Sie begann mit zunehmenden Ungleichheiten und der Zerstörung des Gewebes der traditionellen Solidaritäten, und führte zu einer paradoxen Nostalgie in Bezug auf die guten alten Zeiten der Diktatur des Volkes.

Politiker sollten sich mehr von den Studien zur Positiven Psychologie inspirieren lassen. Nicht um den Bürgern eine besondere Form des Glücks aufzuoktroyieren (es würde sich dann nicht mehr um Demokratie, sondern um Diktatur handeln), sondern um die Bedingungen dafür zu schaffen. Nicht umsonst proklamierten die amerikanischen Revolutionäre in der Unabhängigkeitserklärung von 1776, die drei unveräußerlichen Rechte jedes Menschen seien das Recht auf Leben, das Recht auf Freiheit und das Recht, nach Glück zu streben. Nicht das Recht auf Glück, sondern auf das Streben danach. Ich betone dies, weil es mir hellsichtig und intelligent zu sein scheint. Die Rolle der Politiker besteht darin, ein Umfeld zu schaffen, in dem sich jeder um sein eigenes Glück kümmern kann. Auf der anderen Seite des Atlantiks und einige Jahre später schrieb Saint-Just 1794 in seinem Bericht an den Konvent: »Das Glück ist eine neue Idee in Europa.« Aus diesem ausgehenden 18. Jahrhundert ist die Demokratisierung des Glücks hervorgegangen. War das Glück früher den Eliten vorbehalten, die reich und gebildet genug waren, um es sich leisten zu können, ist es eine für alle legitime und mögliche Bestrebung geworden. Dies hat Ärger und Snobismus bei den Wohlhabenden des 19. Jahrhunderts ausgelöst (daher der kritische Blick auf das Glück, der bei uns tief verwurzelt ist), doch das macht uns heute nichts mehr aus, oder?

Demokratie und warme Dusche Gegen die hedonistische Gewöhnung gibt es eine Übung, die ich »Demokratie und warme Dusche« nenne und die ich manchmal im Rahmen der Übungen zur Positiven Psychologie vorschlage: sich gelegentlich unter der warmen Dusche über diesen Komfort freuen – und nicht auf einen Fehler des Boilers warten, um zu klagen; sich gelegentlich, wenn man die Zeitung liest, darüber freuen, dass man in einer Demokratie lebt – und nicht befürchten muss, um fünf Uhr morgens von der politischen Polizei geweckt zu werden. Sich darüber freuen, für den Kandidaten der eigenen Wahl stimmen und frei sagen zu können, was man vom öffentlichen Leben hält. Eines Tages habe ich mit einer Freundin darüber gesprochen. Kurze Zeit später, als sie von einer humanitären Mission in Afrika zurückkam, schickte sie mir eine E-Mail mit dem Betreff »Diktatur und kalte Dusche«. Sie schrieb:

»Ich hoffe, es geht Dir gut, und dass Du trotz Deiner arbeitsreichen Zeit zurechtkommst. Ich bin eben nach zehn Tagen Demokratische Republik Kongo zurückgekehrt. Seitdem versuche ich, einen Sinn in all den ungerechten und furchtbaren Situationen zu finden, die ich gesehen habe. Ich versuche zu akzeptieren, wie die Welt funktioniert und mich von meinen Gedanken an Revolte und Traurigkeit zu lösen. Ich glaube, ich brauche noch viel Praxis, um all dies zu akzeptieren. Wenn man von der Mission heimkehrt, kann man alles, was wir hier haben (und was man vergeudet oder nicht richtig nutzt), kaum ohne Schuldgefühl zu schätzen wissen. Wann wird es Demokratie und eine warme Dusche für alle geben? Ich umarme Dich.«

Stets die gleiche Frage: Wie kann man sich Glück inmitten von so viel Unglück erlauben? Und stets die gleiche Antwort: Indem man sich nicht schuldig fühlt für das Glück, das einem gewährt wird, sondern es einerseits nicht vergeudet und andererseits die Kraft daraus zieht, anderen zu helfen, die sehr, sehr weit weg sind. Wie meine Freundin es tut.

»Denk daran, dass ich dich geliebt habe« Neulich hatten wir Nachbarn und andere Freunde zum Abendessen eingeladen. Als wir mit dem Essen fertig sind, erzählen die Nachbarn von einem kleinen Ritual in ihrem Eheleben. Häufig, wenn der Ehemann trüber Stimmung ist, umarmt er seine Frau, bevor er sich mit seinem Motorroller in den Pariser Verkehr stürzt, und sagt: »Falls mir etwas zustößt, denk daran, dass ich dich geliebt habe.« Das berührt und belastet sie zugleich. Man kann sich solche Dinge ruhig sagen, denn man weiß ja nie. Es wirkt aber trotzdem merkwürdig. Dennoch sind alle Anwesenden von der Geschichte angetan, besonders die Frauen. Daher fügt unser Freund hinzu: »Und ich sage ihr häufig auch: Wenn ich sterbe, kannst du ein neues Leben anfangen, keine Sorge.« Das ist ein weiterer Liebesbeweis, der vielleicht sogar noch schöner ist: dem anderen zu sagen, dass man ihn so sehr liebt, dass man wünscht, er sei auch nach unserem Tod glücklich, sogar ohne uns. Sogar mit einem anderen.

Depression Es gibt viele Arten, über Depressionen zu sprechen. In der depressiven Erkrankung gibt es weder Verlangen noch Vergnügen. Keinerlei Fähigkeit mehr für Glück. Daher erscheint das Leben in seiner ganzen Brutalität, wie eine ununterbrochene Folge von Unannehmlichkeiten, Prüfungen und Leiden. Was es in gewisser Weise auch ist. Doch glücklicherweise ist es nicht nur das. Zwischen all den schmerzhaften Momenten gibt es auch die Oasen des Glücks. Doch die Depression lässt nicht zu, dass wir sie erreichen oder auskosten. Wenn man nun tief deprimiert und (zu unrecht, aber sehr stark) überzeugt ist, dass es nicht besser werden kann, ist der einzige logische Ausweg, aufzuhören, diese Hölle zu durchleben – Selbstmordgedanken sind bei Menschen mit Depressionen in unterschiedlichem Maße fast ständig gegenwärtig. Daher die tiefe Wahrheit von Paul Claudels Satz in seinem *Tagebuch:* »Das Glück ist nicht das Ziel des Lebens, sondern das Mittel zum Leben.« Wir leben nicht, oder nicht nur, um glücklich zu sein, sondern auch und vor allem, weil wir, zumindest zeitweilig, glücklich sein dürfen. Die Glücksmomente, die das Leben uns bietet und die wir wahrzunehmen verstehen, sind wie das Anfahren einer Tankstelle beim Autofahren: Man tankt nur, um seinen Weg fortsetzen zu können.

Der merkwürdige Herr, der überhaupt nichts tat
Eines Tages im Zug, auf der Rückfahrt von einer Konferenz. Auf der anderen Seite des Gangs ist ein Herr, der sich seltsam verhält. Seit der Abfahrt im Bahnhof macht er mich neugierig. Ich beob-

achte ihn aus dem Augenwinkel, um zu sehen, ob er sich nun benimmt wie alle anderen, aber nein, er setzt sein ungewöhnliches Verhalten fort. Alle anderen Passagiere tun irgendetwas. Die meisten sehen auf ihre Bildschirme, einige telefonieren, manche schlafen. Und er, er tut gar nichts.

Ich brauche einen Augenblick, um zu verstehen, woher meine Unruhe kommt, denn er sieht ansonsten völlig normal aus, sein Blick, seine Kleidung, all das hat nichts Merkwürdiges an sich. Doch er tut nichts Bestimmtes. Mal sieht er aus dem Fenster, mal beobachtet er die Leute, die in den Wagen kommen oder herumgehen; ich betone, dass er sie auf angemessene Weise ansieht, nicht penetrant, doch mit dem interessierten Gesichtsausdruck eines Biologen, der das Kommen und Gehen seiner Lieblingsgattung beobachtet, aufmerksam und diskret. Ein wenig, wie ich selbst ihn gerade beobachte, wie eine vom Aussterben bedrohte Art: jemand, der nichts tut! Der nur zusieht, wie sich die Leute um ihn herum bewegen. Erst wollte ich ihn für etwas verrückt halten, nun betrachte ich ihn als einen Weisen. Mein Geist schweift wegen dieser merkwürdigen Erfahrung einen Augenblick ab. Was führen wir doch für komische Leben! Und in welch einer komischen Gesellschaft leben wir! Der Herr enttäuscht mich dann doch einmal fast. Nach einer Stunde Fahrt holt er nämlich sein Handy hervor, auf dem er dann herumzutippen beginnt. Ich beobachte ihn streng, sage mir, dass ich ihm zu früh einen Lorbeerkranz gewunden habe. Aber nein, er wirft nur einen zerstreuten Blick auf das Gerät, dann steckt er es wieder in die Tasche und setzt seine Betrachtung der schönen Landschaften fort, die am Fenster vorbeiziehen und die sonst niemand ansieht.

Ich schaue nun ebenfalls aus dem Fenster und es tut mir gut, meinen Computerbildschirm ein wenig in Ruhe zu lassen, und damit all meine Schriften, die ich schnell, schnell verfassen muss, weil ich mit der Abgabe in Verzug bin. Das ist nur dringend. Das Wesentliche ist dort, vor meinen Augen und denen des seltsamen Herrn: das Leben, in diesem Wagen und in den Landschaften, die vorbeiziehen.

Diktatur des Glücks Manche Intellektuelle prangern gern eine heutzutage grassierende Diktatur des Glücks an. In ihren Augen seien wir von einem Recht, glücklich zu sein, zu einer Pflicht, glücklich zu sein, übergegangen und die erste Gesellschaft, die unglücklich darüber sei, dass sie nicht glücklich sein könne.[4] Ich kann dieser Haltung nicht ganz zustimmen. Mir scheint, sie betrifft nicht das Glück als solches, sondern alle Dimensionen unseres Lebens: die Leistung im Beruf, in der Liebe, als Eltern, in der Ehe, die Gesundheit und so weiter. Zahlreiche innere Zwänge sind heute an die Stelle der äußeren Zwänge von früher getreten, beispielsweise der normative und zwingende Blick der Familie, der Nachbarn, der Gesellschaft auf unsere Art zu leben oder uns zu kleiden. Das Glück gehört dazu, aber nicht mehr und nicht weniger als diese anderen Dinge.

Viel mehr hat mich die Diktatur – oder die Mode – des Unglücks, die seltsamerweise in den 1970er-Jahren herrschte, genervt. Damals musste man gegen alles sein, eine ernste und vom Unglück in der Welt betroffene Miene aufsetzen, um als glaubwürdig und vernünftig zu gelten.

Download Neulich musste ich Dokumente aus dem Internet herunterladen. Die Situation: Ich bin etwas durcheinander, habe viel zu tun, und dieser Download nimmt kein Ende. Menschenskinder, denke ich, das dauert! Ich werde ärgerlich, ohne mir dessen bewusst zu sein. Und plötzlich wird mir klar: Wie, das dauert?! Nein, das dauert überhaupt nicht lange, nur einige Minuten, um so eine Masse von Daten zu bekommen. Du bist nur ungeduldig. Und deine großen Reden über den gegenwärtigen Augenblick? Und deine Patienten, mit denen du darüber arbeitest? Du selbst hältst dich also nicht daran? Atme, mein Alter, lass deine verspannten Schultern locker. Schließe ein wenig die Augen. Und lächele, du Pflaume! Genau ... besser so?

Drei schöne Dinge Eine klassische Übung der Positiven Psychologie: am Abend vor dem Einschlafen an drei schöne Momente denken. Keine außerordentlichen Momente, einfach kurze schöne

Momente: ein Spaß mit einem Angehörigen, eine interessante Lektüre, ein Kompliment, eine Musik, die uns berührt hat, das flüchtige Gefühl, sagen wir zwischen 11.15 und 11.18 Uhr, dass unser Leben schön ist und Vieles mehr. Bewusst und intensiv daran denken, das bedeutet, nicht nur in zweieinhalb Sekunden die Erinnerung an diese Momente flüchtig streifen und dann zu den Sorgen des Tages und des folgenden Tages übergehen. Nein, es kommt darauf an, ihnen wirklich Platz zu machen: sie wachzurufen, sie zu visualisieren, sie im ganzen Körper und nicht nur im Kopf noch einmal zu empfinden; nicht viel darüber nachzudenken, sondern sie eher zu genießen. Praktiziert man dies mehrere Wochen lang jeden Abend, wird das unsere Stimmung und unser Wohlbefinden verbessern, und auch unseren Schlaf. Aber dennoch, wer macht dies und wiederholt es regelmäßig? Selbst ich, der ich überzeugt bin und die Übung angenehm und lehrreich finde und alle diese Untersuchungen kenne, muss mich regelmäßig von Neuem dazu motivieren. Hierin liegt die ganze Schwierigkeit der Positiven Psychologie: in dieser Einfachheit, hinter der sich die Notwendigkeit einer Regelmäßigkeit verbirgt, die anstrengender ist, als man glaubt.

Dringend oder wichtig? Was dringend ist, steht in unserem Leben häufig im Gegensatz zu dem, was wichtig ist. Dringend ist, das zu tun, was das Leben von uns zu tun verlangt: arbeiten, einkaufen, heimwerkern, anderen Zeit widmen. Wichtig ist, im Grünen spazieren zu gehen, schöne Dinge zu betrachten, sich die Zeit zu nehmen, um mit alten Freunden zu sprechen.

Das Dringende nimmt schnell den Platz des Wichtigen ein, das stets warten kann und fast nie dringend ist. Theoretisch wissen wir das, wie immer. Und in der Praxis, was machen wir? Ich persönlich erlebe diesen Kampf zwischen dem Dringenden und dem Wichtigen jeden Morgen. Wenn ich früh aufgestanden bin, stellt sich mir die Frage: Was mache ich in der Zeit, in der das Haus noch schläft? Sie nutzen, um Dringendes zu erledigen? Liegen gebliebene Arbeit erledigen, E-Mails schreiben, anstehende Schriften verfassen? Klingt verlockend, denn das erleichtert die Last der »Dinge, die noch zu tun sind«. Ich werde mich danach etwas besser fühlen, denke ich, und das wäre sofort spürbar. Oder ich sage mir: »Mach zuerst, was wichtig ist. Setz dich auf eine Bank und widme dich mindestens eine Viertelstunde lang einer Achtsamkeitsmeditation. Der Rest kommt danach. Und wenn du nicht jetzt tust, was wichtig ist, wird dich alles Dringende gleich an der Gurgel packen, und du wirst damit noch nicht fertig sein, bis es dunkel wird. Setz dich also hin und wende dich dem gegenwärtigen Augenblick zu, du weißt, wie wichtig das ist.«

Manchmal gelingt es mir, und ich fühle mich dann immer wohl. Andere Male ist es schwieriger; dann mache ich es wett, indem ich mir über den Tag viele kurze Achtsamkeitsmomente gewähre, wohltuende Zwischenspiele. Aber ganz tief in mir drin spüre ich, dass das nicht das Gleiche ist. Ich habe noch immer keine Lösung gefunden. Aber dennoch, der größte Fortschritt, den ich in den letzten Jahren in Sachen Meditation gemacht habe, war, dass ich Folgendes begriffen habe: Der Kampf des Dringenden mit dem Wichtigen beginnt schon morgens beim Aufstehen. Und dieser Kampf wird stattfinden, solange ich lebe. Manchmal werde ich auf der Seite des Wichtigen stehen. Manchmal Sklave des Dringenden sein. Und das ist sehr gut so: Denn es ist das Zeichen dafür, dass ich lebe.

E wie Ehrfurcht

*Es gibt etwas unendlich Großes und unendlich Starkes,
das uns manchmal ergreift und (im Allgemeinen) wieder loslässt.
Es ist schön und beängstigend.
Es macht Lust weiter zu leben, zu lieben und ganz leicht zu lächeln.
Das ist Ehrfurcht.*

Easterlin-Paradox 1974 wies der amerikanische Wirtschaftswissenschaftler Easterlin ein verstörendes Phänomen nach: Das Wirtschaftswachstum, insbesondere in den 1950er- und 1960er-Jahren, hatte seine Landsleute nicht glücklicher gemacht. Das ist bedauerlich, wenn man weiß, dass Politiker gern auf das Wachstum verweisen, um den Erfolg ihrer Regierung darzustellen. Easterlins Aufsatz erregte bei seinem Erscheinen wenig Aufmerksamkeit, doch je mehr neue Studien seine Schlussfolgerungen bestätigten, desto klarer wurde, dass die Steigerung des Wohlstands in einem Land nicht automatisch auch das Wohlbefinden seiner Einwohner erhöht. In der Folge gab es die Tendenz, die Verwendung des BIP (Bruttoinlandsprodukt) als Index für sozialen Fortschritt infrage zu stellen. Die Frage war: Muss man nicht künftig andere Hilfsmittel für die Bewertung verwenden? Nicht nur die Steigerung des materiellen Wohlstands, sondern auch die des Wohlbefindens betrachten? 1972 machte der Staat Bhutan der UNO den Vorschlag, andere Indizes zu entwickeln, um die Politik zu beurteilen: das Bruttoinlandswohlbefinden.[1] Man spricht seither viel darüber, doch in der Politik ändern sich die Dinge noch langsamer als in der Psychologie!

Effizienz und Glück Ich bin kein großer Freund von Forschungsarbeiten, die zeigen, dass sich das Wohlbefinden von Angestellten und Teams im Unternehmen und in der Arbeitswelt allgemein auszahlt (ich ziehe vor, dass man mit anderen Argumenten zum Glücklichsein motiviert). Und doch ist etwas Wahres dran.[2] Eine interessante Studie hat beispielsweise bewiesen, dass Teams, die harmonisch zusammenarbeiten, leistungsfähiger sind als konfliktbelastete oder passive Teams. Die Wissenschaftler haben den Ablauf von Meetings gefilmt, um die Anzahl von positiven (herzlichen, konstruktiven, kollaborativen) und negativen (angespannten, passiven, konflikthaften) Interaktionen zu ermitteln. Das Verhältnis, das die besten Leistungen (am Ende des Jahres beziffert und bewertet) bewirkte, lag bei etwa drei positiven zu einer negativen Interaktion. Seitdem nennt man dieses optimale Verhältnis zu Ehren des Forschers, der diese Studie durchgeführt hat, *Losada-Ratio*.[3] Andere Studien haben gezeigt, dass in einer Gruppe, in der positive Interaktionen überwiegen, von der Meinung der Mehrheit abweichende Ansichten eher geäußert werden.[4] Dies ist verständlich, denn eine abweichende Meinung wird in einer gestressten oder schlecht gelaunten Gruppe leicht als störend empfunden und abgewiesen, in einer positiven und herzlichen Gruppe hingegen als interessant und anhörenswert. Und man weiß, dass Gruppen abweichende Meinungen benötigen, um sich weiterzuentwickeln; sie müssen ihnen nicht unbedingt folgen, aber sie müssen sie anhören.

Egoismus ist wie eine Tür, die vor dem Unglück der anderen geschlossen wird, doch damit schließt sich auch die Tür vor dem Glück. Denn es gibt nur eine Tür, diejenige, die sich zur Welt öffnet. Zunächst glaubt man, dass man durch das Schließen dieser Tür die anderen daran hindert, einzutreten und uns unser Glück zu nehmen oder es uns durch den Anblick oder die Erzählung ihrer Leiden zu verderben. Man möchte sein Glück ganz für sich und zur Not für seine Angehörigen behalten, für diejenigen, die man eintreten lässt. In Wirklichkeit aber bewirkt man damit den Rückzug in sich selbst, anstatt sich den Zugang zu allem Glück dieser Welt zu eröffnen. Wir sperren uns ein, so lange, bis wir keine Luft mehr bekommen. Egoismus bedeutet, in einem Haus zu wohnen, dessen Fensterläden stets geschlossen sind. Wir sehen keinen Regen, wir fühlen die Kälte weniger stark – aber wir können auch die Sonne nicht mehr genießen.

Egoismus, ist er unvermeidlich? Wenn man mit bestimmten Menschen über Altruismus spricht, sagen sie, dass es auch wichtig sei, gelegentlich egoistisch zu sein, an sich selbst zu denken. Gewiss. Doch ist Egoismus weniger dieses »Ich auch«, das normal und legitim ist, oder das »Ich zuerst«, das bei manchen von Sorge geplagten Menschen verständlich ist, bei denjenigen, die unter einem Mangel an Glück gelitten haben. Es ist vor allem das »Alles für mich«, was wesentlich problematischer ist!

Ehegatte Das ist die Person, die am besten über die emotionalen Fähigkeiten des Lebenspartners Bescheid weiß. Die meisten Menschen tragen nur selten ihre Beschwerden, negativen Gemütszustände und schlechten Stimmungen nach außen; in der Regel behalten sie sie den ihnen nahestehenden Personen vor. Den eigenen Ehegatten wie einen Vorgesetzten mit Respekt zu behandeln wäre daher manchmal keine schlechte Idee. Man kann nicht jemandes Glück wollen und ihn zugleich wie einen Mülleimer für negative Emotionen behandeln.

Eheleben Eine Quelle des Glücks, zumindest statistisch!
Im Schnitt fühlen sich verheiratete Menschen glücklicher als die anderen, also Unverheiratete, Verwitwete und Geschiedene. Der Beitrag des Ehelebens zum Glück der Menschen wandelt sich im Lauf der Jahre. Am Anfang steht die Verliebtheit; dann kommen allmählich Zuneigung, Kameradschaft, Sicherheit, die fröhliche Vielfalt des Familienlebens mit Kindern hinzu; und schließlich die beruhigende Gewissheit, dem Leben, der materiellen oder existenziellen Not nicht allein gegenüberzustehen.

Gibt es eine Gebrauchsanleitung für das Glück zu zweit? Man könnte viel dazu sagen, doch zu den Dingen, an die man nicht denkt, gehört zweifellos dieses Rezept: sich über das Gute freuen, das dem Gatten widerfährt. Man glaubt häufig, man müsse ihn unterstützen, wenn er Probleme hat, was auch stimmt und was auch lange Zeit eine der Hauptfunktionen der Ehe war. Früher, als das Leben hart war, war es überlebenswichtig, bei Krankheit oder Unglück nicht allein zu sein. Heute, da es materiell möglich und gesellschaftlich toleriert ist, allein zu leben, erwartet man etwas anderes von der Ehe, nämlich dass sie uns aufblühen lässt und glücklich macht, glücklicher, als wenn wir allein lebten. Andernfalls wäre sie die Mühe nicht wert, zumal das Eheleben ja auch Einschränkungen mit sich bringt. Untersuchungen zeigen, dass es sich sehr günstig auf die Lebenserwartung von Ehepartnern auswirkt, wenn sie sich aktiv freuen (beispielsweise nicht einfach »Ja, super« sagen, sondern ihre Emotionen ausdrücken, Fragen stellen usw.).[5] Ein anderer Faktor, der das Glück zu zweit fördert: regelmäßig Zeit miteinander verbringen, nicht nur zu Hause, sondern auch in anderen angenehmen Umgebungen. Der Alltagstrott hat sein Gutes (zu wissen, dass man jeden Abend seinen Gatten und seine Kinder zu Hause wiedersehen wird), aber das gilt erst recht, wenn er durch kleine Neuerungen und Veränderungen gewürzt wird. Andernfalls ähnelt das Eheleben einem Essen ohne Salz und Gewürze: Es enthält alles, was man braucht, schmeckt aber etwas fade.

Ehrfurcht Es ist Spätnachmittag im Winter auf dem Odilienberg, einem Kloster im Elsass. Ich habe gerade an der medizinischen Fakultät der Universität Straßburg ein Seminar mit dem Titel »Meditation und Neurowissenschaften« gegeben, das erste seiner Art in Frankreich. Passend zum Thema verbrachten die Studenten die ganze Woche im Kloster St. Odilienberg, wo die Veranstaltungen durch Meditationsübungen unterbrochen wurden. Jetzt, am Ende der ersten Woche, sind alle abgereist, und nur die Organisatoren und Lehrkräfte sind noch da.

Ich nutze die Gelegenheit, um ganz allein auf dem schmalen Weg zwischen Tannen hindurch um das Kloster spazieren zu gehen. Die Gebäude befinden sich ganz oben auf einem Berg, abgelegen inmitten von Wäldern. An jenem Tag ist alles mit Schnee bedeckt. Den Himmel verdüstern dicke Wolken und die Abenddämmerung zieht herauf. Ich gehe langsam und horche mit Freude auf den Schnee, der bei jedem Schritt knirscht. Hier und da blickt man durch eine Waldschneise zum Horizont und erspäht weitere Berge mit weiteren schneebedeckten Tannen. Gelegentlich sehe ich hoch und erkenne das dunkle, jahrhundertealte Kloster. Merkwürdiges Gefühl. Insgesamt angenehm, aber es ist nicht Glück, was ich empfinde. Der Himmel ist zu grau, die Kälte zu hart. Ich bin erstaunt und zufrieden, da zu sein, ein wenig eingeschüchtert und beeindruckt von der rauen Schönheit der Natur und der Gebäude, von ihrer langen Geschichte.

Für diesen Gemütszustand gibt es im Französischen keinen Ausdruck. Im Englischen spricht man von »awe«, im Deutschen gibt es den Ausdruck »Ehrfurcht«, um ihn zu beschreiben. Diese Mischung aus bewunderndem Respekt und etwas Furcht und Verschüchterung. Es ist gewissermaßen ein Gefühl der Transzendenz: Was wir sehen und erleben, übersteigt unseren gewöhnlichen mentalen Rahmen; unsere Worte, unser Verstand können dessen Maß, Komplexität und Bedeutung nicht fassen.

Man bewundert es, man fühlt, wie etwas über uns hinausgeht, das viel größer ist als wir, und das auch etwas ängstigt. Doch man freut sich, es zu sehen, zu beobachten, zu genießen. Man fühlt sich ganz klein. Und das Besondere an diesem Gefühl der Ehrfurcht ist, dass es nicht auf uns selbst gerichtet ist, sondern auf das, was wir sehen, ahnen oder uns vorstellen, was uns beeindruckt und was wir still, mit angehaltenem Atem und schweigend bewundern.

Und dann nähern sich ganz langsam Gespenster.

Ich denke daran, dass es in diesen Wäldern im Jahre 1992 ein berühmtes Flugunglück gab: auf einen Schlag 87 Opfer in diesen düsteren und eisigen Bergen. Mir ist, als geistern die hier zurückgebliebenen Seelen dieser Toten zwischen den Zweigen der hohen Tannen herum, und spüre, wie sie mich mit ihren starren Augen beobachten.

Ich empfinde immer noch diese Ehrfurcht, aber ich fühle jetzt auch Mitleid für all diese Leben, die an einem Abend im Januar 1992 so plötzlich endeten, etwa zu der Zeit, zu der ich jetzt spazieren gehe und zu der mein Atem in der Stille immer lauter wird. Ich höre mein Herz bis in die Ohren pochen. Gehe ich zu schnell? Ich halte an. Ich nehme mir die Zeit, die kalte Luft zu spüren, die ich atme, diese unglaubliche und unnachahmliche Empfindung der schneeerfüllten Luft. Ich meine, das Atmen des Berges zu hören, der unter dem schweren Mantel des Schnees ebenfalls Luft schöpft. Eine erfüllte Stille.

Ich bin mir meines Körpers sehr bewusst und lasse meinen mentalen Bildern freien Lauf: das Kloster, das Grab der heiligen Odilia im Halbdunkel einer Krypta, die Gesichter der Studenten und die Gespräche mit ihnen, das zerschellende Flugzeug und die ausgelöschten Leben.

Wie jedes Mal berührt mich dieses Geheimnis der unterschiedlichen Gemütszustände: Wie ist es möglich, dass man zugleich ruhig und von Schmerzen gepeinigt ist? Glücklich, zu leben, aber betrübt vom Wissen um die Umstände des Lebens? Zermalmt von etwas, das größer ist als wir, und trotzdem weiter sehen wollen, was geschehen wird, im Bewusstsein, dass unser Leben zählt.

In wenigen Augenblicken wird mein Körper sich wieder in Bewegung setzen, ich werde zu meinen Freunden oben im Kloster zurückkommen, wir werden plaudern und dann zu unseren Autos, Zügen oder Flugzeugen aufbrechen. Keines der Rätsel, die ich während meines Spaziergangs empfand, wird gelöst sein, doch werde ich gespürt haben, wie mich der Atem des Lebens durchströmte. Das wird mir für einen Augenblick das Herz schwer gemacht haben, um es dann zu erleichtern. Der Eindruck, ein Vogel gewesen zu sein, den ein unsichtbarer Riese gefangen, einen Augenblick in seiner Hand gehalten und dann wieder freigelassen und dem Himmel zurückgegeben hat.

Einkaufswagen oder das wahre Leben An einem Tag im Skiurlaub gehe ich in dem kleinen Laden an der Ecke einkaufen. Ich habe die Aufgabe, Lebensmittel für zwanzig Personen aufzutreiben. Nachdem ich einige Dinge in den Einkaufswagen gepackt habe, lasse ich ihn kurz stehen, um etwas aus einem anderen Regal zu holen. Und als ich zurückkomme, mit einer Flasche Milch oder Öl in der Hand, ist er nicht mehr da. Ich suche im anderen Gang – weg. So ein Mist! Warum sollte man mir meinen Einkaufswagen klauen? Ich sage mir, dass ich ihn wohl woanders stehen gelassen habe, und fange noch einmal an zu suchen. Und dann finde ich meine ersten Einkäufe auf den Möhren wieder. Jemand hat meinen Einkaufswagen geleert und dann mitgenommen. Und damit habe ich nun eine Viertelstunde verplempert! Zuerst bin ich natürlich etwas ärgerlich. Man hat mir eine 1-Euro-Münze gestohlen, vor allem aber muss ich zurück zum Parkplatz und mir einen neuen Einkaufswagen holen. In Wirklichkeit bin ich aber vor allem traurig, denn die Welt hat sich in meinen Augen verändert.

Auf einmal sehe ich mich nicht mehr von braven Urlaubern und friedlichen Einwohnern umgeben, sondern von potenziell Schuldigen – unhöflichen, unehrlichen Menschen, faulen und unzivilisierten Banausen. Zumindest einer von ihnen ist so, aber für mich ist die ganze kleine Menschheit im Lebensmittelladen davon kontaminiert. Ich bin von diesem kleinen Delikt völlig verstört: Kunden, die einkaufen wollen, vergreifen sich doch nicht eben mal am Einkaufswagen eines anderen!

Ich möchte damit nichts zu tun haben. Es macht mich traurig, kostet mich Energie, um mich zu beruhigen, um zu relativieren und mir zu sagen, dass das nicht so wild ist, dass es unendlich Schlimmeres gibt, dass es solche kleinen Streiche schon immer gab, und dass die Leute, die das getan haben, mir vielleicht helfen würden, wenn ich in der Patsche säße. Kurz, es ist ein kleiner Kraftakt, wieder Frieden in den Kopf zu bekommen, von der sekundären Emotion (Wut) zur primären Emotion (Traurigkeit) zu gelangen und diese dann wie ein kleines Kind zum Einschlafen zu bringen.

Meinen neuen Einkaufswagen behalte ich aber dennoch im Auge. Und jedes Mal, wenn ich einem »Verdächtigen« beggne, betrachte ich ihn mit einem kriminalistischen Blick: Ist sein Lächeln etwas zu breit? Hat er einen ausweichenden Blick? Schlechte Manieren? Hmm ... könnte es vielleicht der da drüben gewesen sein?

Und die Moral von der Geschicht': Ich habe Glück gehabt, wie so oft. Ich habe lediglich einen Euro und fünf Minuten eingebüßt.

Und für diesen bescheidenen Preis durfte ich mich an zwei Tatsachen erinnern lassen:

- Gemeinheiten gehören zum Leben.
- Ich bin wie alle anderen, eine Dummheit kann mich in übertriebene Gemütszustände versetzen, auch wenn ich Psychiater bin.

Also los, an die Arbeit, mein Lieber ...

Einsamkeit Sie verhindert das Glück nicht, vorausgesetzt, sie wird gewählt und nicht erlitten. Oder ist vorübergehend, wie die Einsamkeit eines Menschen, der geliebt und umsorgt wird, der es jedoch schätzt, für einen Tag, eine Woche, einen Monat Ruhe und Abgeschiedenheit zu suchen, im Wissen, dass man ihn in der Ferne weiter liebt und an ihn denkt. Studien zeigen, dass Menschen, die immer allein gelebt haben, ebenso glücklich sind wie diejenigen, die als Paar leben. Für Geschiedene, getrennt Lebende, Verwitwete ist es hingegen schwieriger. Die Einsamkeit des Personenstands (Ehelosigkeit) ist nicht unbedingt mit alltäglicher Einsamkeit verbunden. Allein lebende Menschen haben häufig mehr Freunde oder mehr Hobbys als Paare. Eine intensive soziale Einbindung, die man in Anspruch nimmt und genießt, scheint die Zweisamkeit ersetzen oder zumindest ebenso viel Glück bieten zu können.[6]

Elektrizität Ich habe einmal eine kleine Szene beobachtet: Eine ältere Dame geht mit einem Einkaufswagen an einem Gebäude vorbei, in dem sie nicht zu wohnen scheint, als es gerade zu regnen beginnt. Sie wendet sich freundlich an zwei Elektriker, die vor der Tür etwas reparieren: »Achtung, meine Herren, Sie wissen doch, dass Strom gefährlich ist, wenn es regnet, seien Sie vorsichtig!« Die beiden Herren lächeln höflich: »Vielen Dank, meine Dame, wir sind es gewohnt.« Einige Meter weiter steht ihr Transporter, mit allen Logos darauf, die bestätigen, dass ihre Firma tatsächlich ein Fachbetrieb für Elektroinstallationen ist. Wie soll ich sagen?

Diese unnötige – und ein wenig naive – Freundlichkeit der alten Dame gegenüber Unbekannten hat mich berührt und aufgemuntert. Und ich lasse mich gern berühren und aufmuntern.

Ekstase Sie ist ein intensives Glück oder Vergnügen, so intensiv, dass wir außer uns geraten. Die bekanntesten Ekstasen sind sexuelle und mystische Ekstasen; das sind körperliche oder metaphysische Erschütterungen. Wenn man Ekstasen als extreme Formen des Glücks betrachtet, bestätigt ihr Wesen – ein heftiges Aus-sich-Herausgehen –, dass die natürliche Bewegung des Glücks nicht zentripetal, von außen nach innen, ist, sondern zentrifugal, von innen nach außen.

E-Mail eines Freundes Neulich war sehr schönes Wetter, und ein befreundeter Psychologe schickte mir eine E-Mail zu verschiedenen beruflichen Fragen, für die wir gemeinsam eine Lösung finden müssen. Am Ende seiner Nachricht wechselte er die Tonlage und weitete den Fokus über unsere Probleme hinaus aus: »Und auf jeden Fall ist es jetzt am wichtigsten, dass die Sonne endlich scheint. Ich werde Unkraut jäten und Claudine wird die ersten Zwiebeln pflanzen. Eine Turteltaube wird noch vergeblich versuchen, sich mit dem Wetterhahn der Kirche zu paaren, in der Ferne wird man den Motor eines kleinen Sportflugzeugs hören, und es wird vollkommen sein.« Unglaublich, was für eine beruhigende Wirkung diese paar Zeilen auf mich haben. Ich lächle, ich stehe auf, um ebenfalls durch das Fenster die Sonne zu sehen, die meinen Kumpel inspiriert. Endlich ist alles gut, diese Probleme sind nur Probleme. Innerhalb eines Augenblicks hat uns diese Nachricht das Wesentliche vor Augen geführt: Wir leben und es ist schönes Wetter.

Emotionales Gleichgewicht Was ist emotionales Gleichgewicht? Von einem algebraischen Gesichtspunkt aus müsste gefragt werden: Welches ist das richtige Verhältnis zwischen positiven und negativen Emotionen? Ich weiß wohl, dass Gleichgewicht nicht notwendigerweise Glück ist, und Letzteres tritt gelegentlich gerade in Augenblicken der Destabilisierung auf. Aber dennoch, wenn man pausenlos von negativen Emotionen überschwemmt wird, wie die Ängstlichen und die Deprimierten, ist es nicht gerade leicht, sich glücklich zu fühlen. Also hat man Studien durchgeführt, bei denen man Kurzbefragungen zur emotionalen Befindlichkeit vorgenommen hat. Stellen Sie sich vor, Ihr Handy piept kurz, mehrere Wochen lang etwa zehn Mal pro Tag, und jedes Mal müssen Sie Ihre emotionale Grundstimmung in genau diesem Augenblick, ob angenehm oder unangenehm, angeben. Die bei diesen Studien ermittelten Daten zeigen, dass das optimale Verhältnis bei etwa drei positiven Emotionen zu einer negativen Emotion liegt, und zwar bei Personen, die nicht unter übermäßigem Stress, Angst oder Depression leiden. Es geht also nicht darum, alles positiv zu sehen. Wir dürfen regelmäßig negative Emotionen verspüren, die uns dazu bringen, uns anzupassen, wie etwa Beunruhigung, Traurigkeit, Schuldbewusstsein, Ärger und so weiter es zu tun vermögen, doch diese negativen Emotionen dürfen nur ein Drittel so häufig in unserem Geist auftreten wie positive Emotionen, damit wieder Gleichgewicht herrscht. Und, geht die Rechnung für Sie auf?

Emotionen Sie sind durch ihr spontanes Auftreten gewissermaßen ein Thermometer des Glücks. Bei angenehmen Emotionen kommen wir dem Glück näher. Bei unangenehmen Emotionen entfernen wir uns von ihm.

Emotionen, negative Das Problem der negativen Emotionen ist nicht, dass es sie gibt, sondern ihr Hang zur Ausbreitung! Ihr Hang, sich zu verwurzeln und spezielle Verhaltensprogramme hervorzurufen, durch die sie chronisch werden. Wut führt zur Aggression gegen andere, Traurigkeit zum Rückzug, Beunruhigung zur Konzentration auf Probleme. Und jedes dieser Programme ist selbstverstärkend. Negative Emotionen haben natürlich eine Bedeutung und eine Funktion, die man respektieren muss, aber ohne sich ihnen völlig zu unterwerfen. Damit sie etwas Platz für positive Emotionen lassen.

Emotionen, positive Als junger Psychiater habe ich nur akute Erkrankungen behandelt und es schien mir, dass negative Emotionen zahlreicher, vielfältiger, mächtiger, mit einem Wort interessanter wären. Seit ich ein alter Psychiater bin und das Glück habe, am Verhindern von Krankheiten arbeiten zu können, statt darauf zu warten, dass sie auftreten oder zurückkehren, habe ich natürlich meine Ansicht geändert. Ich habe entdeckt, dass das Universum der positiven Emotionen viel reicher ist als ursprünglich angenommen. Geht man ins Detail, sind sie sogar zahlreicher und vielfältiger als die negativen Emotionen, um nur Glück, Heiterkeit, Stolz, Elan, Bewunderung, Vertrauen, Erleichterung, gute Laune, Rührung zu nennen …

Empathie Empathie ist eine angeborene Fähigkeit des Menschen und vieler Tiere. Sie besteht darin, automatisch und ohne besondere Anstrengung zu spüren, in welchem emotionalen Zustand sich die Menschen in unserer Umgebung befinden. Unsere Gehirne können lesen und entschlüsseln, was die anderen Menschen empfinden.
   Empathie steht in engem Zusammenhang mit dem Glück. Sie wird durch Wohlbefinden begünstigt, da unser Geist sich dann für die Umwelt öffnet, statt auf sich selbst gerichtet zu sein, wie es beim Leiden der Fall ist. Sie ist es auch, die es uns gelegentlich erlaubt, auf die Freude und das Glück unserer Mitmenschen anzustoßen. Sehen wir jemanden lachen oder lächeln, steigen unsere Chancen, von seinem Wohlbefinden angesteckt zu werden. In meinen Augen ist Empathie eine sehr mächtige und tiefe Form der Intuition, die uns vor der Versuchung des Egoismus bewahrt, indem sie uns dafür empfindlich macht, was andere Menschen fühlen. Sie erinnert uns mit ihrer ganzen biologischen Kraft daran, dass wir tief mit den anderen verbunden sind. Egoismus ist eine Quelle des Unglücks, zahlreiche Arbeiten weisen dies nach.[7] Empathie ist eine

der Fähigkeiten, die uns die Natur gegeben hat, um uns empfindsamer und damit auf intelligente Weise glücklicher zu machen.

Endlichkeit Während unseres Medizinstudiums erzählte Christian, einer meiner besten Freunde, gern in gelehrtem Ton, vor allem vor einem Publikum von Nichtmedizinern, dass die Menschen nur eine begrenzte Fähigkeit hätten, an sexuellem Verkehr Vergnügen zu empfinden. Er verkündete im Wesentlichen Folgendes: »Untersuchungen haben gezeigt, dass nach etwa 1250 sexuellen Akten die Fähigkeit zum Vergnügen erlischt. Die Natur hat uns dafür programmiert, uns fortzupflanzen, es dann aufzugeben und unsere Energie anderen Dingen zu widmen.« Das war natürlich Unsinn. Doch bestand das maliziöse Spiel darin, anschließend die beunruhigten Gesichter der Gäste zu beobachten, von denen sich offensichtlich ein guter Teil mit Kopfrechnen befasste: »Also, wenn ich im Schnitt so und so oft pro Woche Liebe mache, wie viele Male habe ich dann noch?« Grundsätzlich ging seine Strategie auf, weil sie eine große Angst hervorrief, nämlich die vor der Endlichkeit. Wenn wir zu berechnen beginnen, wie viele Jahre uns noch bei ordentlicher Gesundheit zu leben bleiben, wie viele Frühlingstage, in denen wir noch in den Bergen herumkraxeln und in unbequemen Schutzhütten schlafen können, dann geht in unserem Kopf etwas Ähnliches vor wie in dem der Leute, die über ihren restlichen Vorrat an Orgasmen nachdenken. Das nennt man Midlife-Crisis: dieser Moment, in dem uns bewusst wird, dass wir mehr Jahre hinter uns als vor uns haben (zumindest rüstige Jahre). Bei manchen löst das eine depressive Krise aus, bei anderen eine regressive Krise. Bei Letzterer versucht man, sich zu verjüngen: Haare färben, den Ehegatten wechseln, sich ein Lifting oder einen Sportwagen gönnen und anderes mehr. In meinem alten Griechisch-Wörterbuch wird *krisis* übrigens mit »Urteil, Entscheidung, Wahl, Debatte, Krise, Ergebnis« übersetzt. Bei den meisten führt diese Krise dazu, dass sie sich ihrer Endlichkeit bewusster werden: »Ich darf mein Glück nicht mehr auf morgen verschieben, ich muss es heute leben. Ich darf mir nicht mehr sagen, ich werde glücklich sein, wenn ich jene Stelle bekommen habe, wenn ich meinen Kredit zurückgezahlt habe, wenn ich in Rente bin und so weiter; stattdessen sollte ich mir vor Augen halten: Ich kann *jetzt* anfangen, glücklich zu sein. So zwingt uns das unbequeme Gefühl der Endlichkeit, intelligent und aktiv über unser Glück, unsere existenziellen Prioritäten und unsere Lebensführung nachzudenken.

Enthusiasmus Ein Morgen mit einer meiner Töchter, die voller Energie und Enthusiasmus ist. Da ich verschlafen aussehe, ruft sie mir zu: »Nun, Dad, bereit für einen wunderbaren neuen Tag?!« Ich bin nicht besonders in Form, möchte mich aber nicht beklagen, denn ich habe auch keinen triftigen Grund dazu, daher stammele ich: »Äh, ja, wird schon werden.« Und sie erwidert: »Also, deine Antwort ist nicht gerade überwältigend!« Wir lachen beide. Sie hat es richtig gesehen: Ich habe Schwierigkeiten mit Enthusiasmus, ob spontan oder willentlich aktiviert. Bestenfalls fühle ich mich ruhig, glücklich, zuversichtlich, heiter, aber selten enthusiastisch, selten in dieser freudigen Erregung über das Leben und jeden neuen Tag, wie ich sie häufig bei meiner Tochter erlebe. Schlimmer noch, ich habe mich lange davor gehütet, da ich meinte, Enthusiasmus führe nur zu Fehlentscheidungen und Enttäuschung. Heute weiß ich, dass dieses Bestreben, sich nur angesichts von Gewissheiten zu erfreuen, nicht sehr vernünftig ist. Sich behutsam zu zwingen, beim Frühstück zu lachen und Spaß zu haben, kann unsere Stimmung zum Positiven verändern. Und es ist wertvoll zu lernen, den Enthusiasmus zu kultivieren, um sein Leben in Schwung zu bringen, wenn man merkt, dass der Motor etwas langsamer wird. Ebenso hilft es, ihn bei anderen zu bewundern, statt nur seine Grenzen zu sehen. Sicher ist Enthusiasmus nicht immer vernünftig, aber was ist schon immer vernünftig?

Entzücken Entzückt sein, was ist das? Etwas Wundervolles sehen, das heißt etwas Herausragendes, Außergewöhnliches. Man kann angesichts großer Naturschauspiele oder eines außergewöhnlichen Kunstwerks entzückt sein. Und auch angesichts von gewöhnlichen Dingen wie einer Blume, einer Morgenröte, eines Gewitters, des Ozeans, der Natur, der Funktionsweise des menschlichen Körpers. Entzücken hängt also eher damit zusammen, dass man sich bewusst wird, etwas Außergewöhnliches entdeckt zu haben. Diese Art von Entzücken ist einer der Schlüssel zum Glück. Begünstigt wird sie durch Neugier, das heißt Offenheit für Unbekanntes, im Zen-Buddhismus *Anfängergeist* genannt: ein sich stets erneuernder Glaube an das, von dem wir meinen, es kennen und beherrschen zu können. Zahlreiche Dichter verfügen über diese Gnade des Entzückens. Oft ist es bei ihnen auch mit Schmerzen verbunden, denn Entzücken vertreibt auch jede Schläfrigkeit, die aber ganz bequem ist, wenn wir etwas nicht sehen möchten. In seinem schönen Porträt der Dichterin Emily Dickinson spricht Christian Bobin von der »quälenden Gnade, sich an nichts zu gewöhnen«[8]. Überempfindliche Menschen sind auch überreaktiv, und zwar gegenüber Glücksgefühlen und Schmerzen. Es sind schmerzhaft Entzückte.

Epikur Der Gründer des Epikureismus war, wie es heißt, ein sanfter und liebenswerter Mensch, ein Vegetarier, und nur sehr wenig unnützen Vergnügungen zugetan. Ein Asket des Glücks, der lehrte, dass man, um glücklich zu werden, sich von seinen Wünschen nach allen unnützen Dingen befreien müsse. Wenn man ein Dach über dem Kopf, Nahrung und Freunde habe, bleibe nichts mehr zu wünschen übrig. Durch welche geheimnisvollen Wege ist der Begriff Epikureer zum Synonym für »Genießer« geworden?

Epiktet Ehemaliger Sklave eines dummen Herrn, der ihm eines Tages ein Bein brach, um seinen Stoizismus auf die Probe zu stellen; bei dessen Tod freigelassen, wurde er zu einer der großen Gestalten der antiken Philosophie. Wir kennen ihn vor allem wegen seiner etwas kruden Ansicht zum glücklichen Leben, die sich ohne Zweifel durch seine Vergangenheit erklärt. Wie Buddha dachte

Epiktet, dass das Glück in die Herzen der Menschen eingeschrieben sei: »Die Götter haben alle Menschen geschaffen, damit sie glücklich sind; unglücklich sind sie nur durch ihre eigene Schuld.« Aber er sagte auch, dass sie ihrerseits Wachsamkeit und ein Bemühen um Urteilsfähigkeit aufbringen müssen, um zu unterscheiden, was von ihnen (und ihren Bemühungen) abhängt und was nicht (und was sie eher zu akzeptieren als zu ändern haben). Sein berühmtes Handbüchlein, das seine Lehren, wie seine Schüler sie gesammelt haben, enthält, ist auch nach fast zweitausend Jahren noch erstaunlich frisch und aktuell.

Erfolg Unsere Erfolge sind nur dafür gemacht, vergessen zu werden. Sie bis zum Überdruss zu wiederholen schadet unserem Glück, denn es schmeichelt unserem Ego und bläst es übermäßig auf. Nutzen wir Erfolg, um dankbar zu sein! Wir sollten dem Leben dafür danken, dass wir so glänzen können. Und auch allen Menschen sollten wir danken, denn hinter unseren Bemühungen steht eine ganze Reihe von Menschen, die uns angeleitet, ermutigt, geholfen haben. Wir haben ihre Hilfe und guten Gaben angenommen und uns zu eigen gemacht; doch was wären wir ohne sie?

Erinnerungen und Vergangenheit Als ich klein war, hatte ich Erinnerungen. Jetzt, da ich groß bin, habe ich eine Vergangenheit. Das heißt, einen kompakteren und kohärenteren Block von Erinnerungen, der eine Geschichte erzählt, die Geschichte meines Lebens. Welche Erinnerungen aufgerufen werden, hängt von unserem emotionalen Zustand ab. Sind wir glücklich, kommen uns leichter glückliche Erinnerungen in den Sinn, wohingegen sich traurige Erinnerungen vordrängen, wenn wir unglücklich sind. Man nennt das emotionale Übereinstimmung. Wir können uns unsere Vergangenheit auf lichte oder auf düstere Weise vergegenwärtigen, indem wir entweder unsere glücklichen Erlebnisse oder unser Unglück in den Vordergrund stellen. Um diese Abhängigkeit von unseren jeweiligen Emotionen zu verringern, sollten wir unsere Autobiografie vielleicht an glücklichen Tagen schreiben und an tristen Tagen noch einmal lesen.

Erleichterung Erleichterung ist ein Vergnügen, das mit dem Ende von Unangenehmem verbunden ist. Durch einen Rebound-Effekt fast ein Glück, wenn die Unannehmlichkeit wirklich intensiv war. Es gibt die Erleichterung des Kranken, der feststellt, dass seine Schmerzen dank eines Medikaments oder eines tröstenden Arztes nachlassen oder verschwinden. Oder die Erleichterung, einer Gefahr oder einem Problem entgangen zu sein. Man kann Erleichterung bewusst lenken, denn sie ist mit Unangenehmem (das eben endete) und Angenehmem (das beginnt) verbunden.

Hier eine kleine Übung für mentales Bodybuilding: Halten Sie nach jedem Ärgernis Ihre Aufmerksamkeit auf die Gegenwart fixiert. Beobachten Sie die Versuchung, erneut über die Vergangenheit zu schimpfen. Lächeln Sie ihr zu und kehren Sie wieder zur Gegenwart zurück. Halten Sie in jeder Position der Übung lange genug aus, wie beim Joggen oder dem Beibehalten einer Yoga-Haltung. Wenn die Übung zu Ende ist, wenn man die Gegenwart und die Erleichterung lange genug genossen hat, kann man seinen Geist zu dem Problem zurückkehren lassen, sofern es ein Problem gibt, damit er versuchen kann, es zu lösen, das heißt zu sehen, was man tun kann, um es in Zukunft zu vermeiden.

Hier einige Beispiele für Ärgernis-Erleichterung-Sequenzen mit steigendem Schwierigkeitsgrad: Sie hätten beinah Ihren Zug verpasst, haben ihn dann aber im Laufen erreicht. Sie haben viel Zeit in Verkehrsstaus verloren, sind dann aber endlich zu Hause angekommen. Sie haben viel geschuftet, um dieses Möbelstück, das als Bausatz verkauft wurde, zusammenzubauen, dann ist es endlich fertig. Sie haben sich das Handgelenk gebrochen, Sie hatten große Schmerzen, dann haben Sie endlich einen Gips und keine Schmerzen mehr. Sie haben sich mit einem Angehörigen zerstritten und nicht mehr miteinander gesprochen, doch endlich beginnen Sie wieder, miteinander zu reden (auch wenn im Grunde nichts geregelt ist) und so weiter.

Ermüdung Man beklagt sich oft über Müdigkeit, doch hat sie auch ihr Gutes. Zum Beispiel regelt sie unser Verhalten, indem sie uns daran hindert, uns zu überanstrengen. Das ist manchmal bedauerlich, zum Beispiel, wenn die Erschöpfung der Feuerwehrleute oder Piloten von Canadair bei großen Waldbränden den Kampf gegen das Feuer lähmt. Es ist willkommen, wenn ein Verhalten nervtötend ist. Wenn zum Beispiel früher ein glücklicher Mensch Lust hatte, lauthals zu singen, brachte das die Nachbarn natürlich auf die Palme. Doch sie wussten, dass der Sänger nach einer Weile erschöpft sein würde, sodass sie wieder Ruhe hätten. Das Problem ist, dass uns heute die Technologie dabei hilft, unsere Ermüdung zu überwinden. Wenn also jemand glücklich ist und statt lauthals zu singen seine Stereoanlage voll aufdreht, ist das ein Problem. Da er nicht müde wird, werden die Lärmbelästigung und die Konflikte mit den Nachbarn schnell ein hohes Maß erreichen. Es ist klar: Die technischen Fortschritte erfordern psychologische Fortschritte. Leider sind erstere schneller zu erzielen als die letzteren.

Ernsthafte Dinge Im Leben gibt es ernsthafte und weniger ernsthafte Dinge. Für viele Menschen zählt die Psychologie nicht zu den ernsthaften Angelegenheiten. Und die Positive Psychologie erst recht nicht. Vor einiger Zeit hielt ich einen Vortrag über das Glück vor ehemaligen Schülern einer namhaften Hochschule. Da mir klar war, dass das Publikum über eine gute wissenschaftliche Bildung verfügte, habe ich mich ziemlich stark auf Forschungsarbeiten im Bereich Positive Psychologie berufen. Ihren Gesichtern und Reaktionen nach zu schließen, hat es den Zuhörern gefallen. Als ich nach den Fragen aus dem Publikum gerade das Podium verließ, rutschte dem Organisator der Veranstaltung bei der Vorstellung des nächsten Redners, eines Angehörigen dieser Hochschule, Folgendes heraus: »Schön, vielen Dank, Doktor André! Und jetzt gehen wir zu den ernsthaften Dingen über.« Sofort brach lautes Gelächter aus. Ich hatte wohl die Rolle eines Entertainers oder eines Clowns gespielt, sagen wir, eines Unterhalters. Vor einigen Jahren hätte mich das sicherlich gekränkt. Jetzt nicht mehr.

Ich fand das sogar sehr lustig, denn es ist immer gut, genau zu wissen, welche Rolle man im großen Schauspiel des Lebens spielt!

Erster Kuss Es war neulich im Gespräch mit einem lange befreundeten Paar. Er erzählt uns, wie er sich vor Kurzem in großer Verlegenheit befand: Als er einen Abend viel früher als üblich nach Hause kam, sah er plötzlich in einer Toreinfahrt in seinem Viertel seine fünfzehnjährige Tochter in den Armen eines Jungen. Er beschreibt, was er in diesem Moment empfunden hat: »Ich war sehr verlegen, es ist sehr schwierig zu erklären. Es war mir erstens unglaublich peinlich, zum ersten Mal zu sehen, wie sie einen Jungen umarmt, und noch peinlicher war mir, dass sie mich auch sehen könnte. Ich habe dann den Blick abgewendet, den Kopf gesenkt und bin zehn Minuten vor mich hin gegangen, ohne mich umzudrehen. Dann habe ich angehalten, um mich auszuruhen. Ich empfand eine unbeschreibliche Mischung von Gemütszuständen: Überraschung natürlich; Peinlichkeit und Unwohlsein, weil ich die Szene beobachtet habe, wenn auch nur flüchtig; sicherlich auch Nostalgie, weil ich plötzlich bemerkte, wie die Zeit vergangen ist; Traurigkeit, weil ich sah, dass ich letztlich entthront war und dass es künftig andere wichtige Männer in ihrem Leben geben würde.«

Kurz, er durchlebte eine sehr große und sehr interessante Unruhe. Solche Gemütszustände liebe ich, komplex, subtil, beruhend auf Erinnerungen aus allen Ecken unserer Lebensgeschichte. Dann fügt seine Frau hinzu: »Mir ist bei deiner Erzählung aufgefallen, dass du dich in dem Augenblick nicht gefreut hast. Ich hätte neben diesen ganzen Empfindungen von Peinlichkeit und Nostalgie auch Glück darüber empfunden, dass meine Tochter die Liebe entdeckt!« Mir ist es noch nicht passiert, dass ich mich in so einer Situation befand. Aber es wird geschehen, und das ist sehr gut. Und wenn ich auch so denke wie die Mutter, werde ich zweifellos reagieren wie der Vater. Und letztlich würde ich es lieber nur wissen, als es zu sehen. Die elterlichen Gemütszustände sind so einfacher zu managen und zu verdauen.

Erwachen Ein heikler Moment, in dem wir den Schlaf verlassen, um dem Leben die Stirn zu bieten oder es zu genießen. Manchmal verspüren wir dabei keine besondere Emotion. Manchmal haben uns schon die Ängste an der Gurgel gepackt, kaum dass wir die Augen geöffnet haben. Manchmal erwachen wir freudig erregt. In allen Fällen ist es interessant, sich ein wenig Zeit zu nehmen, bevor man aufsteht. Zeit, sich darüber zu freuen, immer noch am Leben zu sein (Tausende von Menschen sind währenddessen gestorben). Oder Zeit, unseren Geist um den vielleicht vorhandenen Schmerz herum zu erweitern, damit wir den Tag nicht mit einer beengten Brust beginnen. Ich habe noch eine andere Empfehlung: Machen Sie beim Aufwachen keinen Bildschirm an, etwa, um Nachrichten zu sehen. Machen Sie lieber langsam ausgeführte Gymnastikübungen oder eine kurze, einige Minuten dauernde Meditation im Sitzen, die sich auf den gegenwärtigen Augenblick und das Empfinden des Körpers konzentriert.

Eudämonie Die Fähigkeit, sich durch das Erreichen von Zielen, die den eigenen Werten entsprechen, glücklich zu fühlen. Dieses Erreichen – und dessen Anstreben – gibt unserem Leben Sinn. Eudämonismus nimmt mit dem Alter zu, während sich der Hedonismus allmählich zu verringern scheint.[9] Das Gesamtglück ergibt sich also aus hedonistischen und aus eudämonistischen Quellen und bleibt dann konstant: Man betrachtet das Leben als gelungen.

Euphorie In der Theorie und etymologisch bedeutet Euphorie, in angenehmer Stimmung zu sein. Für Psychiater steht sie im Gegensatz zur Dysphorie, was ein gestörtes, *verkehrtes* (das ist die Bedeutung der Vorsilbe *dys-*) emotionales Erleben bezeichnet, wie wir es empfinden, wenn wir ängstlich oder deprimiert sind. Merkwürdigerweise bezeichnet das Wort Euphorie in unserer Sprache ein Übermaß an guter Laune. Das ist ein weiterer Beweis dafür, dass wir im Grunde Schwierigkeiten mit positiven Emotionen haben. Es stimmt, dass zu viel gute Stimmung gefährlich sein kann.

In der Euphorie ist das emotionale Gleichgewicht gestört, denn es fehlt der Regulator negativer Gedanken oder Emotionen, der unsere Aufmerksamkeit auf etwaige, sich aus unseren Entscheidungen oder Haltungen ergebende Probleme lenken könnte. Man sollte also besser keine wichtigen Entscheidungen treffen oder Engagements eingehen, wenn man euphorisch gestimmt ist; und auch nicht, wenn man dysphorisch drauf ist!

Ewige Wiederkehr Gelegentlich entmutigt uns die ewige Wiederkehr unserer negativen Gemütszustände, unseres Hangs zu Zorn und Stress, selbst dann, wenn wir erfolgreich sind. Aber was soll's! Liegt die ewige Wiederkehr der Nacht, des Windes, des Regens, des Winters nicht in der natürlichen Ordnung der Dinge? Zudem bringt diese ewige Wiederkehr auf Dauer kleine Veränderungen mit sich. Man bemerkt, dass Zorn, Traurigkeit, Ängste wiederkehren, aber weniger dauerhaft, weniger stark, dass sie sich weniger auf unser Verhalten auswirken. Ihr Einfluss auf unser Leben verringert sich. Aus diesem Grund mag ich auch keine Sprichwörter wie »Die Katze lässt das Mausen nicht«, »Niemand kann aus seiner Haut« und andere demotivierende und verurteilende Aphorismen. Übrigens geht das gewiss allen Psychotherapeuten so, denn wenn die Sprüche wahr wären, könnten wir den Laden dichtmachen und unsere Patienten ihren Leiden überlassen. Manchmal stimmen sie – so wie alles manchmal stimmt –, nämlich in bestimmten kurzen Phasen, in denen keine Entwicklung erkennbar ist. Doch oft sind sie falsch. Vor allem aber sind sie giftig, entmutigend und demotivierend. Und was giftig, entmutigend und demotivierend für unsere Seele ist, kann ich nicht leiden. Solche Sprüche sind die üblen Mantras unseres Geistes, wenn es uns schlecht geht. Sie verschlimmern das Übel und machen es chronisch.

Ewigkeit Wenn man innehält, um einen glücklichen Augenblick zu genießen, atmet man einen Hauch Ewigkeit, man betritt eine Ewigkeitsblase – die bald *plopp* machen und verschwinden wird wie eine Seifenblase. Dies genau ist typisch für die Phänomenologie des Glücks: das Gefühl, dass die Zeit stehen bleibt und sich weitet. Unsere Glücksmomente sind wie ein Hauch von Ewigkeit. Darin ähneln sie leider ein wenig dem Unglück, das uns ebenfalls so etwas wie Ewigkeit empfinden lässt. Wenn es uns zermalmt, befürchten wir, auf ewig in seinen Fängen hängen zu bleiben.

Existenzielle Ängste »Seit der Mensch weiß, dass er sterblich ist, kann er sich kaum mehr richtig entspannen«, schreibt Woody Allen. Existenzielle Ängste, ebenso wie die Einsicht, dass wir eines Tages erkranken, leiden, sterben werden, sind keine verrückten Ideen (wie die Erwartung, eines Tages von Außerirdischen entführt zu werden). Es sind realistische Vorstellungen, und was sie ankündigen, wird auch früher oder später eintreten. Für manche ist diese Gewissheit das unüberwindbare Hindernis, glücklich zu sein. Es ist entweder philosophisch begründet: »Wozu glücklich sein, das ist lächerlich, ich weiß doch, wie alles enden wird« oder psychisch: »Ich weiß, dass ich mir das Leben verderbe, aber ich kann von diesen Ängsten nicht lassen.« Für andere aber stellt diese Gewissheit eines vergänglichen und schmerzvollen Lebens eine zusätzliche Motivation dar: »Da wir sterben werden, da wir leiden werden, ebenso wie all jene, die wir lieben, können wir genauso gut mit allen Kräften auskosten, was uns zu erleben gegeben wird.« Wir müssen akzeptieren, dass wir sterblich sind, und regelmäßig über diese Perspektive nachdenken, um, so gut wir können, glückliche und fröhliche Sterbliche zu werden. Es gibt kein besseres Rezept.

F wie Freude

Freudensprünge, Freudenschreie, Freudentränen:
Freude wie ein Saft, der plötzlich in dir aufsteigt.
Wird sie nicht von Dauer sein?
Bewahre ihre Gewissheit in dir. Dann wird sie wiederkehren.

Fallende Blüten Im Herbst fallen die verwelkten Blätter von den Bäumen, und das stimmt uns ein wenig traurig und melancholisch, denn es kündigt den kalten Winter und das Kürzerwerden der Tage an. Im Frühling verwelken die Blüten dieser Bäume. Das fällt uns weniger auf, denn darauf folgen nicht die Kälte und das Grau des Winters, sondern die schöne Jahreszeit kündigt sich an. Daher berühren uns die verwelkten Blüten weniger als die verwelkten Blätter, wir vergessen sie schnell.

Eines Morgens, als ich meine Wohnung verließ, pustete eine Windbö eine Wolke kleiner Blüten von der japanischen Zierkirsche, unter der ich ging. Das war wunderschön, aber auch etwas ergreifend, diese Hunderte kleiner rosa Blütenblätter, die sich alle einzeln von ihren Zweigen lösten, auf mich niederfielen und sich überall verstreuten. Das ließ mich an das Ende der Kindheit denken. Dieser Moment, in dem aus dem Kind ein Jugendlicher wird, ist nicht betrüblich (für mich allerdings doch ein wenig). Es ist nicht ein Ende, sondern eine Verwandlung, man geht nicht auf den Niedergang zu, sondern auf Wachstum (seltsam, wie dieses Wort von der Wirtschaft vereinnahmt wurde, man kann es kaum in einem anderen Kontext verwenden). Genauso müsste es erfreulich sein zu sehen, wie die Blüten den Früchten Platz machen. Und das ist es auch, dennoch überkommt einen ein wenig Traurigkeit und ein Anflug leichter Schwermut. Denn beim Übergang von der Blüte zur Frucht geht Schönheit verloren. Und während wir uns auf die kommenden schönen Tage und die Früchte freuen, empfinden wir doch Nostalgie für die Blüten. Gut, das sage ich jetzt, aber ich weiß genau, was dann geschehen wird: Eines Morgens, wenn es schön und mild ist und die ersten Sommerfrüchte reifen, werde ich mich bei der Vorstellung, ihren Geschmack wieder zu spüren, unglaublich freuen und mir sagen: »Was für ein Glück du hast, am Leben zu sein!«

Falsche Propheten »Wenn ich Tag um Tag mit Texten verbringe, in denen nur von Heiterkeit, Kontemplation und Einfachheit die Rede ist, überkommt mich Lust, auf die Straße zu gehen und dem nächstbesten Passanten die Fresse zu polieren«,[1] erzählt uns Cioran. Was mich angeht, mich versetzen nicht Texte in solch einen Zustand, sondern die falschen Propheten der Ruhe und des Zen, wenn ich spüre – oder wenn ich weiß –, dass sie nur bluffen, dass alles nur Fassade ist. Und dass sie im wirklichen Leben gierig und kleinlich sind. Dann möchte ich allerdings nicht auf irgendwelche Passanten losgehen, sondern auf diese Schaumschläger. Ich möchte ihnen einen kleinen Klaps geben, sie bitten, nicht weiter die Schlaumeier zu spielen und ihnen vorschlagen, doch einmal eine Weile in einem Kloster im Schneidersitz zu sitzen, um ihren Kurs zu korrigieren.

Familie Jeder kennt den berühmten Satz Leo Tolstois am Anfang seines Romans *Anna Karenina:* »Alle glücklichen Familien sind einander ähnlich; jede unglückliche Familie jedoch ist auf ihre besondere Weise unglücklich.« Ich habe ihn lange Zeit für richtig gehalten. Erstens, weil ich Tolstoi bewundere; dann, weil ich die Dinge selbst genauso sah: Das Glück schien mir zwar angenehmer zu leben, aber weniger malerisch zu beobachten, zu beschreiben und zu erzählen zu sein. Doch in Wirklichkeit handelt es sich um eine optische Täuschung (entschuldige, Leo). Man genießt das Glück, ohne dass es dazu der Worte bedarf, das Unglück hingegen wälzt man hin und her, man wiederholt es bis zum Überdruss, man jammert, man klagt. Letzteres erweckt den Eindruck, reichhaltiger und interessanter zu sein. Es ist aber lediglich geschwätziger.

Heute, da ich mich für Positive Psychologie interessiere, da ich mir die Mühe mache, die vielen Arten zu untersuchen, wie sich Menschen glücklich machen, bin ich überzeugt, dass positive Emotionen und Erlebnisse ebenso reichhaltig und vielfältig sind wie ihre negativen Cousinen. Und dass glückliche Familien einander nicht ähnlicher sind als unglückliche. Und nachdem ich viele, viele unglückliche Menschen gesehen habe, bin ich als Mediziner und Psychiater manchmal versucht mir zu sagen: »Alle unglücklichen Menschen sind einander ähnlich; doch jeder glückliche Mensch ist auf seine besondere Weise glücklich.« Sobald man sich für einen Gegenstand interessiert, bemerkt man auch seine Reichhaltigkeit, seine Vielfältigkeit und seinen Nuancenreichtum. Alle Grashalme sind einander ähnlich? Nein! Legen Sie sich einmal auf eine Wiese und zählen Sie die verschiedenen Pflanzen in dem, was Sie »Gras« nennen! Genauso ist es beim Glück und den angenehmen Emotionen! Doch all das soll Sie nicht davon abhalten, den genialen Tolstoi zu lesen!

Fehler der anderen Bestimmte Fehler überraschen mich manchmal sehr, es sind diejenigen, die bei mir nicht vorkommen. Die anderen erkenne ich sehr gut: Ich habe die gleichen, bin also Experte. Ich weiß, auf welche Art sie sich zeigen, ich kenne ihre Masken und gelegentlich versteckten Weisen, sich zu zeigen. Bin ich guter Laune, empfinde ich für die Fehler der anderen Wohlwollen und Mitleid, denn ich weiß, was für eine immense Arbeit es ist, ständig gegen sie anzugehen, und dass diese Arbeit nie endet. Es gelingt nur selten, einen Fehler vollständig zu unterdrücken; doch häufig kann man dessen Wirkung auf das eigene Leben erheblich abschwächen, wenn man sich etwas Mühe gibt. So sage ich mir, dass die Person, die mir auf die Nerven geht, vielleicht gerade an sich arbeitet. Und ich sage mir, dass ich gut daran täte, an mir selbst zu arbeiten, statt an jener Person herumzumeckern.

Fensterläden Nach einem sehr heißen Sommertag gehen meine Familie und ich schlafen und wir lassen alle Fenster offen, damit die kühle Nachtluft ins Haus strömen kann. Gegen drei Uhr morgens bricht ein enormes Gewitter los. Ideal, um die Luft abzukühlen, doch bedeutet das auch, dass bei dem, was da vom Himmel fällt, überall im Haus kleine Überschwemmungen entstehen. Vom Gewitter und durch diese Überlegung halb erwacht (das eine ohne das andere hätte dafür nicht ausgereicht), stehe ich auf und gehe durch alle Zimmer, um die Fenster zu schließen. Und ich begegne meiner jüngeren Tochter, die den gleichen Gedanken hatte. Ich frage sie, warum sie zu dieser Zeit auf ist, und sie erklärt mir, dass sie ebenfalls die Fenster schließen möchte. Wir sind beide um die Familie besorgt, daher ist nichts Überraschendes daran, dass wir beide da sind, und dennoch fallen mir zwei Dinge auf.

Erstens, dass sie sich in ihrem Alter für die Fenster verantwortlich fühlt (aber so ist sie eben, sie übernimmt gern Verantwortung und ist einfühlsam). Zweitens, dass die Ängstlichen einfach so im Verborgenen den anderen einen Dienst erweisen. Hier zeigt es sich: Während die drei »wenig Besorgten« schlafen oder wieder eingeschlafen sind, machen die zwei »allzu Besorgten« einen Rundgang und wischen das Wasser auf. Dann schlafen sie wieder ein. Morgen früh werden die anderen besser in Form sein als wir und uns durch ihre Scherze zum Lachen bringen. Das nennt man die Verbindung von Talenten, oder?

Fernsehen Es scheint, dass intensiver Fernsehkonsum dazu beiträgt, uns unzufriedener und unglücklicher zu machen. Darauf lassen jedenfalls alle verfügbaren Untersuchungen schließen.[2] Natürlich funktioniert dieser Zusammenhang auch andersherum: Wenn wir uns unzufrieden oder unglücklich fühlen, fühlen wir uns leichter zum Fernseher hingezogen, denn er hilft dabei, weniger an das zu denken, was in unserem Leben nicht in Ordnung ist. Für beide Fälle hier ein Rat, der sehr, sehr leicht umzusetzen ist: Sehen Sie weniger fern! Gehen sie spazieren, lesen Sie, sprechen Sie. Das ist ein viel besseres Programm, um Ihre Stimmung zu verbessern.

Fisch »Glücklich wie ein Fisch im Wasser.« Diese erstaunliche Formulierung stammt von Georges Bernanos.[3] Sie ist wie ein projektiver Test in der Psychologie. Was wir darin sehen, spricht Bände über uns. Ziehen wir das scheinbar sichere Glück der Welt vor, die wir kennen, oder das scheinbar riskantere einer anderen Welt, von der wir fast nichts wissen?

Flexibilität Wir sitzen alle am Tisch, und eine meiner Töchter ist seit einer Weile still. Ungewöhnlich! Deshalb frage ich sie, woran sie denkt. Und sie antwortet: »Ich sehe euch an, als würde ich euch überhaupt nicht kennen. Und ich frage mich: Was würdest du wohl denken, wenn du sie so dort sehen würdest, wenn du ihnen zum ersten Male begegnen würdest?« Diese kleinen Abstecher von der Wirklichkeit, diese Momente, in denen man sich aus seinen Automatismen und gewöhnlichen Urteilen ausklinkt, sind schon komisch. Und es begeistert die Familie. Zunächst reagieren wir in einem selbstzentrierten Sinne. Unsere ersten Reflexe sind nicht, uns zu fragen, was wir an ihrer Stelle von den anderen denken würden, wenn wir diesen Abstecher machen würden. Wir wollen vielmehr wissen, was sie von uns in diesem Augenblick mit ihrer originellen Sicht denkt! Fazit: Wir erkunden die Welt erst, wenn wir von uns selbst genug haben.

PS: Sie wollen wissen, ob ich meine Tochter auch gefragt habe, was sie von mir dachte? Natürlich! Und wissen Sie, was sie geantwortet hat? Dass ich an jenem Tag, schlecht gekleidet und schlecht rasiert (es war sonntagmittags), wie ich war, einem sympathischen Verrückten ähnlich gesehen hätte. Ich finde, das steht mir gut.

Flow Das Wort bedeutet »Strömen« oder »Fluss« und es ist seit den Forschungsarbeiten eines trotz seines Namens berühmten Forschers, Mihaly Csikszentmihalyi[4], in der Positiven Psychologie wohlbekannt. Csikszentmihalyi hat als Erster gezeigt (durch Verfahren zur Messung des Glücks, die »Emotionserhebung« genannt werden), dass Aktivitäten, die angenehme Emotionen hervorrufen, in zwei Kategorien eingeteilt werden können: In der einen werden, wie zu erwarten, die Momente des Vergnügens zusammengefasst (essen, Liebe machen und so weiter); in der zweiten finden sich die Momente, in denen wir von einer Aufgabe, die unsere ganze Aufmerksamkeit beansprucht, vollständig absorbiert sind, völlig in ihr aufgehen. Damit dieses In-einer-Aufgabe-Aufgehen uns Glück verschafft, sind mehrere Elemente erforderlich:

1. Die Aktivität erfordert ein aktives Engagement, das heißt, es handelt sich nicht um eine passive Zerstreuung;
2. sie ist nicht zu einfach oder repetitiv, das heißt, sie ist mit einem gewissen Anspruch verbunden;
3. wir müssen diese Schwierigkeit beherrschen können. Die Aufgabe darf also weder zu einfach noch zu schwierig sein.

In solchen Flow-Momenten ist unsere Aufmerksamkeit völlig auf das gerichtet, was wir tun, in einer Art Bewusstseinsstrom, in dem wir beständig ein Gefühl des Könnens und des Vergnügens haben. Das gilt für jede Form von Aktivität: einen steilen Hang auf Skiern hinunterfahren, in einem Chor singen, sich einer kreativen Tätigkeit widmen (zeichnen, schreiben, malen und so weiter), basteln, gärtnern, aber auch arbeiten, wenn wir das Glück haben, einen Beruf auszuüben, der uns Flow-Momente ermöglicht. Denn die Art von Erfahrung stellt sich natürlich nur unter den beschriebenen Bedingungen ein: Ist es zu schwierig, ist es kein Flow mehr, sondern Stress; ist es zu leicht, ist es Langeweile.

Flut von Negativismus Die folgende Geschichte spielt an einem Sprechtag in Sainte-Anne. Eine Patientin, die ich zweimal im Jahr sehe, kommt zu mir. Sie wird von einer anderen Psychotherapeutin betreut, die mir bekannt ist und mit der sie gut arbeitet, doch ihr liegt viel daran, mich von Zeit zu Zeit in der Sprechstunde zu besuchen, das beruhigt sie.

Im Allgemeinen verlaufen unsere Unterhaltungen immer gleich: Sie beginnt damit, mich mit einer Flut negativer Äußerungen über sich selbst und ihre Umgebung zu überschwemmen. Ich halte mich gut, in dieser Phase lächele ich, ohne ihr zu widersprechen, lenke sie aber vorsichtig (»Glauben Sie wirklich, dass ...?«). Sie lässt nicht locker, tut so, als höre sie mich nicht, und setzt ihre von Unglück und Verbitterung strotzende Rede fort. Tatsächlich passiert ihr wirklich viel Unglück, sie erfindet nichts, doch sie spricht in dieser Phase niemals von dem, was in ihrem Leben gut läuft. Dann, in den letzten fünf Minuten, wird sie locker, lächelt etwas und beginnt zu relativieren. Sie sagt, es habe ihr gut getan, mit mir zu sprechen. Sie beendet unsere Unterhaltung erleichtert, sicherlich auch beruhigt, weil ich in Bezug auf das Wesentliche nicht nachgegeben und betont habe, dass unser Leben vielleicht nicht das Allerbeste ist, aber auch nicht die totale Hölle. Ich bin etwas mitgenommen, aber auch erleichtert – erleichtert, dass es vorbei ist, dass sie in besserer psychischer Verfassung geht, als sie gekommen ist. Und ich weiß es, denn sie schreibt mir oft nach der Sprechstunde, dass unsere Unterhaltungen ihr in den darauf folgenden Wochen und Monaten guttun.

Ich brauchte einige Jahre, bis ich verstand, dass unsere Unterhaltungen einen Verzögerungseffekt haben. Sie wirken nicht sofort, meine Patientin braucht Zeit, um unsere Äußerungen in ihrem Kopf durchzugehen und sich besser zu fühlen. Anfangs machte mich das betrübt, ich empfand Ohnmacht, und ich war verkrampft, sogar drauf und dran, die Termine mit ihr zu beenden. Und dann habe ich verstanden, was ich tun musste, um ihr zu helfen: ruhig bleiben, sie trotz der über mich hereinbrechenden, wenig beglückenden Klagen weiterhin mögen, es ihr zeigen und in Ruhe meine Arbeit tun. Stets an sie glauben, an ihre guten Seiten und ihre Lebensintelligenz.

Wenn ich ihren Namen auf der Terminliste für einen Tag sehe, seufze ich häufig und denke: »Das wird hart«, dann lächele ich, weil ich mir sage: »Ich freue mich, etwas von ihr zu hören.« Und schließlich denke ich an die Maxime von Pasteur: »Manchmal heilen, häufig lindern und immer zuhören.« Mein Therapeutenmantra für schwierige Fälle.

Fontenelle Als man den Philosophen Fontenelle, Mitglied der Académie française, einmal fragte, wie es ihm gelungen sei, sich so viele zu Freunden und nicht einen zum Feind zu machen, antwortete er: »Durch diese zwei Axiome: Alles ist möglich und jeder hat recht.« Das wirkt wie eine vorsichtige Form von Diplomatie oder gar wie eine Ausflucht oder eine Weigerung, eine Meinung über andere zu haben (und vor allem, sie zu äußern). Man kann darin aber auch eine Form von Weisheit und eine Lebensphilosophie sehen: immer Wohlwollen und Toleranz aufbringen, bevor man ein Urteil fällt und eine Entscheidung ausspricht. Denn an manchen Tagen denke ich wie Fontenelle: Häufig ist wirklich alles möglich, und jeder hat ein wenig recht. Jedenfalls ist dies eine existenzielle Einstellung, die es Bernard Le Bouyer de Fontenelle erlaubte, hundert Jahre zu leben, was zu seiner Zeit (er starb 1757) keine schlechte Leistung war. Ein Argument dafür, dass positive Emotionen und soziale Einbindung gut für die Gesundheit sind!

Forever young Neulich nachts habe ich von meinem besten Jugendfreund geträumt, der bei einem Unfall vor zwanzig Jahren vor meinen Augen gestorben ist, als wir auf einer großen Motorradreise waren. Im Traum stand er vor mir, völlig lebendig, und ich dachte mir: »Aber nein, du träumst, er ist tot.« Also fragte ich ihn: »Aber in Wirklichkeit bist du doch tot, oder?« Und er antwortete: »Ja.« Trotzdem unterhielten wir uns in aller Ruhe weiter, als ob die Tatsache, dass er tot war, nicht mehr Bedeutung gehabt hätte als der Ort, an dem er sein Motorrad abgestellt hatte. Und ich war völlig durcheinander, an die Gemütszustände kann ich mich genau erinnern: eine immense Freude, ihn wiederzusehen, wie er früher war, die Beruhigung, mir zu sagen, »Gut, mit dem Tod ist nicht alles zu Ende«, und die dumpfe Besorgnis, ob er mir wieder im Traum erscheinen würde. Was er auch tat. Ich spürte heftige Unruhe beim Erwachen. Dennoch überwog das Glück, ihn wiedergesehen zu haben, wie er völlig lebendig einer Windung meines Hirns entstiegen ist. Oder einem anderen Ort? Manche Träume sind verstörender und ergiebiger für die Seele als viele Tage.

Fragilität Sie verhindert nicht das Glück. Im Gegenteil: Sie macht es nötiger, sie schärft das Bewusstsein. Manchmal zittere ich, aus egoistischem Antrieb, angesichts der Fragilität meines Glücks und des Glücks meiner Angehörigen. Es braucht nur wenig, um es zunichte zu machen. Zufällig ein Jahrhundert früher oder später, fünftausend Kilometer weiter südlich oder östlich leben und so weiter. Ich sehe darin einen Grund mehr, das Programm dieser Seiten anzuwenden: genießen, teilen, zurückgeben. Das Glück und die Vorstellung von Glück ehren und achten. So viele Menschen haben diese Möglichkeit nicht, müssen ums reine Überleben kämpfen, Glück erscheint dann als Luxus. Die schlimmste Dummheit und die schlimmste Missachtung wäre, sich all dessen nicht bewusst zu sein.

Frankreich In der Klassifizierung der europäischen Staaten in Bezug auf das von ihren Einwohnern empfundene Glück ist Frankreich der Klassenletzte. Das ist nicht grandios, auch wenn man immerhin in der besten Klasse der Glücks-Schule ist, der Klasse mit den besten Schülern: Westeuropa. Trotz seiner schlechten Noten wird Frankreich von vielen anderen Schülern beneidet. Es tut so, als wäre es ein echter Faulpelz und würde dem Glück misstrauen, nimmt aber an allen Unterrichtsstunden teil, auch wenn es sich dabei schlafend stellt. Ich mache mir den Spaß, die Dinge auf diese Weise zu sehen, wenn ich die ständigen Artikel über die nationale Depression und den Pessimismus der Franzosen lese.

Freiheit Man sieht häufig einen Gegensatz zwischen Glück und Freiheit. Demnach würden wir bei der Entscheidung für Ersteres leichter auf Letztere verzichten. Manchmal stimmt das: Die Sorge um das Glück kann unsere Freiheit einschränken, denn sie impliziert, dass wir unsere Mitmenschen respektieren, dass wir gelegentlich etwas für sie tun, für ihr Glück und nicht für unseres. Gelegentlich drängt uns das Glück zu Kompromissen, wie zum Beispiel, nichts zu sagen, wenn ein Freund politische Überzeugungen äußert, die wir ablehnen – dann behalten wir lieber den Freund, als ihm unsere Ablehnung zu zeigen. Manchmal also stellt sich die Frage nach der Grenze zwischen einem Kompromiss und dem Verrat an unseren Werten. Doch in den meisten Fällen steigert das Glück unsere Freiheit, insbesondere unsere innere Freiheit, indem es uns hilft, uns von unseren Ängsten und Obsessionen, unserer psychischen Abschottung, freizumachen. Glück ist eine Öffnung und ein Energiegewinn, der uns aus dem kleinen Kreis unserer Sorgen herausreißt. Glück schafft Verbindungen zwischen der Welt und uns und eliminiert zahlreiche Barrieren. Wenn das nicht Zugewinne an Freiheit sind ...

Freud In seinem Werk *Das Unbehagen in der Kultur* macht Freud immer wieder seine pessimistische Sicht auf das Glück deutlich. Hier einige Auszüge[5]:

»[...] man möchte sagen, die Absicht, daß der Mensch ›glücklich‹ sei, ist im Plan der ›Schöpfung‹ nicht enthalten. Was man im strengsten Sinne Glück heißt, entspringt der eher plötzlichen Befriedigung hoch aufgestauter Bedürfnisse und ist seiner Natur nach nur als episodisches Phänomen möglich.«

»Das Leben, wie es uns auferlegt ist, ist zu schwer für uns, es bringt uns zuviel Schmerzen, Enttäuschungen, unlösbare Aufgaben. Um es zu ertragen, können wir Linderungsmittel nicht entbehren. Solcher Mittel gibt es vielleicht dreierlei: mächtige Ablenkungen, die uns unser Elend gering schätzen lassen, Ersatzbefriedigungen, die es verringern, Rauschstoffe, die uns für dasselbe unempfindlich machen.«

Wie so oft ist das, was Freud beschreibt, zwar richtig, was die Priorität angeht, die die Entwicklung unserer Art den negativen Emotionen gegenüber den positiven gegeben hat, sowie was die Schwierigkeit des Daseins angeht. Doch die radikalen Verallgemeinerungen, die er daraus ableitet, kann man bestreiten. Freud war ein großer Pessimist, und wie alle Pessimisten versuchte er, seine Umgebung von der Richtigkeit seiner Ansichten zu überzeugen. Zu seiner

Entlastung ist zu sagen, dass er den Selbstmord Europas im Ersten Weltkrieg, dann den Aufstieg des Nazismus und die Entfesselung des Antisemitismus vor dem Zweiten Weltkrieg erlebte. Es blieb ihm erspart, den schlimmsten Schrecken zu erleben, denn er starb 1939, doch war er Jude in einer Zeit, in der dies sicherlich am schwersten war.

Ich erinnere mich, dass ich mich in der Abschlussklasse nach der Lektüre von Freud entschied, Medizin zu studieren, um Psychiater zu werden. Ich war ganz hin und weg von seiner Sicht auf die menschliche Seele. Sein Pessimismus schien mir überzeugend. Zu jener Zeit herrschte die »negative Psychologie« unangefochten. Freud versicherte uns, dass die Psychoanalyse nicht dazu diene, glücklich zu werden, sie diene dazu, »neurotisches Elend in gemeines Unglück [zu] verwandeln«. Lächeln und gute Laune hatten nicht den guten Ruf, den sie heute haben; in den 1970er- und 1980er-Jahren mussten ernsthafte Intellektuelle stets aussehen, als würden sie einen Groll hegen, was ihnen vermeintlich Legitimität verlieh. Zumindest erlaubte mir die ganze Negativität, in der ich schwamm, ein Gefühl der echten Zusammengehörigkeit mit meinen Patienten ...

Freude Athletische und dynamische Form des Glücks. Freude ist physisch, intensiv und kurz, auch wenn ein ganzer Haufen anderer angenehmer Gemütszustände auf sie folgen können. Sie ist auch weniger intellektuell, weniger überlegt als Glück. Sie erscheint häufig in Reaktion auf ein glückliches Ereignis, das einen Bruch in der Kontinuität unseres Daseins darstellt. Dort, wo Glück leichter aus der Kontinuität des Alltäglichen auftaucht, wenn wir uns bewusst werden, dass auch dieses Alltägliche seinen Reiz hat. Es ist gar nicht so leicht, sich Freude zu erlauben. Dafür ist eine kleine Dosis Extravertiertheit erforderlich. Glück kann man auch diskret ausleben, doch Freude strömt aus uns heraus, wie um wahrgenommen und mit anderen geteilt zu werden. Aus diesem Grund ziehen Introvertierte das Glück vor, wo Extravertierte die Kraft der Freude feiern. Es ist beinahe wie ein Persönlichkeitstest.

Freunde Alle Studien bezeugen es: Freunde zu haben, sie zu besuchen, um zu lachen, gemeinsam etwas zu unternehmen, sich zu trösten und sich zu zerstreuen, das gehört zum Glück. »Und dass Freunde mich jederzeit beehren, denn ohne sie kann ich nicht leben«, schreibt Apollinaire.[6] In der Psychologie spricht man von *sozialen Banden*, die Freunde, Familie, Kameraden, Bekannte, Nachbarschaft, kurz, alle Menschen umfassen, mit denen man mehr oder weniger harmonische und wohlwollende Beziehungen unterhält und die man als Quelle angenehmer Emotionen (vom Lächeln eines Passanten bis zu den aufmunternden Worten eines Freundes aus der Kindheit) betrachtet. Was mich angeht, ich habe viele Freunde, Menschen, die mir nahestehen, von denen ich weiß, dass sie mich lieben und dass ich sie liebe, von denen ich weiß, dass wir bereit sind, uns bei Bedarf sofort gegenseitig zu Hilfe zu kommen. Doch sehe ich sie nicht oft, nicht so oft, wie ich wünschte. Weil sie weit entfernt wohnen, weil wir sehr beschäftigt sind, weil ich ein Einzelgänger bin – ein geselliger Einzelgänger zwar, aber ein Einzelgänger. Doch zu wissen, dass es sie gibt, wärmt mir das Herz. Und macht mich glücklich.

Freundlichkeit Sie ist ein Geschenk aus Sanftmut und Aufmerksamkeit, das man seinen Mitmenschen macht. Ich bin immer ganz baff, wie herabsetzend und misstrauisch man die Freundlichkeit manchmal betrachtet. Man verdächtigt sie gern, Ausdruck einer Art Hilflosigkeit zu sein: Wenn man freundlich ist, dann deshalb, weil man nicht anders kann, weil man schwach ist; wäre man stark und mächtig, bräuchte man nicht freundlich zu sein. Oder man vermutet, dass die freundliche Person etwas verbirgt – sie erwartet sicher eine Gegenleistung. Doch kann Freundlichkeit auch einfach ein Geschenk sein, ohne Bedingungen oder Erwartungen. Man schenkt, und dann wird man weitersehen. Und man macht weiter, auch wenn man nichts zurückbekommt. Dann ist man nicht freundlich, um etwas zu bekommen, man ist freundlich, weil es guttut, den anderen und einem selbst, und weil es die Welt angenehmer und lebenswerter macht.

Friedhof Ein idealer Ort, um über das Glück nachzudenken. Natürlich nicht gerade während der Beerdigung eines Verwandten! Hier findet man Ruhe, Einsamkeit, spürt das Verfliegen der Zeit, die Ankündigung unseres künftigen Endes, die Relativität aller Dinge. Das alles brauchen wir, um zu verstehen, dass wir riesiges Glück haben, auf dieser Welt zu sein, in der Erwartung dessen, was danach kommen mag. Diese Gedankenübung kann man natürlich nur an Tagen machen, an denen man gut gelaunt ist, an denen sich keine Dramen in unserem Leben abspielen. In ruhigen Zeiten kann man stets besser trainieren.

Früher Das Wort weckt dieses seltsame Gefühl der guten alten Zeit. Studien zeigen, dass man im Allgemeinen die Vergangenheit schönt, zumindest wenn man nicht deprimiert ist.[7] Unser Geist nimmt automatisch eine Auswahl der guten Erinnerungen vor, schreibt die Vergangenheit um im Sinne einer Harmonie und einer Kohärenz, die zu dem Zeitpunkt, als wir diese Augenblicke erlebten, nicht so offenkundig waren. Hier zeigt sich wieder einmal, wie gut die menschliche Natur angelegt ist, vorausgesetzt alles funktioniert und kein Leiden der Vergangenheit oder der Gegenwart bringt unsere schöne mentale Mechanik durcheinander.

Diese Fähigkeit kann Gegenstand einer kleinen Übung sein. Die Frage, die wir uns dabei stellen sollten, lautet: Wie kann dieser nicht perfekte Augenblick, den ich gerade erlebe, in zwanzig Jahren als gute Erinnerung in meinem Gedächtnis erscheinen? Unser Gedächtnis führt lediglich eine Bereinigung und Vereinfachung durch, die aufs Wesentliche zielt: »Keine Ausflüchte! War es gut oder war es nicht gut?« Während wir die Gegenwart häufig in der Form von »nicht schlecht, aber ...« erleben, möchte unser Gedächtnis nur eines wissen: »Soll ich das in der Schublade *angenehm* oder *unangenehm* ablegen?« Diese Vereinfachung ist nicht unbedingt eine Verzerrung. Wir sind es, die häufig eher angenehme Momente verzerren, durch unsere Unzufriedenheit, unseren Perfektionismus, unsere überhöhten Erwartungen oder unsere Unfähigkeit zu genießen, weil wir an unseren Sorgen hängen.

Also zurück zu unserer Übung: Dieser Augenblick, in dem du vor dich hinschimpfst, in dem du wegen einer Geringfügigkeit fluchst, was wird davon in zwanzig Jahren bleiben? Die Erinnerung an einen Augenblick, in dem du zu recht geschimpft hast? Oder die an einen Moment, der dich hätte glücklich machen können, den du aber mit deinem Gemecker und deiner Unzufriedenheit vergiftet hast?

Frühling Das Glück pur: die Rückkehr des Lebens, die Blumen, das Vogelgezwitscher, die Rückkehr der wärmenden Sonne. Und für die Älteren, das ferne Echo ihres Abgangs von der Welt und ihrer Wiederauferstehung, eines Tages, vielleicht, wie der Baum, der nach seinem Schlaf erwacht und sich mit Blüten bedeckt. Oder wie diese namenlosen Grashalme, die plötzlich aus dem Humus sprießen, wo sich ihre Vorgänger zersetzt und neu zusammengefügt haben.

Fortschritte machen Eine diskrete, aber solide Quelle für Glück, die die Nachteile des Alterns kompensiert. Und die ein ausgezeichnetes Mittel ist, um gut zu altern: stets lernen, sich stets als Anfänger, als Lehrling fühlen, stets Lust haben, sich weiter von all dem zu nähren und erfüllt zu werden, was es noch zu lernen und zu entdecken gibt.

Fülle des Glücks Fülle bedeutet, einen dieser »seltenen Augenblicke, in denen man rundum glücklich ist« zu erleben, von denen Jules Renard spricht (*Tagebuch*, »6. September 1897«). Man spürt das Glück dann im Kopf und im ganzen Körper, ist glücklich über sich und die anderen, über Bekanntes und Unbekanntes. Überall und über alles. Unvergesslich.

Fußgänger Es gibt in dieser Anti-Natur, die der städtische Dschungel darstellt, Fußgänger aller Art.

Die disziplinierten, die nicht über die Straße gehen, bevor das kleine Männchen grün wird. Die eiligen und ungeduldigen, die die Straße überqueren, obwohl die Ampel gerade auf Rot geschaltet hat, die aber die Autos aus dem Augenwinkel beobachten und ihnen vorbeugend ein kurzes Zeichen geben, um sie davon abzuhalten, sie zu überfahren, die ihre Schritte beschleunigen, um zu zeigen: Ich weiß, dass ich im Unrecht bin und will es nicht übertreiben. Und dann gibt es die, denen alles egal ist, die die Straße überqueren, wann es ihnen gefällt, ohne einen Blick für die bremsenden Autos und ohne auf das Hupen zu achten; sie wissen, dass man sie nicht einfach überfahren wird. Und dass sie nicht mehr riskieren, als beschimpft zu werden. Häufig ärgert das die Autofahrer, die mangelnden Respekt gegenüber den Regeln des Gemeinsinns oder gar den Gesetzen beklagen. Gelegentlich ärgert mich das auch, wenn ich mit dem Motorroller unterwegs bin, zu spät und voll auf die Bremse steigen muss und dann in der Haltung des hochmütigen Fußgängers, der langsam und ohne mich eines Blicks zu würdigen, die Straße überquert, Verachtung und Arroganz zu erkennen meine. Diese »Diktatur des Schwachen« verstört mich gelegentlich. Mir scheint, es gibt bei manchen Fußgängern heute den gleichen Machtmissbrauch wie bei manchen Autofahrern früher: das gleiche Recht des Stärkeren, der gleiche Geist des »Rutsch mal, damit ich durchkann«. Andererseits sage ich mir, dass das nicht schlimm ist und dass ein Fußgänger wichtiger ist als ein Auto. Und neulich war ich so gut gelaunt, dass ich mir sogar sagte: Was ist dir lieber? Eine Stadt und eine Gesellschaft, in der die Fußgänger Angst vor den Autos haben und zittern, bevor sie die Straße überqueren? Oder eine Stadt und eine Gesellschaft, in der die im Augenblick Starken in ihren Blechkisten, in ihren Tötungsmaschinen, sich letztlich den Schwächeren beugen müssen?
Die Wahl fällt leicht, finden Sie nicht?

G wie genießen

Schwierigkeiten angehen, das kannst du.
Aber Anmut und Schönheit in dich einlassen?
Halte zehnmal am Tag inne,
um ein kleines Stückchen Leben zu feiern.

Gärtner In Momenten großer beruflicher Belastung träume ich davon, Gärtner zu sein. Ich stelle mir vor, wie ich in Ruhe umgrabe, pflanze, schneide. Umgeben vom Gesang der Vögel, saubere Luft atmend. Niemand, der mir Druck macht. Zeit, um innezuhalten, zu lächeln, während ich zusehe, wie eine Wolke vorbeizieht, wie ein Blatt herabfällt, wie ein Marienkäfer davonfliegt. Ich weiß, dass das Leben der wirklichen Gärtner in Wirklichkeit nicht immer (oder überhaupt nicht?) so aussieht. Doch es tut mir gut, einen Augenblick davon zu träumen. Gärtner werden gehört in meinem Fall zu den »warmen Illusionen«, die wir alle manchmal brauchen.

Ganz einfach gut Neulich beim Frühstück lese ich mechanisch (ich versuche im Allgemeinen, es nicht zu tun, doch an jenem Tag bin ich schwach geworden) auf der Verpackung des Toastbrots für meine Töchter: »Dieses Schnittbrot ist ganz einfach gut.« Diese Demut in der Werbung fesselt mich. Auf die nüchterne Erklärung folgt trotzdem ein Blabla über die verschiedenen hervorragenden Merkmale dieses Brotes. Doch der Aufmacher funktioniert, denn meine Aufmerksamkeit ist gefangen und ich erinnere mich noch daran – an diesen Satz, nicht mehr an die Marke des Brotes. Es ist schon seltsam, wie man wieder auf das einfache, wesentliche, elementare »gut« zurückgreift, nachdem man die Superlative wie »köstlich, herzhaft, wunderbar« erschöpft hat. Das heißt, fast elementar, denn da es schwer ist, sich wirklich auf das Minimum zu beschränken, fügt man dem »gut« trotzdem einen Superlativ hinzu: »ganz einfach gut«. Ich sage mir, dass wir fast das Gleiche mit unseren angenehmen Momenten tun: Statt einfach zu sagen »das ist angenehm«, wählen wir »super«, »fantastisch«, »extra«, »genial« und andere hyperbolische Formulierungen für das Wohlbefinden, die je nach der Mode variieren. Doch wir haben möglicherweise eine Entschuldigung: Da wir ein Verhältnis von mindestens drei positiven Emotionen zu einer negativen einhalten müssen (siehe Beitrag »Emotionales Gleichgewicht«), sind wir vielleicht versucht, den Wert der positiven in die Höhe zu treiben.

Gebet Wir beten häufiger, wenn wir leiden, als wenn wir glücklich sind. Cioran zufolge ist das nicht richtig. In *Vom Nachteil, geboren zu sein* schreibt er Folgendes: »In einer gnostischen Schrift aus dem zweiten Jahrhundert unserer Zeitrechnung steht: ›Das Gebet des Betrübten hat niemals die Kraft, sich zu Gott zu erheben.‹ ... Da man nur in der Trübsal betet, kann man folgern, daß kein Gebet je seinen Adressaten erreicht hat.«[1] Ich habe einmal mit meinem Freund Étienne, einem leidenschaftlichen Christen, über diesen Satz gesprochen. Er wurde etwas zornig, was bei ihm nur selten geschieht, und erklärte mir vehement, dass sei dummes Zeug: Alle Gebete gelangen an Gottes Ohr! Aber dennoch, was Cioran uns sagt, scheint mir nützlich zu sein. Also möchte ich meinen ersten Satz folgendermaßen ergänzen: Wir beten häufiger, wenn wir leiden (wollen dann etwas erbitten), als wenn wir glücklich sind (wollen dann danken). Vergessen wir nicht, uns zu bedanken. Ein Lobgebet, ein Dankgebet oder Ähnliches ist dreifach legitim.

1. Es ist eine Geste der Dankbarkeit gegenüber unserem Gott, wenn wir einen haben;
2. es macht uns bewusst, was in unserem Leben gut läuft;
3. und es tut uns gut.

Geduld bedeutet Verstehen, dass das, was uns manchmal als verlorene Zeit erscheint, wenn uns das Leben zwingt abzuwarten und uns zu gedulden, einfach gelebte Zeit ist. Und dass es nicht immer klug ist, sich deswegen zu ärgern oder zu beeilen. Der Dichter Christian Bobin antwortete in einem Interview[2] auf die Frage eines Journalisten, »Wie kann man ohne Geduld warten?«, Folgendes: »Ich warte wie ein Angler am Ufer eines Gewässers, verstehen Sie? Es gibt keine Beute, es gibt nichts, es ist kein Kräuseln auf dem Wasser, es wird dunkler, es wird langsam frisch, aber ich warte. Ich weiß, dass nichts sinnlos ist, auch an solchen Tagen nicht. Heute machen wir fast alle den gleichen Fehler. Wir meinen, Energie sei der Weisheit letzter Schluss.«

Nichts ist sinnlos, denn es handelt sich um Lebenszeit, die uns geschenkt wird. Denken wir nur daran, dass wir längst nicht mehr am Leben sein könnten, wie so viele andere, die nicht unser Glück hatten. Und eines Tages werden auch wir nicht mehr da sein.

Gegenwart »Jeder prüfe seine Gedanken. Er wird finden, daß sie ganz mit der Vergangenheit oder der Zukunft beschäftigt sind. Wir denken fast überhaupt nicht an die Gegenwart, und wenn wir an sie denken, so nur, um aus ihr die Einsicht zu gewinnen, mit der wir über die Zukunft verfügen wollen. Die Gegenwart ist niemals unser Ziel. Die Vergangenheit und die Gegenwart sind unsere Mittel; allein die Zukunft ist unser Ziel. Deshalb leben wir nie, sondern hoffen auf das Leben, und da wir uns ständig bereit halten, glücklich zu werden, ist es unausbleiblich, daß wir es niemals sind«, schreibt Pascal.[3] Jules Renard setzt in seinem *Tagebuch* noch einen drauf: »Ich wünsche mir nichts aus der Vergangenheit zurück. Ich zähle nicht mehr auf die Zukunft. Ich bin ein glücklicher Mensch, denn auf das Glück habe ich verzichtet.«[4] Gut, nach all dem werde ich nicht noch etwas über die Gegenwart schreiben, das wäre zu besserwisserisch.

Gegenwärtiger Augenblick Ich mag diesen Satz Goethes sehr: »Nun schaut der Geist nicht vorwärts, nicht zurück, die Gegenwart allein ist unser Glück.«[5] Dutzende von Büchern haben die Macht des gegenwärtigen Augenblicks gefeiert. Wie das geht? Es geht darum, weniger zu denken und mehr zu genießen. Weniger kopfgesteuert und mehr animalisch zu leben und zu fühlen. Aber steht das nicht im Gegensatz zu einer der möglichen Definitionen von Glück, die, wie wir gesehen haben, darin besteht, sich seines Wohlbefindens bewusst zu werden? Und es nicht nur wahrzunehmen, sondern auch zu realisieren, wie viel Glück wir haben, es empfinden zu können? Ja, durchaus, aber wir durchlaufen eine Entwicklung, die auf Tiere mit Sicherheit nicht zutrifft: Zuerst empfinden wir Wohlbefinden (wie sie), dann benennen wir es, ermessen seine Tragweite und seine Bedeutung (anders als sie), und schließlich genießen wir es wieder (wie sie). Dieser ganze innere Weg, den man innerhalb weniger Sekunden zurücklegt, ist eine der möglichen Erklärungen für die Komplexität und die Zerbrechlichkeit des menschlichen Glücks.

Geheimnisse des Glücks Wenn man sehr glückliche Menschen nach dem Geheimnis ihres Glücks fragt, sagen sie uns häufig nicht mehr als allgemeine Wahrheiten. In Wirklichkeit kennen sie dieses Geheimnis nicht oder können zumindest nicht darüber sprechen.

Sie handeln instinktiv, wie große Sportler, deren Begabung nicht darin liegt, ihre Bewegungen zu erklären, sondern darin, sie perfekt auszuführen. Wenn Sie Glück von solchen Lehrern lernen wollen, ist es besser, sie zu beobachten, statt ihnen zuzuhören, wenn sie Ihnen davon erzählen.

Gehirn Selbstverständlich spielt sich alles, was mit Wohlbefinden zusammenhängt, in unserem Gehirn ab.[6] Der übrige Körper spielt auch eine Rolle – das Herz, der Bauch, die Haut – dennoch ist das Gehirn die wesentliche Plattform, die Kontrollstelle, die Endstation, das Lebenszentrum. Durch das, was man pompös die »Wissenschaft des Glücks« nennen könnte, durch Neuroimaging und Neurobiologie, beginnt man zu verstehen, was in unserem Kopf vor sich geht, wenn wir glücklich oder unglücklich sind, welche elektrischen Rhythmen sich an welcher Stelle ändern, welche Bereiche mehr Sauerstoff verbrauchen, welche anderen einschlafen und so weiter. Manche Leute beunruhigt es, dass unsere kleinen biologischen Geheimnisse für die wissenschaftliche Forschung immer transparenter werden. Mich stört es nicht und es macht mir auch keine Sorgen. Im Gegenteil, es beruhigt mich. Es macht mich nämlich glücklich zu wissen, dass unsere stillen und wiederholten Bemühungen das Funktionieren unseres Gehirns ebenso gut, wenn nicht besser, verändern können wie Medikamente oder Drogen.

Gelassenheit Das ist Wohlbefinden gepaart mit Friede, Ruhe und Sicherheit. Abwesenheit von innerer und äußerer Unruhe. Harmonie in uns sowie zwischen uns und der Welt. Man fühlt sich als Teil der Natur, wie die Oberfläche eines ruhigen Meeres, wie eine laue Sommerbrise, wie ein unerschütterlicher Berg, der sich dem Himmel entgegenreckt. Gelassenheit hat etwas mit Ruhe zu tun. Es sind zwei Zustände, die ich mag. Die meiner Ansicht nach aber nicht gleichbedeutend sind. Es ist weniger eine Frage der Intensität, dann wäre Gelassenheit eine Art idealer und vollkommener Ruhe, als vielmehr der Qualität. Gelassenheit ist mehr als Ruhe. Sie ist für die Ruhe, was das Glück für das Wohlbefinden ist: eine Transzendenz. Transzendent ist, was von der physischen Welt abweicht oder ihr überlegen ist. Die Ruhe gehört zu unserer Welt. Ihr liegen physische Merkmale zugrunde, egal ob es nun die Ruhe unseres Körpers und unseres Geistes ist oder die Ruhe unserer Umgebung. Bei der inneren Ruhe schlägt unser Herz langsam, unser Atem geht langsam, unsere Muskeln sind entspannt. Bei äußerer Ruhe gibt es wenig Geräusche, wenig Bewegung, jede Veränderung geschieht langsam und behutsam. Wenn Gelassenheit aus der Ruhe hervorgeht, entsteht also etwas Neues. Eine Bewusstwerdung von allem, was uns umgibt, ein Gefühl des Einklangs zwischen der inneren und der äußeren Ruhe, die Auflösung der Grenzen zwischen Innen und Außen. Wir sind immer noch da, aber mit einer zu etwas anderem hin offenen Tür. Drauf und dran, zur anderen Seite zu wechseln. Immer noch da, aber nicht nur da. Es gibt kein Wort, um zu beschreiben, was dann geschieht und was man empfindet. Außer »Gelassenheit«.

Geld »Geld macht nicht glücklich«, sagt man. Und Jules Renard notierte in seinem *Tagebuch:* »Wenn du glaubst, Geld bringt dir kein Glück, gib es mir!« Es gibt (leider) wirklich einen Zusammenhang zwischen Geld und Glück. In einer gegebenen Gesellschaft sind die Reichen im Schnitt glücklicher als die Armen. Doch dieser Zusammenhang ist nicht linear (wie man der folgenden Grafik entnehmen kann), er ist, genau genommen, logarithmisch.

Mit anderen Worten, für die Armen steigert Geld das Glück sehr, denn es ermöglicht ihnen, ihre grundlegenden Bedürfnisse (Nahrung, Unterkunft, Sicherheit) zu befriedigen. Für die Reicheren nimmt die Bedeutung des Geldes hingegen ab. Ganz logisch: 20 000 Euro mehr im Jahr sind für einen Obdachlosen entscheidend, für einen Generaldirektor jedoch zu vernachlässigen. Jenseits einer bestimmten Wohlstandsschwelle (die ein würdiges und ruhiges Leben in einem Land gewährleistet) ist das Geld nicht mehr der wichtigste Faktor für Glück. Manche entscheiden sich dafür, weiterhin den größten Teil ihrer Zeit und Energie dafür zu opfern, immer mehr Geld zu verdienen. Das steigert ihr Glück, weil sie neue Güter kaufen und sich noch besser vor einer möglichen Wende des Schicksals schützen können, oder einfach, weil sie das Gefühl von Macht, Erfolg und Kontrolle lieben, das ihnen das Reichwerden verschafft. Wenn wir jedoch das Wesentliche erlangt haben, wenn wir über den Knick in der Kurve hinaus sind, gibt es einen anderen, mächtigeren Weg als das Geld, um glücklicher zu werden: sich Zeit zum Leben zu nehmen und zu genießen, was man hat.

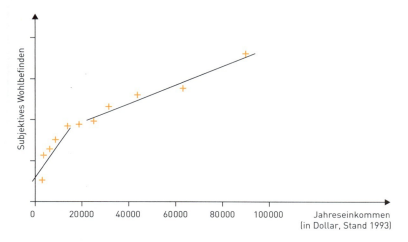

Der Zusammenhang zwischen Einkommen und psychischem Wohlbefinden[7]

Genesen Genesung ist jedes Mal wie ein Wunder. Man kann von einer Krankheit, einer Wunde, einem Bruch genesen. Was für ein Glück wir haben, dass wir über einen Körper verfügen, der sich ziemlich häufig selbst zu regenerieren vermag! Und was für ein Glück auch, der menschlichen Art anzugehören, die die Medizin erfunden hat, um unserem Körper zu Hilfe zu kommen, wenn seine Fähigkeiten zur Selbstheilung nicht ausreichen. Jules Renard sagte, dass unsere Krankheiten »Anproben des Todes« seien. Er spürte wohl im Alter seinen eigenen Tod nahen. Zu genesen erscheint normal, wenn man jung ist. Es wird immer deutlicher ein Segen, je älter man wird. Jede Krankheit ist eine Erinnerung an unsere Vergänglichkeit und unseren Tod, der eines Tages kommen wird. Jede Genesung ist die Erfahrung, dass uns der Tod nach jeder »Anprobe« wieder loslässt – weil wir Glück gehabt haben, oder weil Gott es so wollte, für die Gläubigen. Jede Genesung sollte uns dazu bringen, Dank zu sagen, wem auch immer, Gott oder dem Leben, uns zu freuen, anhaltender und tiefer, als wir es für gewöhnlich tun. Die Krankheit kann wiederkommen? Es besteht die Gefahr eines Rückfalls? Einverstanden, na und? Wenn wir uns freuen, wird das den Rückfall oder die Wiederkehr beschleunigen? Natürlich nicht! Wenn es eine Wirkung hat, dann die umgekehrte: Angenehme Emotionen helfen uns eher dabei, unsere Krankheiten besser zu bekämpfen.

Genießen Lernen, die schönen Momente des Lebens zu genießen, mag manchen seltsam erscheinen: Das ist wie gehen zu lernen! Unser Gehirn ist durchaus von allein fähig zu genießen, man muss ihm lediglich etwas Genießbares anbieten! Ich denke aber, manchmal ist das komplizierter. Genießen ist manchmal leicht, nämlich dann, wenn wir keine Sorgen haben, uns in einer ruhigen und angenehmen Umgebung befinden und nichts anderes von uns verlangt wird als uns zu erholen und uns an dem zu erfreuen, was da ist. Doch solche Situationen kommen in unserem Alltag nicht allzu häufig vor. Häufig sind wir unruhig, wir müssen jede Menge erledigen oder an Vieles denken, und das Umfeld verlangt von uns bestimmte lästige Tätigkeiten (arbeiten, fahren, aufräumen, sich unterhalten und so weiter).

Um unser Leben mehr zu genießen, müssen wir also lernen, kleine Stücke davon mehr zu genießen. Und dafür sind drei Dinge wichtig: bei dem innezuhalten, was man tut, und sich den Augenblick zu vergegenwärtigen; sich dessen bewusst werden, was uns umgibt; sich die Zeit nehmen zu atmen und zu spüren. Auch wenn das nur einige Sekunden oder einige Minuten dauert.

Genießen ist, sich angesichts eines schönen Himmels oder des Gesangs eines Vogels die Zeit zu nehmen innezuhalten, zu betrachten, zu atmen, zu lächeln, bevor man weitermacht (statt gedanklich festzustellen, dass das schön ist, und in vollem Tempo daran vorbeizugehen). Genießen ist, Menschen, die man liebt, aus einem Zug oder Flugzeug aussteigen und auf sich zukommen zu sehen, sich bewusst zu werden, dass man sie liebt und dass man sich glücklich schätzen darf, sie wiederzusehen. Genießen ist, beim Aufwachen zu spüren, dass die Hände und die Beine sich bewegen, dass der Körper atmet und dass das Herz schlägt; sich die Zeit zu nehmen, dies alles mit Freude wahrzunehmen, statt wie ein gehetztes Tier aus dem Bett zu springen.

Genuss-Menü Eines Tages, als ich von einer Lesung in einer Bücherei zurückkomme, kaufe ich mir im Bahnhof von Bordeaux ein Sandwich für die Fahrt. Es ist mein Glückstag, die Bedienung (Carlos, steht auf dem Kassenzettel) sagt mir, dass es ein Sonderangebot für die Kombination von Sandwich und Getränk gibt: nur 5,50 Euro, und es heißt »Genuss-Menü«. Zunächst amüsiert mich dieses kleine Wortspiel. Dann macht es mich perplex (wohl wegen der Ermüdung vom anstrengenden Tag): Gewiss, das Sandwich ist nicht schlecht, aber deshalb von »Genuss« oder sogar »Menü« zu sprechen ... Diese Entwertung der Bedeutung von Worten durch ihre missbräuchliche Verwendung, die wir noch nicht einmal mehr erkennen, so sehr sind wir daran gewöhnt, ist das nicht ein Problem? Diese schlechte Angewohnheit von Werbung und Marketing, alle naslang Genuss, Glück, Heiterkeit zu versprechen und die Begriffe zu kompromittieren. Ich sage mir also: »Aber du machst doch das Gleiche in deinen Büchern, du sprichst über diese Themen!« – »Ja«, antworte ich mir, »aber ich verbringe vierhundert bis fünfhundert Seiten damit, das Wie und Warum zu erklären. Ich verwende diese Wörter überlegt.« – »Einverstanden, aber trotzdem!« – »Puh, nichts zu machen.« Ich bin zu müde, um diesen inneren Dialog fortzusetzen, ich schlinge das Genuss-Menü herunter und betrachte die Landschaft, die hinter dem Fenster des TGV vorbeizieht. Beides beruhigt mich und verlangsamt den Fluss meiner Gedanken. Ich werde später über all das nachdenken. Jetzt hat mein Gehirn Pause.

Gerede Unter Freunden schlecht von anderen reden, ist das eine gute Idee? Ich bin mir nicht sicher. Merkwürdig ist, wie unwiderstehlich reizvoll das für die meisten von uns ist, sofern wir keine Heiligen oder Engel sind. Wie kann man das erklären? Andere, die nicht da sind, kritisieren, auch wenn man es freundlich tut, kann das unterhaltsam und attraktiv sein? Im Allgemeinen machen wir gerne diejenigen nieder, die uns auf die Nerven gehen oder die uns überlegen sind (das ist auch eine Art, auf die Nerven zu gehen). Im Gerede verbirgt sich also eine Form von unbewusster Bestrafung des- oder derjenigen, den beziehungsweise die man kritisiert. Und auch ein Abreagieren, eine Erleichterung: Meistens sprechen wir dann all das aus, was wir uns nicht trauen, jemandem ins Gesicht zu sagen. Einer meiner Freunde, ein weiser Mensch, hatte beschlossen, Abwesende nicht mehr zu kritisieren: Sobald jemand versuchte, dies zu tun, und sich bemühte, ihn ebenfalls dazu zu bewegen, lehnte er es ab: »Entweder man denkt darüber nach, wie man es ihm persönlich sagen kann, oder es interessiert mich nicht.« Ich gebe mir Mühe, es ihm nachzumachen. Mit unbeständigem Erfolg.

Gesundheit Der Zusammenhang zwischen Glück und Gesundheit ist schon lange bekannt. Voltaire definiert »Glück macht gesund« so: »Da es sehr förderlich für die Gesundheit ist, habe ich beschlossen, glücklich zu sein.« Und umgekehrt sagt Flaubert im Sinne von »Gesundheit macht glücklich«:[8] »Dumm sein, egoistisch sein und eine gute Gesundheit haben, das sind die drei Voraussetzungen, um glücklich zu sein.«

Es ist klar, dass eine gute Gesundheit Glück fördert. Doch die zeitgenössische Wissenschaft bestätigt in zahlreichen Studien, dass diese Beziehung auch in die andere Richtung wirkt: Positive Emotionen sind insgesamt günstig für die Gesundheit und die Lebenserwartung.[9] Die intensive Wirkung dieser Emotionen ist mit der des Rauchens vergleichbar, wenn auch das Rauchen alles andere als gut für die Gesundheit ist.[10]

Zwei wichtige Anmerkungen dazu: Die erste ist, wenn Sie Schwierigkeiten haben, positive Emotionen zu verspüren, wenn Sie eher griesgrämig sind, ängstlich oder pessimistisch, Sie aber lange leben möchten, erinnern Sie sich daran, dass es haufenweise andere Möglichkeiten gibt, sich selbst etwas Gutes zu tun, wie Bewegung, regelmäßiger Kontakt mit der Natur, eine Ernährung auf Basis von Obst und Gemüse und so weiter.

Die zweite Anmerkung ist, dass dieser Zusammenhang zwischen Glück und Gesundheit für uns gilt, solange wir nicht krank sind. Die Studien bestätigen nur die vorbeugende Wirkung positiver Emotionen. Es gibt derzeit keinen Beweis dafür, dass sie eine heilsame Wirkung haben, wenn man erst einmal erkrankt ist. Selbst wenn ein lindernder Effekt wahrscheinlich ist, ist er bis heute nicht belegt. Wenn Sie erkrankt sind und Schwierigkeiten haben, positive Emotionen zu verspüren, quälen Sie sich nicht. Leben Sie so gut wie möglich weiter und orientieren Sie sich dabei so gut es geht an Ihren Gewohnheiten, und zwar an denjenigen, die Ihnen guttun.

Gewaltlosigkeit Gewaltlosigkeit gehört zu den unter »Soziales« fallenden Aspekten der Positiven Psychologie. Wie erhöht man das Wohlbefinden Einzelner und von Gruppen? Und dies, ohne auf das Handeln zu verzichten. Mit den Worten Martin Luther Kings ist »wahrer Pazifismus nicht einfach Widerstandslosigkeit gegenüber dem Bösen […], sondern Widerstand ohne Gewalt. Er ist keine Unterwerfung und keine Resignation. Er ist keine Strategie, die man einfach je nach den Umständen einsetzen könnte; Gewaltlosigkeit ist letztlich eine Lebensweise, die die Menschen aus dem einfachen Grund übernehmen, dass sie moralisch sein möchten.« Gewaltlosigkeit ist eine Art, sich zu Konflikten oder Ungerechtigkeiten zu verhalten und auf sie zu reagieren, die darin besteht, ruhig und bestimmt zu sagen: »Ich kann das nicht akzeptieren.« Deshalb verlangt sie den Mut, aufzustehen und zu sprechen, die Klarsicht, sich nicht durch Rachegelüste gegenüber dem, der einem Böses tut, blenden zu lassen, und die Selbstbeherrschung angesichts des natürlichen Zorns gegenüber Ungerechtigkeit. Sie verlangt zudem Intelligenz und Einfühlungsvermögen, die dabei helfen, Vorstellungen anzugreifen und nicht Menschen. Ungerechte, aggressive und gewalttätige Personen sind selbst ihre eigenen Opfer. Sie sind nicht frei, sondern Sklaven ihres Milieus, ihrer Vorurteile, ihrer Vergangenheit. Das ist kein Grund, Aggressivität oder Ungerechtigkeit zu tolerieren. Man muss sich ihnen kraftvoll widersetzen. Aber die Herausforderung besteht darin, keinen Groll gegenüber den Menschen zu empfinden, die Gewalt anwenden oder gewalttätige Reden schwingen. Sich ihnen ohne Gegengewalt zu widersetzen ist das einzige Mittel, um die Gesellschaft und die Menschen nachhaltig zu verändern.

Gewaltlosigkeit ist auch eine Strategie, die an den Wiederaufbau nach dem Konflikt denkt. In jeder Gesellschaft, in jedem menschlichen Leben sind Konflikte unvermeidlich, vielleicht sogar notwendig. Aber auch der Frieden ist notwendig. Wie schafft man es, dass er nach einem Konflikt möglich wird? Mehr als jede andere Strategie ermöglicht dies die Gewaltlosigkeit. Sie ist kein Verzicht auf den Kampf, sie vermag es aber, sich in der Schlacht würdig und menschlich zu verhalten. Und die Vergebung, die Versöhnung und das gemeinsame spätere Handeln zu fördern: kurz, an die Zeit nach dem Krieg zu denken.

Gewissheiten Positiver Antipsychologie Sie können radikal sein: »Das funktioniert nicht, diese kleinen Glückstricks sind doch Quatsch.« Sie können relativ sein: »Jedenfalls funktioniert das bei mir nicht.« Oder vorübergehend: »Ich bin im Augenblick schlecht gelaunt, und es nervt mich, wenn mir jetzt jemand etwas von Glück erzählt.« Nur die Letzteren finden Gnade in meinen Augen.

Glaube Als der Dichter Jean Passerat (1534–1602), Inhaber des Lehrstuhls für Redekunst am Collège des Lecteurs Royaux, seinen Tod nahen spürte, verfasste er seine Grabinschrift voll ruhigen und rührenden Vertrauens in die Auferstehung:

»Hier ruht Jean Passerat,
Darauf wartend, dass der Engel ihn erweckt:
Und glaubt, dass er erwachen wird,
Wenn die Trompete erschallt.«

Ich hätte gern ein ebenso starkes Vertrauen wie Jean Passerat, wenn ich eines Tages in den Großen Schlaf falle. Man nennt das Köhlerglauben. Dieser Ausdruck beruht darauf, dass man sich häufig aus Mangel an Intelligenz oder Urteilsfähigkeit über solch ein Urvertrauen lustig macht. Georges Brassens greift das in seinem Chanson »Le Mécréant« auf:

> »Ich hätte gern den Glauben meines Kohlenhändlers,
> der glücklich ist wie ein Papst und dumm wie Stroh.«

Trotz meiner Bewunderung für den guten Georges beeindruckt mich dieser Spott nicht. Es gelingt mir nicht, Menschen, deren Glaube unerschütterlich ist, als Menschen zu betrachten, denen etwas fehlt, zum Beispiel Intelligenz. Ich betrachte sie eher als Menschen, die anderen etwas voraus haben. Und ich sehe auch, dass der Glaube sie häufig glücklicher macht, ohne sie darum unbedingt weniger intelligent zu machen.

Glück auf dem Rastplatz Bestimmte Bilder, bestimmte Gesichter, denen wir im Leben zufällig begegnet sind, verfolgen uns jahrelang. Jetzt, da ich diese Zeilen schreibe, erinnere ich mich an das Gesicht einer Dame im Rollstuhl, das ich auf einem Autobahnrastplatz auf der Rückfahrt aus dem Urlaub sah. Eine blasse Sonne schien so gut sie konnte von einem windigen Herbsthimmel herab. Ein Herr, sicher ihr Ehemann, schob die Dame mit ruhiger und ausdrucksloser Miene. Doch das Gesicht der Dame im Rollstuhl strahlte. Sie lächelte und blickte nach vorn und rundherum. Sie hatte so ein rundum zufriedenes Gesicht, trotz ihrer Behinderung, dass dies bei mir einen spontanen Stimmungswechsel auslöste. Ich war eben im Begriff gewesen, mich unnützerweise und ohne echten Grund zu einer kleinen Missstimmung hinreißen zu lassen aufgrund der Müdigkeit von der Reise. Auch die Aussicht auf die abendlichen Staus, in die wir geraten würden, weil wir etwas zu spät losgefahren waren, stimmte mich nicht gerade fröhlich.

Der Dame zu begegnen tat mir gut. Ihr glücklicher Gesichtsausdruck verursachte mir kein Schuldgefühl, sondern motivierte mich; in diesem Augenblick sagte ich mir nicht: »Du hast kein Recht, wegen nichts schlecht gelaunt zu sein, während andere es nicht sind, die guten Grund dazu hätten«, sondern: »Mach, was du willst, aber ehrlich gesagt siehst du etwas idiotisch aus mit deiner griesgrämigen Miene und deiner schlechten Laune. Wohin führt dich das? Versuche lieber, es wie die Dame zu halten, und ihren Mut und ihre Intelligenz zu ehren: Lächele und freue dich über das, was du siehst.« An jenem Tag hat es funktioniert, wie so häufig seit einiger Zeit.

Dies ist einer der Fortschritte, auf die ich stolz bin. Es gelingt mir immer noch nicht, spontan und ständig gute Laune zu verströmen, aber wenn ich mich zu unnützer schlechter Laune hinreißen lasse (und schlechte Laune ist häufig unnütz), braucht es nicht viel, um mich wieder ins Gleichgewicht zu bringen und mir die Augen zu öffnen. An jenem Tag war es das Lächeln dieser Dame. Es hätte aber auch ein Flecken blauen Himmels zwischen den Wolken oder ein Scherz einer meiner Töchter sein können. Und genau hierin liegt diese Art von Fortschritt: mehr Empfänglichkeit für die kleinen Freuden der Welt. Ihnen nicht nur zu begegnen, sondern sich ihnen zu öffnen und sie aufzunehmen.

Glück der anderen Es ist schön, sich über das Glück der anderen zu freuen, denn es zeigt, dass wir zwei wichtige Dinge begriffen haben. Das erste ist, dass Neid und Eifersucht unnütze Leiden sind. Das zweite ist, dass das Glück der anderen stets eine gute Nachricht für uns ist. Es nimmt uns nämlich nichts und macht die Welt schöner. Eifersüchtig auf das Glück der anderen zu sein ist immer ein Fehler, ein emotionaler und intellektueller Fehler. Zum einen vermehrt sich dadurch unser Unglück. Zum anderen ist es eine Rechnung, die nicht aufgeht: Wenn andere glücklich sind, können wir nur gewinnen – je glücklicher die Menschen sind, desto angenehmer ist der Umgang mit ihnen, desto erträglicher ist diese Welt.

Glücklichsein beschließen Kann man wirklich so etwas sagen wie: Ich beschließe glücklich zu sein? Bestimmte Momente in unserem Leben erlauben es nicht, da hat man keine andere Wahl, als um das Überleben zu kämpfen. Aber die übrige Zeit kann man beschließen, auf sich und auf die Bedingungen für das eigene Wohlbefinden Acht zu geben. Beschließen, es zu fördern.

Glück messen Im Allgemeinen gibt es zwei Arten, das Glück und die damit verbundenen positiven Emotionen zu beurteilen. Die erste und weitaus verbreitetste besteht darin, die Menschen direkt zu fragen, was sie empfinden, und zwar anhand von mehr oder weniger komplizierten Fragebögen zu Intensität oder Art der von ihnen empfundenen Emotionen. Diese Methode ist zuverlässig und logisch, denn wer sonst als die Person selbst kann wissen, ob sie sich glücklich fühlt oder nicht? Der Hauptnachteil dieser Methode liegt darin, dass diese Art der Datenerhebung im Allgemeinen retrospektiv ist. Wenn sie sich auf den Augenblick bezieht (während Sie zum Beispiel an einem Laborversuch teilnehmen), ist sie zuverlässig für die Beurteilung dessen, was Sie im gegenwärtigen Augenblick empfinden. Wenn sich der Fragebogen jedoch auf einen längeren Zeitraum bezieht oder Abstand zum Ereignis hat (»Welchen Grad hatte Ihr Wohlbefinden an jenem Tag?«), besteht ein größeres Risiko einer verringerten Wahrheitstreue. Unsere Erinnerung kann dann aussetzen, sie kann Dinge auslassen oder verzerren, der emotionale Kontext des Moments, in dem wir den Fragebogen ausfüllen, kann auf die Erinnerung an unsere Emotionen, die wir einschätzen sollen, abfärben.

Um diese Probleme in den Griff zu bekommen, wurde die sogenannte *Erlebens-Stichproben-Methode*[11] entwickelt. Sie besteht darin, etwas durchzuführen, das man »Emotionserhebungen« nennen könnte: Man bittet Freiwillige, ein kleines Gerät bei sich zu tragen (heute handelt es sich dabei meistens um Apps, die vorher auf ein Mobiltelefon geladen wurden), das mehrmals täglich zufallsgesteuert klingelt. Bei jedem Klingeln müssen Sie Ihren emotionalen Zustand und andere Daten aufzeichnen; meist, was Sie gerade tun, gelegentlich auch den Grad an Aufmerksamkeit und Engagement, mit dem Sie diese Aktivität betreiben. Wenn Sie zum Beispiel an einem solchen Versuch teilnähmen und Ihr Handy würde gerade jetzt vibrieren, müssten Sie die folgenden drei Informationen geben: 1) wie Sie sich jetzt gerade fühlen, von -5 (nicht gut, nicht zufrieden, nicht glücklich) bis +5 (sehr gut, sehr zufrieden, sehr glücklich); 2) was Sie tun (»Ich lese ein Buch«); 3) ob Sie aufmerksam dabei sind oder nicht, von -5 (nein, nicht aufmerksam, ich dachte nämlich an etwas anderes) bis +5 (ja, völlig aufmerksam, die Aufgabe fesselt mich). Indem man eine sehr große Menge solcher Proben bei einer sehr großen Zahl von Personen während ausreichend langer Zeit nimmt, kann man interessante Phänomene entdecken, die den Beteiligten selbst häufig entgehen. Das gilt zum Beispiel für manche Aktivitäten, die nicht unbedingt im Moment (während der Erhebung) hohes Vergnügen bereiten, die aber dennoch eine gute Erinnerung zurücklassen können: Wir können ihnen im Nachhinein einen Sinn geben oder die Erinnerung an sie schönen.[12] Ein anderes Beispiel, das ich bereits erwähnt habe: Im Prinzip angenehme Tätigkeiten verlieren ihr Vermögen, uns positive Emotionen empfinden zu lassen, wenn wir nicht bei der Sache sind.[13]

Glücksrezepte

Es ist üblich, Glücksrezepte und -tricks zu verachten. Mir allerdings ist es nie verdächtig vorgekommen, dass Ratschläge für das Wohlbefinden sehr einfach sind. Ihre Einfachheit ist mir nie als übermäßige Vereinfachung erschienen. Einfach ist, was leicht zu verstehen und auszuführen ist. Aber was Glücksrezepte angeht, liegt das Problem nicht im Grad ihrer Schwierigkeit, es liegt darin, sie regelmäßig anzuwenden.

Glück und Vergnügen

Vergnügen ist eine Liebkosung. Glück ist die stille Erschütterung, die diese Liebkosung bewirkt, wenn wir uns ihres Sinns und ihrer Tragweite bewusst werden. Das angenehme Streicheln des Sommerwinds auf meinem Gesicht ist ein Vergnügen. Bewusstsein von all dem, was dieser Wind bedeutet (ich lebe, es ist Sommer, es ist mild, ich habe einen Körper) bedeutet Glück.

Glück und Verlangen Verlangen ist wie ein Reiz, Glück wie ein Schwebezustand: Man braucht nichts weiter, man möchte nur, dass es so bleibt. Die Zeit des Glücks ist die Zeit, in der das Verlangen schweigt, denn in diesem Moment haben wir alles, was wir brauchen. Auch wenn dieses »alles« nicht viel ist: ein Sonnenstrahl, das Lachen eines Kindes, ein Buch, das uns gescheit macht; und in diesem Augenblick, in dem wir glücklich sind, genügt uns das. Glück ist also Fülle, wenn wir uns sagen: »Ich habe, was ich brauche«, und Ruhe, wenn wir uns sagen: »Ich brauche nicht mehr.«

Glück vergessen So formuliert, klingt es seltsam: »Gestern habe ich vergessen, mich um mein Glück zu kümmern.« Dennoch geschieht in unserem Leben oft genau dies. Es müsste uns mehr stören, wenn wir vergessen, glücklich zu sein. Es müsste sein, als wenn ein Vater oder eine Mutter vergessen, ihr Kind von der Schule abzuholen. Und wenn uns das eine oder das andere passiert, dann im Allgemeinen deshalb, weil wir überbeansprucht sind. Weil wir mit dem Leben streiten, in unseren mehr oder weniger realen, mehr oder weniger eingebildeten Sorgen ertrinken und deshalb das Wesentliche vergessen: unser Kind oder unser Glück. Achten wir darauf, dass uns das nicht zu oft geschieht!

Gräser und Wälder Die Armee der Gräser, tapfer, anonym und mit der Zeit stets siegreich, macht sich an die Eroberung des Unterholzes, der Pfade. Die grünen Kathedralen säuseln zu den Orgeln des Windes. Durch den Wald gehen ohne zu denken. Das bringt die Gewissheit: Das Leben ist der Mühe wert.

Grenzen der Positiven Psychologie Natürlich ist eine stets positive Haltung in bestimmten Zusammenhängen problematisch. Forschungsarbeiten haben gezeigt, dass Optimismus schädliche Effekte haben kann, zum Beispiel bei krankhaften Spielern: Weil sie systematisch zu Optimismus neigen und stets hoffen, ihre Verluste wieder wettzumachen, können sie nur schwer mit dem Spielen aufhören, auch wenn sie verloren haben.[14] Auch Verzeihen ist nicht immer gut, besonders wenn man mit einem Ehepartner zusammenlebt, von dem man misshandelt wird. Es bringt nicht viel, immer wieder jemandem zu verzeihen, der keine Anstrengungen unternimmt, um sich zu ändern.[15] Die drei goldenen Regeln lauten also:

1. Positiv beginnen;
2. die Ergebnisse bewerten;
3. überlegen, ob es gut ist, so weiterzumachen.

Großzügige Schwester Eine meiner Patientinnen hat es schwer im Leben, sie hat jede Menge psychische Probleme. Sie hat Schwierigkeiten, sehr große Schwierigkeiten, Freunde zu finden und sie zu behalten. Zum Glück hat sie eine Schwester, die sie liebt und die sich nach Kräften um sie kümmert. Die Schwester lädt sie häufig ein und stellt ihr ihre Bekannten vor. Die Patientin fasst dies in einer einleuchtenden Formulierung für mich zusammen: »Meine Schwester ist sehr nett zu mir, sie leiht mir ihre Freunde.«

Großzügigkeit Schenken macht glücklicher. Die beschenkte Person natürlich, aber auch die schenkende. Sie ist es, die uns hier interessiert. Die Forschungsergebnisse sind eindeutig: Ein Geschenk erhöht das Glück des Schenkenden.

Es gibt verschiedene Arten zu schenken. Im Allgemeinen schenken wir mit Vergnügen, aus Liebe zu unseren Kindern, unseren Angehörigen, unseren Freunden – was zwar schön, aber leicht ist. Wahre Großzügigkeit setzt voraus, dass man auch denen etwas schenkt, die man nicht oder kaum kennt; manchmal sogar jenen, die man nicht besonders mag. Um es nicht zu kompliziert zu machen, werden wir hier nur von der Großzügigkeit gegenüber Unbekannten oder kaum Bekannten sprechen. Man hat bewiesen, dass es unser Wohlbefinden deutlich verbessert, wenn wir sechs Wochen lang fünf gute Taten pro Woche vollbringen. Und merkwürdigerweise scheint es so zu sein, dass es mehr bewirkt, wenn man diese fünf guten Taten an einem einzigen Tag vollbringt, als wenn es nur eine pro Tag ist. Ebenso soll es mehr bringen, wenn man altruistische Handlungen variiert, als wenn man stets das Gleiche tut.

Die Empfehlung für Ihre Übungen in Sachen Großzügigkeit lautet daher, während mehrerer Wochen an einem Tag in der Woche zu üben. Zeigen Sie sich an diesem Tag so großzügig wie möglich und versuchen Sie dabei, die Gefälligkeiten zu variieren (jemandem Zeit schenken, um ihm zu helfen, einem Obdachlosen Geld schenken, einem Angehörigen Gegenstände, einem einsamen Familienmitglied Zuneigung).

Sie könnten jetzt fragen: »Und an den anderen Tagen benehme ich mich wie ein schlimmer Egoist?« Natürlich nicht! Indem wir unsere Aufmerksamkeit auf einen bestimmten Tag konzentrieren, führen wir die Automatismen ein, die uns auch an den anderen Tagen zu Großzügigkeit verhelfen werden, allerdings auf weniger absichtliche Weise, automatischer.

In den Studien, die Berichte von Personen sammeln, die solche Trainingsprogramme durchführen, ist die Vielfalt der großzügigen Verhaltensweisen zugleich erfreulich und überraschend: Neben den großzügigen Gesten gegenüber Angehörigen und Menschen, denen man begegnet, gibt es auch völlig anonyme Handlungen, wie zum Beispiel das Busticket für einen anderen Fahrgast zu bezahlen, ein Papier vom Boden aufzuheben und in den Mülleimer zu werfen, obwohl nicht Sie es hingeworfen haben. Und zum Abschluss diese Erinnerung eines amerikanischen Forschers, der erzählt, wie seine Mutter ihm jedes Mal, wenn sie ihn schlecht gelaunt sah, zurief: »Stephen, du siehst nicht glücklich aus, warum gehst du nicht und hilfst jemandem?«[16] Eine ausgezeichnete Übung!

Grübeleien Grübeln bedeutet, sich weh zu tun, indem man sich immer wieder, im Kreis herum und fruchtlos, auf die Bedeutungen, die Ursachen und die Konsequenzen seiner Probleme, seiner Situation, seines Zustands konzentriert. Wenn man grübelt, glaubt man nachzudenken, doch man verstrickt und schadet sich nur. Das Grübeln verstärkt unsere Probleme und unser Leiden und verringert den mentalen Raum, den wir für den Rest unseres Lebens zur Verfügung haben (namentlich für die schönen Dinge und die glücklichen Momente). Und vor allem bewirkt es falsche Reflexe und schlechte Angewohnheiten: Probleme bis zum Überdruss wiederzukäuen, statt sie (wenn auch nur unvollständig) zu lösen oder sie zu tolerieren und dabei trotz allem weiterzuleben.

Wenn Sie sich darüber klar werden möchten, ob Ihre Reflexionen Grübeleien sind, können Sie sich drei Fragen stellen:

1. Ist eine Lösung erkennbar geworden, seit ich über dieses Problem nachdenke?
2. Fühle ich mich besser, seit ich über dieses Problem nachdenke?
3. Sehe ich klarer, habe ich mehr Abstand, seit ich über dieses Problem nachdenke?

Wenn die (ehrliche) Antwort auf diese drei Fragen »Nein« lautet, dann heißt das, dass ich nicht nachdenke, sondern grübele. In so einem Fall ist es keine Lösung, sich zu sagen: »Denk an etwas anderes«; es hilft vielmehr, einfach zu handeln: spazieren gehen, mit einem Freund oder Verwandten sprechen. Sich zwingen, die Sache abzuschließen, oder sich zumindest an eine andere Tätigkeit zu begeben, damit nicht nur dieses Problem im Bewusstsein ist. Regungslosigkeit und Einsamkeit verschlimmern das Grübeln. Bewegung und Kontakt unterbinden das Grübeln. Achten Sie aber darauf, dass Sie andere nicht aufsuchen, um zusammen zu grübeln!

Eine andere Lösung beruht auf der Achtsamkeitsmeditation. Dabei akzeptieren Sie, dass Sie Grübeleien im Kopf haben, belassen es aber nicht dabei, sondern umgeben sie mit dem Bewusstsein von Ihrem Atem, Ihrem Körper, sanften Klängen, dem Bewusstsein von allem, was Sie sind und von allem, was Sie umgibt. Ich gebe zu, das ist komplizierter als spazieren zu gehen. Aber ebenfalls wirkungsvoll, sofern man es vorher geübt hat.

Gute Laune Das ist der Gemütszustand des Glücks, sozusagen Glücks-Kleingeld. Die Banknoten sind die Glücksmomente. Und der Scheck vom Lottogewinn, auf dem so viele Nullen stehen, dass man die Zahl gar nicht aussprechen kann, ist Glückseligkeit. Besser, man träumt von ihr, als dass man zu fest mit ihr rechnet.

Gute Taten Pfadfinder verpflichten sich, gute Taten zu vollbringen. Ich habe eine Liste gefunden,[17] die hundert gute Taten aufführt, die speziell in Zeltlagern vollbracht werden sollen – hier eine kleine Auswahl davon: einem Kleineren helfen, Wasserkanister zu tragen; sich um jemanden kümmern, der trübsinnig ist; jemandem freundlich begegnen, der um (noch) eine Gefälligkeit bittet; zwei Personen nach einem Streit versöhnen; auch die guten Eigenschaften von jemandem betonen, der kritisiert wurde; bei einem Marsch langsamer gehen und auf den warten, der erschöpft ist; freundlich den Menschen danken, die uns die Gastfreundschaft verweigern; seine Wasserflasche herumreichen, auch wenn man sie möglicherweise leer zurückbekommt; ein offen gebliebenes Tor zu einem Feld oder einer Weide schließen; Disteln aus dem Fell eines Hundes ziehen, die sich darin verfangen haben; freundlich seine Sachen verleihen; eine Gefälligkeit erweisen, bevor man darum gebeten wird; eine Schnecke oder einen Igel von der Straße holen, damit das Tier nicht überfahren wird; Kleidungsstücke wieder aufhängen, die von der Wäscheleine gefallen sind; jemanden beruhigen, der sehr aufgeregt ist; Schummeln beim Spiel verhindern; Menschen, denen man in einem Dorf begegnet, grüßen; Glasscherben aufheben, die gefährlich sein könnten; ein Stück Aluminiumfolie aus dem Gras aufheben; sich die Zeit nehmen, um ein Stück Papier, das man bei einem Busch gesehen hat, aufzuheben; sich anbieten, einen Weg zu erkunden, wenn man an einer Kreuzung nicht weiterweiß; Efeu abschneiden, das einen Baum erstickt; seinen Imbiss mit einem anderen teilen, den man nicht besonders mag; Sachen mit anderen teilen, die man für sein Taschengeld gekauft hat; eine geliehene Wasserflasche (oder einen Kanister) wieder auffüllen, bevor man sie zurückgibt; Kleinere beschützen; einem schlecht verlaufenden Gespräch eine neue Wendung geben.

Man kann über das Pfadfindertum denken, was man will, aber wenn wir all dies täglich machten, wäre die Stimmung auf der Welt eine ganz andere.

H wie heute

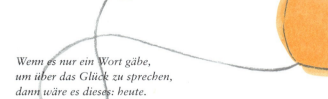

*Wenn es nur ein Wort gäbe,
um über das Glück zu sprechen,
dann wäre es dieses: heute.*

»Halt dich gerade!« Unser Gemütszustand drückt sich in hohem Maße über unseren Körper aus. Wenn man traurig ist, neigt man zum Beispiel dazu, nach unten zu blicken, langsamer und mit tieferer Stimme zu sprechen. Zahlreiche wissenschaftliche Studien zeigen, dass unsere Körperhaltung (ob gerade oder gebeugt und so weiter) im Gegenzug unser Gemüt beeinflusst. Wenn man zum Beispiel Versuchspersonen Fragebögen zur Lebenszufriedenheit ausfüllen lässt, fallen die Ergebnisse unterschiedlich aus, je nachdem, ob man die Fragebögen an einem niedrigen Tisch, über den sich die Befragten niederbeugen müssen, oder an einem recht hohen Pult ausfüllen lässt, an dem sie den Kopf und den Körper schön gerade halten können. Muss man den Fragebogen in gebeugter Haltung ausfüllen, lässt die Zufriedenheit nach, und umgekehrt nimmt sie zu, wenn man dabei aufrecht steht. Wenn unsere Eltern früher zu uns sagten: »Halt dich gerade!«, haben wir vielleicht albern gekichert, weil wir den Eindruck hatten, das sei zu nichts gut. Doch was, wenn die Eltern recht hatten?

Was mich angeht, ich habe lange in einem gebeugten Körper gelebt. Seit ich mich für all dies interessiere, halte ich mich gerade und habe ein kleines Lächeln auf den Lippen. Mir scheint, das tut mir gut. Und mir scheint, dass es auch anderen guttut: Ich habe den (vielleicht naiven) Eindruck, dass ein Psychiater, der sich gerade hält und lächelt, wenn er seine Patienten tröstet, ihnen durch seinen Körper etwas mehr gibt. Es ist aber keine wissenschaftliche Studie vorhanden, um meine Worte zu stützen, leider.

Harmonie Harmonie bezeichnet ein günstiges Verhältnis zwischen den einzelnen Teilen eines Ganzen. Das wird als schön, angenehm, fruchtbar empfunden. Glückliche Momente sind Momente der Harmonie: zwischen Vergangenheit und Gegenwart, zwischen uns und anderen sowie zwischen den Elementen unseres Lebens. Selbst in jenen seltsamen Momenten, in denen Glück aus Unglück hervorgeht, kann Harmonie zwischen dem Leiden und dem Gefühl bestehen, dass es so kommen musste und dass uns das – vielleicht – befreien, auf eine höhere Ebene bringen wird. Harmonie, das sind auch jene Augenblicke, in denen uns das Gefühl befällt, dass das Glück nicht nur in uns, sondern überall um uns herum ist.

Hedonistische Gewöhnung Wir gewöhnen uns an Glück. Wir sind von einer Menge Dinge umgeben, die uns glücklich machen müssten und die wir nicht mehr wahrnehmen – außer wenn sie uns weggenommen werden, wie in dem berühmten Satz des Dichters Raymond Radiguet: »Glück, ich habe Dich erst an dem Geräusch erkannt, das du beim Fortgehen machtest.«

Das bedeutet, dass man sich an alles gewöhnt, leider sogar an die schönen Dinge und auch an das Glück. Wenn uns die schönen Dinge begegnen und wenn sie uns dann ständig zur Verfügung stehen, hören sie allmählich auf, uns glücklich zu machen: in einem friedlichen Land leben, einen Ehegatten, eine Arbeit, ein Haus, zu essen haben, all das erscheint uns schließlich normal. Das ist die *hedonistische Gewöhnung*. In der Psychologie spricht man von Gewöhnung, um die Verminderung der Reaktionen auf einen Reiz, der wiederholt und anhaltend auftritt, zu bezeichnen. Manchmal vermindert sie sich bis zum Erlöschen. So funktionieren Verhaltenstherapien bei Phobien. Indem sie sich daran gewöhnen, dem Reiz gegenüberzutreten, der ihnen Angst macht, verringert sich bei den Patienten allmählich die Angstreaktion. Leider funktioniert das beim Glück genauso. Eine Quelle des Glücks, die in unserem Leben stets gegenwärtig ist, verliert ihre Kraft. Man hat sich darum gefragt, wie sich dieses Phänomen der Gewöhnung verhindern ließe. Grob gesagt gibt es zwei Möglichkeiten. Die eine besteht darin, gelegentlich zu erleben, dass man diese »alltäglichen schönen Dinge«, an die man sich so schnell gewöhnt, nicht zur Verfügung hat: Ein Stromausfall macht uns bewusst, was für ein Glück diese Ressource in unserem Alltag darstellt; die Abwesenheit unserer Angehörigen macht uns bewusst, was für ein Glück es ist, an ihrer Seite zu leben; ein Beinbruch zeigt uns, wie wunderbar es ist, gehen zu können und so weiter. Die zweite besteht darin, sich regelmäßig unseres alltäglichen Glücks bewusst zu werden. Genau das ist Thema dieses Buches.

Die hedonistische Gewöhnung in zwei Kurven[1]

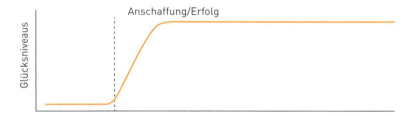

Wie wir uns die Zufriedenheit nach einer Anschaffung oder einem Erfolg vorstellen

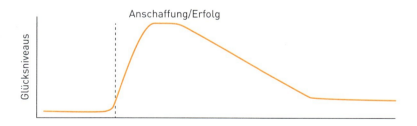

Was tatsächlich nach einer Anschaffung oder einem Erfolg geschieht

Hedonismus Neben dem Eudämonismus einer der beiden Wege zum Glück durch das Streben nach mehr glücklichen und angenehmen Momenten oder ihrer Wiederholung.

Hedonistisches Gleichgewicht So wie es Weiß und Schwarz gibt, gibt es Momente des Glücks und des Unglücks. Und am Ende legt unser Hirn alles in die beiden Schalen einer Waage. Welches ist das richtige Maß, das richtige Gleichgewicht, damit unser Leben schön ist? Wir benötigen offenbar zwei- bis dreimal so viele positive Emotionen wie negative, um uns wohlzufühlen.[2] Es ist also nicht nötig, alles positiv zu sehen oder sich wegen einzelner Wutanfälle oder Niedergeschlagenheiten zu beunruhigen. Wichtig ist jedoch sicherzustellen, dass sie durch genügend Momente von Freude und Glück eingegrenzt, ausgeglichen und umrahmt werden.

Herbst Die Lieblingsjahreszeit der Dichter, die die vergänglichen Dinge lieben, wie Apollinaire: »Mein ewiger Herbst o Zeit meinem Geiste verwandt.«[3] Das Glück, das einem die Schönheit des Herbstes vermittelt, ist ein feinsinniges Glück, in das sich die Erinnerung an den Sommer mischt, möglicherweise aber auch etwas Überdruss (man hat genug von der Hitze!), und die Erwartung der Kühle und der Freuden des Winters, die sich bereits ankündigen.

Herbstwind Als ich einmal keine Zeit fand, um einen von weither angereisten buddhistischen Freund zu treffen, reagierte dieser auf die Entschuldigung eines überarbeiteten und wenig verfügbaren Abendländers: »Danke für deine Antwort, Christophe. Der Herbstwind streift sanft über unsere Gesichter. Für den Augenblick begegnen wir uns auf diese Weise. Friede mit jedem Schritt.« In diesem Moment war ich derart erschüttert von der Weisheit, der Milde, der Einfachheit und der Großzügigkeit seiner Nachricht, dass ich bereit war, alle Termine, die wenige Sekunden vorher noch so wichtig gewesen waren, abzusagen, um ihn einige Augenblicke lang zu sehen.

Herzlichen Glückwunsch zum Geburtstag! Ein Regentag in Paris.

Ich bin mit dem Motorroller unterwegs, und es ist natürlich grässlich: Staus, und alle Welt ist genervt, Fußgänger, Radfahrer, Autofahrer, Taxis und Lieferanten. Auf einmal, in einer etwas engen Straße, versperrt ein Lastwagen die Durchfahrt; selbst mit dem Motorroller kommt man nicht vorbei. Also nehme ich den Radweg am Rand, auf dem kein Fahrrad unterwegs ist. Ganz langsam und vorsichtig natürlich, und nur zwanzig Meter weit, ich schwöre es Ihnen. Als ich vor dem Lastwagen wieder einschere, sehe ich fünfzig Meter weiter einen Streifenwagen, der neben einer roten Ampel parkt. Oje! Ich sehe mehrere Polizisten. Ihre Aufgabe an diesem Morgen ist offenbar, Trotteln wie mir, die unrechtmäßig den Radweg benutzen, eine Verwarnung zu erteilen. An der Ampel angekommen, tue ich so, als wäre nichts gewesen, ich sehe in eine andere Richtung, doch mein Schicksal ist besiegelt: Einer der Polizisten hat mich gesehen und gibt mir ein Zeichen, den Motorroller zu parken. Ich bekomme, was ich verdiene! Ich mache einen schwachen Versuch zu erklären, dass es wegen des Lastwagens gewesen sei, nur zehn Meter, dass ich das sonst nie tue und so weiter. Vergebliche Mühe: Auf das Vergehen folgt die Strafe. Das ist schließlich logisch und normal. Ich meckere also nicht, das wäre unnütz, ich bin im Unrecht, und der Mensch tut nur seine Arbeit.

Gut, wir gehen also zu dem Lastwagen, er nimmt meine Papiere, sagt mir, ich solle auf ihn warten, und steigt ein, um seine Formulare auszufüllen. Ich warte auf dem Bürgersteig, in Gesellschaft eines halben Dutzends anderer Motorradfahrer, die ebenfalls auf frischer Tat ertappt wurden. Ich bin natürlich verärgert, und ich bemühe mich, mich zu beruhigen: »Ok, ist gut, du hast dich erwischen lassen, so ist das Leben, das wird dir eine Lehre sein, es ist idiotisch, all das, um drei Minuten zu sparen; reg dich nicht auf, sondern merks dir fürs nächste Mal.«

Während ich versuche, mich zu entspannen, beobachte ich meinen Polizisten, der sich auf seine Arbeit konzentriert. Plötzlich sehe ich, wie er den Kopf hebt und etwas zu seinem Kollegen sagt, der ihm am Tisch gegenübersitzt, ihm meine Papiere zeigt, wie der andere mit dem Kopf nickt und wie sie sich mit ernster Miene unterhalten. Oje! Was geschieht nun? Habe ich vergessen, meine Versicherung zu bezahlen? Oder hat ein Straßenräuber meine Zulassungsnummer verwendet, um mit dem Motorroller einen Crash zu machen? Auf jeden Fall stimmt irgendetwas nicht. Der Polizist packt meine und seine Papiere zusammen, steht auf und kommt zu mir:»Ist das richtig, dass Sie heute Geburtstag haben?« Das hatte ich nicht erwartet, ich stottere ein unbestimmtes, verblüfftes »Ja, schon ...«. »Ist in Ordnung, Sie können weiterfahren! Aber nicht auf den Radwegen.« Und mit ernster Miene, ohne zu lächeln, gibt er mir meine Papiere zurück.

Als ich verstehe, wie mir geschieht, möchte ich ihm herzlich danken, ihm breit lächelnd auf die Schulter klopfen und ihm sagen:»Danke, Kumpel, das ist zu freundlich, so eine kleine Geste tut schon gut!« Doch tue ich das nicht, denn die Leute um mich herum, die gerade eine Verwarnung erhalten, wären bestimmt nicht begeistert von dem Glück, das mir eben zuteil geworden ist, zumal die meisten von ihnen bereits schimpfen, dass die Polizei sich besser um echte Räuber als um kleine Schummler kümmern sollte. Ich verstehe, warum er bei dem Geburtstagsgeschenk, das er mir eben gemacht hat, so diskret geblieben ist. Daher danke ich ihm nüchtern, gehe mit meinen Papieren davon, und als ich losfahre, grüße ich ihn nur kurz mit der Hand. Mir scheint, er lächelt.

Und ich fahre zufrieden los. Nicht nur, weil ich einem Bußgeld entgangen bin. Sondern weil ich mich wegen dieses kleinen Geschenks, das mir so nüchtern gemacht wurde, über das Leben und die Natur des Menschen freue.

Heute Die Gegenwart ist einer der Schlüssel zum Glück. Wenn wir unglücklich sind, denken wir am besten nur an das Unglück von heute. Es ist unnütz, zusätzlich auch an künftiges Unglück zu denken, daran, auf welche Weise es andauern, sich verschlimmern oder zuspitzen könnte. Wenn wir glücklich sind, ist es am besten, das gegenwärtige Glück voll auszuleben. Es ist also am besten, jeden unserer Tage mit Liebe und Achtung zu verwöhnen.

Hochbegabt für Glück Es gibt Leute, die das Leben gut ausgestattet hat mit guten Genen, guten elterlichen Vorbildern, Lebenschancen, auch mit Lebensintelligenz. Auch wenn wir nicht wissen, warum das so ist – das Ergebnis ist jedenfalls eine echte Begabung zum Glücklichsein. Sie haben ein perfektes emotionales Profil: Die schönen Dinge des Lebens machen ihnen schnell, intensiv und nachhaltig Freude; die ungünstigen berühren sie sicherlich, aber nicht mehr als nötig, und geraten dann in Vergessenheit. Ohne dass sie sich anstrengen müssen, wie es scheint. Das nennt man ein glückliches Temperament. Man braucht nicht eifersüchtig auf diese Menschen zu sein, ihr Glück schmälert das unsere nicht. Besser ist es, man beobachtet sie, um zu lernen, und hält sich an ihrer Seite, um zu profitieren. Da Emotionen ansteckend sind, werden wir am Ende etwas von ihrem Wohlbefinden abbekommen, so wie man sich eine Grippe einfängt. Eine Glücksgrippe.

Hoffnung besteht darin zu wünschen, dass die Zukunft unseren Bedürfnissen nach einem besseren Morgen entspricht. Sie kann eine Hilfe sein, aber auch eine zweifache Gefahr darstellen: Wenn mich die Hoffnung vom Handeln abhält oder mich daran hindert, das zu genießen, was bereits vorhanden ist, ist es besser, nicht mehr zu hoffen und stattdessen zu leben und zu handeln. Ich habe einmal ein Interview mit Stephen Hawking gelesen, dem unter einer schweren neurologischen Krankheit leidenden Astrophysiker. Darin antwortete er dem Journalisten, der fragte, wie es ihm gelänge, seine seelische Fassung zu wahren: »Meine Hoffnungen haben sich verflüchtigt, als ich einundzwanzig Jahre alt war. Seitdem ist alles ein Bonus.«[4] Das schlägt auch der Philosoph André Comte-Sponville in seinem Buch mit dem suggestiven Titel *Le Bonheur, désespérément* (*Das Glück, zum Verzweifeln*) vor: nicht mehr hoffen, nicht um zu verzweifeln, sondern um die Gegenwart zu leben.

Horror und Glück Meine Sicht auf das Glück ist durch meinen Beruf geprägt, der darin besteht, mit Zuständen von Verzweiflung umzugehen und zu versuchen, sie zu erleichtern. Möchten Sie wissen, welche Erinnerung mich am meisten erschüttert hat? Ein algerischer Patient, der wegen einer schweren Depression im Krankenhaus war, der gesehen hat, wie sein Sohn von islamistischen Fanatikern erwürgt wurde. Die gleiche Geschichte wie mit Auschwitz: Wie kann man danach noch an Glück glauben? Ich weiß es nicht, aber trotzdem: Durch all das wird die Existenz oder die Möglichkeit oder die Bedeutung von Glück nicht infrage gestellt. Sondern nur die Illusion, dass das Leben uns das Unglück ersparen könnte. Nichts wird uns erspart. Und manche von uns erleben unglücklicherweise den absoluten Horror. Das ist kein Grund, darauf zu verzichten, glücklich zu sein. Lediglich ein Grund, sich dafür zu engagieren, jeder nach seinen Möglichkeiten, das Unglück zu lindern oder den Horror zu verhindern.

Humor Er hängt stärker mit dem Vergnügen als mit dem Glück zusammen. Ich weiß nicht mehr, welcher Humorist einmal sagte, er könne eine Freundschaft für eine Pointe opfern. Zu höflich, um ehrlich zu sein, sagt man. Ebenso kann man auch zu freundlich sein, um komisch zu sein. Denn im Humor gibt es stets eine Form von potenzierter Gemeinheit. Auch wenn man das Böse nicht *tut*, man *sieht* es, man *denkt* es; dann sagt man es, in Form einer tolldreisten Wendung. Und dieses Böse tut gut, sehr gut, zumindest jenen, die lachen.

Hunde und Katzen Untersuchungen zeigen, dass sie häufig eine Quelle des Glücks für ihre Halter sind.[5] Sie können auch Meister im Glücklichsein sein, jedes Tier auf seine Weise. Man bewundert eher die Katzen, die uns durch ihre langen verführerischen Schlafenszeiten beeindrucken, die sie in der Regel fünfzehn bis achtzehn Stunden täglich in sehr entspannten Positionen pflegen. Doch Hunde sind möglicherweise noch glücklicher: Ihre unbedingte Zuneigung zu ihrem Herrchen oder Frauchen ist gewiss ein mächtiger Wohlfühlfaktor für sie, wie die unbedingte Liebe beim Menschen. So können wir von beiden lernen. Verhalten wir uns einfach gegenüber den Menschen mal wie Katzen und mal wie Hunde! Manchmal in freundlicher Distanz und manchmal in unbedingter Hingabe unserer selbst. Je nach dem Menschen, dem Moment, unserer Stimmung und den Bedürfnissen unserer Nächsten.

I wie Illusionen

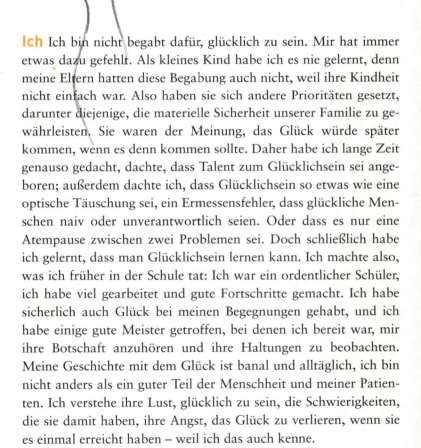

Hab keine Angst vor Illusionen,
Wenn sie dein Herz erwärmen
Und dich zum Handeln drängen.

Ich Ich bin nicht begabt dafür, glücklich zu sein. Mir hat immer etwas dazu gefehlt. Als kleines Kind habe ich es nie gelernt, denn meine Eltern hatten diese Begabung auch nicht, weil ihre Kindheit nicht einfach war. Also haben sie sich andere Prioritäten gesetzt, darunter diejenige, die materielle Sicherheit unserer Familie zu gewährleisten. Sie waren der Meinung, das Glück würde später kommen, wenn es denn kommen sollte. Daher habe ich lange Zeit genauso gedacht, dachte, dass Talent zum Glücklichsein sei angeboren; außerdem dachte ich, dass Glücklichsein so etwas wie eine optische Täuschung sei, ein Ermessensfehler, dass glückliche Menschen naiv oder unverantwortlich seien. Oder dass es nur eine Atempause zwischen zwei Problemen sei. Doch schließlich habe ich gelernt, dass man Glücklichsein lernen kann. Ich machte also, was ich früher in der Schule tat: Ich war ein ordentlicher Schüler, ich habe viel gearbeitet und gute Fortschritte gemacht. Ich habe sicherlich auch Glück bei meinen Begegnungen gehabt, und ich habe einige gute Meister getroffen, bei denen ich bereit war, mir ihre Botschaft anzuhören und ihre Haltungen zu beobachten. Meine Geschichte mit dem Glück ist banal und alltäglich, ich bin nicht anders als ein guter Teil der Menschheit und meiner Patienten. Ich verstehe ihre Lust, glücklich zu sein, die Schwierigkeiten, die sie damit haben, ihre Angst, das Glück zu verlieren, wenn sie es einmal erreicht haben – weil ich das auch kenne.

Illusion Madame de Puisieux, Literatin des 18. Jahrhunderts und Geliebte Diderots, schrieb: »Ich mag lieber einen Irrtum, der mich glücklich macht, als eine Tatsache, die mich entmutigt.«[1] Dem Begriff »Irrtum«, der voraussetzt, dass man weiß, was richtig und was falsch ist (was in unserem Leben nur selten der Fall ist), ziehe ich den Begriff »Illusion« vor, diese subjektive Lesart von Tatsachen in einem Sinn, der uns gefällt. Manchmal drängt uns die Sorge um das Glück, oder vielleicht mehr noch die, nicht im Unglück unterzugehen, dazu, an Illusionen zu hängen, wie wenig plausibel sie auch sein mögen. Atheisten (»Gott gibt es nicht«) und Agnostiker (»Man kann nicht wissen, ob es Gott gibt oder nicht«) meinen, dass der Glaube an Gott eine Illusion ist; dabei erkennen sie an, dass sie guttut, insbesondere angesichts von Prüfungen des Lebens und des nahen Todes. Als Therapeut ziehe ich manchmal eine warme Illusion einer schmerzlichen Wahrheit vor. Wenn die Zukunft ungewiss ist und besonders, wenn sie vom seelischen Zustand der Person abhängt, lautet die Regel, zur Hoffnung zu ermutigen; es muss deshalb nicht alles gut gehen. Doch auch wenn es schiefgeht: Häufig macht es weniger unglücklich, wenn man gehofft hat, und es hilft auch dabei zu handeln, also die Situation zu ändern. Die Eltern von Kindern mit Behinderung brauchen plausible Illusionen mehr als negative Gewissheiten, die den Horizont ihrer Hoffnungen verengen. Zu sagen, »Ihr Kind wird keine Fortschritte machen«, kann sicherlich den Eltern falsche Hoffnungen nehmen und ihnen helfen, die Wirklichkeit zu akzeptieren. Wenn man ihnen aber sagt, »Es ist nicht klar, wie viele Fortschritte es machen kann«, kann sie das dazu motivieren, ihr Kind so gut sie können zu stimulieren und so tatsächlich bewirken, dass es Fortschritte erzielt.

Impfstoff Es gibt den erschreckenden Zwang, niemals mit dem Atmen aufzuhören. Ich bin häufig sehr ängstlichen Patienten begegnet, bei denen der Gedanke daran, wie abhängig sie von der Luft, vom Einatmen, Ausatmen bis ans Ende ihrer Tage sein würden, Panikattacken auslöste, zum Teil seit sie klein waren.

Ich erinnere mich an eine Patientin, für die war der schlimmste Albtraum, in einer künstlichen Lunge zu enden, Sie wissen schon, in so einer enormen Maschine, in die man früher Personen legte, bei denen aufgrund von Kinderlähmung die Atemmuskulatur gelähmt war. Früher musste stets jemand den Blasebalg bedienen. Mit Strom funktionierte das dann später ganz von allein, aber trotzdem ...

Ich erinnere mich, dass ihre Ängste mich durch das Zuhören und die Arbeit mit ihr anfangs etwas ansteckten und dass ich ein- oder zweimal nachts mit dem Gefühl zu ersticken aufgewacht bin. Dann ist das bei mir verschwunden, und bei ihr auch. Ich glaube, es ist mir nicht mehr passiert, seit ich Achtsamkeitsmeditation praktiziere, und auch der Patientin nicht. Ich erinnere mich, dass auch mich der Begriff »eiserne Lunge« beeindruckte, als ich klein war. Ich freue mich, dass der Impfstoff gegen Kinderlähmung gefunden wurde, und bin seinen Entwicklern sehr dankbar.

Induktion von Emotionen Wenn man in der wissenschaftlichen Psychologie die Konsequenzen einer Emotion auf die Gedanken oder absichtlichen Verhaltensweisen studieren möchte, muss man auf die sogenannten Verfahren zur *Gefühlsinduktion* zurückgreifen: Die meisten Menschen können ihre Gefühle nicht selbst auslösen, zumindest nicht absichtlich, denn unabsichtlich sind wir häufig verantwortlich für Gefühle wie unsere Sorgen beispielsweise. Man kann Gefühle aber von außen erzeugen. Es gibt sehr unterschiedliche Möglichkeiten, ein Gefühl herbeizuführen. Man kann jemandem, was einfach und wirkungsvoll ist, Musik oder einen Filmausschnitt vorspielen oder ihm eine Geschichte zu lesen geben: Gut ausgewählte Medien können eine ganze Reihe verschiedener Emotionen auslösen.[2] Man kann aber auch Szenarien einsetzen, was noch wirkungsvoller, aber etwas kompliziert ist. Dabei ruft man gute oder schlechte Stimmungen hervor, indem man Ergebnisse von IQ-Tests nennt, die in keinem Zusammenhang mit den Antworten der Testperson stehen (»Oh, es tut mir leid, die Ergebnisse sind etwas schwach ausgefallen« versus

»Glückwunsch, Sie sind außergewöhnlich intelligent«); oder auch indem man die Testperson sich leicht einen kleinen Geldbetrag oder ein Geschenk verdienen lässt (oder sie verlieren lässt, während die meisten anderen freiwilligen Teilnehmer an dem Test den Betrag gewinnen oder die Geschenke anhäufen).

Praktische Schlussfolgerungen aus diesen grundlegenden Forschungsarbeiten:

1. Es braucht nicht viel, um in uns Emotionen hervorzurufen.
2. Es ist relativ leicht, sich dem Risiko, angenehme Emotionen zu empfinden, auszusetzen (ulkige Filme oder fröhliche Musik).

Infragestellen Viele unserer mentalen Probleme rühren daher, dass wir nicht wirklich das tun, von dem wir wissen, dass es gut für uns ist. Das Infragestellen zum Beispiel. Kaum jemand bestreitet, dass es gut ist, wenn man sich infrage stellen kann. Wenn ich feststelle, dass ich mich getäuscht habe, dass ich einen Fehler gemacht habe, ist es nützlich oder sogar unverzichtbar, die Überlegung, die Gewohnheiten, die Gewissheiten infrage zu stellen, die mich zu diesem Fehler veranlasst haben. Aber tun wir das wirklich?

Besteht unser Infragestellen lediglich darin, gedanklich festzustellen, dass wir uns getäuscht haben, dass es unser Fehler war, und dann zu anderen Tätigkeiten überzugehen? Dann bringt uns das nicht viel, denn wir werden bei der nächsten Gelegenheit genauso handeln, wieder die gleichen Fehler machen, wieder in dieselben Gewohnheiten verfallen. Wir müssen uns zwingen, unsere Fehler ernsthaft und eingehend zu betrachten. Sie auf uns wirken lassen. Nicht, um über sie zu grübeln und zu leiden. Sondern um sie nicht zu vergessen, ihnen einen wirklich nützlichen Platz zuzuweisen. Nicht, um uns zu geißeln, sondern um Fortschritte zu machen. Um dem Glück etwas mehr Platz zu machen, um diejenigen unserer Fehler aus dem Weg zu räumen, die sich wiederholen und daher offenkundig selbstgemacht sind.

In fünf Jahren sterben »Was würden Sie tun, wenn Sie morgen sterben müssten?«

Diese unscheinbare Frage ist eine sehr gute Übung in Positiver Psychologie; sie fordert uns dazu auf, uns zu fragen, was für uns wirklich wichtig ist. Mit wem würden wir gern unsere letzten Augenblicke verbringen? Welchen Tätigkeiten würden wir uns dann zum letzten Mal widmen? Doch ist die Frist eines Tages – ab jetzt bis morgen – viel zu kurz und führt zu Aussagen, die wenig realistisch sind, zumindest zu solchen, die kaum zum wirklichen Leben passen. Wenn mir nur ein Tag zu leben bleibt, kümmern mich die Einwände und Nachteile bei meiner Wahl kaum, ich muss niemandem Rechenschaft ablegen und keine Erklärungen geben; ich habe keine Zeit zu verlieren!

Sich vorzustellen, in fünf Jahren zu sterben, scheint mir eine deutlich bessere Frist zu sein. Sie zwingt uns, gründlicher an die Frage heranzugehen, was wirklich für uns zählt. Sie bringt uns dazu, uns realistische und nicht nur scheinbare Veränderungen zu überlegen und umzusetzen. Nicht alles fallen zu lassen, um uns in die Vergnügen der letzten Minute zu stürzen, sondern konkret ab heute ein täglich besseres Leben zu führen. Insgesamt das gleiche Leben, das wir bereits leben, aber intelligenter, weil es durch das Entwicklerbad unseres baldigen Todes gegangen ist, der nicht morgen, sondern in fünf Jahren ansteht.

Zu denken, dass ich in fünf Jahren vielleicht tot sein werde, das ist eine gute Idee, um mich glücklicher zu machen – jedenfalls wenn ich nicht fünf Jahre warte, um mich in Bewegung zu setzen.

Intelligenz Einer alten und ehrwürdigen Tradition zufolge stehen Intelligenz, Wissen und Scharfsinn dem Glück im Wege, was impliziert, dass dieses in den Bereich der Illusion und der intellektuellen Kurzsichtigkeit gehört. Das fängt in der Bibel an, mit dem Buch der Prediger: »Denn wo viel Weisheit ist, da ist viel Grämens.« Und noch heute spricht man gern von einem glücklichen Irren und weniger von einem unglücklichen Irren. Dennoch gibt es beide. Untersuchungen weisen kaum Korrelationen zwischen Intelligenz und Glück auf, es sei denn im Sinne einer Steigerung der kreativen Fähigkeiten durch positive Emotionen. Traurigkeit lähmt und verlangsamt das Gehirn, während Freude es stimuliert und beschleunigt.

J wie Jubel

*Ein Glück, das aus unserem Gehirn überläuft,
wie überkochende Milch aus einem Topf.*

Ja, aber: nie wieder! Es ist inzwischen schon einige Jahre her, da stellte ich fest, dass ich meine Sätze zu oft mit »Ja, aber« begann. Ich bemerkte, dass dies, zumindest in meinem Fall, eine unangemessene Lebenseinstellung verriet, denn ich konzentrierte mich vorrangig auf die Punkte, mit denen ich nicht einverstanden war, auf alles, was dem »aber« folgte. Und dadurch wurde aus dem »Ja« ein Schwindel: Zweieinhalb Buchstaben Pseudozustimmung, bevor ich zum Widerspruch überging. Das »Ja, aber« war ein falsches »Ja« und ein echtes »Nein«, das nicht wagte, seinen Namen zu nennen. Ich habe also den Kampf gegen diese Schrulle aufgenommen, um es überhaupt nicht mehr zu sagen. Lieber zuerst nur »Ja« sagen (und alles, was daraus folgt); dann, wenn nötig, meine »Nein« zum Ausdruck bringen (und auch hier alles, was daraus folgt). Ich sage nicht mehr beides gleichzeitig, wie ich es mit meinen »Ja, aber« tat.

Heute bemühe ich mich, mit »Ja« zu beginnen, zuerst die Punkte zu suchen, denen ich zustimme, bevor ich die Diskussion fortsetze und meine etwaigen »Nein« zum Ausdruck bringe. Mit »Ja« zu beginnen bedeutet nicht, »Ja« zu allem zu sagen, sondern »Ja« zu dem, was ich akzeptiere und was mir gefällt. So findet ein »Nein« anschließend auch besser Gehör. Seinen Gesprächspartnern jedes Mal, soweit möglich, zuerst mit einem »Ja« zu antworten, bevor man zu den »Nein« übergeht, ist, wie die Begegnung mit einem Lächeln zu beginnen, auch wenn man weiß, dass man nicht in allem mit ihnen einig sein wird. Es ist ein Beweis für Respekt und Offenheit, der nichts kostet und alles ändert.

Jahreszeiten Das Glück liegt auch im Wechsel der Jahreszeiten. Nach dem Sommer warten wir ungeduldig darauf, dass der Herbst, die Pullover und die Holzfeuer kommen. Dann auf die Wiederkehr des Frühlings. Dann auf die langen Sommerabende, an denen es nie dunkel wird. Wir lieben diese sanften Übergänge und ihren regelmäßigen Kreislauf: Wir lieben die Gewissheit, morgen wiederzufinden, was wir heute verlieren.

Diese wechselnden Jahreszeiten bei uns im Westen haben zahlreiche positive Effekte: zunächst die Vielfalt der Vergnügen und Eindrücke (und unser Gehirn mag Vielfalt – so sehr, dass es in Überangebots- und Überflussgesellschaften krank davon wird). Das Vergnügen zu sehen, wie sich die Farben des Himmels und der Bäume verändern, wie sich die Blumen, die Früchte und die Gemüsesorten ändern, die in unsere Häuser und auf unsere Teller gelangen, wie sich die Länge der Tage ändert, die Temperatur der Luft, die unsere Haut streichelt oder beißt.

Die Jahreszeiten verlaufen zyklisch, sie kehren immer wieder. Das ist beruhigend, wie eine natürliche und stille Psychotherapie unserer existenziellen Ängste um die Vorstellung vom Ende. Auf jedes Ende folgt ein Neuanfang, sagen uns die Jahreszeiten. Sie drücken dies noch stärker aus als Tag und Nacht, weil ihre langen Zyklen bewirken, dass man sie herbeisehnt. Am Ende des Winters fehlt uns der Frühling. Die Zyklen bewirken, dass wir die Jahreszeiten erwarten, uns darauf freuen. Im Frühling ist es beispielsweise die Freude über das Licht und das fröhliche Vorgefühl der Sommerhitze.

Eine weitere Wirkung der Jahreszeiten: Sie lehren uns, wie es ist, älter zu werden. Denn bei jedem neuen Eintreffen in ihrem ewigen Kreislauf sind wir verändert. Wir sind reicher geworden (um das, was wir erlebt haben) und ärmer (um das, was wir verloren haben: Freunde und Illusionen). Wir sind älter geworden, und wir spüren das gut. Doch trotzdem nimmt die Natur uns auf und tröstet uns. Das ist eine feinfühlige und wohlwollende Vorbereitung darauf, wie unser Ende sein wird: »Es wird auch ohne dich weitergehen, sei beruhigt, ich werde da sein, wir werden da sein, du und ich.«

Der Ja-Sager So lautet der Titel einer Filmkomödie, in der die Hauptfigur, von Jim Carrey gespielt, sich nach seiner Scheidung in sich selbst zurückzieht und alles ablehnt, was man ihm an Aktivitäten vorschlägt. Er verkörpert die maximale Abschirmung gegen alles Neue und die zunehmende Verarmung eines Daseins, das alles ablehnt, was nicht Routine ist. Nachdem ihn einer seiner Freunde zurechtgestaucht hat, meldet er sich für ein Seminar an, in dem der Wert und die Kraft des Ja gefeiert werden. Und sein Leben wendet sich: Jede Menge, auch nicht immer schöne Ereignisse folgen aufeinander, die ihn durcheinanderbringen und ihm schließlich viel Freude und auch viel Stress bereiten. Eine Karikatur, aber im Kern wahr: Meistens schützt uns das Nein, bringt uns aber keinen wirklichen Gewinn; das Ja bringt uns zwar durcheinander, bereichert aber unser Leben.

Jeremia Einer der großen Propheten des Alten Testaments. Ihm wird traditionell auch das Buch der Klagelieder zugeschrieben (vielleicht zu Unrecht, doch wer hat, dem wird gegeben, gilt wohl auch hier). Jeremia sagte unter anderem die Zerstörung Jerusalems und das Exil in Babylon voraus, wurde von seinen Zeitgenossen aber nicht angehört. Ganz sicher nahm er das schlecht auf, wie alle Pessimisten, er fühlte sich immer im Abseits und hatte eine grässliche Laune: »Ich habe mich nicht zu den Fröhlichen gesellt noch mich mit ihnen gefreut, sondern saß einsam, gebeugt von deiner Hand; denn du hattest mich erfüllt mit Grimm.«[1] Seitdem spricht man bei langen Folgen von Klagen, die schwer zu ertragen sind, von Jeremiaden. Und das Problem ist, dass man sich nicht einmal mehr fragt, ob ein Neo-Jeremia, der da herumjammert, recht oder unrecht hat. Man stellt lediglich fest, dass man seiner laut vorgetragen Litanei all dessen, was in der Welt nicht in Ordnung ist, ein wenig überdrüssig ist. Daran sollten wir uns erinnern, wenn wir möchten, dass man unsere eigenen Beschwerden anhört. Wir müssen uns aber angewöhnen, regelmäßig unsere Freuden und unsere Bewunderung zum Ausdruck zu bringen.

Jubel Etymologisch bedeutet jubeln Freudenschreie ausstoßen. Es ist ein Glück, das aus unserem Gehirn überläuft, wie überkochende Milch aus einem Topf. Im Allgemeinen ist Jubeln eine Freude, die mit einem schwer zu erreichenden Erfolg verknüpft ist und daher von einem Rebound-Effekt profitiert, der nach langem Warten, zahlreichen Bemühungen oder großen Schwierigkeiten eintritt. Daher seine explosive und exzessive Seite. Zum Beispiel jubelt ein Sportler, wenn er bei den Olympischen Spielen eine Medaille gewonnen hat. Er hatte zugleich große Angst sie nicht zu gewinnen und große Mühe wegen des vielen Trainings. Jubel setzt voraus, dass man Angst und Mühen hatte, bevor man ein sehr wichtiges Ziel erreicht – ein so wichtiges Ziel, dass man sehr unglücklich wäre, hätte man es nicht erreicht. Wir müssen also nicht unbedingt jubeln wollen, um glücklich zu sein.

K wie Karma

Kein Schicksal, kein Karma.
Du bist nicht Gefangener deiner Vergangenheit.
Nur deiner Gewohnheiten.

K In einer berühmten Novelle des italienischen Schriftstellers Dino Buzzati wird ein Junge, der Sohn eines Kapitäns auf großer Fahrt, von einem Seeungeheuer verfolgt, das den seltsamen Namen K trägt, und dies seit seinem ersten Tag auf See. Nachdem er zunächst seinem Schicksal entkam, indem er sich vom Meer fernhielt, stellt er sich ihm, indem er selbst Seemann wird, und das Tier verfolgt ihn beharrlich sein Leben lang: Jedes Mal, wenn er sich umdreht, sieht er es im Kielwasser seines Schiffes. Alt, sehr alt geworden, beschließt er, nicht mehr zu fliehen und sich ihm endgültig zu stellen – und K spricht zu ihm! Es sagt ihm, dass es ihn seit jeher verfolge, um ihm einen Talisman zu geben, der ihn sein ganzen Leben lang erfolgreich und glücklich machen sollte.

Unseren Ängsten nicht zu entfliehen, sondern sich ihnen zu stellen, kann manchmal unser Glück vermehren. Wir haben Angst vor dem Unbekannten, Bindungsangst, Angst vor allem und nichts. Sich von seinen Ängsten frei zu machen ist ein Weg, sich dem Glück zu nähern. Ich hätte gern eine andere Erzählung von Buzzati gelesen, eine, die uns erzählt hätte, wie die lebenslange Verfolgung eines anderen Ungeheuers uns in Wirklichkeit vom Glück entfernt; dieses Monster – das Geld – hätte dann nicht K, sondern $, €, £ oder ¥ heißen können.

Kann Glück unglücklich machen? In einem Brief an seinen Freund Alfred Le Poitevin schreibt Gustave Flaubert: »Hast du manchmal darüber nachgedacht, mein lieber und zärtlicher Alter, wieviel Tränen das furchtbare Wort ›Glück‹ hat fließen lassen? Ohne dieses Wort würde man ruhiger schlafen und behaglicher leben.«[1]

Kann der Versuch, glücklich zu werden, uns unglücklicher machen, wie es manche behaupten? Vielleicht. Problematisch sind Mahnungen wie: »Du hast doch alles, um glücklich zu sein!« Und mehr noch, sich eine solche Mahnung zu eigen zu machen und nichts zu tun im Glauben: »Ich habe doch alles, um glücklich zu sein!« Dann ist die Katastrophe sicher. Bemüht man sich hingegen langsam und in aller Bescheidenheit zu lernen, das Leben mehr zu genießen, wird man keine Probleme bekommen. Es sei denn, man ist depressiv – in diesem Fall benötigt man die Hilfe eines Arztes.[2]

Eine Untersuchung[3] hat gezeigt, dass die Verherrlichung des Glücks bestimmte Personen unglücklicher machen kann. Man gab den Probanden einen Artikel zu lesen, der die Ergebnisse einer angeblichen psychologischen Forschungsarbeit darstellte. In einem Fall war den Ergebnissen zu entnehmen, dass die meisten Menschen glückliche Personen traurigen vorziehen und dass sie eine Vorliebe für diejenigen hätten, die niemals eine seelische Wallung verspüren oder dies zumindest nicht zum Ausdruck bringen. Die andere Hälfte der Teilnehmer las einen Artikel mit den entgegengesetzten Schlussfolgerungen, der also besagte, dass traurige Menschen ebenso geschätzt würden wie glückliche und dass es wichtig sei, seine Emotionen, auch die negativen, zu spüren und zum Ausdruck zu bringen. Danach bat man die Teilnehmer, sich an eine Situation zu erinnern, in der sie eine unangenehme Emotion verspürt hatten, zum Beispiel Depression, Angst oder Stress. Unmittelbar danach beurteilten die Wissenschaftler die Stimmung der Teilnehmer.

Natürlich waren die Teilnehmer niedergeschlagener, nachdem sie sich ein trauriges Ereignis in Erinnerung gerufen hatten. Doch das überraschendste Ergebnis war, dass man erst recht traurig ist, wenn man meint, dass es nicht angebracht sei, traurig zu sein. Die Ergebnisse der Untersuchung zeigten in der Tat, dass die Personen, die den Artikel gelesen hatten, dem zufolge die meisten Menschen glückliche Personen bevorzugen, trauriger waren als diejenigen, die den Artikel gelesen hatten, der besagte, dass man seine Traurigkeit empfinden und ausdrücken dürfe.

Der soziale Druck, glücklich zu sein, trifft also diejenigen, die Traurigkeit empfinden. Sie fühlen sich schuldig dafür, nicht so zu sein wie die anderen, denn die Menschen um sie herum scheinen ja ausgeglichen zu sein und so implizit die Botschaft zu verbreiten, dass Glück die Norm ist und Traurigkeit eine Schwäche. Dies ist möglicherweise eine Erklärung dafür, dass die Selbstmordraten in den Ländern erstaunlich hoch sind, in denen sich die Mehrheit der Bevölkerung eher als glücklich bezeichnet, wie zum Beispiel in Dänemark.[4] Der Kontrast zwischen den eigenen Leiden und dem kollektiven Glück wäre demnach unerträglich.

Und jetzt? Die erste Maßnahme könnte sein, sich nicht mit Ratschlägen zum Glücklichsein zu befassen, wenn man unglücklich ist. Stattdessen zu versuchen, die eigene Traurigkeit zu verstehen, zu verdauen und sie erträglicher zu machen, indem man zu handeln beginnt. Und für die Glücklichen gilt: Sie sollten unglücklichen Menschen nicht auf die Füße treten, indem sie ihnen Lektionen in Sachen Glück erteilen. Es wäre besser, ihnen vorzuschlagen, spazieren zu gehen oder einen gut ausgewählten Film (der weder komisch noch düster ist!) anzusehen.

Express-Karma Zentrales Dogma der hinduistischen Religion, demzufolge das Schicksal eines lebendigen und bewussten Lebewesens durch die Gesamtheit seiner früheren Taten bestimmt wird, insbesondere durch seine Taten in seinen früheren Leben. Wir werden nicht nur durch unsere eigene Vergangenheit beeinflusst, sondern auch durch alle unsere Vergangenheiten über unsere Person hinaus. Das ist entmutigend, wenn man bedenkt, dass wir durch alle Missetaten unserer früheren Leben beeinflusst werden, und zugleich motivierend, wenn wir versuchen, unser Karma für unsere künftigen Leben zu erleichtern. Die Positive Psychologie schlägt auf ihre Weise so etwas wie eine Theorie des Express-Karma vor: Was wir Gutes in unserem aktuellen Leben tun, wird uns glücklicher machen, und zwar nicht in einem späteren Dasein, sondern bereits in diesem.

Kassandra Die Tochter des Priamos, des Königs von Troja, war sehr schön. Von Gott Apollo hatte sie die Gabe erhalten, die Zukunft vorherzusagen. Dieses Geschenk war nicht uneigennützig, und weil Kassandra seine Avancen zurückwies, rächte sich Apollo, indem er dafür sorgte, dass ihr niemals jemand glauben würde. So sagte Kassandra ihr Leben lang Schrecken und Unglück voraus, die über sie und ihre Familie hereinbrechen würden, doch niemand hörte auf sie und die Vorhersagen trafen ein. In der Legende heißt es weiter, dass die Menschen sie am liebsten mieden. Daran ist nichts Überraschendes: Pessimisten gehen den anderen auf die Nerven, sie belasten ihr Umfeld und stehen schließlich allein da. Wir sollten dennoch versuchen, auf sie zu hören, denn manchmal haben sie recht. Und wir sollten uns bemühen, sie wieder einzubinden, da sie schwierig sind und sich selbst schaden.

Kausalitäten In der Psychologie bezeichnet der Begriff »Kausalitäten« Zuschreibungen, die wir aufgrund von Charaktermerkmalen vornehmen: »Sie ist pessimistisch, *weil* ihre Eltern pessimistisch waren«, oder aufgrund von Ereignissen: »Ich hatte nichts von jenem Abend: Ich fühlte mich nicht wohl, *weil* nur Leute da waren, die einen höheren Abschluss hatten und gebildeter waren als ich.« Die Suche nach dem *Warum* ist manchmal interessant und häufig irreführend. Sie ist nur eine der zwei Dimensionen der Suche nach einer Verbesserungsmöglichkeit:

1. »Warum bin ich so?«
2. »Wie kann ich das ändern?«

Verbringen wir daher nicht zu viel Zeit damit, uns zu fragen, warum wir nicht fähig sind, glücklicher zu sein. Versuchen wir lieber daran zu arbeiten, wie wir es sein können.

Kinder Ich habe drei Kinder, und sie haben mir das Glück geradezu aufgedrängt. Während ich mich, bevor ich Vater wurde, leicht meinen mürrischen und negativistischen Gemütszuständen hingab, fühlte ich mich merkwürdigerweise ab dem Tag, an dem ich Vater wurde, unter anderem dafür verantwortlich, vor meinen Kindern nicht mehr traurig oder ängstlich zu sein. Und nicht nur den Anschein zu erwecken, sondern es wirklich nicht zu sein, von innen heraus; man kann seine Angehörigen auch gar nicht lange darüber täuschen, was man empfindet. Ich wollte sie nicht mit meinen unnötig schmerzlichen Gemütszuständen anstecken, denn mir war durchaus bewusst, dass die meisten von ihnen nicht »nötig« waren, insofern sie nicht von wirklich schlimmen Ereignissen verursacht wurden, sondern von gewöhnlichen Widrigkeiten. Meine Kinder sind somit zugleich *Quellen* des Glücks, wie es normal ist, aber auch *Verpflichtungen* zum Glücklichsein, und diese merkwürdige Mischung hat in meinem Fall sehr gut funktioniert. Der Blick und das Urteil derjenigen, die uns lieben, sind eine Hilfe, zumindest bei den Fehlern, die wir korrigieren können. Von den anderen müssen wir ihr Wohlwollen erbitten.

Klagen Jean, unser Nachbar, ein 85-jähriger Witwer, beklagt sich nie. Jedenfalls nie spontan. Er stellt seine Klagen nie in den Vordergrund. Wenn wir ihn nach seinem Leben oder seiner Gesundheit fragen, gesteht er nüchtern seine Traurigkeiten und Leiden ein, lässt sich aber nicht lange darüber aus. Das zeugt von Eleganz und Höflichkeit. Nachdem ich ihn und einige andere Vorbilder getroffen hatte, beschloss ich, mich auch nicht mehr zu beklagen, die Konversation nicht mehr damit abzutöten. Was möchte man mit der Klage bezwecken? Jedenfalls mit wiederholtem Klagen? Eine Wiedergutmachung? Doch wenn sie dann kommt – was nicht sicher ist, da man sich so oft beklagt –, kompensiert sie nicht unbedingt die Schäden und den Mangel an Glück, zu dem man sich selbst verurteilt hat, indem man zu häufig über sein Schicksal jammerte. Wodurch also die Klage ersetzen, wenn wir das Bedürfnis zu klagen verspüren? Es gibt kein anderes Gegenmittel, als von etwas anderem zu sprechen und sich für die Menschen zu interessieren, die uns begegnen, statt für unsere Schmerzen.

Koan In der *rinzai* genannten Zen-Schule sind Koans gebräuchlich, diese Rätsel, die Meister ihren Schülern aufgeben und für die es keine Lösung gibt. Sie tun dies, um ihren Schülern dabei zu helfen zu verstehen, dass man manchmal nicht nach der Lösung eines Problems oder der Synthese eines Widerspruchs suchen muss, sondern danach streben, dass das Problem oder der Widerspruch sich in uns auflösen, und zwar durch Meditation, nicht durch Reflexion. Ziel ist, zu erkennen, dass es vergeblich oder unnütz ist, eine Antwort darauf zu finden. Koans können Fragen, Anekdoten oder Behauptungen sein. Hier ein Beispiel: Was für ein Geräusch macht eine einzelne klatschende Hand? Oder: Suche das, was dir fehlt, in dem, was du hast. Oder auch, zum Thema dieses Buches passend: Wie sieht ein verfehltes Glück aus? Oder auch: Das Unglück ist im Glück enthalten, und das Glück im Unglück. Wir sprechen manchmal von *Aporie*, von einem unlösbaren Problem oder einer nicht zu beantwortenden Frage. Ein Beispiel ist die Frage, wer zuerst da war, das Huhn oder das Ei. Der Sinn von Koans und anderen Aporien liegt darin, uns dazu zu ermutigen, Unsicherheit auszuhalten, ohne dabei Problemen oder Widersprüchen aus dem Weg zu gehen. Insbesondere in Sachen Glück und glückliches Leben.

Koan über das Böse Meditieren Sie über diesen Satz des Philosophen Gustave Thibon: »Von außen betrachtet, erfordert das Böse die Sühne; von innen betrachtet, das Mitleid.«[5] Denken Sie an den Geist des Zen: Es geht nicht darum, ein Rätsel zu lösen, zu wissen, was besser ist, Sühne oder Mitleid, sondern darum, möglichst tief die unumgängliche Komplexität jeder »bösen« Entscheidung zu empfinden.

Kohärenz Wie können Lügner, Mythomanen, Perverse, Heuchler, Gewalttäter und andere, die Probleme haben und Probleme bereiten, glücklich sein? Sie können es nicht. Sie können Vergnügen, Erleichterung, Befriedigung empfinden, aber kein Glück. Sie werden nie das Gefühl haben, in Frieden mit der Welt zu leben, in ihrem Umfeld etwas Gutes getan zu haben oder tun zu können. Ich hatte immer Schwierigkeiten zu glauben, es könne glückliche Dreckskerle geben.

Kontrolle Glück bedeutet manchmal, punktuell loszulassen und sich dem zu widmen, was uns der Augenblick bietet. Aber auf Dauer erhöht es das Wohlbefinden, wenn man sein Umfeld mehr oder weniger unter Kontrolle hat. Zahlreiche Studien haben das nachgewiesen. Man testete das in einem Altersheim, also mit Menschen in einer Lebensphase, in der die Kontrollmöglichkeiten allgemein abnehmen:[6] Man schlug den Bewohnern vor, ihren Alltag zu verschönern, indem man ihnen Grünpflanzen in ihre Zimmer stellte und einmal pro Woche einen Film vorführte. In der ersten Gruppe regelten die Bewohner die Sache selbst, das heißt sie selbst wählten die Pflanzen aus und gossen sie, sie selbst wählten das Filmprogramm aus. In der zweiten Gruppe erledigte man es für sie, das heißt das Personal wählte die Pflanzen aus, goss sie und bot einen Film an. Die Unterschiede zwischen den beiden Gruppen in Bezug auf Wohlbefinden, Gesundheit und Sterblichkeit waren deutlich: Die Werte waren in der ersten Gruppe bis zu doppelt so gut.

Körper Man muss seinen Körper glücklich machen. Das Wohlbefinden unseres Geistes ist mit dem unseres Körpers verbunden. Aus diesem Grund sind gehen, sich bewegen, sich massieren lassen, sexuelle Beziehungen zu haben Gelegenheiten für Wohlbefinden. Wenn wir sie bewusst leben, verwandeln sich diese Gelegenheiten in Glücksmomente. Außerdem vermitteln sie ganz einfach das Gefühl des Lebens, das in uns fließt und pocht. Wenn wir uns regelmäßig dieses einfachen Glücks, dass wir leben, bewusst werden, ist das eine Quelle für Glücksgefühle. Wenn wir glücklich sind und darauf achten, wie sich das in unsere Körper übersetzt, wird förmlich greifbar, was der Ausdruck »Lebensenergie« bedeutet: Der Körper ist zufrieden, leicht, zum Handeln bereit.

Krankheit Sie macht Glück komplizierter, aber nicht unmöglich. Eine Krankheit, vor allem eine chronische oder eine tödliche Krankheit, lässt uns zunächst neidisch auf das Glück der anderen werden, die gesund und sich dessen gar nicht bewusst sind. Sie vergiftet uns mit Traurigkeit und Groll. Doch bleiben wir uns selbst gegenüber ehrlich, wird uns klar, wie nutzlos und gefährlich diese Lebenshaltung ist. Dann kann uns die Krankheit zu mehr Bewusstsein über das einfache Glück zu existieren führen, ob krank oder nicht. In diesem Augenblick lässt ihre Macht über unseren Geist nach. Doch natürlich bedarf es viel Zeit und Arbeit, um diese negativen Phasen zu überwinden, wenn man selbst der Kranke ist.

Kreativität: die Maus, die Eule und der Käse[7] Stress wurde lange Zeit überschätzt und als Mittel der Leistungs- und Kreativitätssteigerung angesehen. Ebenso wie man sagte, »wer schön sein will, muss leiden«, dachte man, der Preis für Leistung sei Leiden. Doch dass dem nicht unbedingt so ist, zeigen zahlreiche Arbeiten aus der Positiven Psychologie. Etwa die Studie, bei der die Teilnehmer gebeten wurden, an einem Spiel teilzunehmen, in dem sie einer Maus helfen mussten, den Weg aus einem Labyrinth zu finden. Die Hälfte der Teilnehmer wurde durch einen positiven Anreiz motiviert: der Maus helfen, damit sie ein leckeres Käsestück genießen konnte (also einem kleinen Glück nahekommen). Die andere Hälfte wurde durch einen negativen Anreiz motiviert: der Maus helfen, damit sie einer Eule entkommen konnte, die über dem Labyrinth flog und die Maus verschlingen würde, wenn sie zu lange darin bliebe (also sich von einem großen Unglück fernhalten). Die Prüfung war leicht, und alle Teilnehmer fanden die Lösung des Problems recht schnell. Dann ließ man sie einen Kreativitätstest absolvieren. Hierbei zeigte sich, dass die Teilnehmer, die der Maus geholfen hatten, den Käse zu finden (positive Motivation und Emotion), doppelt so viele Lösungen auf die ihnen gestellten Fragen fanden wie diejenigen, die der Maus geholfen hatten, der Eule zu entkommen (negative Motivation und Emotion).

Die Moral von der Geschichte: Die Einstellung, mit der wir etwas tun, macht viel aus. Die beiden Teilnehmergruppen haben genau die gleiche Aufgabe erfüllt, jedoch nicht mit der gleichen inneren Einstellung. Ob wir entspannt oder angespannt an eine Sache herangehen, macht einen Unterschied dafür, wie wir die Aufgabe bewältigen und wie wir die folgenden Aktivitäten angehen. Positive Emotionen und Motivationen öffnen unseren Geist für Neues und machen uns kreativer; für die negativen gilt das Gegenteil.

Krill Winzige Krabben, die in Schwärmen in kalten Meeren leben. Sie sind die Nahrung der Wale. Diese schwimmen mit offenem Maul und lassen das Wasser hineinfließen. Dann schließen sie das Maul und pressen das Wasser durch ihre Barten hinaus, eine Art Besen, mit dem sie das Wasser filtern. So halten sie alles zurück, was an Essbarem im Wasser ist. Genau das tun auch wir, wenn wir unsere Tage verleben und dabei dem Leben zulächeln. Wenn wir den Mund schließen, bleibt uns der Krill des Glücks.

Krise Es wundert mich stets, wenn man mich zu der »weltfremden« Seite meiner Bücher über das Glück oder die Heiterkeit in diesen Zeiten der Weltwirtschaftskrise befragt. Darauf kann ich nur erwidern: Die Heiterkeit, das innere Gleichgewicht, das Glück sind nicht dazu da, uns von der Welt abzusondern, uns zu isolieren, uns in uns selbst zurückzuziehen. Ausgeglichenheit ist weder Unbeweglichkeit noch Rückzug. Sie ist genau das Gegenteil! Wenn wir uns innerlich stabilisieren können, nicht vergessen, uns an dem zu erfreuen, was es an Erfreulichem im Alltag gibt, dann hilft uns das noch mehr dabei, uns zum Handeln zu motivieren, um die Welt zu verändern, aber zu einem Handeln in Gelassenheit, soweit das möglich ist. Und selbst wenn man kämpfen muss, wenn man sich mit aller Kraft einsetzen muss, damit »sich etwas bewegt«, muss man sich anschließend wieder beruhigen, durchatmen, um die nächsten Handlungen vorzubereiten. Wir müssen auch diese Bemühungen uns zu beruhigen mit aller Kraft angehen! Wir brauchen alles: Energie, um uns einzubringen, Gelassenheit und Ruhe, um uns zu erholen, und die Lust auf Glück, um auch Lust zu verspüren, etwas Neues aufzubauen.

Kritik des Glücks Es gibt zahlreiche Gründe für eine solche Kritik. Einer beruht auf Snobismus: Glück ist etwas für Proleten. Ein anderer auf Intellektualismus: Glück ist etwas für Einfaltspinsel. Aus historischer Sicht ist interessant, dass die Kritik am Glück in der Zeit seiner Demokratisierung aufkommt. Bis zur französischen und amerikanischen Revolution war Glück ein Gegenstand des Respekts; Philosophen dachten sorgfältig über sein Wesen nach und wie es zu erreichen sei. Als dann die Revolutionäre des 18. Jahrhunderts erklärten, dass das Volk ein Recht habe glücklich zu sein, und nicht nur die Reichen, änderte sich das. Etwa wie ein Strand, der früher den Privilegierten vorbehalten war und nun vom Pöbel gestürmt wird. Kritik am Glück erscheint also ab dem 19. Jahrhundert.

Man muss sich Kritik stets anhören, auch wenn sie unsympathisch ist oder böswillig. Die überzeugendste Kritik des Glücks kommt vielleicht von jenen, die meinen, dass es eine Täuschung oder ein Hindernis auf dem Weg zur Wahrheit sei. Es sei eine Art untergeordneter Wert, eine Art von Bequemlichkeit, die nur knapp in etwas Metaphysik gekleidet sei. Also ein Bequemlichkeits- oder Pantoffelglück. Wie ein Zustand, der einen von jeder Form von Neugier auf andere Dinge ablenkt. Auf den ersten Blick ist das verrückt. Und auf den zweiten Blick ist es sogar falsch. Alle Untersuchungen zeigen im Gegenteil, dass Glück Energie und Interesse für die Umwelt weckt.

L wie Leben

Das Leben ist schön.
Das Leben ist hart.
Beide Aussagen sind wahr.
Man kann hier kein Mittleres bilden.

Lachen Ich liebe es zu lachen und andere zum Lachen zu bringen, fühle mich angesichts von Bildern oder Reportagen über Lachkurse oder Lachyoga aber stets unwohl. Auch wenn ich Sympathie für diese Herangehensweisen empfinde und meine, dass sie gewiss wohltuend sind,[1] fühle ich mich unwohl. Ein Lachen aufzusetzen scheint mir jedem möglich, der nicht leidet, doch seinen Körper zum Lachen zu drängen, scheint mir ein widernatürlicher Akt zu sein, denn damit geht der Voluntarismus zu weit. Doch ich kritisiere hier eine Praxis, die ich nie ausprobiert habe, bin also vielleicht im Unrecht.

Lächeln Es gibt drei gute Gründe, möglichst oft zu lächeln. Natürlich nicht immer. Man muss sich nicht dazu zwingen, wenn man echte Sorgen hat oder wenn man sehr unglücklich ist. Ich spreche vom Lächeln, wenn alles einigermaßen gut läuft, wenn die Sorgen, die uns betreffen, gewöhnliche Sorgen sind, das tägliche Schwarzbrot sozusagen.

Der erste Grund ist, dass wir durch Lächeln in eine bessere Stimmung kommen. Man denkt häufig, dass unser Gehirn, wenn es fröhlich ist, unserem Gesicht befiehlt zu lächeln. Das stimmt, funktioniert aber auch andersherum: Wenn unser Gesicht lächelt, macht es das Gehirn fröhlicher. Jede Menge Untersuchungen haben dies belegt, der Effekt nennt sich Rückkopplungsschleife, und zwischen dem Lächeln und den Hirnzentren gibt es ebenfalls eine Rückkopplungsschleife.[2]

So ist lächeln nicht nur ein Beweis dafür, dass wir glücklich sind, sondern das Gegenteil stimmt auch: Leichtes Lächeln verbessert allmählich auch unsere Stimmung, jedenfalls wenn wir keinen Grund zu weinen haben. Die Art und Weise, wie wir atmen, wie wir uns mehr oder weniger gerade halten, wirkt sich auf unsere Gemütszustände aus; es ist zwar ein geringer Einfluss, der aber mächtig werden kann, wenn er konstant ist. Untersuchungen zur langfristigen Bedeutung dieser Auswirkung kommen alle zum gleichen Ergebnis: Je mehr wir lächeln, desto stärker erleichtert uns dies den Zugang zu Glück und Gesundheit. Ein einfaches Mittel, um behutsam auf unser Wohlbefinden einzuwirken. Es hat aber keinen Zweck zu versuchen, seine Stimmung durch Lächeln umzukehren, wenn man traurig ist. Das funktioniert nur, wenn wir keine massiven Probleme haben.

Der zweite Grund zu lächeln liegt darin, dass es positive Reaktionen vonseiten anderer Menschen bewirkt. Man wendet sich häufiger an uns, man gewährt uns mehr Hilfe und Aufmerksamkeit. Ich gehe häufig mit einem kleinen Lächeln auf den Lippen spazieren, und ich bemerke, dass viele Menschen mich grüßen; manche glauben, dass wir uns kennen, doch fühlen sich meiner Ansicht nach viele mit mir einfach verbunden, weil ich ihnen zulächele.

Und der dritte Grund ist, dass es sich um einen Akt der Milde und der Freundlichkeit gegenüber anderen handelt, wenn man zuerst einmal lächelt. Ein netter Nebeneffekt: Schmollen lässt die Menschen etwas kraftlos aussehen, durch Lächeln werden sie hübscher. Nur ein wenig. Aber immerhin.

Langeweile Mittwochs arbeite ich häufig zu Hause. Ich kann nicht in Vollzeit als Psychiater praktizieren, da ich dann allmählich meine Fähigkeit und meinen Spaß am Zuhören verliere. Mittwochs zu Hause zu arbeiten ist prima, weil die Kinder da sind; doch es ist auch schwierig, eben weil die Kinder da sind. Eines Mittwochs, als ich in meinem Arbeitszimmer arbeitete, schlich eine meiner Töchter im Haus herum, nachdem sie ihr Quantum an Fernseh- und Computerzeit aufgebraucht hatte und weder eine Schwester noch eine Freundin da waren, mit denen sie sich hätte beschäftigen können. Da die Bürotür geschlossen ist, wagt sie nicht einzutreten, aus Angst, ich könnte schimpfen. Sie hat recht, ich schimpfe häufig, wenn man mich bei meiner Arbeit unterbricht! Ich höre sie im Flur auf und ab gehen, dann vernehme ich das Rascheln von Papier. Sie hat einen kleinen Hilferuf unter meiner Tür hindurchgeschoben: »Papa, mir ist langweilig, bitte hilf mir.« Ich muss lachen und gehe die Tür öffnen, hinter der sie wartet und ebenfalls lacht, sich des Mitleids sicher, das ihr trauriges Schicksal in mir erwecken wird. Ich erinnere mich nicht, was ich dann zu ihr gesagt habe, aber wir müssen über Langeweile gesprochen haben. Heutzutage sind Kinder überreizter als früher, sie ertragen Langeweile noch weniger.

Doch Langeweile spielt in kleinen Dosen eine wichtige Rolle für unser inneres Gleichgewicht, indem sie uns zur Introspektion drängt und in einem zweiten Schritt unsere Kreativität nähren kann. Langeweile ist also ein nützlicher Gemütszustand. Sie bringt uns dazu, unsere Lebensweise zu überdenken: Gibt es nicht genügend Bewegungen und Veränderungen in meinem Leben? Und sie lässt uns die Art, wie wir die Welt sehen, überdenken: Gehe ich nicht an einer ganzen Menge interessanter Dinge vorbei, weil ich nicht genug Aufmerksamkeit und Lust zur Vertiefung aufbringe?

Langlebigkeit Positive Emotionen sind gut für die Gesundheit und für die Lebensdauer.[3] Zahlreiche wissenschaftliche Arbeiten sind sich seit Jahren darüber einig. Wie bei allem, was die Gesundheit betrifft, muss man darauf hinweisen, dass es sich um Faktoren handelt und nicht um Garantien: schützende oder verschlechternde Faktoren. Stress und wiederholte und intensive negative Emotionen wirken im Allgemeinen verschlechternd; Wohlbefinden und Glück wirken im Allgemeinen bessernd. Man beginnt heute, die Mechanismen dieser Wirkung des Glücks auf die Gesundheit zu verstehen: die Verbesserung unserer Immunreaktion, die Verringerung der entzündlichen Reaktionen, die Verlangsamung der Zellalterung. Es ist eine starke Wirkung, umgekehrt vergleichbar mit der ebenfalls starken Wirkung von Tabak. Sie entspricht Studien zufolge mehreren Lebensjahren, offenbar sechs oder sieben (die man durch Rauchen weniger, durch Glück länger lebt). Dies alles macht mehrere Anmerkungen nötig. Zum einen gibt es viele Faktoren, die sich auf unsere Gesundheit auswirken: Ernährung, Bewegung, Vererbung, Umweltverschmutzung und so weiter; Emotionen zählen zu den Faktoren, auf die wir einwirken können und die es uns erlauben, doppelt zu profitieren: Positive Emotionen zu haben ist angenehm und gut für die Gesundheit. Das ist eine gute Nachricht, weil es ein Faktor in unserem Einflussbereich ist, und eine schlechte, wenn es einem nicht gelingt. Wenn es einem nicht gelingt, kann man sich sagen, dass es noch andere Faktoren als das Steuern von Emotionen gibt und dass es auch noch andere Ziele als Langlebigkeit und Gesundheit im Leben gibt: Reichtum, Berühmtheit, Hingebung an eine Sache und Vieles mehr.

Fazit: Vergessen Sie, wenn Sie rauchen, nicht, glücklich zu sein, um das erhöhte Risiko durch den Tabak auszugleichen.

Langsamkeit Ich fühle mich stark in der Geschwindigkeit und glücklich in der Langsamkeit. Aus diesem Grunde ziehe ich die Langsamkeit vor.

Langweilige Leute »Es gibt Leute, die sind so langweilig, dass man bei ihnen in fünf Minuten einen ganzen Tag verliert«, schreibt Jules Renard.[4] Worauf der Philosoph Epiktet antworten würde: »Jules, du kannst nichts dagegen tun, dass es langweilige Leute gibt. Es liegt allerdings bei dir, deine Zeit an ihrer Seite zu verkürzen und in der Folge dann nicht mehr an diese fünf Minuten zu denken.«

»Lass die Sonne herein!« Wenn man ein ängstliches Gehirn hat, realisiert man nicht immer, dass man in einem ununterbrochenen mentalen Strom von Problemen lebt, die gelöst werden müssen. Wir treiben auf diesem Fluss von Sorgen. Das wird mir in dem Augenblick klar, da ich diese Zeilen schreibe. Ich bin zur Abreise bereit, um eine letzte Woche an diesem Buch zu schreiben, bevor ich das Manuskript abgebe. Alles läuft gut, ich fahre an einen Ort, der mich inspiriert, allein (ich liebe das), und ich denke, dass ich genug Zeit haben werde, um meine Arbeit gut abzuschließen. Doch ich stelle plötzlich fest, dass mich nur graue Gedanken beschäftigen: nach der Ankunft einkaufen gehen, einen Internetanschluss für bibliografische Recherchen suchen, die ich noch nicht abgeschlossen habe, im Laufe der Woche einige Probleme telefonisch regeln und so weiter. Ok, ok, du wirst all das tun; aber kannst du dir nicht einige Augenblicke gönnen, um dich etwas zu freuen? Kannst du nicht ein wenig die Fenster deines Geistes öffnen, um einige Minuten lang die Sonne hereinzulassen? Du wirst dich um die Probleme kümmern, wenn du angekommen bist; für den Augenblick kannst du auch die guten Seiten dessen, was du erleben wirst, genießen, denn du wirst Zeit haben, um dich einer deiner Lieblingsbeschäftigungen zu widmen: dem Schreiben. So habe ich mich schließlich selbst überzeugt. Ich hebe den Kopf, ich atme, ich blicke bewusst nach draußen, den Geist weit geöffnet. Und ich freue mich einige Augenblicke lang ganz ruhig, ich nehme mir die Zeit, die Möglichkeiten dieses Moments zu betrachten. Der Himmel ist grau, doch das ist mir egal, er ist trotzdem schön, ich lebe.

Leben Das Leben ist schön. Das Leben ist hart. Beide Aussagen sind wahr. Man kann hier kein Mittleres bilden. Besser man erkennt an, dass es auch hier Ohrfeigen und Streicheleinheiten gibt.

Lehre »Wenn du verlierst, verliere nie die Lehre daraus.« Ich weiß nicht mehr, wer das formuliert hat, aber ich bemühe mich, niemals zu vergessen, wie richtig es ist. Unsere Erfolge bereiten uns Vergnügen, werten uns auf, beruhigen uns, machen uns sicher; manchmal machen sie uns sogar glücklich. Doch es sind unsere

Misserfolge, die uns die Augen öffnen für alles, was uns der Erfolg verbirgt, uns also klüger und intelligenter machen. Eine Zen-Weisheit sagt: »Wer sein Ziel erreicht, hat den ganzen Rest versäumt.« Dieser Zuwachs an Klugheit nach Misserfolgen funktioniert aber nur dann, wenn wir die Misserfolge akzeptieren, wenn wir darüber nachdenken, wenn wir bereit sind, eine Lehre daraus zu ziehen. Welche Lehre? Es geht darum, nach der Unannehmlichkeit des Misserfolgs, mit der Wunde der Niederlage im Zentrum des Selbstwertgefühls, zu beobachten und nachzudenken, statt unablässig die Leiden oder Gedanken an die Ungerechtigkeit oder das Unglück wiederzukäuen. Dann woandershin zu blicken. Woandershin bedeutet in die Zukunft (»Wenn das noch einmal anfängt, was werde ich dann tun?«), aber auch auf eine andere Weise (»Wie betrachtet man all das, was mir geschehen ist, mit einem ruhigen Blick, der frei von jedem Ärger und jeder Blendung ist?«).

Das ist eine wichtige Lehre, die wir uns selbst erteilen müssen, denn wenn wir eben einen Misserfolg hatten, gehen uns alle anderen, die meinen, uns belehren zu müssen, auf die Nerven, auch wenn sie recht haben. Und diese Lehre müssen wir auch akzeptieren. Intellektuelles Verstehen genügt nicht, wir müssen die Lehre tief empfunden haben. Die Arbeit ist immens, faszinierend und praktisch unendlich. Das Leben erteilt uns so viele Lehren! Erfahrung beispielsweise. Sie besteht darin, nicht immer die gleichen Fehler zu machen. Oder Abstand zu gewinnen, das heißt, angesichts eines Misserfolgs nicht immer zu zittern oder sich angesichts der eigenen Unvollkommenheit zu ärgern. Und es gibt noch viele andere.

Und wenn es einem nicht gelingt, eine Lehre aus etwas zu ziehen? Nun, dann besteht genau darin die Botschaft: Es gibt Gelegenheiten, bei denen man nicht bereichert aus einem Misserfolg hervorgeht. Das ist auch eine Lehre ...

Leichtigkeit Wir empfinden Leichtigkeit in Augenblicken, in denen wir glücklich sind.

Leichtigkeit ist definiert als Abwesenheit von Schwere. Nichts belastet uns, weder unseren Körper noch unseren Geist; weder unsere

Person noch unsere Umwelt. Wir empfinden keine Hemmnisse, keine Last. Es gibt keine Bremse für unsere Lust zu leben und glücklich zu sein. Leichtigkeit ist offensichtlich der Gegensatz zur Depression. In der depressiven Erkrankung ist alles schwer und belastend, man ist von sich selbst und seinem Leben überlastet, die geringste Entscheidung, die wir treffen müssen, lastet auf uns. Man fühlt sich unendlich schwer, hat den Eindruck, »ganz tief im Loch zu sein«.

Leichtigkeit scheint nur Vorteile zu haben, doch wie alle angenehmen Gemütszustände kann sie auch einige Nachteile haben. Zum Beispiel, wenn sie so etwas wie eine künstliche oder stereotypische existenzielle Haltung, eine Pseudophilosophie wird, die darin besteht, »alles leicht zu nehmen«. Sie kann dann stark einer Flucht vor Verantwortung ähneln. Eine solche Weise, durch das Leben zu gehen, entfernt uns langsam aber sicher vom Glück. Allerdings kann Leichtigkeit sich sehr gut mit Engagement und Tiefe vertragen. So ist *leicht* das Gegenteil von *schwer*, und nicht von *tief*. Leichtigkeit verhindert nicht Tiefe, denn Freude kann leicht in ihren Äußerungen und tief in ihren Wurzeln sein. Leichtigkeit übersetzt einfach das Glück, am Leben zu sein. Dieses Glück hindert uns nicht daran, uns auch des ephemeren Charakters unseres Daseins bewusst zu sein. Leichtigkeit ist also eine elegante Weise, die tragische Seite der menschlichen Existenz nicht zu ernst zu nehmen. Klarsichtig und mit Leichtigkeit zu leben ist also möglich.

Paul Valéry schrieb: »Es gilt, leicht zu sein wie ein Vogel, nicht wie eine Feder.« Die Leichtigkeit, von der wir träumen, ist die einer Feder: mühelos, in Verbindung mit einem dauerhaften Wesen. Doch laufen wir damit Gefahr, nur ein Spielzeug des Windes zu sein. Wir müssen die Leichtigkeit, die wir erstreben, aufbauen. Sie geduldig fördern. Und können so häufiger »fliegen«.

Leiden »Nicht danach trachten, nicht zu leiden, noch danach, weniger zu leiden, sondern danach trachten, durch das Leiden nicht zum Schlimmeren verändert zu werden«, schreibt Simone Weil.[5] Das scheint mir sehr realistisch zu sein, und zugleich ein gangbarer Weg. Man kann das Leiden nicht unterdrücken, man kann nur seinen Einfluss begrenzen. Damit es nicht das Glück daran hindert, uns trotz allem zu besuchen.

Lernen Glücklichsein lernen? Vielen scheint dies naiv, utopisch oder Betrug zu sein. Mich persönlich hat diese Vorstellung nie abgeschreckt; sicherlich weil ich lernen musste, glücklich zu sein, und weil ich gern bereit bin, meine Defizite auf diesem Gebiet zuzugeben. Es liegt aber auch daran, dass ich gern lerne und dass ich dabei stets Fortschritte erzielt habe. Ich habe den Eindruck, keine außergewöhnlichen Gaben zu besitzen, auf keinem Gebiet, und dass ich alles durch Anstrengung oder Erfahrung erreicht habe.

Glück ist zunächst eine Emotion (die wir dann bereichern und erweitern), und daher hängt es mit dem Körper zusammen, wie alle Emotionen. Deshalb kann man Glücklichsein genauso wie Turnübungen trainieren. Wenn wir mehr Kondition, Kraft oder Beweglichkeit haben wollen, so wissen wir ganz selbstverständlich, dass es nicht ausreicht, es zu *wollen*, sondern dass wir üben müssen. Doch was unsere Emotionen angeht, werden wir merkwürdigerweise unrealistisch: Wir meinen (oder hoffen vage), dass es funktioniert, wenn wir einfach nur beschließen, uns weniger aufzuregen, uns weniger zu stressen oder das Leben mehr zu genießen. Aber das ist ein Irrtum! Es ist wie mit der Kondition, der Kraft oder der Beweglichkeit: Wir müssen regelmäßig üben, um unsere Fähigkeit zu trainieren, positive Empfindungen zu haben, zu verstärken und zu genießen.

Letzte Male In unserem Leben sind viele »Auf Wiedersehen« in Wirklichkeit endgültige Abschiede, die nicht als solche wahrgenommen werden. Das erspart uns zweifellos manchen Kummer. Dieser Ort, den man besucht, dieser Freund, von dem man fortgeht: Stets ist es vielleicht das letzte Mal. Es würde uns betrüben, wenn wir es im Voraus wüssten. Möglicherweise würde uns dieses Wissen auch in einem ganz anderen Sinne erschüttern, nämlich in Bezug auf das Glück. In diesem Moment bekäme jede Sekunde den außergewöhnlichen Geschmack dessen, was wir nie wieder erleben werden. Haben wir erst einmal anerkannt, dass es in unserem Dasein viele solcher falschen »Auf Wiedersehen« und echte Abschiede gibt, erhält es plötzlich einen erschütternden Beigeschmack. Wir verstehen nun, dass unser Leben einmalig ist, wir verstehen es eher mit unserem Herzen als mit unserem Geist, indem wir anerkennen, dass jeder Augenblick selbst einmalig ist. Eine ewige Quelle der Freude.

Liebe Früher habe ich in einer Gruppe von Freunden gesungen und Akkordeon gespielt. Wir haben gern den Chanson von Édith Piaf »La goualante du pauvre Jean« vorgetragen, in dem es um Aufstieg und Fall eines Menschen geht, dem es an Liebe fehlt. Der Refrain lautet: »Dans la vie y a qu'une morale / Qu'on soit riche ou sans un sou / Sans amour on n'est rien du tout.« (»Vom Leben kann man nur eins lernen / Ob man reich ist oder nicht / Ohne Liebe ist man ein armer Wicht«) Und ich erinnere mich, dass mich dieser letzte Satz wochenlang beschäftigte. Mal fand ich ihn falsch, denn man kann glücklich sein, ohne verliebt zu sein, und mal richtig, wenn man bedenkt, dass man regelmäßig auf die eine oder andere Weise Liebe empfangen muss, um sich glücklich zu fühlen.

Das eigentliche Problem ist natürlich zu definieren, was Liebe, dieses weit gefasste Phänomen, ist. Liebe, die glücklich macht, das ist nicht die Phase der Leidenschaft, der Verliebtheit. Sie ist etwas ganz Eigenes, wie die Wirkung einer Droge oder von Alkohol: Sie macht einen nicht glücklich, sie macht einen verrückt, verrückt vor Glück. Das, was wir Liebe nennen, ist jede Form von affektiver Beziehung, in der man sich wohlfühlt, in der man ohne nachzurechnen gibt und nimmt, in der man zu leiden und zu verzeihen bereit ist. Liebe ist einer der wichtigen Nährstoffe für das Glück. Und wie von jedem Nährstoff sind wir darum von ihr abhängig. Das kann uns Angst machen, wenn wir uns fragen: Und wenn man mich nun nicht mehr liebte? Wie man sich selbst ängstigen kann, indem man sich sagt: Und wenn nun mein Körper aufhörte zu atmen, mein Herz aufhörte zu schlagen? So sind wir in zahlreiche Abhängigkeiten verflochten, das heißt, in zahlreiche Quellen für Leid. Und für Glück.

Loslassen Es ist eine wertvolle Haltung, doch ist sie komplexer, als es scheint. Loslassen ist immer dann praktisch für uns, wenn wir in uns Verzweiflung aufgrund eines Misserfolgs aufkommen fühlen. Es besteht nicht nur darin, zu verzichten oder sich auszuruhen, sondern ein Paket von Strategien zu mobilisieren:

1. beschließen, eine Anstrengung, wie wir sie unternehmen, zu beenden; aufzuhören, etwas zu erzwingen;
2. zu akzeptieren, dass es nicht geht, dass der Weg versperrt ist, entweder weil es nicht der richtige Weg ist, oder weil es nicht der richtige Moment ist, oder weil es nicht die richtige Vorgehensweise ist;
3. beobachten, wie negative Gemütszustände (Enttäuschung, Wut, Niedergeschlagenheit, Demütigung) aufkommen, sich sagen, dass das normal, aber nicht wünschenswert ist;
4. sich von der Aufgabe freimachen, sich daraus zurückziehen und sich etwas Freiraum gönnen, sich sagen, dass man später darauf zurückkommen wird, oder niemals;
5. sich ein kühles Bier aufmachen. Kleiner Scherz: Der fünfte Schritt ist beim Loslassen wirklich optional!

Lassen Sie probehalber bei geringfügigen Problemen los: ein verlorener Schlüssel, den man überall sucht, die Idee, die sich nicht einstellen will, wenn man einen Brief oder einen Bericht schreiben muss, der Gesprächspartner, der über ein unbedeutendes Thema räsoniert ... Probieren Sie es aus und beobachten Sie, ob es für Ihre Emotionen und Ihre Situation etwas Interessantes bewirkt, wenn Sie sich wenigstens für einige Minuten von der Angelegenheit lösen.

Lotto Mich hatte einmal die Française des Jeux, die staatliche Lotto-Gesellschaft Frankreichs, eingeladen, Lotto-Gewinnern einen Psychologie-Vortrag zu halten. Es gibt nämlich eine Selbsthilfegruppe der Lottogewinner, in der sie sich über ihre Erlebnisse und ihre Gefühle austauschen können. Während ich mit diesen »glücklichen Gewinnern« sprach, stellte ich fest, inwiefern das, was von außen wie ein Segen wirkt, zumindest eine Komplikation, wenn nicht ein Fluch sein kann. Der plötzliche Reichtum bewirkt nämlich durchaus auch Probleme im Leben der Gewinner und Verhaltensänderungen der Menschen in ihrem Umfeld, die häufig im Namen von Liebe und Freundschaft Stücke vom Kuchen verlangen. Das führt zu Streitigkeiten, die mehr Leid bewirken, als das Geld Vergnügen bereitet. Ich erinnere mich an ein Paar, das im Lotto gewonnen hatte und vom eigenen Sohn erpresst wurde. Er nahm es ihnen übel, dass sie ihm das soundsovielte Geldgeschenk verweigert hatten und verbot es ihnen, ihre Enkel zu sehen. Tatsächlich bestätigen Studien, die zu diesem Thema durchgeführt wurden, dass ein Lottogewinn, anders, als wir alle meinen, keine Garantie für Glück ist. Lediglich ein Faktor, der es begünstigt, sofern er mit bestimmten Anstrengungen begleitet wird, manchmal den gleichen, wie wenn man nicht gewonnen hätte: die schönen Momente genießen, statt immer auf andere zu warten; auf Zuneigung und Freundschaft beruhende Beziehungen pflegen; möglichst viel geben, statt zu erwarten oder zu fordern. Bei materiellem Reichtum gilt besonders, alles zu tun, um Eifersucht und Neid zu beschränken, das heißt, Diskretion, Fairness und die Fähigkeit zu teilen zu beweisen.

Lüge Ich habe einmal einen schönen Brief von einem Leser bekommen, in dem er mir eine kleine Familienszene schilderte, die ihn tief im Inneren erschüttert hatte.

Während eines Abendessens mit seinen Kindern bittet ihn sein zwei Jahre alter Sohn, etwas Salz in sein Essen zu geben. Da er (zu Recht) meint, dass das Essen salzig genug sei und die Kinder allgemein zu salzig und zu süß äßen, gibt er nur vor, es zu tun. Sein

Sohn bemerkt nichts und isst reichlich von dem Gericht, von dem er meint, dass sein Vater es gesalzen habe, und lacht ihn strahlend an. Mein Leser sagt mir, er habe in diesem Augenblick tiefe Traurigkeit empfunden, die mit dem unklaren Gefühl zusammenhing, das Vertrauen seines Sohnes verraten zu haben. Er versucht etwas später, mit seiner Frau darüber zu sprechen, doch versteht sie nicht, warum er einem so harmlosen Ereignis so viel Bedeutung beimisst.

Ich liebe diese Erzählung, und ich liebe diese Gemütszustände. Ich glaube, sie enthalten die ganze Wahrheit und die Schwierigkeit unseres Menschseins: Wir haben die Schwäche zu lügen und die Intelligenz für Schuldgefühle. Die Traurigkeit, die mein Patient empfindet, ist eine gute Sache. Im folgenden Stadium wird sich das Entscheidende abspielen. Was wird er daraus machen? Wenn er über seine väterliche Inkompetenz zu grübeln beginnt, verwandelt sich die Gelegenheit, Fortschritte zu machen, in eine Gefahr, sich zu quälen und noch trauriger zu werden. Nimmt er seine Traurigkeit wie eine Freundin auf, die ihm eben liebevoll sagte: »Du bist es, der recht hat, was mit deinem Sohn passiert ist, ist nicht banal; es ist nicht schlimm, aber es ist nicht banal. Nimm dir also die Zeit dafür, es zu empfinden, die Zeit nachzudenken, atme mit all dem, atme und lächele. Später wirst du dann darüber nachdenken, was du deinem Sohn beim nächsten Mal sagen wirst, wenn er Salz verlangt. Akzeptiere unterdessen, was geschehen ist, akzeptiere, was du getan hast. Du hast das aus Liebe getan, auch wenn du ungeschickt warst, auch wenn es vielleicht unangemessen war. Vergiss es nicht, aber quäle dich nicht. Du hast in diesem Augenblick getan, was du konntest, so gut du es konntest. Und dank dieses Schuldgefühls, das du akzeptierst, wirst du dich langsam ändern. Beim nächsten Mal wirst du auch wieder dein Bestes tun und vielleicht wird dieses Beste dann wirklich besser sein. Oder vielleicht auch nicht, das wirst du dann sehen.«

M wie Mantra

Mantra gegen Stress:
»Tu dein Bestes und vergiss nicht,
glücklich zu sein.«

Mama. Neulich sprach ich mit einem zehnjährigen Mädchen. Sehr ernst sagt sie mir, dass sie Babys mag und dass sie später drei haben möchte. Sie hat bereits ihre Namen im Kopf. Ihre Mama bestätigt mir, dass es ihre Leidenschaft sei, sich um Babys zu kümmern, denen sie begegne, und dass sie tatsächlich sehr oft von diesem »Projekt Mutter« spreche. Ich sage mir: »Das ist süß, und diese frühzeitige Berufung ist schon merkwürdig.« Und da ich an jenem Tag etwas schwermütig bin, sage ich mir darauf: »Die Arme, wenn sie nun zufällig keine Kinder haben kann, dann ist sie mit einem Schlag doppelt so unglücklich wie ein Mädchen, dem dieses Projekt erst im Erwachsenenalter einfällt.«
   Und dann, wiederum etwas später, als ich einen kurzen Spaziergang im Regen unternehme und mich gerade von meiner Schwermut erhole, kommt mir ein anderer Gedanke ganz von allein in den Sinn: »Selbst wenn sie keine Kinder haben sollte, wird sie bestimmt klüger sein als du, und sie wird deshalb nicht heulen und sich leid tun, sondern sich anders behelfen, etwa indem sie die Kinder von anderen liebt oder indem sie ein schönes Leben hat.« Ich bin jetzt zuversichtlicher, was sie angeht, und wenn ich an unser Gespräch denke, sage ich mir, »hoffentlich ist sie glücklich« statt »hoffentlich wird sie Kinder haben«. Und seltsamerweise bezweifle ich nicht, dass sie es sein wird. In meinem Gehirn ist eine Alchemie abgelaufen, die ich nicht begreife, doch schließlich verstehe ich, was geschehen ist: Ich habe mich unglücklich gemacht, indem ich mir vorgestellt habe, dass sie ein Ziel nicht erreichen

könnte, das nicht von ihr allein abhängt (Mutterschaft), wohingegen ich mich erleichtert fühlte, als ich für sie ein Ziel erhoffte, auf das sie einwirken kann (Glück).

Mandela »Ich wußte immer, daß tief unten in jedem menschlichen Herz Gnade und Großmut zu finden sind. Niemand wird geboren, um einen anderen Menschen wegen seiner Hautfarbe, seiner Lebensgeschichte oder seiner Religion zu hassen. Menschen müssen zu hassen lernen, und wenn sie zu hassen lernen können, dann kann ihnen auch gelehrt werden, zu lieben, denn Liebe empfindet das menschliche Herz viel natürlicher als ihr Gegenteil. Selbst in den schlimmsten Zeiten im Gefängnis, als meine Kameraden und ich an unsere Grenzen getrieben wurden, sah ich einen Schimmer von Humanität bei einem der Wärter, vielleicht nur für eine Sekunde, doch das war genug, um mich wieder sicher zu machen und mich weiterleben zu lassen. Die Güte des Menschen ist eine Flamme, die zwar versteckt, aber nicht ausgelöscht werden kann.«[1]

Dies schrieb Nelson Mandela, der wegen seines Kampfes gegen die Apartheid siebenundzwanzig Jahre im Gefängnis saß. Es ist schön zu wissen, dass es solche Menschen gibt.

Mantra Der Begriff ist von den Sanskrit-Worten *manas,* was so viel bedeutet wie »Geist«, und *tras,* dem Wort für »Schutz«, abgeleitet und bezeichnet einen schützenden spirituellen Satz. Ein Mantra ist also eine Formel, die unseren Geist schützen soll. In der Positiven Psychologie kann man darauf achten, wie man mit sich selbst spricht, manchmal ohne sich dessen richtig bewusst zu werden. Und man kann seine persönlichen Mantras kultivieren, wie ein ermutigendes und freundschaftliches Flüstern, das man sich zumurmelt und an dem man festhält, um sich nicht zu sehr zu beunruhigen oder zu entmutigen.

Als ich eines Morgens unter dem Ansturm der Dinge litt, die bei meiner Arbeit und zu Hause zu erledigen waren, habe ich mich an dieses Mantra geklammert: »Tu dein Bestes, und vergiss nicht, glücklich zu sein.« Seither greife ich jedes Mal darauf zurück, wenn ich spüre, dass der Stress und der Perfektionismus versuchen, das Kommando über mein Gehirn zu übernehmen. Außerdem habe ich noch auf Lager: »Es ist besser, spazieren zu gehen und Luft zu holen, als Probleme zu wälzen« für die Momente, in denen mein Geist beginnt, sich bei unlösbaren Problemen im Kreis zu drehen. Und: »Gib niemals auf, ohne es versucht zu haben. Aber wenn du es wirklich versucht hast, nimm dir das Recht aufzugeben.« Die Devise funktioniert natürlich besser, wenn sie realistisch ist und wenn wir überzeugt sind, dass sie sinnvoll und zweckmäßig ist. Und wenn wir uns die Zeit nehmen, herunterzukommen und uns zu beruhigen, um wirklich auf sie zu hören und uns auf ihre Weisheit einzulassen.

Marc Aurel Gelegentlich, wenn wir ein philosophisches oder psychologisches Werk lesen, stellen wir uns die Frage, ob der Autor glaubwürdig ist und ob er sich selbst an das hält, was er verkündet, ob er die Ratschläge befolgt, die er anderen erteilt, ob er ehrlich und konsequent ist (das sind möglicherweise auch die Fragen, die Sie sich stellen, während Sie dieses Buch lesen!). Ich stelle mir diese Frage nie, wenn ich Marc Aurel, römischer Kaiser und Philosoph der Stoa, lese, der schrieb: »Auch das Sterben ist ja eine von den Aufgaben unseres Lebens. Genug also, wenn du auch sie glücklich lösest, sobald sie dir vorgelegt wird.«[2] Jede Seite seiner *Selbstbetrachtungen* ist in der immensen Dunkelheit eines römischen Reiches, das von allen Seiten angegriffen wird, von dem kleinen Licht eines menschlichen Geistes erleuchtet, der unablässig daran arbeitet, besser zu werden.

Marone Ein sonniger Morgen im September gegen acht Uhr dreißig. Die Sonne steht noch ganz tief über dem Horizont, sie streicht über die Kastanien, deren Blätter rot zu werden beginnen. Die Mischung aus Grün und Braun ist prächtig. In jener anonymen und etwas hässlichen Gasse, an deren Ende ich einen Verwaltungstermin habe, über den ich mich schon jetzt ärgere, atme ich die Schönheit mit aller Kraft.

Plötzlich, als ich zerstreut und mit einem Lächeln auf den Lippen vor mich hin gehe, ohne auf den Boden zu sehen, tritt mein Fuß gegen eine schöne, glänzende Marone, die eben, kaum vom Baum gefallen, aus ihrer Schale gesprungen ist. Sie rollt wegen ihrer nicht völlig runden Form in zahlreichen Kurven und mit unvorhersehbaren Sprüngen davon. Und plötzlich, wie bei einer von Prousts Madeleines, fallen mir die Herbstzeiten meiner Kindheit ein. Damals habe ich absichtlich gegen die Maronen getreten und versucht, sie bis zur Schule auf dem Bürgersteig vor mir herzutreiben. Wenn es mir gelang, war das ein gutes Zeichen: Ich würde nicht an die Tafel müssen, ich würde beim Murmelspiel gewinnen. Gelang es mir nicht, war das entsprechend schlecht. Alles ist wieder da: der Geruch der Schulflure, die während des Sommers verlassen gewesen waren; der Klang der Mauern, von denen das Schreien der Schüler widerhallte; die Reihe der Garderobenhaken; die Wahl eines neuen Tisches, eines neuen Platzes, an dem man das Jahr verbringen würde; die Aufregung, wenn man neuen Lehrern oder Lehrerinnen, neuen Lehrbüchern, neuen Unterrichtsstoffen begegnete. Das Universum der Schuljahrsanfänge der Vergangenheit explodiert bei jedem Sprung des wirren Laufs der Marone. Ich bleibe entzückt stehen. Habe Lust, der Marone noch einen Tritt zu geben, um zu sehen, ob alles noch einmal losgeht. Aber nein, ich möchte das gar nicht wissen, es kann ja sein, dass es nun nicht noch einmal funktioniert. Besser, ich erinnere mich nur an diese paar Sekunden.

Martin Luther King Friedensnobelpreis 1964, gewaltfreier Kämpfer für die Sache der amerikanischen Schwarzen – Martin Luther King ist durch seinen Wunsch, stets Nächstenliebe zu praktizieren, ohne dabei im Geringsten darauf zu verzichten, jede Form von Ungerechtigkeit zu bekämpfen, eine außerordentlich fesselnde Gestalt.

In den 1950er-Jahren (sie stehen für die Anfänge des Rock'n Roll …) ist die Rassentrennung in den USA noch brutale Realität, speziell in den Südstaaten. Die Schwarzen müssen in öffentlichen Verkehrsmitteln ihren Platz den Weißen überlassen, sie dürfen nicht in dieselben Restaurants, auf dieselben Toiletten, in dieselben Schwimmbäder gehen. Offene oder versteckte Gewalttätigkeiten werden nach wie vor täglich gegen die Mitglieder der afroamerikanischen Community verübt. In eine Familie des schwarzen Bürgertums geboren, mit einer harmonischen Kindheit und einem glücklichen Familienleben, hätte sich Martin Luther King mit diesen Ungerechtigkeiten abfinden und darauf warten können, bis der Zug der Geschichte vorbeikommt. Er hätte auch mit Gewalt aufbegehren können, wie andere es taten. Doch hatte er den Mut, sich zum Kampf zu erheben, und die Intelligenz, es gewaltfrei zu tun: »Der Grund, aus dem ich mir verbiete, dem alten Grundsatz ›Auge um Auge‹ zu gehorchen, ist, dass er schließlich alle blind macht.«

Zunächst ein politisches Kampfmittel, bekam die Gewaltlosigkeit mit Martin Luther King eine psychologische und damit universelle Dimension. Sie wurde zu einer Lebenshaltung, einem Mittel, das Bewusstsein und das Herz der Menschen zu verändern. King war kein Übermensch, er täuschte sich, er hatte Ängste und Zweifel. Doch er war ein ernsthafter und ein pragmatischer Mensch, fähig, seinen christlichen Glauben für die Botschaften Gandhis zu öffnen, stets auf die moralische Tragweite jeder unserer alltäglichen Handlungen und auf die Übereinstimmung zwischen öffentlicher Rede und privatem Verhalten bedacht. Hier seine letzte Predigt, die er am 3. April 1968, am Vortag seiner Ermordung hielt: »Nun ich weiß nicht, was jetzt geschehen wird. Schwierige Tage liegen vor uns. Aber das macht mir jetzt wirklich nichts aus. Denn ich bin auf dem Gipfel des Berges gewesen. Ich mache mir keine Sorgen. Wie jeder andere würde ich gerne lange leben.[…] Aber darum bin ich jetzt nicht besorgt. Ich möchte nur Gottes Willen tun. Er hat mir erlaubt, auf den Berg zu steigen. Und ich habe hinübergesehen. Ich habe das Gelobte Land gesehen. Vielleicht gelange ich nicht dorthin mit euch. Aber ihr sollt heute

Abend wissen, dass wir, als ein Volk, in das Gelobte Land gelangen werden. Und deshalb bin ich glücklich heute Abend. Ich mache mir keine Sorgen wegen irgend etwas. Ich fürchte niemanden.«[3]

Materialismus in der Psychologie Im philosophischen Materialismus geht man davon aus, dass es nichts gibt, was nicht im Materiellen und Wirklichen verwurzelt ist: Es gibt keine Transzendenz, nur die Anordnung von Atomen. In der Psychologie steht Materialismus für die Haltung, materielle Werte (Macht, Geld, Ruhm) über immaterielle Werte (Glück, Liebe, Ehrlichkeit) zu stellen. Den Materialismus gab es schon immer, doch fand er sein Gegengewicht in dem, was die großen Religionen sagten. Heute beherrscht er alle Mentalitäten und Kulturen. Er war Gegenstand zahlreicher Untersuchungen, die sich mit den psychologischen Schäden befassten, die unsere heutigen Hyperkonsumgesellschaften hervorrufen.[4]

Zu glauben, Güter und Dienstleistungen zu kaufen mache uns glücklich, ist ein fürchterlicher Irrtum. Zum einen auf der individuellen Ebene, denn alle unsere Einkäufe unterliegen der hedonistischen Gewöhnung. Dann auf kollektiver Ebene, denn der Materialismus stachelt das sogenannte »mimetische Verlangen« an, das unwiderstehliche Verlangen, sich nicht zu sehr von den anderen zu unterscheiden; das heißt hier, in den materialistischen Gesellschaften, beim Wettlauf um Besitz und das Zurschaustellen des Besitzes (Kleidung, Autos, Bildschirme und so weiter) nicht von den anderen abgehängt zu werden. Der Materialismus drängt zum Beispiel die Mittelschicht bei ihrem Wunsch, die Reichsten nachzuahmen, dazu, dem Luxus und dem Nutzlosen nachzulaufen, was sie von dem abhält, was sie wirklich glücklich machen könnte. Alle Daten zeigen, dass zu viel arbeiten mit dem Ziel zu konsumieren weniger glücklich macht. Besonders dann, wenn man Zeit, die man sonst mit der Familie, mit Freunden und mit Hobbys verbringt, opfert, um sich materielle Güter zu leisten, die nicht unbedingt nötig sind. So betrug etwa die durchschnittliche Wohnfläche von Häusern in den USA 1980 etwa 150 Quadratmeter, 2007 war sie auf 215 Quadratmeter gestiegen. Das ist eine Steigerung um 45 Prozent, während in der gleichen Zeit die Einkommen nur um 15 Prozent stiegen und die Anzahl von Personen, die in diesen Häusern lebt, gleich geblieben ist. Gleiches gilt für die Größe und den mittleren Preis von Grills, die in den USA verkauft werden: Unter dem Druck der Werbung und der Nachahmung sind sie allmählich unnötig groß und teuer geworden.[5]

Es wird heute immer deutlicher, dass die ökonomische Denkweise darin besteht zu sagen: »Kein Problem, wenn sich die Reichen Uhren für 30 000 Euro, Autos für 300 000 Euro, Häuser für 3 Millionen Euro kaufen und zur Schau stellen, das gibt den Armen Arbeit und lässt die Mittelschicht davon träumen, sich ebenfalls so etwas kaufen zu können; alle arbeiten dafür, das hält die Wirtschaft in Gang, und jeder findet sich darin wieder.« Diese Denkweise ist aber überholt, falsch und gefährlich. Sie macht die Leute nur verrückt und unglücklich. Diese Vergiftung durch unnütze Käufe und unnütz wiederholte Käufe (was man Mode nennt) ist eine der großen Gefahren für das Glück der Menschen von heute. Wie man davon geheilt wird? Weniger kaufen! Und wie kauft man weniger? Sich weniger den Versuchungen aussetzen! Statt Schaufensterbummel Spaziergänge im Grünen unternehmen und statt auf den Seiten von Internetshops herumzulungern basteln, gärtnern, kochen, Sport treiben, lesen und so weiter. Innerhalb weniger Monate werden sich garantiert Erfolge einstellen. Doch Kaufen und Shoppen nehmen bei vielen von uns einen so wichtigen Platz unter den Quellen für kleine Glücksmomente ein, dass der Entzug nicht leicht ist. Aber auch nicht unmöglich.

Mathematische Formeln für das Glück

Es ist natürlich ein Spiel, aber ein lehrreiches, sich zu fragen: Gibt es mathematische Formeln, mit denen man das Eintreten von Glück besser verstehen kann?

Es gibt zum Beispiel die Formel von Sonja Lyubomirski, einem der großen Stars in der Positiven Psychologie:[6]

$G = V + L + A$

Wobei G = Glück, V = Vererbung (Einfluss unseres Temperaments und unserer Gene, aber auch der aktuelle Zustand unseres

Körpers, ob krank oder gesund), L = Lebensumstände (Stadt oder Land, harte Arbeit oder nicht, Demokratie oder Diktatur, allein oder in der Familie) und A = Aktivitäten, um das Wohlbefinden zu steigern (alles, was die Positive Psychologie vorschlägt) ist. Was die wissenschaftlichen Daten angeht, kommt diese Formel unserer Fähigkeit, glücklich zu sein, bestimmt am nächsten.[7]

Martin Seligman, ein anderer großer Name in der Positiven Psychologie, schlägt eine Formel für »authentisches Glück« vor:[8]

G = P + E + S

P = positive Emotionen, E = Engagement (Fähigkeit, sich das, was man erlebt, präsent zu machen), S = Sinn (den man dem gibt, was man tut, über seine Eigenschaft hinaus, im Augenblick angenehm oder unangenehm zu sein). Diese Formel bemüht sich, die zwei großen Glückstraditionen zu versöhnen, den Hedonismus (das Leben genießen) und den Eudämonismus (ihm einen Sinn geben), indem sie die Bedeutung des Handelns und des Engagements unterstreicht.

Ich habe eine weitere Formel vorgeschlagen,[9] die die Rolle der Bewusstwerdung unterstreicht:

G = W x BW

W = Wohlbefinden (Vergnügen oder eine positive Emotion verspüren) und BW = Bewusstsein (sich einer Sache bewusst werden; sich etwas, das geschieht, präsent machen, wodurch das Wohlbefinden, eine quasi animalische Gegebenheit, in Glück, eine eher menschliche Empfindung, verwandelt wird). Sie ist die einfachste der drei Formeln, aber auch diejenige, die jederzeit am einfachsten angewendet werden kann, indem man niemals vergisst, Wohlbefinden jedes Mal, wenn es auftaucht, in Glück zu steigern.

Meckern oder nicht meckern Ein schöner Abend bei Freunden, mit großartigen Gesprächen, gutem Essen und gutem Wein. Auf ihre Bitte hin sind wir früh gekommen, damit es abends nicht so spät wird und wir am nächsten Tag nicht so kaputt sind. Doch dann dauert die Unterhaltung immer länger. Ich beginne einzunicken und ich sehe, dass auch meinem Freund die Lider schwer werden. Unsere Gattinnen hingegen sind voll in Form und lassen weiter alle großen Themen unseres Lebens Revue passieren, trotz unserer immer weniger verborgenen Zeichen von Müdigkeit. Schließlich gehen wir viel später als vorgesehen heim. Ich kann es kaum erwarten, im Bett zu liegen und zu schlafen. Uff, geschafft: Was für eine Wohltat, schön im Warmen unter der Decke! Und plötzlich erinnere ich mich.

Ich erinnere mich, dass ich vor Jahren, als ich in so einer Situation war (früh schlafen gehen zu wollen und dann erst um ein Uhr morgens im Bett zu liegen), im Stillen schimpfte. Ich war ärgerlich, weil ich zu spät von der Party weggegangen war, war im Voraus müde wegen des frühen Weckens am nächsten Morgen und etwas beunruhigt, weil ich nicht genug Zeit haben würde, um mich zu erholen. Und jetzt merke ich, dass mein Gehirn fast gar nicht mehr schimpft, sich fast gar nicht ärgert. Es verliert weder Zeit noch Energie, um zu bedauern, dass der Abend etwas lang geworden ist. Es sorgt sich nicht wegen der Müdigkeit, die für den nächsten Tag zu erwarten ist. Es verwirft problemlos die Versuchung zu meckern und konzentriert sich auf das Wesentliche, auf den gegenwärtigen Augenblick: Wie schön es ist, in seinem Bett unter der Decke zu liegen, wenn man müde ist und nur schlafen möchte! Mein Gehirn widmet sich direkt dem gegenwärtigen Augenblick. Es weiß, dass alles andere unnütz ist. Jedenfalls ist es in diesem Moment unnütz zu grübeln. Diesen Moment gilt es zu genießen und nicht zu verderben.

Ich begreife, dass all die Meditationssitzungen und all die Achtsamkeitssequenzen begonnen haben, ganz im Stillen Jahr für Jahr mein Gehirn zu verändern, ohne dass ich etwas merkte (die Wirkung der berühmten Neuroplastizität!). Es erledigt die Arbeit der emotionalen Regulierung jetzt erheblich wirkungsvoller, mal von sich aus, mal auf mein Verlagen hin. Bemühungen der Achtsamkeit machen bessere Menschen aus uns, Menschen, die weniger meckern, die weniger aggressiv sind, die besser genießen können, die glücklicher sind, die zuhören können, ohne genervt zu sein, die mit Vorbedacht handeln können, ohne Anzeichen von Zorn oder Selbstzufriedenheit. Ich empfinde immense Dankbarkeit gegenüber allen Meditierenden aller Zeiten und aller Kulturen, die dies seit Jahrtausenden geduldig entwickelt haben. Ganz allein wäre ich nie dahin gelangt.

Medaillen Bei den Olympischen Spielen von Barcelona 1992 haben Forscher die Gesichter sämtlicher Gewinner von Medaillen, ob Gold-, Silber- oder Bronzemedaillen, fotografiert. Dann haben sie die Fotos gemischt und Freiwillige, die sich nicht für Sport interessierten, gebeten, sie danach zu sortieren, wie viel Glück sie ausdrückten: an erster Stelle das Gesicht, das am glücklichsten schien, und an dritter dasjenige, das am wenigsten glücklich wirkte. Wenn unser Glück nur von logischen Faktoren abhinge, müssten die Gewinner der Goldmedaillen am glücklichsten gewirkt haben, gefolgt von den Silber- und den Bronzemedaillengewinnern. Es zeigte sich, dass die Gewinner von Goldmedaillen tatsächlich die glücklichsten Gesichter hatten (immerhin logisch), doch direkt danach kamen die Gewinner von Bronzemedaillen, während die von Silbermedaillen am wenigsten lächelten.[10] Denn während die Bronzemedaillen-Gewinner froh waren, überhaupt eine Medaille gewonnen zu haben, ärgerten sich die Zweitplatzierten, Gold knapp verpasst zu haben. Sie waren die Einzigen, die verglichen statt ihr Glück auszukosten. Leider werden wir häufig durch das Vergleichen in die Falle gelockt. Wir beurteilen unsere Erfolge nicht absolut, sondern in Bezug auf das, was andere bekommen haben oder auf das, was wir erhofften. Ein fürchterliches Mittel, sich sein Glück zu verderben!

Meister des Glücks Ich bin in meinem Leben einigen großen Meistern des Glücks begegnet. Wahren Meistern, solchen, deren Beispiel der aufmerksamen und anhaltenden Beobachtung standhält. Mein Schwiegervater gehört zu diesen großen Meistern des Glücks. Ich habe eine beeindruckende Menge von Anekdoten über ihn; jedes Mal, oder fast jedes Mal, wenn wir uns sehen, erfahre ich neue, indem ich ihn beobachte oder ihm zuhöre. Ich werde Ihnen meine Lieblingsanekdote erzählen.

Es geschah vor einigen Jahren, mein Schwiegervater war allein in seinem Haus im Baskenland, denn seine Frau war für einige Tage zu einer Freundin ins Ausland gereist. Das große Gebäude, das sie seinerzeit bewohnten, befand sich an einem wunderbaren Ort, mit einem prachtvollen Blick auf die Pyrenäen von der rückwärtigen Terrasse aus. Mein Schwiegervater beschäftigte sich in seinem Garten, war mit den Gedanken aber woanders. Als er die Steintreppen etwas zu schnell wieder hinaufging und an etwas anderes dachte, blieb eine seiner Sandalen an einer Stufe hängen, und er stürzte schwer. Etwas benommen von dem harten Aufschlag bemerkte er, dass er am Kopf stark blutete und bei jedem Schritt kleine Blutpfützen erzeugte. So angeschlagen ging er zum Telefon, und zwar durch den Garten, nicht durch das Haus, um nicht den Boden mit seinem Blut zu beschmutzen und seine Frau zu verärgern (es ist seltsam, wie unser Geist uns manchmal in den schlimmsten Momenten unnütze Beschränkungen auferlegt!). Die Feuerwehrleute trafen ein, und da sie wegen des vielen Bluts beunruhigt waren, das sie rund ums Haus sahen und das mein Schwiegervater noch immer verlor, riefen sie den Rettungshubschrauber, damit er schnell ins Krankenhaus von Bayonne geflogen werden konnte. Dort ging alles gut: Die Wunde wurde genäht, neurologische Untersuchungen angestellt. Letztlich nichts Schlimmes, uff! Nach all diesen Abenteuern rief mein Schwiegervater am Spätnachmittag bei uns in Paris an, um uns alles zu erzählen, und ich erinnere mich noch, wie er seine Geschichte begann:

»Ah, Kinder, stellt euch mal vor, was mir heute Nachmittag für eine unglaubliche Sache passiert ist: Ich bin mit einem Hubschrauber über das Baskenland geflogen, das war wunderbar, das habe ich noch nie in meinem Leben gemacht!«

»Mit einem Hubschrauber? Aber was ist denn passiert?«

»Ich bin auf der Treppe gestürzt, und deshalb konnte ich diese schöne Heli-Tour machen!«

»Aber warum?«

»Um mich ins Krankenhaus zu bringen. Ich musste versorgt und untersucht werden.«

»Im Krankenhaus?!«

»Ja, im Krankenhaus von Bayonne. Alles ist gut gelaufen, ich habe die Schnelligkeit und Effizienz der Behandlung bewundert, da waren nur bezaubernde und sehr fähige Menschen!«

Und schließlich erfuhren wir das ganze Abenteuer, nicht nur seine erfreulichen oder entzückenden Aspekte. Was mein Schwiegervater letztlich von all dem behalten hat, das war nicht die Verletzung und auch nicht die Gefahr, in der er sich befand (hätte er das Bewusstsein verloren, hätte er verbluten können!), sondern seine Rettung und sein Flug mit dem Hubschrauber. Und die Geschichte ist nun in seinem Gedächtnis unter der Rubrik »gute Erinnerungen« abgelegt. Am faszinierendsten daran ist, dass er offenbar keinerlei Anstrengungen unternimmt, um dies zu erreichen. Sein Gehirn scheint spontan fähig zu sein, von allem, was ihm in seinem Leben geschieht, die gute Seite zu sehen. Er zieht daraus weder einen Verdienst noch ein Recht, wem auch immer zu raten, er solle positiv denken. Aus diesem Grund ist er auch nicht ein gewöhnlicher Professor für Glück, sondern ein wahrer Meister: Er erklärt nicht, noch lehrt er, sondern er verkörpert den Gegenstand. Um diese Erzählung einige Jahre, nachdem das Ereignis stattgefunden hat, unverfälscht niederschreiben zu können, habe ich ihn demütig angerufen. Nachdem er mir das Abenteuer noch einmal erzählt und dabei einen neuen guten Grund, sich darüber zu freuen, hinzugefügt hatte (»meine ganze Familie und Freunde sind an mein Bett gekommen, ich habe mich nie allein gefühlt«), erklärte er: »Aber weißt du, Christophe, ich bin nicht immer so. Es passiert mir auch gelegentlich, dass ich ganz trübsinnig werde.« Uff. Dann fügte er hinzu: »Aber dennoch, je älter ich werde, desto mehr begeistert mich das Leben!«

Aus all diesen Gründen beobachte ich ihn mit Freude und Neugier und merke mir so gut ich kann, wie er die Dinge angeht.

Melancholie »Die Melancholie ist das Glück, traurig zu sein«, sagte Victor Hugo. Und Albert Camus schrieb: »Wir verfolgen unsere eigene Spur zurück. Wir fühlen unsere Not, und sie lehrt uns,

uns besser zu lieben. Ja, vielleicht ist das eben das Glück, dieses mitleidige Wissen um unser Unglück.«[11] Dieses milde und mitleidige, fast zärtliche Gefühl, das wir uns selbst gegenüber empfinden, wenn wir unglücklich sind, ist Melancholie. Es ist wie beim Alkohol: Gelegentlich ein kräftiger Schluck beruhigt uns und öffnet uns den Geist, aber sein Missbrauch schadet uns.

Mentale Bilder und Geschwindigkeit Wenn wir traurig sind, erzeugt unser Geist nur wenige mentale Bilder, verbringt aber viel Zeit mit jedem einzelnen. Wenn wir uns freuen, ist es umgekehrt: Dann sieht man viele Bilder, die schnell wechseln und nur wenig tiefergehende Aufmerksamkeit bewirken.[12] Traurigkeit verlangsamt und Freude beschleunigt. Es ist aber keine Frage der positiven oder negativen Wertigkeit. Manche positiven Emotionen verlangsamen (Heiterkeit), während andere, negative Emotionen beschleunigen (Wut). Alles hängt davon ab, welche Rolle sie in unserem Leben spielen. In der Freude wie in der Wut gibt es die Notwendigkeit, auf eine neue Situation zu reagieren; beide Emotionen mit ihrer gegensätzlichen Wertigkeit erlauben eine schnelle Reaktion. Heiterkeit und Traurigkeit sind dagegen keine emotionalen Reaktionen auf ein plötzliches Ereignis, sondern progressive Empfindungen gegenüber einer allgemeinen Situation; verlangsamen, um nachzudenken oder zu spüren ist da im Allgemeinen sinnvoller als sehr schnell zu reagieren. Das halten Sie für kompliziert? Das stimmt. Nichts ist einfach; aus diesem Grund ist es aber auch interessant …

Midlife-Crisis Mit anderen Worten, die Krise der Vierziger. Sie kommt, wenn einem klar wird, dass man möglicherweise weniger Zeit vor sich als hinter sich hat, weniger Zeit zu leben, als man bereits gelebt hat. Dann beginnt man, anders über das Dasein und das Glück nachzudenken. Man möchte dann die Gegenwart nicht mehr so gerne der Zukunft opfern, man sagt sich nicht mehr so leicht: »Heute mühe ich mich ab, aber morgen profitiere ich davon.« Im Allgemeinen macht uns die Midlife-Crisis etwas klarsichtiger in Bezug auf das Glück: Man beginnt zu verstehen, dass es eine Frage des »Jetzt oder nie« ist. Daher zeigen die meisten Studien zwei grundlegende Punkte auf: Zum einen, dass bei den meisten Menschen, jedenfalls in Westeuropa, das wahrgenommene Wohlbefinden im Alter zwischen vierzig und fünfzig Jahren am niedrigsten ist. Dann, dass die Betroffenen mit zunehmendem Abstand eher gut aus der Midlife-Crisis herauskommen. Es gibt am Ende nur wenige Fälle von Depression oder Regression (um jeden Preis sein Alter negieren und eine neue Jugend erleben wollen), sondern im Gegenteil eine gesteigerte Fähigkeit, glücklich zu sein, und mehr Zufriedenheit mit dem Leben. Nach dem siebzigsten Lebensjahr werden die Dinge noch einmal etwas komplizierter, weil neue Schwierigkeiten überwunden werden müssen: regelmäßig Trauerfälle im eigenen Umfeld, einschränkende Krankheiten und so weiter. Das bedeutet nicht, dass Glück nun nicht mehr möglich ist, sondern nur, dass es dafür nun etwas mehr Anstrengung und Aufmerksamkeit braucht.

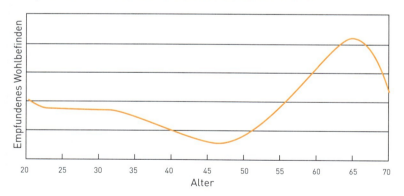

Erläuterung: Im Durchschnitt ist ein Mensch zwischen 45 und 50 Jahren deutlich weniger glücklich als mit rund 20 Jahren und im Alter von 65 Jahren sehr viel glücklicher. Gebiet: Kontinentalfrankreich.
Quelle: Eurobarometer 1975–2000.

Milde Milde ist weder Weichheit noch Schwäche. Man kann mild und energisch, mild und stark sein (wie wir es beispielsweise mit unseren Kindern sind). Milde ist eine Absicht, die Welt wohnlicher zu machen, ein Gegenmittel gegen die Gewalt, die früher oder später aus allen Formen des Unglücks hervorgeht. Milde gegenüber sich selbst oder gegenüber anderen – es gibt hier keinen Unterschied – heißt, sich daran zu erinnern, dass wir hinter den ausgestellten Gewissheiten alle hilflose Kinder sind.

Ich erinnere mich, wie ich einmal eine Fortbildung für Kollegen abhielt, einen Praxisworkshop zu einer psychotherapeutischen Technik. Ich habe das genaue Thema der Veranstaltung vergessen, aber ich erinnere mich sehr gut an einen Augenblick. Als die Teilnehmer gerade eine Übung unter sich machten, fühlte ich mich müde, wie häufig bei der Leitung von Workshops. Workshops sind anstrengend, weil man ständig gefordert ist – während man die Sitzung leitet, aber auch in den Pausen, weil stets Teilnehmer kommen und Fragen stellen. Kurz, ich war müde, doch ich beobachtete weiter die Interaktionen der Teilnehmer, dachte darüber nach, wie ich die Veranstaltung im weiteren Verlauf leiten würde, anstatt mir kurz eine richtige Pause zu gönnen. Doch dann habe ich mich spontan zum Fenster gewandt, um den Himmel zu betrachten, und in diesem Augenblick hörte ich eine innere Stimme leise murmeln: »Sei mild zu dir selbst.« Ich habe durchgeatmet, gelächelt, und ich habe verstanden, was ich in genau diesem Augenblick am besten tun sollte – mir diese Pause gönnen, nach der alles in mir verlangte, abgesehen von meinem Über-Ich eines perfektionistischen Workshop-Leiters. Ich habe verstanden, dass das nicht nur mir guttäte, sondern dass auch die Schüler davon profitieren würden. Denn am Ende der Übung würde ich entspannt und ruhig zu ihnen zurückkommen, und ich wäre besser, als wenn ich mich an meine Aufgabe klammern und meine Bedürfnisse missachten würde. Allerdings habe ich zu mir gesagt: »Sei mild«, nicht: »Sei weich«! Ich habe die Pause nicht genutzt, um vor mich hin zu dösen, sondern um mich zu regenerieren, mir etwas Milde zu gönnen, vollkommen vereinbar mit den Anforderungen dessen, was ich zu tun hatte.

Heute wundere ich mich, wie lange ich brauchte, um dies zu entdecken: Milde an sich ist weder Weichheit noch Nachsicht. Bloß Intelligenz. Ich bin sehr glücklich, dass ich es schließlich begriffen habe.

»Mist, Mist, Mist!« Neulich habe ich im TGV eine seltsame Szene beobachtet. Eine halbe Stunde nach der Abfahrt aus Paris wurden einige Reihen von meinem Platz entfernt in regelmäßigen Abständen Flüche laut: »Mist! Das ist doch nicht möglich! Mist, Mist, Mist!« Und das ging eine gute Weile so weiter. Es ist ein junger Mann, gekleidet wie eine moderne junge Führungskraft, er sitzt allein vor seinem Computerbildschirm und flucht. Die Reaktion der anderen Leute im Waggon ist Erstaunen (»Was hat der denn?«), Beunruhigung (»Werden wir jetzt einen Nervenzusammenbruch live erleben?«) oder Gereiztheit (»Ob der Blödmann bald mal seine Klappe hält?«). Doch dann beruhigt er sich ganz von allein. Kurz darauf steht er auf und holt sich im Speisewagen ein Bier. Und schläft ein.

Ich frage mich, was für ein Computerproblem ihn so genervt haben mag. Und was für ein superstressiges Leben er führen muss, dass er sich in der Öffentlichkeit, vor allen Leuten, so gehen lässt. Mir passiert es auch, dass ich mich sehr aufrege, besonders wenn mein Computer Ärger macht, aber wenn andere Menschen da sind, halte ich den Mund. Ich wage nicht, laut zu stöhnen oder zu schimpfen. Wenn ich das tue, dann im Stillen.

Er hat zu seinem Ärger gestanden, was von starker Selbstbehauptung, aber einem weniger guten Stressmanagement zeugt.

Mitleid Das bedeutet, sich sensibel und aufmerksam für das Leiden der Mitmenschen zu zeigen und zu wünschen, dass es weniger wird oder aufhört. Diese Sensibilität und dieser Wunsch sind die Voraussetzungen für Hilfs- und Unterstützungsmaßnahmen angesichts der Schmerzen und der Verzweiflung, denen wir regelmäßig in unserer Umwelt begegnen.

Es mag zunächst scheinen, als entferne Mitleid uns vom Glück oder beende es, denn es ist eine Form von Leiden: Wir leiden darunter, andere leiden zu sehen. Das stimmt. Doch ist es überhaupt denkbar, dass das Glück ununterbrochen andauert? Und wer hat gesagt, dass es blind für das Unglück der anderen machen muss? Glück ist im Gegenteil im Mitleid enthalten, indem es uns offener für das macht, was uns umgibt, und offener dafür zu erkennen, was um uns herum nicht in Ordnung ist. Und indem es uns die Energie gibt, denjenigen zu Hilfe zu kommen, die es brauchen. Man kann sogar noch weiter gehen: Glück wird durch die Praxis des Mitleids verstärkt. Diese lehrt uns, die Welt zu sehen wie sie ist, und nicht, wie wir sie erträumen. Sie lehrt uns, dass es möglich ist, auf das Leiden zuzugehen, ohne darauf zu verzichten, glücklich zu sein. Sie fügt unserer natürlichen Empathie (diese angeborene Fähigkeit der Menschen, die Emotionen von Mitmenschen mitzuempfinden) die Motivatoren der Positiven Psychologie hinzu, sein Glück zu teilen und sich seiner als Antrieb zu bedienen.

Modernität Jules Renard hatte alles verstanden: »Zu schnell, das Auto. So viele schöne Landschaften, in denen man nicht anhält! Man lässt überall Bedauern hinter sich zurück.«[13] Und auch: »Bald wird das Pferd auf der Erde ebenso fremdartig sein wie die Giraffe.«[14] Ich habe außerdem, ich weiß nicht mehr wo, diese Bemerkung eines amerikanischen Autors gelesen: »Dank unserer Autobahnen wird man künftig das Land von Osten nach Westen durchqueren können, ohne etwas zu sehen.« Die Chancen, die uns die Moderne bietet, bedrohen, wenn man sie falsch nutzt, unser Glück; doch tun sie das auf fröhliche und aufregende Weise, das heißt auf betrügerische Weise. Deshalb nehmen wir uns auch nicht in Acht.

Montesquieu So beschreibt er sich in seinem *Portrait*: »Ich erwache morgens mit geheimer Freude; ich sehe das Tageslicht mit einer Art Ekstase; und für den Rest des Tages bin ich glücklich. In der Nacht wache ich nicht auf; und abends, wenn ich zu Bett gehe, hindert mich eine Art von Trägheit daran, Überlegungen anzustellen.« Manche Menschen haben wirklich Glück.

Moral Der Dichter Nicolas Chamfort schrieb: »Genießen und genießen lassen, ohne sich noch sonst jemandem zu schaden – das ist die ganze Moral.« Sich Vergnügen zu bereiten, ohne einen anderen zu stören, das ist die Minimalmoral des Glücks. Man kann noch weiter gehen: Sich selbst und anderen Vergnügen bereiten. Das ist gar nicht so schwierig und es ist viel interessanter und viel effektiver, auch für das eigene Glück.

Moskau Ich hielt einmal in Moskau einen Vortrag über das Glück. Ich spürte, dass meine Zuhörer höflich erstaunt waren. Dann kam die Zeit für Fragen und die Diskussion mit dem Publikum. Ich werde mich mein Leben lang an die erste Frage erinnern, die von einer Dame gestellt wurde: »Was muss man jemandem sagen, der sich umbringen will, um ihn davon abzuhalten?« Ich weiß nicht mehr, was ich damals antwortete, doch habe ich meine Überraschung nicht vergessen: Die erste Frage, die ihr in den Sinn kam, nachdem sie einen einstündigen Vortrag über das Glück gehört hatte, galt dem Selbstmord! Die slawische Melancholie ist mehr als nur eine Legende.

Morgen Das Morgen und das Glück, diese Kombination hat es in sich! Manchmal ist der Gedanke an das Morgen für uns eine Quelle des Lichts und der Hoffnung, die uns hilft, Widrigkeiten zu ertragen: »Heute ist es hart, aber morgen wird es besser gehen.« Doch häufig täuscht uns diese Hoffnung leider: Man sagt sich, dass heute die Zeit der Mühen ist und morgen die des Glücks, morgen werden wir alle unsere beruflichen, familiären, finanziellen und anderen Ziele erreicht haben. Besser ist es, man sagt sich das nicht zu lange, denn manchmal ist morgen der Tag unseres Todes und nicht der unseres Glücks.

N wie Natur

Gehe durch Wälder, an Flussufern entlang, auf Bergesgipfeln,
Bewundere jeden Tag den Himmel und den Horizont.
Kümmere dich um diese Erde: Sie ist deine, für immer.
Du wirst eines Tages zu ihr zurückkommen.

Nachgeben Wie weit soll man nachgeben zugunsten von Glück und Wohlbefinden, ohne dass es wie Feigheit aussieht? Soll man auf einen Freund nicht wütend werden, obwohl er im Unrecht ist? Oder jemanden, der sich vordrängelt und die ganze Schlange überholt, nicht zurechtstauchen? Wo endet die Weisheit und wo beginnt der Verzicht? Die eigene Bequemlichkeit zu schützen, ist das nicht manchmal gleichbedeutend damit, das Gemeinwohl zu missachten? Ich habe keine Antwort, die für alle Situationen und alle Beziehungen zutrifft. Außer vielleicht, dass man manchmal diese Bequemlichkeit opfern muss, um den Kampf aufzunehmen – aber erst, nachdem man seine Wut gebändigt hat.

Nachsicht Das ist die Bereitschaft, großzügig zu verzeihen. Gegenüber solchen, die ihre Mitmenschen ausnutzen, ist es manchmal eine Unvorsichtigkeit, doch ansonsten ist sie ein intelligenter Akt, der Sanftmut in die Herzen aller Menschen legt.

Nachteile des Glücklichseins Natürlich gibt es einige davon! Der Hauptnachteil ist sicherlich, dass Glück unseren kritischen Sinn schwächt, oder zumindest unseren Wunsch, ihn einzusetzen. Wir neigen dazu, vorzugsweise die gute Seite der Dinge und der Menschen zu sehen. Was gut ist, wenn wir uns in einem normalen Umfeld bewegen, in dem es weder Böswilligkeit noch den Wunsch, uns zu manipulieren, gibt. Doch dies macht uns gegenüber Personen oder Zusammenhängen, die uns möglicherweise ausnutzen möchten, verwundbarer. So konnte gezeigt werden, dass wir, wenn wir erst in gute Stimmung versetzt wurden, für Werbebotschaften empfänglicher sind.[1] Negative Emotionen sind dafür da, uns, wenn nötig, wachsam gegenüber Manipulationen oder Gefahren zu machen, und das ist sehr gut so.

Nachts im Freien Ein Freund erzählte mir einmal, dass er eines Abends seine Schlüssel verloren habe, was er erst gegen ein Uhr morgens bemerkte, als er von einer Party nach Hause kam. Da er Ausländer und noch nicht lange in Frankreich ist, wo er keine Familie hat, ist er etwas verlegen bei der Vorstellung, seine wenigen Bekannten zu so später Stunde zu stören. Und da er zu knapp bei Kasse ist, um sich ein Hotel oder einen Schlosser zu leisten, beschließt er, die Nacht im Freien zu verbringen und am nächsten Tag einen Satz Schlüssel bei der Agentur zu holen, die ihm die Wohnung vermietet. Anfangs amüsiert ihn die Erfahrung ein wenig, doch wird ihm schnell klar, dass das nur auf dem Papier lustig ist, denn selbst im Frühling sind die Nächte kühl, und die Passanten sind häufig angetrunken, auf Drogen oder sonstwie unberechenbar. Die Zeit vergeht nachts auf der Straße sehr langsam. Und als er mir das Abenteuer einige Zeit später erzählt, meint er: »Wenn man in seinem Alltag nicht glücklich ist, ohne echte Gründe dafür zu haben, rückt einem die Erfahrung einer Nacht im Freien die Gedanken wieder ganz ordentlich zurecht!« Eine Nacht im Freien zu verbringen ist tatsächlich eine ziemlich gute Übung, um der hedonistischen Gewöhnung zu begegnen. Das Gewöhnliche wird dann wieder zum wunderbaren Luxus: ein Zimmer, ein Bett, eine Dusche, eine Toilette und saubere Kleidung.

Nahrung Eine wichtige Quelle für Vergnügen, auf die schon früh hingewiesen wurde, zum Beispiel in der Bibel (Prediger 9,7): »So gehe hin und iß dein Brot mit Freuden, trink deinen Wein mit gutem Mut [...].« Es gibt zunächst das einfache Vergnügen zu essen, wenn man Hunger hat. Dieses Vergnügen genießen wir nicht immer, denn häufig setzen wir uns nur deshalb zu Tisch, weil es Zeit dafür ist, ohne wirklich Hunger zu haben. Und dann gibt es das Glück – das über das einfache Vergnügen hinausgeht –, völlig bewusst zu genießen, was man isst. Das Glück, sich mit den anderen Menschen verbunden zu fühlen, die die Früchte und das Gemüse angebaut, den Wein erzeugt, das Brot gebacken haben. Ich empfehle meinen Patienten häufig, diese Kraft der Nahrung neu zu erfahren: gelegentlich allein eine Mahlzeit einzunehmen, langsam zu essen, sich des Geschmacks der Nahrungsmittel und der ganzen glücklichen Umstände bewusst zu werden, durch die sie bis zu uns gelangten.

Natur Der Kontakt zur Natur macht uns glücklich und tut uns ungeheuer gut, sodass man in der Medizin inzwischen sogar von »Vitamin G« spricht – G wie Grün.[2] Die Natur stellt für den Menschen eine lebenswichtige Quelle psychischer und physischer Gesundheit dar, und dies nicht nur, weil sie uns Nahrung und Heilpflanzen bereitstellt. Ihre bloße Gegenwart wirkt auf uns wie eine Therapie.

Die ersten modernen Arbeiten in diesem Bereich stammen von dem Architekten und Forscher Roger Ulrich, dessen erster großer Aufsatz, 1984 in der angesehenen Zeitschrift *Science* publiziert, den Weg für zahlreiche weitere Forschungsarbeiten frei machte. Ulrich wies nach, dass Patienten einer chirurgischen Abteilung, die im Krankenhaus in einem Zimmer mit Blick auf einen Park lagen, schneller gesund wurden. Seither wurde diese Art von Ergebnissen sehr breit reproduziert und bestätigt: Der Kontakt mit der Natur hat klinischen Nutzen (höheres Wohlbefinden, Verminderung von stressbedingten Symptomen) und biologischen Nutzen (Senkung des stressbedingten Cortisols im Blut, des Blutdrucks, des Herzrhythmus). In den Städten erfreuen sich die Bewohner von Vierteln, die in der Nähe von Grünanlagen liegen, einer besseren Gesundheit als andere. Die Wirkungen des Grüns sind sogar dann erkennbar, wenn Natur nur in Form von Bildern oder Grünpflanzen vorhanden ist, doch sind sie stärker, wenn man wiederholt in die »echte« Natur eintaucht. Zahlreiche Studien haben die günstigen Folgen dessen nachgewiesen, was die Japaner »shinrin-yoku« nennen, man könnte es mit »Waldbad« (so wie es Sonnenbäder gibt) übersetzen. Spaziergänge im Wald haben also einen vielfältigen biologischen und psychologischen Nutzen. Sie verbessern zum Beispiel die Immunreaktionen, eine Wirkung, die nach zwei Tagen spazieren gehen etwa einen Monat lang anhält. Ein gutes Wochenende mit Waldspaziergängen, um sich in Zeiten von Grippe und anderen Erkältungskrankheiten vier Wochen lang zu schützen – interessant, oder? Und diese Effekte sind nicht nur auf das Gehen zurückzuführen (das selbst auch gut für die Gesundheit ist, wie man weiß): Ein ebenso langer Spaziergang durch die Stadt hat nicht die gleichen Effekte wie ein Spaziergang im Wald. Es gibt also einen speziellen Nutzen der Natur und des Grüns, über den man nur Hypothesen aufstellen kann. Liegt es nur an einer ruhigen und harmonischen Umgebung, in der optische, olfaktorische oder akustische Aggressionen fehlen?

Verschiedene Untersuchungen zeigen zudem, dass der Kontakt mit der Natur die mentale Erholung nach komplexen Aufgaben fördert und die nachfolgende Leistungsfähigkeit verbessert, dass er die Wachsamkeit und die Aufmerksamkeit stärkt, das Gedächtnis verbessert. Das Eintauchen in die Natur befriedigt sicherlich archaische Bedürfnisse, die uns die Evolution unserer Gattung hinterlassen hat (grüne Umgebungen waren schon immer Quellen für Wasser und Nahrung). Einen indirekten Beweis liefert die Tatsache, dass unser Gehirn für Biodiversität empfänglich ist, ohne dass wir uns dessen bewusst sind. Das Wohlbefinden, das wir in der Natur verspüren, hängt proportional von der Vielfalt der Pflanzenarten und der Vogelgesänge ab! Auch dies ist ganz logisch: Wir haben in Bezug auf Ressourcen die unbewusste Erinnerung unserer Vorfahren an das bewahrt, was gut für uns ist, sowohl in Hinsicht auf ihre Menge wie auf ihre Vielfalt. Kurz, Aristoteles' »sequi naturam« (»folge der Natur«) ist eine wahrhafte Wellnesskur, mit messbaren Effekten im Labor und im Leben!

Doch diese wissenschaftliche Erkenntnis bereitet auch einige Sorgen, denn das Schicksal der meisten Bewohner dieses Planeten ist ein reduziertes Verhältnis zur Natur. 2010 lebte einer von zwei Menschen in der Stadt, und diese Zahl steigt: Im Westen sind es bereits achtzig Prozent, die mehr Zeit vor dem Bildschirm als in der Natur verbringen *(screen time* versus *green time)*. Es wäre daher medizinisch dringend geboten und ökologisch intelligent, wenn sich die Fachleute für das Gesundheitswesen noch einmal über die »vis medicatrix naturae« der Alten, also die »heilende Kraft der Natur« beugten. Und vielleicht sollten sie auch Thoreau und sein *Tagebuch* noch einmal lesen: »Niemand hat sich je vorgestellt, welchen Dialog seine Gliedmaßen direkt mit der umgebenden Natur führen können, noch in welchem Maße der Gehalt dieser Beziehung sich auf seine Gesundheit und seine Schmerzen auswirkt.« (Samstag, 3. Oktober 1840)

Auch wenn Sie also in der Stadt leben, suchen Sie sich einen Park in der Nähe Ihrer Wohnung und bemühen Sie sich, regelmäßig dorthin zu gehen, nach Möglichkeit, wenn dort nicht viel los ist, damit Sie spazieren gehen oder meditieren und dabei den Vögeln zuhören können, deren Gesang lauter ist als der Verkehrslärm. Und treten Sie einem Wanderverein bei. Auch nur einen Tag Wandern im Monat wird eine Wirkung haben.

Neid Neid ist eine unangenehme Empfindung, die mit der Feststellung verbunden ist, dass andere etwas besitzen, das wir nicht haben und gerne hätten. Obwohl Glück nicht greifbar und nicht käuflich ist (oder gerade deshalb), ist es ein Gegenstand des Neids. Ich habe häufig unglückliche Menschen beobachtet, die ihr Unglück durch einen Vergleich noch verschlimmerten. Beispielsweise jene kranke Dame in fortgeschrittenem Alter, die voller Groll gegen ihre Nachbarn gleichen Alters ist, die ärmer als sie, aber bei guter Gesundheit sind. Oder jene Eltern eines Kindes mit Behinderung, die jedes Mal am Boden zerstört sind, wenn sie auf andere Eltern von Kindern gleichen Alters treffen, die keine Behinderung haben. Wir meinen dann, das Leben sei ungerecht zu uns, doch statt unsere Bemühungen darauf zu richten, es dennoch etwas schöner zu machen, steigern wir unser Unglück, indem wir neidisch auf das Leben anderer sind.

Neugier Angenehmer Gemütszustand in Verbindung mit der Herangehensweise an Unbekanntes. Zweifellos eine Quelle für positive Emotionen. Und auch eine der Folgen positiver Emotionen, ganz im Sinne dieser Öffnung für die Welt, die sie befördern. Es ist zum Teil eine Frage des Temperaments, zum Teil auch eine des emotionalen Zustands in Verbindung mit dieser Bereitschaft zur Öffnung. Nichts tötet mit größerer Gewissheit die Neugierde ab als Traurigkeit, Eile, Beunruhigung. In solchen Momenten versuchen wir, beim Gewohnten, in unseren vertrauten Bahnen zu bleiben. Und wir berauben uns der Entdeckungen und positiven Destabilisierungen, die uns die Neugier beschert: Durch sie können wir die uns bekannte Welt erweitern und damit unser Glück zu leben, Neues kennenzulernen und zu experimentieren steigern. Ohne sie gäbe es kein kindliches Staunen, und das wäre wirklich schade!

Neuroplastizität Eine tröstliche Entdeckung über das Funktionieren des Gehirns, die die Forscher in den letzten Jahren gemacht haben. Anders, als man seit Langem dachte, ist das Gehirn plastisch, und es kann sich während unseres ganzen Lebens anatomisch und funktional weiterentwickeln und verändern. Und nicht nur die Ereignisse formen es, sondern auch unsere Anstrengungen und unser regelmäßiges Üben. Zahlreiche Studien haben gezeigt, dass man die Funktionsweise unseres Gehirns durch Psychotherapie, Meditation oder Positive Psychologie genauso wirkungsvoll modifizieren kann wie zum Beispiel mit Medikamenten.

Nicht urteilen Einmal sehe ich einen sehr ärmlich, fast wie ein Obdachloser gekleideten Herrn auf der Straße, der aufmerksam die Annoncen im Schaufenster einer Immobilienagentur liest. In mir kommen Mitgefühl und Traurigkeit auf: Was mag in diesem Augenblick jemand wie er empfinden, der den Eindruck erweckt, niemals irgendetwas in diesem Laden kaufen oder mieten zu können? Sogleich kommen mir andere Szenarios in den Sinn und ich denke: Was soll dieses Schablonendenken, mein Alter? Was weißt du schon von diesem Herrn? Vielleicht ist er reich, viel reicher als du, und kleidet sich nur deshalb so, weil er ein Original ist? Vielleicht möchte er eine seiner zahlreichen Liegenschaften verkaufen? Oder er schaut sich die Preise an, um eine zu mieten? Oder vielleicht ist er überhaupt nicht reich, aber es kümmert ihn nicht, und er empfindet in diesem Augenblick weder Verzweiflung noch Neid. Nur Neugierde: »Wie viel sind die Leute bereit zu bezahlen, um eine Wohnung oder ein Haus zu besitzen? Wie viel Freiheit sind sie bereit aufzugeben und sich für Jahre zu verschulden? Ich möchte nicht an ihrer Stelle sein!« Vielleicht sagt er sich in diesem Augenblick ja dies! Und vielleicht sollte ich nicht Mitgefühl, sondern Bewunderung für ihn empfinden. Ich setze meine Überlegungen fort, und als ich am Ende der Straße angekommen bin, drehe ich mich um: Er steht immer noch vor dem Schaufenster, sehr interessiert. Ich verlasse ihn widerwillig und überlasse ihn seinem Geheimnis. Und mit etwas Dankbarkeit ihm gegenüber, denn seinetwegen habe ich eben eine kleine Übung in Positiver Psychologie gemacht: mich dabei zu erwischen, dass ich in Klischees denke, mir dessen bewusst zu werden, meinen Geist zu öffnen, und das Etikettieren bei diesem Herrn zu unterlassen. Mit einem Augenblick Dankbarkeit als Bonus.

Nirwana Wie das Wort »Zen« wird der Begriff »Nirwana« im Westen verwendet, um so etwas wie eine paradiesische Ekstase zu bezeichnen: »Das war das Nirwana!« Im Buddhismus sind die Dinge etwas komplizierter, denn das Nirwana ist zwar auch hier ein beneidenswerter Zustand, weil er das Ende allen Leidens bedeutet, er besteht aber in einer endgültigen Auflösung von allem, was uns an das irdische Leben und den Samsara-Zyklus (Geburten und Wiedergeburten und ewiges Leiden) bindet. Die Etymologie des Wortes evoziert Auslöschung, Beruhigung, Befreiung. Mir scheint, das ist ziemlich weit weg von unserer Auffassung von Glück. Aber dennoch ganz interessant für unser Thema: Die Momente in meinem Leben, in denen ich zu verstehen meine, wie die Empfindung des Nirwana sein mag, sind die Augenblicke der Meditation, in denen wir spüren, dass sich die Grenzen unseres Bewusstseins auflösen. Wir empfinden dann eine intensive Nähe, ein Einswerden mit allem, was uns umgibt. Keine Grenzen mehr zwischen uns und der Welt, nur Beziehungen. Nicht ekstatisch, aber ungeheuer beruhigend.

Nostalgie Es handelt sich hierbei um einen subtilen Gemütszustand, der mit der Erinnerung an unsere Vergangenheit verbunden ist und in dem Glück und Unglück in einer harmonischen Mischung zugegen sind: das Glück, diesen Moment erlebt zu haben, und die Traurigkeit, zu wissen, dass er vergangen ist. Lange Zeit dachte man, Nostalgie sei problematisch, eine problematische Form von Traurigkeit und Melancholie. Jüngere Untersuchungen tendieren dahin, sie zu rehabilitieren. Heute sieht es so aus, als gehöre sie in den Bereich der positiven Emotionen.[3] Bei den meisten Menschen bewirkt sie zum Beispiel angenehme Empfindungen und hat positive Auswirkungen in Bezug auf die Stimmung, denn sie mobilisiert gute Erinnerungen. Zudem werden das Selbstbild und das Selbstwertgefühl gestärkt, da viele Erinnerungen mit überwundenen Schwierigkeiten zu tun haben. Viele Erinnerungen betreffen soziale Beziehungen, was dazu beiträgt, sich weniger allein zu fühlen. Menschen, die zu Nostalgie neigen, fühlen sich stärker mit anderen verbunden, vertrauen mehr auf die Unterstützung, die sie von ihnen bei einem Schicksalsschlag erhalten können. Nostalgie spielt auch eine wichtige Rolle für das Gefühl der persönlichen Identität, indem sie eine Kontinuität zwischen Vergangenheit und Gegenwart herstellt. Zeitgenössische Forschungen zur Nostalgie zeigen schließlich, dass nostalgische Erinnerungen häufig realistischer und subtiler sind als »einfach« glückliche Erinnerungen. Doch sie sollten mit Vorsicht behandelt werden, beispielsweise bei Menschen, die unter Depressionen leiden. Nostalgie kann die Stimmung dieser Menschen verschlimmern; sie zu bitten, positive Erinnerungen zu nennen, kann sie trauriger machen.[4]

Not Sie gehört zum Leben. Trägt sie dazu bei, uns glücklicher zu machen? Ich meine, intelligenter in Bezug auf das Glück? Scharfsichtiger, was seine Bedeutung angeht? Ja, natürlich.

Die Not hilft uns auch dabei, neu darüber nachzudenken, wie wir unser Leben führen. Sie tut dies, indem sie uns vom Glück wegführt, sodass wir es aus der Distanz besser sehen können. Die Not (Krankheit, Leiden, Verzweiflung bei uns oder unseren Nächsten) öffnet uns die Augen für das, was wirklich zählt und was im Mittelpunkt unseres Lebens stehen sollte. Als ich einmal Sorgen hatte, schrieb mir ein christlicher Freund Folgendes: »Du weißt, dass ich dich jeden Tag in meiner ignatianischen Meditation dem Herrn anempfehle. Eines Abends ist mir dieser Satz aus dem Buch Hiob (36, 15) für dich eingefallen: ›Aber den Elenden wird er durch sein Elend erretten und ihm das Ohr öffnen durch Trübsal.‹«

Ihm durch Trübsal das Ohr öffnen? Ja, indem er ihn zwingt, besser darauf zu hören, was sein Herz sagt; sich zu fragen: In welcher Richtung liegt mein Glück? Bin ich auf dem richtigen Weg?

Angesichts von Krisen und Not stellen wir häufig fest, dass wir unser Leben, unsere Zeit und unsere Energie für materielle Ziele verschwenden, statt einen großen Teil davon dem zu widmen, was zählt: Glück und Liebe.

Mehrere Untersuchungen haben eindeutig bestätigt: Not in geringer Dosierung macht die Menschen robuster und glücklicher, große Not, aber auch die völlige Abwesenheit von Not hingegen machen sie zerbrechlicher oder weniger empfänglich für das Glück. Doch dabei darf man nicht stehen bleiben, denn andere Untersuchungen zu den »Lehren« der Not zeigen Folgendes:[5] Not ist nur dann zu etwas gut, wenn man sofort anfängt, sein Leben zu verändern. Sind erst einige Monate vergangen, ist sie nur noch eine schlechte Erinnerung, aber keine Quelle der Inspiration und Motivation für eine existenzielle Veränderung mehr.[6] Warten Sie nicht zu lange damit, Ihr Leben zu verändern, nachdem die Not Ihnen die Augen für das Wesentliche geöffnet hat, denn sonst schließen sie sich sehr schnell wieder.

Nützlich Es gibt eine Strömung in der Positiven Psychologie, die man »utilitaristisch« nennen könnte. Sie besteht darin, die Vorteile, die die Positive Psychologie verspricht, abzuwägen und dann davon zu profitieren. Glück ist gut für die Gesundheit? Dann interessieren sich Ärzte für die Positive Psychologie. Sie ist gut für die Leistungsfähigkeit? Dann bieten Unternehmen ihren Beschäftigten Seminare dazu an. Man kann dies als eine Modeerscheinung betrachten. Aber es gibt sinnlosere und nutzlosere Moden als diese. Sind sie einmal auf dem Weg zum Glück, werden die Menschen im Allgemeinen besser, als sie vorher waren, unabhängig davon, welche Motivation am Anfang stand, denn das Glück verbessert die menschliche Natur. Auch wenn die Gründe, aus denen wir es verfolgen, zweifelhaft sind.

O wie Offenheit

*Schau dich um
und nicht nur auf deine Probleme.
Öffne deinen Geist und deine Augen,
damit dein Herz besser atmen kann.*

Offenheit des Geistes Glück öffnet unseren Geist, Leiden verschließt ihn.

Dies haben zahlreiche Untersuchungen auf elegante Weise gezeigt.[1] Zum Beispiel bittet man Freiwillige, nachdem man bei ihnen verschiedene positive oder negative Emotionen ausgelöst hat, einen kleinen Test zu machen: Bei drei Figuren, die aus geometrischen Formen (Quadrate und Dreiecke) zusammengesetzt sind, müssen sie die obere Figur als »Referenzfigur« betrachten und entscheiden, welche der beiden unteren Figuren (die linke oder die rechte) dieser am stärksten gleicht. Die Abbildung unten zeigt einige Testsequenzen. Machen Sie den Test einmal selbst, bevor Sie weiterlesen!

Um die Ähnlichkeit zwischen geometrischen Figuren zu beurteilen, kann man sich auf ihre Gesamterscheinung (dreieckige oder quadratische Anordnung) oder auf ihre einzelnen Bestandteile stützen (ebenfalls Dreiecke oder Quadrate). Die Ergebnisse zeigen, dass Freiwillige, bei denen man positive Emotionen ausgelöst hat, häufiger die Figur auswählen, die in ihrer Gesamterscheinung der Referenzfigur ähnelt: In Beispiel 1 a wäre das die unten links. Hingegen wählen Freiwillige, bei denen man negative Emotionen ausgelöst hat, meistens eine Figur, die nicht die gleiche Gesamterscheinung hat wie die Referenzfigur, sondern die gleichen Bestandteile: bei Beispiel 1 a meinen sie also, die Figur unten rechts sei der oberen Figur ähnlicher, weil sie ebenfalls aus Quadraten besteht.

Warum diese Unterschiede? Wegen der spezifischen Funktionen von positiven und negativen Emotionen. Die Funktion der positiven Emotionen besteht darin, unseren Geist bei der Suche nach Ressourcen zu öffnen und die Fokussierung auf Probleme aufzuheben; sie helfen uns also, uns nicht auf Einzelheiten zu konzentrieren, sondern Abstand zu gewinnen und die Dinge als Ganze zu betrachten. Die Funktion der negativen Emotionen ist umgekehrt: Sie werden aktiviert, wenn man Schwierigkeiten gegenübersteht, und zwingen uns, diese aufmerksam und im Detail zu untersuchen (anzumerken ist, dass dieser Mechanismus uns helfen kann, Lösungen zu finden, uns aber auch zum Grübeln verleiten kann!).

Was diese Arbeiten ebenfalls gezeigt haben, ist, dass die Offenheit, die mit der Induktion von positiven Emotionen verbunden ist, uns kreativer und empfänglicher für neue Ideen, für originelle oder ungewöhnliche Lösungen für unsere Probleme macht und das Repertoire unserer Reaktionen bei Problemen erweitert.[2]

Aus all dem können wir schließen, dass wir beide emotionalen Repertoires, das positive und das negative, benötigen. Um zu überleben, müssen wir einerseits auf die Einzelheiten achten, um Problemen entgegenzutreten, und andererseits Abstand gewinnen, um neue Lösungen zu finden. Aus dieser adaptiven Sicht ist es gewiss am wichtigsten, Flexibilität zu beweisen und je nach Umweltanforderungen von einem emotionalen Register in das andere zu wechseln. Weder obsessives Misstrauen noch oberflächliche Sorglosigkeit sind angebracht, sondern adaptiver und flexibler Realismus.

Wie sich unsere Emotionen auf unsere Weltsicht auswirken[3]

Ohne Glück ... Wir können natürlich auch ohne Glück leben. Aber das Leben wäre fade. Ohne Glück gibt es für uns nur Traurigkeit und Zynismus, eben das, was wir der Welt gegenüber empfinden, wenn wir müde oder nicht wirklich zufrieden sind.

Ohnmächtig, aber da Einmal habe ich diese bewegende Formulierung aus dem Mund eines Angehörigen eines sehr kranken Menschen gehört: »Ich kann nicht mehr tun, als hier an seiner Seite zu sein. Ich fühle mich ohnmächtig, aber ich bin da.« Wunderbar: ohnmächtig, aber da. Dableiben, um durch unsere bloße Gegenwart zu helfen, auch wenn wir nichts tun können. Also alles tun, damit unsere Anwesenheit unserer Ohnmacht angemessen ist. Ebenso intensiv.

Ökologie und Psychologie Die Ökologie gebietet mir, diese Welt zu pflegen, als müsste ich für immer in ihr leben. Die Psychologie rät mir, niemals zu vergessen, dass ich morgen sterben könnte.

Optimismus Das ist die geistige Fähigkeit, bei einem Problem davon auszugehen, dass es eine Lösung gibt. Und so zu handeln, dass die Lösung eintritt. Sowohl Pessimismus als auch Optimismus stützen sich auf zwei natürliche Gehirnfunktionen. Der Pessimismus auf das Vorwegnehmen von Problemen und der Optimismus auf die Suche nach Lösungen. Sind beide Funktionen im Gleichgewicht, ist man ein Realist. Überwiegt eine von beiden, ist man ein Optimist oder ein Pessimist. Meistens bestehen Optimismus und Pessimismus in jedem von uns nebeneinander. Es ist, wie Rechtshänder oder Linkshänder zu sein: Wir haben eine bevorzugte Hand, wir können aber auch die andere verwenden; es ist lediglich weniger leicht, und deshalb sind wir weniger geschickt. Wir benötigen Optimismus und Pessimismus wie unsere beiden Hände. Und wir müssen je nachdem, oder besser gleichzeitig, auch auf beide Stimmen hören. Ideal ist es, zugleich pessimistisch und optimistisch zu sein – um Probleme und deren Lösungen zu sehen. Es gibt jede Menge Übungen, um Optimismus zu trainieren,[4] deren Wirkung zum Beispiel bei Personen getestet wurde, die zu Depressionen neigten.[5] Im Großen und Ganzen geht es stets um die gleichen Übungen: zum Beispiel in unseren Köpfen die pessimistischen und defätistischen Gedankenschemata aufzuspüren, die häufig versuchen, sich unter dem Vorwand, realistisch zu sein, durchsetzen; oder zwischen einem Projekt (präzise) und einer Träumerei (verschwommen) zu unterscheiden. Ein Projekt kann in Schritte und eine Folge von Zielen zergliedert werden; eine Träumerei ist eine unzusammenhängende Folge von Bildern von Erfolg, die nicht mit den nötigen Anstrengungen verbunden sind.

Paradoxerweise ist es der Optimismus, der zum Realismus führt, weil er dazu drängt, der Realität gegenüberzutreten, zu handeln, um zu sehen, was geschieht, und dadurch Informationen für die nachfolgenden Handlungen zu sammeln. Pessimismus ist häufiger unrealistisch, weil er sich aus im Voraus feststehenden Gewissheiten nach dem Motto »das braucht man gar nicht zu versuchen« und Untätigkeit speist; daher sein Widerstand gegen Veränderung, denn Veränderungen, auch die unserer selbst, speisen sich mehr aus Handlungen als aus Absichten. Optimismus beruht auf Demut (»Ich kann wirklich nicht wissen, was geschehen wird, ich hoffe lediglich, dass es funktioniert, und ich tue, was dafür nötig ist«), wo Pessimismus auf Hochmut basiert (»Ich weiß schon, was geschehen wird«), auch wenn der Hochmut mit einem Anstrich von Traurigkeit daherkommt.

Im Allgemeinen sind es die Optimisten, über die man sich lustig macht: »Ein Optimist ist jemand, der ein Kreuzworträtsel mit einem Kugelschreiber beginnt ...« Man fährt aber auch lieber mit ihnen in den Urlaub als mit den miesepetrigen Pessimisten!

Oxymoron des Glücks Diese Stilfigur besteht darin, zwei theoretisch gegensätzliche oder unvereinbare Begriffe zu verbinden. Das berühmteste Oxymoron der französischen Literatur ist zweifellos jener Vers Corneilles in seinem Stück *Der Cid:* »Der Sterne Dämmerlicht«.[6] Ich habe daraus auch schon einmal eine Übung für meine Patienten gemacht, indem ich sie bat, mir ihr *schlimmstes Glück* zu erzählen, das heißt, ein Ereignis, das sie zuerst für einen Glücksfall gehalten hatten, das ihnen aber schließlich viel Ärger einbrachte. Zum Beispiel, eine heiß ersehnte berufliche Stellung zu erlangen, die wegen des Stresses und der Arbeitsüberlastung anschließend ihr Familienleben ruinierte. Anschließend bat ich sie, mir ihr – in der schönen Formulierung von Boris Cyrulnik[7] – *wunderbarstes Unglück* zu erzählen. Anders ausgedrückt ein Ereignis, das sie zunächst als Katastrophe wahrgenommen hatten, das ihnen aus der Distanz betrachtet aber viel genützt hat. Zum Beispiel, wie sie nach einer schmerzhaften Trennung einen Partner fanden, mit dem sie sich viel besser verstanden. Solche Übungen sind gar nicht so einfach. Zum einen, weil wir nicht gerne zugeben, dass das Leben schwerer zu entschlüsseln ist, als es aussieht, und weil wir unser Urteil nicht aufschieben und abwarten wollen, bevor wir sagen, ob ein Ereignis gut oder schlecht ist. Zum andern, weil es anfangs schwer ist, sich an solche Ereignisse zu erinnern, denn unser Gedächtnis funktioniert spontan wie unser Geist, das heißt wie ein eifriger Bürokrat, der die die Erinnerungen in zwei Schubladen steckt: »gut« und »nicht gut«. Und jetzt verlangt man von ihm, eine dritte anzulegen, die subtil und kompliziert ist: »hat sich mit der Zeit verändert«. Das ist zusätzliche Arbeit! Doch das Anlegen einer dritten Schublade für Lebensereignisse ist eine gute Möglichkeit, unsere emotional Distanz und damit unsere Weisheit zu trainieren.

P wie perfekter Augenblick

Die großen Augenblicke des Lebens kommen von selbst.
Es hat keinen Sinn, auf sie zu warten.

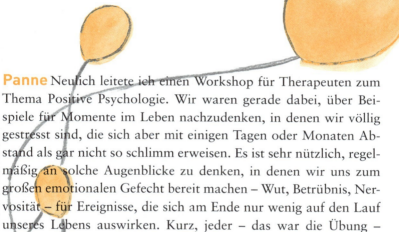

Panne Neulich leitete ich einen Workshop für Therapeuten zum Thema Positive Psychologie. Wir waren gerade dabei, über Beispiele für Momente im Leben nachzudenken, in denen wir völlig gestresst sind, die sich aber mit einigen Tagen oder Monaten Abstand als gar nicht so schlimm erweisen. Es ist sehr nützlich, regelmäßig an solche Augenblicke zu denken, in denen wir uns zum großen emotionalen Gefecht bereit machen – Wut, Betrübnis, Nervosität – für Ereignisse, die sich am Ende nur wenig auf den Lauf unseres Lebens auswirken. Kurz, jeder – das war die Übung – dachte über konkrete Beispiele nach. Einer meiner Kollegen hob dann die Hand, um seine Geschichte zu erzählen. Hier ist sie, so wie ich mich an sie erinnere, ich hoffe, ich verfälsche sie nicht zu sehr …

»Ich war im Urlaub an einem schönen Ort in Südfrankreich. An einer vollkommen verlassenen Straße hatte mein Wagen eine Panne. Seinerzeit gab es noch kein Handy, keine Möglichkeit, Versicherungen, Pannendienste oder Werkstätten zu Hilfe zu rufen. Ich musste also sieben oder acht Kilometer bis zum Nachbardorf laufen. Ich bin sie gelaufen und habe dabei vor mich hin geschimpft. Das Seltsame ist, dass mir heute, wenn ich daran zurückdenke, nicht der Stress einfällt, sondern die Schönheit der Landschaft, durch die ich eine Stunde lang marschiert bin.«

Ich mochte diese kurze Erzählung und das, was sie zeigt: Wenn uns der Stress im Griff hat, kaschiert und überdeckt er alles, was an der Situation gut oder schön ist. Und erst, wenn er nachlässt, zum Beispiel, wenn einige Zeit verstrichen ist, kann das Schöne oder das Gute wieder erscheinen. Es ist gut, wenn man sich dessen bewusst wird und es auskostet, wenigstens im Nachhinein. Doch vor dem Hintergrund der Positiven Psychologie kommt es genau darauf an, sich bereits in der betreffenden Situation sagen zu können: »Ok, Alter, das ist superärgerlich, aber gut, so ist es nun mal. Was machst du nun, fluchst du nun eine Stunde lang, oder gehst du und bewunderst die Landschaft?« Die Aufgabe besteht darin, nicht nur den Stress zu beschränken (das ist die nötige Arbeit, die man in der Psychotherapie leistet), sondern auch regelmäßig unsere Fähigkeit zu kultivieren, zu bewundern, uns zu freuen, das Positive im Negativen zu sehen und den positiven Emotionen noch mehr Platz einzuräumen, damit sie die negativen kleinhalten.

Sie fragen, ob ich mich geärgert hätte, wenn ich auch in dieser Situation gewesen wäre? Bestimmt! Warum, glauben Sie, begeistere ich mich für die Positive Psychologie?

»Papa, wenn du stirbst ...« Ich lese nicht oft genug Romane, ich gehe nicht genug ins Kino. Weil mir die Zeit fehlt, aber auch, weil das Leben auch so schon faszinierend, berührend, lehrreich ist – und auch erschütternd. Voller unglaublicher und unvergesslicher Momente. Zum Beispiel, als meine jüngste Tochter, die damals sechs oder sieben Jahre alt war, eines Abends, als ich sie umarmte, zu mir sagte: »Papa, ich liebe dich zu sehr! Wenn du stirbst, will ich auch nicht mehr leben.« Was für ein Schock! Da stand ich nun, zurückgeworfen auf meine Theorie der Gemütszustände: immens berührt auf angenehme Weise (was für eine Liebeserklärung!) und auf schmerzhafte zugleich (welche Sorgen verbergen sich hinter dieser Erklärung, und welche Gefahr besteht für meine Tochter, wenn ich morgen von einem Autobus überfahren werde?). Dann habe ich mich als guter Psychiater selbst beruhigt: »Gut, freu dich, dass sie dich so sehr liebt, und sieh zu, dass du nicht stirbst. Jedenfalls nicht so bald. Und schließlich weißt du ja, warum sie das denkt: Wir kommen von ihren Großeltern, wo sie deren alten Hund gesehen hat, der schon ganz müde war, in seiner

Ecke lag, und sie hat gespürt, dass seine letzte Stunde naht; da sie ihn sehr gern hat, hat sie an alle gedacht, die sie liebt, an den Tod, an die Trauer, an dich, mehr ist da nicht.« Obwohl mir das klar ist, fühle ich mich ziemlich verstört. Meine Tochter ist sich unseres Schicksals als Menschen bewusst geworden, dieses Wegs, den wir alle gehen müssen: das Leben lieben, es dann verlassen; lieben und auseinandergehen. Unmöglich, unbewegt zu bleiben. Leben heißt vibrieren, und lieben heißt zittern. Lieben wir also so sehr wir können, bevor wir auseinandergehen.

Partys Es ist merkwürdig, dass sie viele Personen traurig machen. Weil sie eine Pflicht darstellen können. Weil sie im Allgemeinen verlangen, dass man zu einem bestimmten Zeitpunkt auf Kommando glücklich ist, was nicht unbedingt mit unseren eigenen Rhythmen übereinstimmt. Weil die gute Laune ein wenig gezwungen und häufig künstlich ist. Weil sie eine Menge Leute zusammenbringen, die mehr oder weniger glücksbegabt sind: Extravertierte, die bei der Zurschaustellung und Steigerung ihres Wohlbefindens noch eins draufsetzen, und Introvertierte, die kaum aus sich herausgehen können. Und die Letzteren neigen dazu, sich mit Ersteren zu vergleichen, was niemals gut ist, denn sie sind enttäuscht, weil sie den Eindruck haben, weniger glücklich zu sein, eine gute Sache zu versäumen. Es ist wahr, dass Partys, wie wir sie im Allgemeinen feiern, etwas für Extravertierte sind. Sie mögen so viele Leute wie möglich, Musik, Bewegung. Introvertierte würden ruhige Partys vorziehen. Doch so etwas gibt es nicht, oder es wird nicht »Party« genannt. Introvertierte sind eher im kleinen Kreis glücklich, bei leiser Musik und ruhigen Gesprächen. Für sie sind das die angenehmen Momente.

Perfekter Augenblick Ein Herbstmorgen, ziemlich früh (6.30 Uhr), in der Küche, wir frühstücken zusammen mit meiner zweiten Tochter. Draußen ist es dunkel. Manchmal sind wir um diese Zeit noch schläfrig, die Unterhaltung ist einsilbig. Doch manchmal ist das Gespräch trotzdem sehr klar. So wie heute.

»Papa, gestern habe ich einen perfekten Augenblick erlebt!«
»Wow, cool! Was war das?«
»Nun, ich bin mit meinen Freundinnen aus der Schule gekommen, wir waren in einem super, super netten und voll günstigen Restaurant.« (Einmal in der Woche erlauben wir ihr, nicht in der Schulkantine zu essen, weil sie zwei Stunden frei hat). »Ich saß da, vor meinem Teller, und plötzlich hatte ich das Gefühl, meinen Körper zu verlassen und zuzuschauen, was mir geschah: Ich saß da, schön im Warmen und Trockenen, während es draußen regnete und kalt war, alle meine Freundinnen waren um mich herum, wir aßen leckere Sachen, und dazu liefen ohne Ende Lieder von Gainsbourg.« (Ihr Lieblingssänger). »Das war super, super, super cool!«
»Das war das Glück!?«
»Genau: reines Glück! Gut, das hat nicht lange gehalten. Danach mussten wir wieder in den Unterricht, und das Nachmittagsprogramm war heftig! Doch war es komisch, diesen Augenblick so zu empfinden, von innen und von außen.«

Wir sprachen dann ein wenig über Theorie, über Glück als Bewusstwerdung der angenehmen Momente unseres Lebens. Nicht lange, denn die Zeit drängte, wir mussten uns anziehen und die Zähne putzen. Doch hat es mir Freude gemacht, meiner Tochter zuzuhören, wie sie von diesem kurzen Moment erzählte, in dem sie einen angenehmen Augenblick transzendierte. Das Glück der anderen zu genießen ist ebenfalls ein Glück.

Perfektion des Glücks An manchen Tagen glaube ich, dass es das perfekte Glück nicht gibt. An anderen meine ich hingegen, dass Glücksmomente recht häufig sind. Sie sind per Definition nahe an der Perfektion, weil sie endgültige und vollständige Zustände sind, das heißt Zustände, in denen man nichts anderes wünscht als das, was man jetzt hat, in diesem Augenblick, an diesem Ort. Ich glaube jedoch, dass, je mehr das Glück wächst, immens, erschütternd – perfekt! – wird, es umso weniger von uns abhängt. Denn es gehorcht meiner Ansicht nach dieser Folge von Gleichungen:
Glück = Anstrengungen unternehmen + Glück haben

Großes Glück = etwas mehr Anstrengungen unternehmen + viel mehr Glück haben

Immenses Glück = Sie sind entweder weise unter Weisen geworden oder Sie sind endlich im Paradies.

Perplexität Bei einer Fortbildung zum Thema Emotionen, die ich leitete, brachte mich einmal eine Teilnehmerin aus der Fassung, als sie fragte: »Ist Perplexität eine Emotion? Wenn ja, ist sie positiv oder negativ?« Ich hatte Schwierigkeiten, ihr zu antworten, denn ich hatte nie auf diese Weise darüber nachgedacht. Ich war selbst perplex! Perplexität bezeichnet die Empfindung einer Person, die unentschieden ist, die sich nicht sicher ist, was sie tun oder denken soll, die nicht weiß, wofür sie sich entscheiden, wie sie sich verhalten soll. Im Allgemeinen betrachten die meisten von uns dieses Gefühl als eher unangenehm und negativ. Bei näherer, technischerer Betrachtung jedoch ist Perplexität ein Gemütszustand, der zur Emotionsfamilie der Überraschung gehört, woher ihre auf den ersten Blick weder angenehme noch unangenehme Tönung rührt: Man sieht sich einer Sache gegenüber, auf die man nicht gefasst war. Und in der Perplexität weiß man weder, was man tun, noch, was man denken soll.

Doch unsere Zeit mag die Perplexität nicht. In jeder neuen Situation juckt es uns zu handeln, wir sind von der zeitgenössischen Krankheit befallen, die ich »chronische Reaktionsbereitschaft« nenne. Wir meinen, wir müssten stets schnell reagieren! Und um schnell zu reagieren, muss man schnell urteilen. Daher unsere Intoleranz gegenüber jeder Form von Ungewissheit. Man mag es nicht, etwas nicht zu wissen, denn man mag es nicht, nicht zu agieren und zu reagieren. Perplexität zu tolerieren und lieben zu lernen bedeutet zu lernen, bei etwas lockerzulassen, das wir im Moment nicht kontrollieren können. Wir werden dadurch nur gelassener, denn viele unserer Ängste stammen aus unserer Intoleranz gegenüber der Ungewissheit. Und klüger, denn anders als unsere Zeit meint, ist Reaktionsbereitschaft nicht immer gut und führt häufig dazu, dass man Unfug macht.

Petersilie, gegenseitige Hilfe und Nasenpopel Dies ist die (natürlich wahre) Geschichte von zwei kleinen Schulmädchen, die ein sympathisches System der gegenseitigen Unterstützung entwickelt haben. Wenn die eine sich die Nase geputzt hat, wendet sie sich der anderen zu und richtet das Kinn gegen den Himmel. Die Freundin bückt sich dann und sieht sie von unten an, wie um sie zu inspizieren. Mal sagt sie: »Ist ok«, mal »Problem rechts« oder »Problem links«. Ihre Freundinnen, Freunde und Lehrer begreifen das nicht gleich. Dann stellen sie fest, dass das Ganze dazu dient, Popel aufzuspüren. Wirklich ist die Schande zu groß, wenn ein dicker Popel am Rand des Nasenlochs festhängt! Und wir, die Erwachsenen, trauen wir uns, unsere Gesprächspartner auf diese kleinen Imagefehler aufmerksam zu machen? Nasenpopel, Petersilienstängel zwischen den Zähnen und offene Hosenschlitze. Nein? Sollten wir aber!

Pflichten des Glücks Glück ist ein Reichtum. Und wie alle Reichtümer ist es mit bestimmten Pflichten verbunden. Die Pflicht der Rücksichtnahme besteht darin, unglückliche Personen nicht mit unserem Glück zu beleidigen. Die Pflicht zu teilen bedeutet, die Energie, die das Glück uns verleiht, dafür zu nutzen, uns anderen zuzuwenden, ihnen Gehör, Zuneigung, Hilfe zu schenken. Und schließlich haben wir die Pflicht der Zurückhaltung, die uns gebietet, keine Ratschläge zum Glücklichwerden zu verteilen, wenn man uns nicht ausdrücklich darum gebeten hat. Nichts ist ärgerlicher als ein Professor des Glücks, der anderen eine Lehre erteilt, die sie nicht verlangt haben und die sie – zumindest in diesem Moment ihres Lebens – nicht anhören oder anwenden können.

Pipi Während einer öffentlichen Diskussion über Glück[1] fragt mich eine junge Frau nach dem Unterschied zwischen Vergnügen und Glück. Ohne recht zu wissen warum, gebe ich das folgende Beispiel: »Wenn man sehr dringend Pipi machen muss, ist es unbezweifelbar ein Vergnügen, es machen zu können. Aber nicht unbedingt Glück. Das Vergnügen ist somit notwendiger, organischer, kürzer. Aber es verhindert das Glück nicht. Hingegen verlangt Letzteres einen Bewusstseinsakt. Wenn man realisiert, dass man das Glück hat, einen Körper zu besitzen, der gut funktioniert, und einen Ort, an dem man Pipi machen kann, beginnt die Sache, ein wenig nach Glück zu schmecken.«

Dann setze ich meine Erklärungen fort, beruhigt darüber, dass mein Urin-Vergleich das Publikum nicht geschockt hat (im Gegenteil!). Nach dem Vortrag gibt es eine Autogrammstunde, und zwischen all den kurzen Plaudereien mit den Leserinnen und Lesern gibt es einen großen Moment: Eine Dame spricht mich noch einmal auf die Geschichte mit dem Pipi an. »Ich war sehr gerührt von Ihrem Beispiel, und wissen Sie auch warum? Wegen einer Niereninsuffizienz musste ich jahrelang zur Dialyse. Sie sind Arzt, Sie wissen, was das ist. Und an jenem Tag, als ich eine neue Niere transplantiert bekam, habe ich begonnen, wieder normal Pipi zu machen. Sie können sich gar nicht vorstellen, wie glücklich ich war! Ich habe Ihr Beispiel sehr gemocht!«

Und ich fand es gut, dass sie gekommen ist, um mir ihre kurze Geschichte zu erzählen. Ich habe sie ein wenig zu ihrer Situation befragt und erfahren, dass sie seit mehr als zehn Jahren mit ihrer neuen Niere lebt. Ich habe ihr noch jede Menge glückliches Pipi für die nächsten Jahre gewünscht.

Plattitüden Ratschläge zum Glücklichsein sind häufig sehr banal. Es kommt selten vor, dass man umwerfende Entdeckungen macht, wenn man eine Abhandlung über das Glück liest. Allgemein wissen wir alle so einigermaßen, was uns glücklich macht; unser Problem ist, dass wir nichts dafür tun. In diesem Sinne verdienen wir alle das strenge Urteil Schopenhauers: »Im Allgemeinen freilich haben die Weisen aller Zeiten immer das Selbe gesagt, und die Thoren, d. h. die unermeßliche Majorität aller Zeiten, haben immer das Selbe, nämlich das Gegentheil, gethan: und so wird es denn auch ferner bleiben.«[2] Sämtliche Ratschläge aus allen Traditionen der Weisheit und Spiritualität muten sicherlich wie Plattitüden an, wenn man sie aus einem rein intellektuellen Blickwinkel betrachtet. Doch es ist weniger eine Sache des Wissens als des Tuns. Ich muss mich nicht fragen, »Weiß ich das?«, sondern »Tue ich das?«

Polizei Eine Zeit lang bin ich auf dem Weg nach Sainte-Anne mit dem Motorroller immer eine Einbahnstraße in Gegenrichtung zehn Meter über den Bürgersteig gefahren, um ein wenig Zeit zu sparen, denn sonst hätte ich einen Umweg um einen großen Wohnblock mit zwei roten Ampeln machen müssen. Natürlich habe ich aufgepasst, niemanden zu überfahren oder zu erschrecken. Doch Motorroller sind auf Bürgersteigen verboten, und das ist auch logisch. Das Problem ist, dass sich genau neben der Station, in der ich arbeite, die Krankenstation der Polizei befindet. Natürlich gehen dort viele Polizisten ein und aus. Und an jenem Tag habe ich nicht aufgepasst, und da kommt prompt ein Zivilfahrzeug der Polizei die Straße herunter, die ich gerade (langsam) auf dem Bürgersteig entlangfahre. Zwei Polizisten halten an, geben mir ein Zeichen und steigen aus. Sie verlangen meine Papiere und eine Erklärung. Etwas kläglich erkläre ich, dass ich Arzt in der Station dort bin, und dass ich gerade heute zu spät dran bin, es mir deshalb ausnahmsweise einmal erlaubt habe, dass ich weiß, dass das verboten ist, und dass es mir leid tut und so weiter. Ich bin erregt, denn ich habe überhaupt keine Lust ein Bußgeld zu bezahlen, nur weil ich zehn Meter mit fünf Stundenkilometern auf dem Bürgersteig gefahren bin. Der Polizist hört mir höflich zu, lächelt ein wenig (er muss schon viele wie mich erwischt haben!). Als ich aufgehört habe zu reden, blickt er mir still in die Augen und sagt dann einfach, während er mir meine Papiere zurückgibt: »Ist in Ordnung, fahren Sie weiter. Aber als Arzt sollten Sie ein besseres Beispiel abgeben.« Und er grüßt mich mit einem etwas spöttischen »Auf Wiedersehen, Herr Doktor!« Ein Gefühl von Schuld und Erleichterung zugleich bleibt zurück – und von Dankbarkeit. Jedenfalls eine sehr wirkungsvolle Mischung für mich, denn seitdem bin ich nie wieder über einen Bürgersteig gefahren. Und ich bin nicht sicher, ob ein Bußgeld oder eine strengere Ermahnung ebenfalls funktioniert hätten, denn dann hätte ich aufgemuckt und mich weniger betroffen gefühlt. Ich hätte auf den Polizisten geschimpft, statt noch einmal über meinen Fehler nachzudenken. Das nennt man Erziehung und Prävention. Das gibt es, und es funktioniert. Hut ab oder eher: Helm ab, unbekannter Herr Polizist!

Politisch und psychologisch Man kritisiert das Streben nach Glück gelegentlich, weil damit das Risiko eines politischen Desengagements verbunden sei, weil man denkt, dass Glück bedeute, sich an eine Situation anzupassen, die man eigentlich ändern müsste. Als gäbe es einen Gegensatz zwischen dem Politischen und dem Psychologischen, der darin besteht, dass sich um sich selbst zu kümmern gleichbedeutend sei damit, sich nicht für die Welt zu interessieren, die uns umgibt. Sollten diese zwei Dimensionen unvereinbar sein? Für mich ist das, als würde man einatmen und ausatmen einander gegenüberstellen!
 In Wirklichkeit steht psychologisches Handeln politischem Handeln nicht im Wege. Es gibt Momente im Leben, in denen es darauf ankommt, Widerstand zu leisten, zu handeln, zu kämpfen, und andere, wo man lockerlassen muss, akzeptieren, das heißt, einfach seine Emotionen annehmen. Das ist kein Kapitulieren, kein Gewährenlassen, keine Unterwerfung und kein Gehorsam. Lockerlassen ist, richtig verstanden, ein Programm in zwei Phasen: die Wirklichkeit akzeptieren und beobachten, dann handeln, um sie zu verändern. Das macht es möglich, sich bei der Reaktion oder beim Impuls nicht von der ungefilterten Emotion leiten zu lassen. Es ist sozusagen ein »Vorzimmer zur Dekontamination«, in dem wir die Emotionen in einem möglichst großen mentalen Raum sondieren und untersuchen. Dann können wir entscheiden, was wir Gutes tun können, welche Handlungsweisen, die unseren Werten, unseren Erwartungen nahe sind, wir umsetzen möchten. Die Idee dabei ist, mit unserem Geist und unserem Körper auf das zu *antworten,* was uns widerfährt, statt nur mit der Dringlichkeit der Emotion zu *reagieren.* Es ist ein Diktat unserer Zeit: Die Indi-

viduen sollen reaktionsbereit sein, wichtige Entscheidungen unmittelbar treffen. Das ähnelt dem Vorgehen der Verkäufer, die versuchen, uns übers Ohr zu hauen, indem sie sagen: »Wenn Sie es jetzt nicht nehmen, wird es heute Abend oder morgen nicht mehr da sein!« So versucht unsere Umwelt, uns übers Ohr zu hauen, indem sie uns glauben lässt, überall sei Eile geboten.

Das Glück und die Heiterkeit bestehen insbesondere darin, diese falschen Dringlichkeiten zurückzuweisen. Das ist keine Ausflucht angesichts der Realität, lediglich ein Hilfsmittel der Klugheit und der Überlegung. Ich bin davon überzeugt, dass die Menschen, wenn sie sich nicht um ihr inneres Gleichgewicht kümmern, nicht nur mehr leiden werden, sondern auch impulsiver und manipulierbarer sein werden. Die Arbeit an unserer Innerlichkeit macht uns präsenter. Das nennt man »bürgerliche Innerlichkeit«[3]: Wenn wir uns darum kümmern, wird uns das zu besseren Menschen machen, die konsequenter, respektvoller sind, die für andere da und weniger ungerecht sind. Wir engagieren uns auf ruhigere, aber auch auf hartnäckigere Weise. Wir sind weniger indoktrinierbar, freier. Und dann ermöglicht die Gelassenheit es auch, bei den Schlachten, die wir im Leben schlagen, Abstand zu wahren. Wir dürfen nicht nur durch einen Impuls, Zorn oder Groll getrieben funktionieren. Die großen Führungspersonen wie Mandela, Gandhi, Martin Luther King waren alle bestrebt, sich davon frei zu machen, sie haben alle verstanden, dass der unkontrollierte Impuls zu Gewalt, Aggressivität, Leiden führt. Das innere Gleichgewicht erlaubt es uns, unsere Fähigkeit, uns zu empören und aufzulehnen, aufrechtzuerhalten, dies aber auf eine möglichst wirkungsvolle und angemessene Weise zu tun.

Positiv denken »Man muss positiv denken« gehört zu den kleinen Phrasen, die mich auf die Palme bringen. Nein, manchmal muss man nicht positiv denken. Wenn man uns dies sagt, hat man im Allgemeinen keine Lust oder man ist nicht bereit dazu.

Die Positive Psychologie hat nicht den Zweck zu verhindern, dass schmerzhafte Gemütszustände auftreten; im Gegenteil, diese nützen uns. Sie hilft uns, solche Zustände schneller und auf intelligente Weise zu überwinden, indem sie zeigt, dass es unnütz ist, sich darin zu suhlen. Dann kann man auch heilsame Lehren daraus ziehen.

Positive Klarstellung Erinnern Sie sich an die Geschichte mit dem Restaurant in der Einleitung zu diesem Buch? Der Herr, der den Küchenchef ruft, um ihn zu beglückwünschen. Warum tun wir das nicht öfter? Im Allgemeinen verlangt ein Kunde meistens deshalb, mit dem Chef zu sprechen, um zu meckern, und nicht, um ihm zu danken. Genauso wie wenn ein Vorgesetzter einen Mitarbeiter zu einer außerplanmäßigen Unterredung bittet. Das geschieht selten, um ihm zu sagen, wie zufrieden er mit ihm ist und dass alles gut läuft. Oder wenn Eltern eine »Klarstellung« mit einem ihrer jugendlichen Kinder vornehmen. »Positive Klarstellungen« wären bemerkenswert und wahrscheinlich motivierender und wirkungsvoller als nur negative.

Positive Lenkung Positive Psychologie bedeutet nicht, ein Laissez-faire an die Stelle von Vorgaben zu setzen. Es bedeutet, sanft zu lenken statt mit Strenge.

Während eines Kolloquiums, an dem ich teilnahm, konnte das Publikum den Rednern Fragen stellen. Der erfahrene Moderator, der die Diskussion leitete, wusste: Es kommt häufig vor, dass jemand nicht um das Wort bittet, um eine Frage zu stellen, sondern um einen langen Monolog zu halten, in dem er seine Sicht auf die vom Redner angesprochenen Dinge schildert. Und häufig ist das Publikum dann unruhig, weil so keine Zeit mehr für andere Fragen bleibt. Die Regel lautet nicht zu unrecht, sich kurz zu fassen. Der Moderator reagierte an jenem Tag strikt, aber humorvoll: »Gut, lassen wir jetzt also das Publikum seine Fragen stellen. Ich möchte Ihnen kurz in Erinnerung rufen, was eine Frage ist: Sie ist kurz, und sie endet mit einem Fragezeichen.« Und ich erinnere mich gut, dass wir dank seines Hinweises eine Sitzung mit echten und sehr interessanten Fragen genießen durften.

Positive Psychologie Man kann auch heute noch nicht richtig einschätzen, was für einen Paradigmenwechsel das Aufkommen der Positiven Psychologie in unseren Disziplinen Anfang der 2000er-Jahre bedeutete. Bis dahin befasste sich die Forschung in klinischer Psychologie und Psychotherapie mit Störungen und Verwirrungen des Geistes. Doch 1998 erklärte der frisch gewählte Präsident der mächtigen American Psychological Association, ein gewisser Martin Seligman: »Wir müssen nicht nur Kranke heilen. Unser Auftrag ist umfangreicher: Wir müssen versuchen, das Leben aller Individuen zu verbessern.« Damit war die Positive Psychologie als offizielle Bewegung geboren. Es ging nicht mehr nur darum, den Patienten zu helfen, weniger unglücklich, weniger ängstlich, weniger deprimiert zu sein. Es ging vielmehr darum, ihnen zu helfen, ihr Dasein zu genießen, wenn sie ihre Schwierigkeiten überwunden hatten, und während ihres ganzen Lebens nicht wieder in ihre Leiden zurückzufallen. Es ging darum zu lernen, psychologisches Wohlbefinden zu kultivieren und zu entwickeln, das stark machen und Rückfälle verhindern kann.

Diese Intuitionen waren natürlich schon lange vorher formuliert worden. So hatte bereits Voltaire die Maxime ausgegeben: »Da es sehr förderlich für die Gesundheit ist, habe ich beschlossen, glücklich zu sein.« Doch hat er anschließend darauf aufmerksam gemacht, worin die Schwierigkeit bei dieser Bestrebung liegt: »Die Menschen suchen ihr Glück, ohne zu wissen, auf welche Art sie es finden können: wie Betrunkene ihr Haus suchen, im unklaren Bewusstsein, eins zu haben.« Die Positive Psychologie hat sich vorgenommen, den Menschen bei dieser Suche zu helfen. Seit ihren Anfängen hat die Zahl der wissenschaftlichen Arbeiten und Veröffentlichungen zum »subjektiven Wohlbefinden«, wie die Forscher das Glück vorsichtig nennen, beachtlich zugenommen, und man kann davon ausgehen, dass dies erst der Anfang ist. Und hier liegt eben die eigentliche Revolution: Zwar ist die Suche nach dem Glück eine alte Geschichte, die traditionell in die Philosophie gehört, doch sie hat durch die Mittel, die die moderne wissenschaftliche Forschung bereitstellt, eine wesentliche Beschleunigung erfahren.

Positives bei anderen sehen Aus den Jahren meiner Kindheit, in der ich häufig Komplexe gegenüber anderen hatte, die ich für intelligenter, schöner oder talentierter als mich selbst hielt, ist mir eine große Fähigkeit geblieben, bei anderen das zu sehen, was bewunderungswürdig oder schätzenswert ist.

Aus diesen schwierigen Jahren habe ich nur das Beste behalten: mich über die Qualitäten anderer zu freuen. Ich habe mich vom Schlechtesten frei gemacht: Ich kann jetzt andere bewundern, ohne mich deshalb selbst im Vergleich herabzusetzen. Und ich habe sogar großes Glück gehabt, denn ich musste nie einen »Überlegenheitskomplex« durchmachen, das heißt, die anderen nicht mehr bewundern und sie sogar verachten, um keinen Komplex mehr zu haben.

Prävention Positive Psychologie ist in der Psychiatrie und in der Psychotherapie für die Prävention von Rückfällen von Bedeutung. Indem man anfälligen Menschen hilft, ihren Alltag mehr zu genießen, kann man ihnen auch helfen, schwierige Momente besser durchzustehen.[4] Sie ist aber kein Heilmittel, zumindest ist bislang nichts bewiesen außer leichten Verbesserungen bei depressiven Tendenzen.[5] Sie betrifft also vor allem sogenannte »in Remission« befindliche Personen: Menschen, die nicht mehr krank sind, aber ein Rückfallrisiko haben.

Prinz de Ligne Prinz Charles-Joseph Fürst de Ligne war nicht nur idealer Vertreter des europäischen kosmopolitischen Adels des 18. Jahrhunderts, Offizier und Hofmensch, er war auch ein Autor, der gern über das Glück schrieb. Er hat uns ein köstliches Programm mit den folgenden sechs Hauptpunkten hinterlassen: »Beim Aufwachen muss man sich fragen:

1. Werde ich heute jemandem Freude bereiten können?
2. Wie werde ich mich amüsieren können?
3. Was wird es zum Mittagessen geben?

4. Werde ich einem liebenswerten oder interessanten Menschen begegnen?
5. Werde ich Frau ..., die mir so gut gefällt, als ebenso liebenswert und interessant erscheinen?
6. Werde ich vor dem Ausgehen eine neue, anregende, nützliche oder angenehme Wahrheit lesen oder schreiben?

Und dann wenn möglich diese sechs Punkte erfüllen.« Seine Methode war auch langfristig angelegt: »Sich zwei Tage in der Woche Zeit nehmen, um eine Bilanz seines Glücks aufzustellen. Untersuchen wir unser Dasein: Es geht mir sehr gut. Ich bin reich, ich spiele eine wichtige Rolle und genieße Achtung in der Öffentlichkeit, ich werde geliebt oder geschätzt. Ohne dieses Resümee nimmt man seine glücklichen Lebensumstände nicht mehr richtig wahr.«

Wir mögen darüber lächeln, so sehr scheint uns sein Leben eine Folge von Privilegien gewesen zu sein. Es kann uns aber auch bewegen: Dieser Mann begnügte sich nicht damit, diese Privilegien zu genießen, sondern fragte sich auch, wie er am besten Gebrauch von ihnen machen konnte. Und seine Motive waren letztlich den unseren sehr ähnlich: »Ich beeilte mich zu leben, da ich sah, dass der Krieg heftig war und Angst hatte, vor meinem Tod nicht genug Vergnügen zu haben.«

Probleme Es gibt sie immer, selbst bei jenen, die vom Glück verwöhnt werden. Ärgerlich ist jedoch, dass wir sie fast immer verstärken: Wir verstärken ihre tatsächliche Auswirkung auf unser Leben, ihre Dauer und so weiter. Erinnern wir uns stets an den Satz Ciorans: »Wir sind alle Possenreißer: Wir überleben unsere Probleme.«[6] Oder an diesen, dessen Autor mir entfallen ist: »In meinem Leben habe ich Hunderte von Katastrophen überlebt: Anders als von mir befürchtet, sind sie nie eingetroffen!«

Psychoanalytiker Als ich noch Assistenzarzt war und Psychiatrie studierte, war es für die Psychoanalytiker Ehrensache, sich nicht für das Glück, sondern für Scharfsinn zu interessieren. Sie schienen tatsächlich weniger glücklich zu sein als der Durchschnitt. Aber nicht unbedingt, oder nicht alle, scharfsinniger. Fazit: Dem Glück zu entsagen reicht nicht, um der Weisheit näher zu kommen.

Psychodiversität In gewisser Weise ist es ein glücklicher Umstand, dass es bei den Menschen eine gewisse »Psychodiversität« gibt, die, wie die Biodiversität in der Tier- oder Pflanzenwelt, eine Bereicherung für unsere Art ist: Sie sorgt für eine Vielfalt an Verhaltensweisen, die es erlauben, zahlreiche unterschiedliche Situationen zu bestehen, mit denen ein einziges Persönlichkeitsprofil überfordert wäre. In einer menschlichen Population kann jeder seine Rolle spielen.

Als die Wikinger den Atlantischen Ozean überquerten und in Amerika landeten, hatten sie sicherlich Besorgte an Bord, die in der Lage waren, Probleme vorherzusehen (und dann beispielsweise dazu rieten, genug Waffen und Nahrungsmittel mitzunehmen), Obsessive, die fähig waren, den Zustand des Bootes und seine Position anhand der Sterne aufmerksam zu überprüfen, nicht einzuschüchternde Unerschrockene, die ihre Kameraden dazu bringen konnten, ihre Vorbehalte zu überwinden und sich vorzuwagen. In einem Unternehmen können einige paranoische Persönlichkeiten in den Rechtsabteilungen, einige Hysteriker im Vertrieb, einige narzisstische Persönlichkeitszüge beim Generaldirektor, einige entnervte Gestresste in der Produktion und ein paar Pessimisten in der Finanzabteilung sehr gut ein effizientes Team abgeben. Aus diesem Grund bemühe ich mich so gut ich kann, mich nicht zu sehr über gelegentlich nervende Menschen aufzuregen, denen ich begegne. Zum einen, weil ich weiß, dass ich selbst manchmal nervig bin, zumindest in bestimmten Momenten; und zum andern, weil ihre Fehler sich unter anderen Umständen als Qualitäten erweisen könnten.

Psycho-Neuro-Immunologie Neulich war ich krank, eine Nasennebenhöhlen-Superinfektion, sehr schmerzhaft. Kopfschmerzen, Fieber, Müdigkeit. Ich rief einen Freund an, den wir an jenem Abend besuchen wollten, um ihm zu sagen, dass ich nicht kommen könne. Ich war traurig und hatte mit der Absage lange gezögert, denn ich wusste, dass er viele nette Leute eingeladen hatte. Er war etwas enttäuscht, tröstete mich aber mit freundlichen Worten. Und als ich auflegte, sagte ich mir: »Nein, das ist zu schade! Ich habe ihn schon lange nicht mehr gesehen, und ich habe wirklich Lust, trotzdem hinzugehen.« Für meine Gesundheit würde das bei meinem hohen Fieber bestimmt nicht gut sein, doch ich ermunterte mich, indem ich an all die Arbeiten zur Psycho-Neuro-Immunologie dachte. Das ist eine neue und faszinierende Forschungsrichtung, die die Beziehungen zwischen dem Gehirn und dem Immunsystem untersucht. Das Prinzip ist, dass die Psyche unser Nervensystem beeinflusst, das seinerseits Einfluss auf unser Immunsystem hat. Stress schwächt unsere Immunabwehr, und positive Emotionen stärken sie.[7] Man weiß das schon lange, aber heute sind diese Zusammenhänge nachgewiesen.

Ich sagte mir also: »Wenn du in die Kälte hinausgehst, um deinen Freund zu besuchen, um all die Leute zu sehen, die du magst, dann wird das deine Erkältung etwas verschlimmern, aber wenn du es als freie Entscheidung und nicht als Pflicht betrachtest, wird dir das Freude machen, und das wird einen Ausgleich darstellen.« Um ehrlich zu sein, mein psycho-neuro-immunologischer Plan hat nicht gut funktioniert. Überhaupt nicht, denn ich war die nächsten Tage dreimal so krank. So sind die Ergebnisse wissenschaftlicher Studien niemals einfach auf den Alltag zu übertragen. Doch was soll's, ich bedaure es nicht, es hat mich wirklich gefreut, meinen alten Kumpel wiederzusehen. Und vor allem werde ich mich in einem Jahr an die Party erinnern und nicht an die Nasennebenhöhlenentzündung. Jedenfalls hoffe ich das! Man wird sehen.

Q wie Quellen des Glücks

Wo finden wir unser wahres Glück?
Wenn wir kaufen oder wenn wir schenken?
Im Besitz oder in der Kontemplation?

Qualen in der Freude Ich habe einmal bei Bobin[1] den folgenden Satz gelesen, der mich in seinen Bann gezogen und meinen Geist angeregt hat: »Es sind mehr Qualen in der Freude als im Schmerz.« Was mich angeht, verstehe ich sehr gut, dass man in der Freude Qualen empfinden kann. Die echten Optimisten unter meinen Freunden und Verwandten können es aber kaum nachvollziehen, wenn ich ihnen von solchen Empfindungen erzähle. Doch bei mir geht das Glück mit Unruhe einher, denn ich sage mir: »Das Glück wird aufhören! Aber wie? Und wann? Wird nicht ein Unglück folgen, um mich für das Glück bezahlen zu lassen?« Wenn man wie ich für das Glück minderbegabt ist (ich bin nur ein fleißiger Schüler), ist man dieser Marter ausgeliefert. Aber ich kann damit leben. Ich ziehe sie der Verdrossenheit eines zynischen und resignierten Pessimismus vor. Ich empfinde lieber Qualen in der Freude als überhaupt keine Freude zu verspüren!

Quellen des Glücks Es gibt sehr viele Quellen, aus denen Glück sprudeln kann. Die mächtigsten sind zweifellos das soziale Umfeld, Handeln im Einklang mit unseren Werten und der Kontakt mit der Natur. Es gibt natürlich unendlich viele Möglichkeiten, von diesen Glücksquellen zu profitieren. Eine besteht darin, dem falschen Glück des Konsums zu entsagen, der im Kauf unnützer Dinge und hohlen Tätigkeiten wie Fernsehen oder vor dem Bildschirm hocken besteht. Wo finden wir unser wahres Glück? In den Gängen der Supermärkte oder bei Spaziergängen im Wald? Wenn wir kaufen oder wenn wir schenken? Im Besitz oder in der Kontemplation?

Quietismus Im 17. Jahrhundert gab es in Europa eine erstaunliche religiöse Strömung, den Quietismus. Er war von mystischen Traditionen beeinflusst und bestand darin, Gott nahe zu kommen, indem man sich vertrauensvoll und ruhig seinem Willen überließ. Das Wichtigste waren stilles Gebet und die Versenkung in Gott, Rituale und Handlungen waren zweitrangig. Die Kirche mochte das nicht und brandmarkte es als Sünde des Deismus, auf Dogmen und Institutionen zu verzichten, um eine direkte Verbindung zu Gott aufzunehmen. Der Quietismus strebte durch Selbstaufgabe, Nichthandeln und Gottvertrauen eine Form von Wahrheit an. Die Bewegung wurde heftig kritisiert, was letztlich auch ihren Untergang bewirkte. Bestimmte zeitgenössische Anschauungen vom Glück, wie die Haltung der vertrauensvollen Selbstaufgabe gegenüber der Vorsehung, stehen dem Quietismus nahe. Und eine solche Haltung ruft die Kritik hervor, Glück sei hier die Kapitulation vor den notwendigen Kämpfen des Lebens. Die Kritik ähnelt derjenigen, die der Quietismus seinerzeit hervorrief. Dennoch sind Lockerlassen und Vertrauen manchmal die intelligentesten und angemessensten Haltungen, die es gibt. Wenn man von einem Unglück betroffen ist und getan hat, was notwendig war, ist Quietismus besser als Aktivismus.

R wie Recht auf Unglück

Ja, gewiss, Sie dürfen unglücklich sein, keine Sorge, das ist erlaubt!

Rächer mit der Maske Zorro, diese unwahrscheinliche Figur, der Rächer mit der Maske und einem schwarzen Umhang, ist für mich eine großartige Erinnerung an das Glück der Kindheit, als es nur ein Fernsehprogramm gab, in Schwarz-Weiß, und als die Abenteuer des Zorro am Donnerstagnachmittag kamen. Ich erinnere mich an das Glück des Besonderen, weil Seltenen. Es gab für Jugendliche noch keinen freien, permanenten und so üppigen Zugang zu Bildern wie heute. Mir scheint, das war besser – sicherlich, weil ich alt bin. Sicher ist, dass wir, die Kinder der 1960er-Jahre, es leichter hatten: Man genießt leichter, was rar und nur gelegentlich verfügbar ist, als etwas, das uns in ununterbrochenem Strom dargeboten wird.

Recht auf Glück Was genau verlangen wir, wenn wir für uns oder für andere Rechte einfordern (das Recht auf Arbeit, auf Wohnung, auf Glück)? Nicht, dass man uns das Geforderte fertig vorsetzt, sondern dass man uns erlaubt, es durch unsere Bemühungen zu erlangen. Ein Recht ist kein Anrecht, sondern eine Möglichkeit, die man verlangt. In diesem Sinne hat jeder Bürger ein Recht auf Glück oder vielmehr auf Lebensbedingungen, die es ihm erlauben, es sich aufzubauen.

Recht auf Unglück Absurd, aber nötig, um diejenigen, die sich vor der Diktatur des Glücks ängstigen, zu beruhigen: »Ja, gewiss, Sie dürfen unglücklich sein, keine Sorge, das ist erlaubt! Man wird Sie nicht ins Gefängnis sperren, wenn Sie eine Schnute ziehen oder wenn Sie sich ständig beklagen. Sie selbst sind es, der sich darin einsperrt.«

Reichtum beruhigt Ich verstehe vollkommen, dass die meisten Menschen gerne reich werden möchten. Ich sehe darin weder Habgier noch Machtstreben, sondern lediglich die Erwartung, sich um die materiellen Nöte des Lebens nicht mehr sorgen zu müssen. Geld ist ein starkes und wirkungsvolles Beruhigungsmittel, ein Sorgendämpfer. Das Auto ist kaputt? Kein Problem, wir können die Reparatur bezahlen. Das Haus ist abgebrannt? Kein Grund, sich zu sorgen, wir kaufen ein anderes, das noch größer und schöner ist, um uns zu trösten. Das hat natürlich seine Grenzen und Nachteile, nämlich Abhängigkeit und Gewöhnung. Die Gewöhnung besteht darin, sich an etwas zu gewöhnen und die Dosis steigern zu müssen, um die gleiche Wirkung zu erzielen. Ich langweile mich? Ich mache eine schöne Reise oder kaufe schöne Dinge. Ich langweile mich immer noch? Ich kaufe wieder, immer mehr und immer teurere Sachen. Die Abhängigkeit bewirkt, dass man damit nicht ohne Entzugserscheinungen aufhören kann. Wenn wir gewöhnt sind, unsere Sorgen in Geld zu ertränken, wird sich diese Schwäche zeigen, sobald wir weniger Geld haben oder wenn sich bestimmte Sorgen mit Geld nicht aus der Welt schaffen lassen. Wir sind dann plötzlich hilflos. Geld ist ein ausgezeichnetes Beruhigungsmittel, das uns aber manchmal gegenüber den Schlägen der Wirklichkeit und der Not schwächt. Es erleichtert alles, garantiert aber nichts. Das wäre ja auch noch schöner!

Religion Den meisten Studien zufolge ist das Praktizieren einer Religion günstig für das psychologische Wohlbefinden (es gibt entsprechende Erhebungen zu den vier Religionen Katholizismus, Islam, Buddhismus und Judaismus).[1] Dafür gibt es mehrere Erklärungen: der Umgang mit einer Gruppe von Gläubigen, der soziale und freundschaftliche Bande schafft; die versöhnliche und beruhigende

Wirkung des Gebets; der Sinn, den das Dasein erhält; die Hoffnung auf ein Jenseits nach dem Tod; ein Lebensstil, der Exzesse vermeidet. Doch all das funktioniert nur bei »gemäßigter Praxis«. Beim Fundamentalismus verschwinden die Vorteile unter der Last der Zwänge und der Starrheit der Rituale und des Denkens. Es scheint außerdem so zu sein, dass die Vorteile der Religionsausübung umso größer sind, je schwieriger sich die Lebensbedingungen im Alltag gestalten.[2] Auch die Beteiligung der Praktizierenden ist dann größer, sowohl quantitativ (sie sind zahlreicher) als auch qualitativ (sie sind frommer). Je höher hingegen der Lebensstandard ist, desto weniger Bedeutung hat dieses Engagement. Liegt das an der Konkurrenz des Materialismus? Oder gibt es weniger Bedarf nach einer Rückversicherung gegenüber einem widrigen Schicksal? Um ihre tröstende, aber in seinen Augen auch politisch anästhesierende Wirkung zu beschreiben, sprach Marx von Religion als dem »Opium des Volkes«[3] (wir würden heute sagen, die »Glückspille des Volkes«). Und er fügte hinzu: »Die Religion ist nur die illusorische Sonne, die sich um den Menschen bewegt, solange er sich nicht um sich selbst bewegt.« Ich bin mir nicht sicher, ob es sinnvoll ist, wenn wir uns zu sehr um uns selbst bewegen.

Revolutionen Der erste Artikel der französischen Verfassung vom 24. Juni 1793 lautet: »Das Ziel der Gesellschaft ist das allgemeine Glück.« Lust auf Glück bringt einen nicht unbedingt dazu, eine Revolution zu machen. Im Allgemeinen ist es der Zorn, der einen dahin drängt, alles niederzureißen. Zornige Menschen haben die Energie, alles über den Haufen zu werfen, nicht die freundlichen. Jedoch sind die letzteren nützlich für den Wiederaufbau einer besseren Welt (auch wenn die Wütenden nicht immer bereit sind, ihnen Platz zu machen).

Rückfälle Stellen Sie sich vor, Sie haben zunächst keine Begabung für das Glück, haben dann aber geübt und Fortschritte erzielt – und werden rückfällig.

Das ist nichts Ungewöhnliches, jeder muss da durch, Psychotherapeuten kennen das: Psychologische Veränderung ist keine geradlinige Entwicklung, sondern folgt einer aufsteigenden Sinuskurve. Bei jeder Abwärtsbiegung dieser Sinuskurve fragt man sich: Ist es ein Zeichen dafür, dass alle unsere Bemühungen nutzlos waren und dass wir für immer dazu verurteilt sind, zum Ausgangspunkt zurückzukehren, wie Sisyphus mit seinem Stein? Oder ist es bloß ein Zeichen dafür, dass die Veränderung unsere emotionalen Automatismen einbezieht und dass diese regelmäßig wieder hervorkommen, wenn größere Schwierigkeiten auftreten oder uns eine vorübergehende Müdigkeit befällt?

Vergegenwärtigen wir uns die Phasen jeder Veränderung: Zuerst die Gedanken (man sagt sich, was man tun müsste), dann die Verhaltensweisen (man zwingt sich, es zu tun), dann die Emotionen (sie werden weniger heftig). Diese letzte Phase dauert am längsten, und ihr Ergebnis ist am unvollständigsten. Es kommt vor, dass wir unser ganzes Leben lang weiterhin Anfälle von Angst, Verzweiflung, Selbstmord- oder Mordgelüsten verspüren. Wir konnten nicht ihre Gegenwart, wohl aber ihren Einfluss auf uns besiegen. So schrieb Cioran: »Ich habe die Lust, nicht die Idee des Selbstmords besiegt.« Es ist also besser, keine übertriebenen Erwartungen in Bezug auf unsere Macht über unsere schmerzhaften

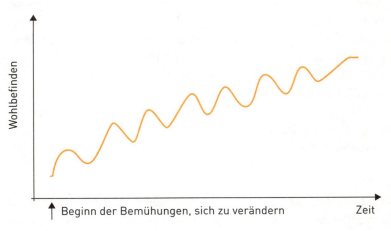

Phasen der Veränderung

Emotionen zu hegen; sie werden immer wieder auftreten. Wenn wir aber bei diesen Rückfällen nicht nachgeben, werden sie schließlich ebenfalls verschwinden. Unsere psychologischen Fortschritte erfolgen fast immer in einem Wellenmuster, mit Fortschritten und Rückschritten ...

Rue des Champs-Pierreux Es gibt Tage, da drängt sich uns das Leiden der Welt auf. Ich erinnere mich an einen tristen, völlig grauen Herbstmorgen, an dem ich mit einem schrecklichen Bild im Kopf aufgewacht bin, das ich von einer meiner Indienreisen mitgebracht hatte: Ein kleines indisches Mädchen, etwa acht Jahre alt, läuft gegen sechs Uhr morgens allein mit seiner kleinen, zwei oder drei Jahre alten schlafenden Schwester auf dem Arm auf der Uferstraße in Benares herum. Ich sehe ihr Gesicht ganz deutlich vor mir.

Mit dem Fahrrad auf dem Weg zum Krankenhaus begegne ich einem anderen, weinenden Mädchen, das allein zur Schule geht, mit der Schultasche auf dem Rücken; ihre Tränen treffen mich ins Herz, wie mich die Regentropfen ins Gesicht treffen. In Sainte-Anne beantworte ich meine Post. Eine Patientin, die mir schreibt, wohnt in der »Rue des Champs-Pierreux« (»Straße der steinigen Felder«). Bilder trockener und verlassener Ebenen kommen mir in den Sinn. Die Traurigkeit und die Wirklichkeit der Welt sind in meinen behaglichen Alltag eingebrochen, für den Fall, dass ich sie vergessen sollte. An diesem Tag bin ich wirklich auf einer Wellenlänge mit meinen Patienten. Vielleicht zu sehr: Ich verspüre mehr Lust, mit ihnen zu weinen, als ihnen Hoffnung zuzusprechen.

Rührung Angenehmer Gemütszustand angesichts von etwas Anrührendem und Zerbrechlichem (ein Kind, ein älteres Paar, eine unerwartete freundliche Geste). »Wie süß!«, sagt man heute beispielsweise, um sie auszudrücken. Rührung fällt Frauen leichter als Männern, die sie häufig gering schätzen, um nicht als rührselig zu gelten. Pech für sie.

S wie Sonne

Wende dich der Sonne zu:
Die Schatten werden immer hinter dich fallen.

Sandwich Neulich habe ich ein Stück Sandwich in die Mülltonne geworfen. Ich muss Ihnen nicht sagen, dass ich das nicht gern getan habe. Doch es hat mich sehr zum Nachdenken angeregt. Ich war auswärts bei einem Vortrag gewesen und wollte nun spätabends den Zug zurück nehmen. Da mir vor der Abfahrt etwas Zeit blieb, kaufte ich mir im Bahnhof ein Sandwich. Es war zu groß für meinen Hunger, aber kleinere gab es nicht. Nach drei Vierteln merkte ich, dass ich keinen richtigen Hunger mehr hatte. Ich merkte es, weil ich nur aß, ohne gleichzeitig etwas anderes zu tun. Früher hätte ich beim Essen Zeitung gelesen. Heute mag ich es überhaupt nicht mehr, viele Dinge gleichzeitig zu tun, wenn es nicht sein muss. Ich nutzte also das Sandwichessen, um mich ein wenig dem gegenwärtigen Augenblick hinzugeben.

Kurz, da ich bei dem, was ich tat, voll bei der Sache war, habe ich gemerkt, dass mir mein Magen auf einmal sagte: »Stopp, es ist genug! Hör auf zu essen. Wir hier unten sind jetzt voll, es reicht uns.« In diesem Moment hörte ich, wie mein Hirn protestierte und sagte: »Nein, mehr, iss es auf!« Ich habe noch etwas besser zugehört, und mein Gehirn fuhr fort: »Iss es auf! Zum einen, um dich richtig vollzufuttern, dann kannst du sicher sein, dass du nicht so schnell wieder Hunger hast. Im Übrigen könntest du, da du müde bist, auch unterzuckert sein. Du weißt, dass du das von Zeit zu Zeit hast, eben weil du nicht genug isst. Und dann iss es auf, weil es dafür da ist: Ein kleines Sandwich für einen Mann von 1,87 Meter und 80 Kilo, das ist nichts, das ist das Minimum. Iss es schließlich auf, weil du es ja nicht wegwerfen willst! Es wäre verrückt, etwas wegzuwerfen, das man bezahlt hat; und es wäre eine Beleidigung für alle, die Hunger haben.«

Ich habe meinem Gehirn gut zugehört, während es mir all diese Gedanken vortrug, und ich habe bemerkt, dass das nur Klischees waren, Stereotypen. Dass in dieser Hinsicht mein Magen richtiger und intelligenter entschied als mein Gehirn (das häufig sein Prestige missbraucht, um mich dazu zu veranlassen, Unsinn zu machen). Und ich habe den Rest meines Sandwiches weggeworfen, natürlich mit einem Schuldgefühl. Innerlich habe ich auf diese Gesellschaft geschimpft, die uns stets zu große Portionen serviert, uns dazu verführt, zu viel zu essen, um Durchhänger zu vermeiden, wie es uns die Werbung ständig erzählt. Auf diese Gesellschaft des Überangebots und der Verlockung, die uns zwingt, unsere Energie für Kämpfe gegen die Überernährung zu vergeuden. Ich bemerkte, dass dies Gemütszustände eines Wohlhabenden sind, ich versuchte, mich zu beruhigen, indem ich mir sagte, dass ich dem nächsten Obdachlosen, dem ich begegnete, ein Sandwich spendieren würde. Ich habe mir gleich darauf gesagt, dass das idiotisch und verrückt sei, dass man mehr für die Obdachlosen tun müsse, als sein Schuldgefühl loszuwerden, indem man ihnen von Zeit zu Zeit ein Sandwich spendierte. Dann habe ich mir gesagt, dass ich später über all dies nachdenken würde. Dass ich dieses enorme Problem nicht jetzt lösen würde. Und ich habe mir die Zeit genommen zu schauen, wie ich mich fühlte: nicht glücklich, aber erleichtert. Weil ich

1. dem blödsinnigen Reflex, ohne Ende zu essen, widerstanden habe;
2. einem in diesem Moment fruchtlosen Schuldgefühl widerstanden habe;
3. toleriert habe, dass ich die Frage, ob es gut oder schlecht war, was ich tat, nicht entschieden, sondern begriffen habe, dass es in diesem Augenblick das Beste war, was ich tun konnte.

Als ich (zum ersten Mal in meinem Leben) ein Stück Sandwich in die Mülltonne warf, das »noch gut« war, fühlte ich mich wie ein

Hase, der verstanden hat, wie man die Stalltür öffnet. Selbst wenn sein Herr ihn wieder einfängt und wieder in den Stall zurücksetzt, kann er wieder heraus: Er hat die Sache begriffen.

Schaben, Kirschen und negative Tendenz Dies ist ein berühmtes Beispiel aus der experimentellen Psychologie: Eine einzige Schabe genügt, um eine Schüssel voller Kirschen abstoßend zu machen; aber eine schöne Kirsche reicht nicht, um eine Schüssel voller Schaben appetitlich werden zu lassen.[1] Ein guter Grund dafür, Positive Psychologie zu betreiben, liegt darin, dass wir Opfer unserer *negativen Tendenz* würden, täten wir es nicht. Warum ist Negatives in der Regel stärker als Positives? Weil die Evolution unser Gehirn so geformt hat, dass es unser Überleben sicherstellt.[2] Schlechten Nachrichten und allgemein allem, was eine Gefahr darstellt, gibt es immer Priorität. Die Verarbeitung »guter Nachrichten« (die Möglichkeit, Nahrung oder einen Ort zum Ausruhen zu finden oder Sex zu haben) ist zweitrangig. Immer. Stets wird dem Überleben Priorität eingeräumt. Wir können es uns erlauben, eine Gelegenheit zu essen, zu trinken, uns auszuruhen, uns eine schöne Zeit zu machen, zu versäumen. Wir können es uns nicht erlauben, an einem Raubtier oder einer anderen Bedrohung vorüberzugehen, das oder die unser Leben gefährden könnte. Zuerst geht es also ums Überleben, und erst danach kommt die Lebensqualität. Das ist der Grund dafür, dass wir leichter und schneller negative Emotionen empfinden als positive und dass die ersteren tendenziell länger anhalten und uns stärker prägen als die letzteren (die Erinnerung an Gefahren ist viel lebhafter als die an schöne Momente). Und das ist auch der Grund dafür, dass wir jetzt, da wir nicht mehr im Urwald unter Raubtieren leben, daran arbeiten müssen, all dies ins Gleichgewicht zu bringen.

Schadenfreude Die Freude daran, andere sich abstrampeln zu sehen. Vor allem dann, wenn wir die anderen als Konkurrenten, Gegner oder Feinde betrachten. Eine positive, aber ungesunde

Emotion für uns, die man im Allgemeinen zu verbergen versucht, da sie auf dem Leiden oder dem Unwohlsein anderer beruht. Im Allgemeinen ist Schadenfreude ein Kennzeichen für ein geringes Selbstwertgefühl. Es beruhigt uns, wenn wir Menschen, die wir als Gegner oder Konkurrenten wahrnehmen, in der Patsche sehen.[3] Machen wir unseren Geist lieber frei von diesem Gefühl. Außer, wir glauben, dass das Übel, das anderen widerfährt, gut für uns sei. Doch diesem Glauben sollten wir auch lieber abschwören ...

Schal Kürzlich nahm ich an einem Kolloquium über aktuelle Krisen teil. Es hatte den Titel: »Welche Gründe gibt es, zu hoffen?« Und ich war eingeladen, um bei einem Runden Tisch unter dem Titel »Wie bekämpft man Verdrossenheit?« mitzumachen. Im Zug hatte ich einen anderen Teilnehmer des Runden Tisches getroffen, einen Freund, der Fachmann für Management und ein großer Förderer von Optimismus im Unternehmen ist.[4] Wir waren eben aus dem TGV gestiegen und gingen plaudernd durch den unterirdischen Gang, der uns in die Bahnhofshalle führte, als ich plötzlich bemerkte, dass er zu mir sprach, ohne wirklich bei der Sache zu sein, und diskret in seiner Tasche kramte.

»Hast du etwas verloren?«
»Ja, meinen Schal, ich glaube, ich habe ihn im Zug vergessen.«

Oje, der Zug würde seine Fahrt wer weiß wohin fortsetzen! Ich schlug ihm vor, sein Glück zu versuchen (glaubte aber selbst nicht besonders an den Erfolg) und schnell zurückzugehen, um zu sehen, ob der Zug noch am Bahnsteig steht. »Du hast recht«, sagte er, »man muss immer einen Versuch machen!«, und er ging schnell davon, während ich auf seine Tasche aufpasste. Während ich auf ihn wartete, sagte ich mir, dass seine Chancen etwas mager waren. Doch immerhin waren wir gekommen, um über Optimismus zu sprechen. Da hätte es gerade noch gefehlt, dass wir uns wie Pessimisten benehmen, einfach so damit abfinden, dass der Schal verschwunden ist. Nach einigen Minuten war der Gang fast leer, und er war immer noch nicht zurück. Darum hatte ich jetzt eine andere Befürchtung: Ich fürchtete jetzt nicht mehr, dass der TGV bereits abgefahren war, bevor mein Freund seinen Schal zurückhatte, sondern dass er mit meinem Freund abgefahren war. Aber nein, da war er, vor Freude strahlend mit seinem schönen roten Schal! Das freute mich für ihn und für meine Theorie: Optimismus bedeutet, lieber einen Versuch zu unternehmen als zu resignieren. Und manchmal funktioniert es. Ich liebe es, diese Dinge im wirklichen Leben anhand von kleinen unbedeutenden Ereignissen zu überprüfen.

Scharfsinn Die Fähigkeit, die Dinge so zu sehen, wie sie sind, und nicht, wie man sie gern hätte. Warum ist Scharfsinn so häufig mit Hoffnungslosigkeit und Pessimismus verbunden und so selten mit Glück? Für mich ist das ein Rätsel. Das ist es auch für den Schriftsteller Éric Chevillard: »Warum beleuchtet unser Scharfsinn so oft den Gully und niemals die Diamantenmine?«[5] Sicherlich bringt uns die Scharfsinnigkeit dahin zu erkennen, dass wir sterben werden, dass wir leiden werden, dass viele unserer Träume nicht wahr werden, dass Leid und Ungerechtigkeit häufig sind, dass Unschuldige leiden und so weiter. Doch diese Scharfsinnigkeit kann uns auch die Augen öffnen für die Wirklichkeit der Liebe, der Milde, der Güte, für die Schönheit, für das Glück zu leben, auch wenn man auf unvollkommene Weise lebt. Es gibt eine positive oder fröhliche Scharfsinnigkeit, über die man meiner Ansicht nach nicht genug spricht. Und die man möglicherweise nicht genug kultiviert. Sie verlangt ebenso viel Intelligenz wie ihre trübe Variante, und sicherlich etwas mehr Willenskraft.

Schaufenster für Emotionen: das Gesicht Unser Gesicht ist das Schaufenster unserer Emotionen. Natürlich können wir lernen, Unbewegtheit in allen Lagen zu kultivieren, das, was die Amerikaner *poker face* nennen: das unbewegte Gesicht des Pokerspielers, der nicht möchte, dass seine Gegner wissen, was er empfindet, ob er gute oder schlechte Karten hat. Wenn Sie das Leben wie ein großes Pokerspiel betrachten, bei dem man bluffen und den Zaster einstreichen muss, arbeiten Sie an Ihrem Pokerface.[6] Ansonsten konzentrieren Sie Ihre Bemühungen lieber auf ein anderes Gebiet und lassen Sie Ihre Emotionen auf Ihrem Gesicht frei atmen. Vergessen Sie nicht, dass das abläuft wie in unserem Gehirn. Unser Geist grübelt leichter über Negatives als über Positives, und bei unserem Gesicht ist das genauso, es behält länger die von Sorgenfalten gefurchte Stirn bei als die vor Glück strahlenden Augen. Gleichen wir das aus!

Schaufenster Hier eine Erinnerung aus meiner Kindheit, ein kurzer großartiger Moment! In Ganges, der Stadt in den Cévennen, in der mein Großvater lebte, gab es gegenüber dem Café Riche, in das er mich häufig mitnahm, um eine Grenadine zu trinken, eines dieser Geschäfte, die man seinerzeit »Basar« nannte. Das heißt, es gab dort alles, was nicht Lebensmittel und Bekleidung war. Es gab Besen, Patronen, Töpfe, Waschmittel, Kämme und Spielwaren. Jede Menge Spielwaren, eine wahre Schatzhöhle! Damals hatten die Kinder weniger Spielzeug als heute, deshalb wirkte es auch beeindruckender.

Eines Tages, als wir mit dem Großvater spazieren gehen, kommen wir an das Schaufenster dieses Geschäfts, das eben umgestaltet worden ist: fabelhaft! Es stellt eine Szene aus dem Wilden Westen dar, mit jeder Menge »kleiner Soldaten«: ein Indianerdorf mit einem Zelt und Kriegern zu Fuß und zu Pferd; weiter hinten Cowboys, die mit einer Kutsche herankommen; noch weiter entfernt ein Soldatenfort wie Fort Alamo. Wir bleiben mit meinem Großvater stehen und kommentieren eine Weile die Szene. Dann, als wir weitergehen wollen, sieht er mich mit einem seltsamen Lächeln an und sagt: »Komm, wir gehen in das Geschäft.« Da er jeden in Ganges kennt, denke ich, er will mit dem Ladeninhaber plaudern. Als wir aber drin sind, höre ich ihn sagen: »Wir nehmen das ganze Schaufenster, für den Kleinen!« Und dann verlassen wir mit einem großen Karton, in den die Verkäuferin alles sorgfältig hineingelegt hat, das Geschäft.

Es ist seltsam, wie das plötzliche intensive Glück, das mich da erfüllte, für immer diese Erinnerung in meinem Gehirn fixiert hat. Ich habe natürlich auch viele andere Erinnerungen an meinen Großvater, doch aus der Distanz ist diese immer noch diejenige, die mich am meisten beeindruckt und bewegt. Weil er überhaupt nicht reich war. Und weil er an jenem Tag bestimmt sein Sparschwein geschlachtet hat, nur um diesen Augenblick der kindlichen Entzückung zu verlängern, den wir gemeinsam genossen hatten.

Vielen Dank für alles, Opa, es ist großartig, dich gekannt zu haben!

Schenken Was du nicht verschenkst, das verlierst du. Wirkt vielleicht übertrieben, ist aber nützlich: Wenn man sich zwischen bestimmten Gesten entscheiden muss, kann man sich darüber täuschen, welche die richtige ist. Soll ich diese Flasche Wein für mich behalten oder sie dem Freund schenken, der gerade da ist? Es wird ihn berühren, wenn er sie trinkt und dabei an unsere gemeinsame Geschichte denkt. Wir schenken also, um Freude zu bereiten, um Beziehungen zu stärken, um unsere Zuneigung auszudrücken. Aber auch, um uns darin zu üben, uns nicht festzuklammern, um zum Wesentlichen zu gelangen, zur Entlastung von den materiellen Belanglosigkeiten, die uns beruhigen. Ein Kampf, den man unablässig führen muss; in meinem Fall jedenfalls, da ich die Tendenz habe, Angst vor der Zukunft zu haben, sie als bedrohlich anzusehen, voller Mangel, denn ich frage mich: Wird mir was ich heute verschenke, nicht morgen fehlen? Doch wenn ich mir die Zeit nehme, mir diese Frage zu stellen, ist bereits die halbe Arbeit geleistet: Ich erkenne besser, dass ich die meisten Dinge aus meinem Besitz praktisch gefahrlos verschenken kann. Ich muss es nur auch öfter tun!

Schicksalsschlag Ein Schicksalsschlag ist ein Unglück, das uns in unseren Grundfesten erschüttert. Man fragt sich, ob man es überleben wird (wenn auch nur im psychologischen Sinne). Und man fühlt sich unfähig, irgendetwas weiterzumachen, darüber hinwegzukommen. Jeden Schicksalsschlag, den wir erleiden, haben bereits zahllose andere Menschen durchgemacht. Das nimmt ihm nichts von seinem Schrecken, erinnert uns aber daran, dass er eins der Gesichter des Lebens ist. Ein Schicksalsschlag ist das schreckliche Gesicht, welches das Leben annehmen kann. Er führt uns ins Unbekannte, dorthin, wo wir meinen, in die Hölle geworfen zu werden. Wir können nicht wissen, was danach kommt. Daher müssen wir alle Kraft darauf richten, dem Schicksalsschlag selbst entgegenzutreten, und nicht unseren Hirngespinsten und unserem Grübeln. So gut wir können, denn es wird niemals perfekt sein. Dann wird etwas anderes kommen, und der immense Schmerz rührt daher, dass wir nicht wissen, was und wann. Doch etwas wird kommen: »Das Leben hat zwei Gesichter: ein entzückendes und ein schreckliches. Wenn Sie das schreckliche Gesicht gesehen haben, erscheint Ihnen das entzückende Gesicht wie eine Sonne.«[7]

Schizophrenie und Liebe Eine junge Frau hatte um einen Termin mit mir in Sainte-Anne gebeten. Sie hat den traurigen und müden Blick eines Menschen, der kein Glück im Leben hatte – aber das ruhige Lächeln des Vertrauens, der Gegenwärtigkeit, der Überzeugung, dass das Dasein trotz allem Sinn und Bedeutung hat. Sie ist gekommen, um mir ihre Geschichte zu erzählen, ohne mich wirklich um Rat fragen zu müssen. Sie möchte nur meine Meinung. Die Menschen denken häufig, ich sei weise, weil ich Bücher schreibe. Ich widerspreche nicht, wozu auch? Ich tue nur mein Bestes und bin mir bewusst, dass es häufig meine Besucher sind, die mich mit ihrer Weisheit bereichern, die sie selbst oft gar nicht sehen.

Sie erzählt mir ihr Leben. Und vor allem ihr Eheleben. Sie hat einen Mann geheiratet, der an Schizophrenie leidet. Das war zu Beginn ihrer Verbindung nicht so klar: »Er war einfach nicht wie die anderen.« Dann hat sich die Krankheit allmählich festgesetzt und viel Raum in ihrem Eheleben eingenommen: eine schwere Schizophrenie mit Wahnvorstellungen, Krankenhausaufenthalten und Schwierigkeiten aller Art. Das Leben ist in den Zeiten, in denen es ihm schlecht geht, wirklich nicht lustig, und diese Zeiten sind häufig. Viele Menschen haben ihr mehr oder weniger offen, mehr oder weniger behutsam geraten, ihn zu verlassen. Und darunter waren nicht wenige Pflegekräfte, Ärzte, Krankenschwestern. Sie hat das immer abgelehnt: »Verstehen Sie, ich liebe ihn. Verlässt man jemanden, den man liebt, weil er krank ist?« Wir sprechen darüber: Niemand würde uns empfehlen, unseren Ehepartner zu verlassen, wenn er Krebs, multiple Sklerose oder Diabetes hätte. Man hielte das nicht für sehr anständig. Warum ist man dann bei Schizophrenie versucht, es zu tun?

Nach einem Augenblick stellt sie mir die Frage, die sie quält: »Glauben Sie, dass das Masochismus ist?« Sie hat häufig gespürt, dass man dies von ihr dachte. Hm, nein, ich glaube nicht, dass das Masochismus ist, so wie sie mir ihre Geschichte erzählt. Sie liebt ihren Mann nicht, weil er krank ist (im Gegenteil, wenn er krank ist, ist er eine Belastung für sie), sondern obwohl er krank ist. Das ist nicht Masochismus, sondern Liebe, Redlichkeit und Mut. Und schließlich Größe. Nein, wirklich, ich habe keine Lust, den Masochismus zu bemühen, um ihre Lebensweise zu erklären, die von außen so seltsam anmutet. Eher Lust, sie zu bewundern.

Ich drücke ihr mein Verständnis, mein Mitleid, meine Wertschätzung aus. Als wir auseinandergehen, drücke ich ihr lange die Hand. Dann setze ich mich wieder, etwas geschafft. Ich habe den Eindruck, dass ich beraten worden bin, dass ich der Patient war, sie die Therapeutin, und dass sie mir mehr gegeben hat als ich ihr. Ich sage mir: »Diese Frau ist stark.« Es ist gut zu bewundern. Man kann schöne Dinge, schöne Landschaften, schöne Wolken bewundern, berühmte und anerkannte Menschen wegen ihrer Begabungen oder Kräfte. Aber am überwältigendsten, erfreulichsten ist es, gewöhnliche Menschen zu bewundern. Man sagt sich, dass einem dies eine Lektion sein wird, dass man sich dadurch anregen lassen wird. Und man tut sein Bestes.

Schlechte Laune

Sie hat mehr mit Zorn als mit Traurigkeit zu tun: Sie ist ein kleiner anhaltender Zorn auf die Welt, die Menschen, die Natur, das Leben, wenn es nicht so läuft, wie man es gerne hätte. Man lebt und handelt trotzdem weiter, statt sich zurückzuziehen und sich in seiner Schwermut zu vergraben, doch man ist wie eine kleine Bombe mit Zeitzünder inmitten seiner Mitmenschen. Jeder kennt den Satz: »Schüttel mich nicht. Ich bin voller Tränen.«[8] Für die schlechte Laune müsste es eher heißen: »Schüttel mich nicht. Ich bin voller Zorn.«

Schlechtes sagen, ohne es zu tun Jules Renard, in seinem *Tagebuch:* »In mir fast unablässig das Bedürfnis, über die anderen etwas Böses zu sagen, und nicht das geringste Verlangen, ihnen auch solches anzutun.«[9] Eine hellsichtige Beichte eines braven Jungen, den seine enttäuschten Ambitionen – er wollte berühmt werden – und seine Einschränkungen – er konnte nur schwer glücklich sein – plagen. Meinem Freund Jules ist es weder je gelungen, die Lust an der Gegenwart zu beruhigen (er frequentierte zu häufig das kleine literarische Milieu in Paris), noch sich von seiner Vergangenheit zu erholen (seiner Kindheit, in der er kein Glück kennengelernt hat). Er wünschte niemandem Schlechtes; doch Schlechtes zu sagen, ist das nicht bereits in gewisser Weise, es zu tun?

Schlecht gelaunter Affe Als ich jünger war, hat mich der surrealistische Titel eines Buches fasziniert: »Ich bin wie eine zweifelnde Sau«. Es handelte sich um den Bericht eines Lehrers, in dem er erklärte, warum er das staatliche Bildungssystem verlassen hatte.[10] Und kürzlich habe ich einen Artikel über Primatenforschung gelesen, bei dem mich der Inhalt fasziniert hat: Es geht um die Gemütszustände eines Affen im Zoo.[11] Da er sich über die menschlichen Besucher ärgert, steht er jeden Morgen bei Sonnenaufgang auf und legt sich einen Munitionsvorrat (Steine, Betonstücke und andere Wurfgeschosse) an, den er in seinem Käfig versteckt. Und wenn dann im Lauf des Tages zu viele Menschen da sind oder zu viel geschrien wird oder er zu häufig aufgefordert wird, den Affen zu machen, dann regt er sich auf und bombardiert diese menschlichen Affen auf der anderen Seite des Gitters, die ihn nerven.

Die Primatenforscher interessieren sich für diesen Schimpansen wegen seiner Fähigkeit, seine emotionalen Zustände vorherzusehen: Sein Zorn ist nicht nur Reflex, sondern überlegt. Er denkt also vorher daran und entwickelt einen Aktionsplan, um ihn auszudrücken. Er wird durch das Grübeln über vergangenen Ärger und die Vorwegnahme künftigen Ärgers zu diesem Verhalten gebracht. Was mich an dieser Geschichte fasziniert hat, war, dass ich mich dem Affen nahe gefühlt habe: Ich habe mir gesagt, wenn man mich in einen Zoo einsperrte und wenn man mir den ganzen Tag lang Dinge zurufen würde, wäre es dann nicht ein richtiger und ziemlich interessanter Zeitvertreib, zu handeln wie er? Wäre es nicht ein akzeptables Mittel, um meinen Ärger in Jubel zu verwandeln, diese grölenden Besucher mit Steinen zu bewerfen? Sicherlich würde man mir, wenn ich Zen treu bliebe, mehr Erdnüsse geben. Das wäre aber nicht so lustig.

Schmerz Ein Kollege aus der Neurologie sagt während eines Kongresses zu mir: »Wissen Sie, welche Schmerzen man am besten erträgt? Die von anderen!« Der Saal lacht, dann spricht der Redner weiter, doch was mich angeht, ist es vorbei, ich höre ihm nicht mehr zu, in meinem Kopf ist es jetzt losgegangen: Es ist so wahr, was er sagt. Wenn man Mediziner ist, sollte man das nie vergessen. Der Satz sollte über dem Eingang einer jeden Abteilung eingemeißelt sein. Und ich denke an meine letzten Patienten, deren Schmerz ich möglicherweise unterschätzt habe. Wenn man menschlich ist, sollte man das nie vergessen und auch nicht, worauf Christian Bobin aufmerksam macht:[12] »Wer auch immer die Person ist, die du ansiehst, sei dir im Klaren darüber, dass sie mehrfach durch die Hölle gegangen ist.« Diejenigen, mit denen wir sprechen, sind Menschen, die an der einen oder anderen Stelle in ihrem Leben oder ihrer Vergangenheit leiden. Dies ist niemals zu vergessen.

Schnurrbart Gelegentlich versetzen uns einige Zeilen, die wir zufällig lesen, in Entzücken, weit mehr, als ihr Verfasser es sich vorstellen könnte. Neulich habe ich in einem amerikanischen Buch gelesen, das dazu ermunterte, weniger zu arbeiten.[13] Intelligent, aber nicht schön: Grob gesagt erklärt uns der Autor, dass man untergeordnete und wenig lukrative Tätigkeiten an andere delegieren und sich auf das konzentrieren soll, was lukrativ ist; ich mag solche Überlegungen nicht, aber das ist ein anderes Thema. Kurz, während ich mit gemischten Gefühlen in diesem Buch herumblättere, stoße ich plötzlich auf eine »Perle«. Der Autor spricht über einen seiner Kollegen und sagt Folgendes: »Ich mag Friedman, trotz seiner merkwürdigen Idee, einen Schnurrbart zu tragen.« In diesem einen witzigen Satz ist alles gesagt über die Notwendigkeit und den Sinn, seine Mitmenschen nicht aufgrund einer Einzelheit zu beurteilen oder es zumindest wohlwollend zu tun. Allein aus diesem Grund bin ich glücklich, dieses Buch gelesen zu haben.

Schön Dies ist die Geschichte von der Geburt eines Sinnes, des Sinnes für die Schönheit der Natur. Sie spielt in einem Sommer, während eines Urlaubs in den Alpen. Wir machen eine kurze Wanderung mit der Familie. Eine meiner Töchter, die sportlichere, begleitet uns mit zwei Freundinnen. Nach dem Weg durch den Wald erreichen wir eine große natürliche Lichtung. Sie liegt vor dem Aufstieg zu einem Gipfel, der leicht zu erreichen und von zauberhafter Schönheit ist. Ich spüre, wie der Ort sie berührt, und ich glaube, es ist das erste Mal, dass sie spontan zu mir sagt, ohne dass es vorher von mir angeregt wäre: »Papa, es ist unglaublich, wie schön das ist! Es ist so schön, dass man meint, man wäre in einem Film, in *Der Herr der Ringe!*«

Nachdem sie nun diesen Augenblick ästhetischen Entzückens in Worte gefasst hat, beginnt sie herumzuspringen, verrückt zu spielen, und ihre Freundinnen machen es ihr nach; dabei stoßen sie grelle Schreie aus wie Fohlen auf der Weide. Eine andere, körperlichere Weise auszudrücken, wie schön es ist.

Auf dem Weg zum Gipfel wird es komplizierter, denn er ist ein wenig steil und mühsam, und sie nörgeln herum, aber das ist nicht schlimm. Ich war Zeuge einer Geburt, der Geburt eines Sinns: des Sinns für Schönheit. Jedenfalls der Fähigkeit, sich davon bewegen zu lassen, sich daran zu erfreuen und es zu sagen. Ein schöner Tag.

Schuld Auch negative emotionale Empfindungen sind zu etwas gut. Schuld zum Beispiel. Man kritisiert häufig die »jüdisch-christliche Schuld«. Stellen Sie sich einmal eine Welt ohne Schuld vor! Eine Welt, in der die Gemeinheiten, die man anderen antut, absolut schmerzlos wären, keinerlei Unwohlsein zur Folge hätten, kein Bedauern, keine Infragestellung. In der man die Schwachen ohne Gemütsregung ausnutzte. In einer solchen Welt wäre das Leben nicht besonders angenehm. Das Schuldgefühl bringt uns dazu, über das Leid nachzudenken, das wir anderen, absichtlich oder unabsichtlich, zugefügt haben. Und dazu, uns zu fragen, ob es vermeidbar gewesen wäre und wie man es beim nächsten Mal vermeiden könnte. Mehrere Studien haben gezeigt, dass Schuldgefühl, in mäßigen Dosen, vorteilhaft ist: Es geht mit vermehrter Empathie, einem stärkeren Wunsch, nichts Schlechtes zu tun, mit einer größeren Fähigkeit, Konflikte zu lösen, einher. Es konnte auch nachgewiesen werden, dass im Allgemeinen die Tatsache, dass jemand leichter Schuldgefühle empfindet, aus ihm auch eine bessere Führungspersönlichkeit macht,[14] die besser zuhört, weniger unnütze Aggressivität zeigt und Verantwortung gegenüber anderen empfindet.

Schuldig, weil man glücklich ist Dieses merkwürdige Gefühl der Schuld, weil man sich glücklich fühlt. Was geschieht da in unseren Köpfen? Meistens ist es das Bewusstsein, dass andere zur gleichen Zeit unglücklich sind. Nun ist das Glück aber keine Gleichung, deren Summe null ist, es ist wie die Liebe: unbegrenzt. Wenn man selbst glücklich ist, vermindert dies nicht die Möglichkeiten anderer, glücklich zu sein, und es fügt auch deren Unglück nichts hinzu (außer, man stellt es unsensibel zur Schau).

Schwach oder verletzlich? Man zitiert häufig Nietzsches Formel: »Was uns nicht umbringt, macht uns stärker«, um den Nutzen überwundener Probleme zu betonen. Neulich hat mich eine Dame in meiner Sprechstunde in Sainte-Anne gelehrt, dass gelegentlich auch das Gegenteil zutrifft. Nachdem sie mir erzählt hatte, wie viele Schicksalsprüfungen sie in ihrem Leben allmählich immer empfindlicher gemacht hatten, schloss sie: »Was mich angeht, so hat mich das, was mich nicht umgebracht hat, schwächer gemacht.« Sie hatte durchaus recht: Die psychischen Narben dessen, was sie erlebt hatte, schmerzten sie auch nach Jahren noch. Ich hatte trotzdem den Eindruck, dass sie Anstrengungen unternommen und alle möglichen Fortschritte gemacht hatte. Nun war ich ein wenig besorgt, ihr zu antworten; ich wollte nicht, dass sie mit dieser Vorstellung unabwendbarer Schwäche fortging. Wir haben also eine Weile darüber gesprochen, auch über den Unterschied zwischen Schwäche und Verletzlichkeit. Tatsächlich hielt ich sie absolut nicht für schwach, sondern für äußerst verletzlich. In der Vorstellung von Schwäche klingt ein moralisches Urteil mit, das mich immer stört und das mich auch in ihrem besonderen Fall störte. Und vor allem ein Konzept von Unfähigkeit, sich bestimmten Ereignissen im Leben zu stellen, was mir für sie auch nicht zuzutreffen schien: Sie stellte sich diesen Ereignissen, doch das tat ihr weh. Mich persönlich entmutigt es und hindert mich daran, aktiv zu werden, wenn ich mich schwach fühle. Wenn ich mich verletzlich fühle, hindert mich dies nicht, zu handeln, sondern drängt mich zur Vorsicht und macht mir bewusst, dass ich vorsichtig sein und sicherlich die Hilfe anderer brauchen werde. Letztlich ist Schwäche eine Verletzlichkeit, über die man nicht urteilen sollte (und der man somit nichts vorwerfen kann).

Schwan Bei einem Kolloquium hörte ich einmal eine Rednerin, Leiterin einer Firma für Luxusartikel, einen schönen Vergleich anstellen: Sie erklärte, dass sie in ihrer Branche stets den Eindruck vermitteln müsse, dass alles einfach, leicht und harmonisch sei. In Wirklichkeit bedeute das aber viel Arbeit im Hintergrund, die für

Beobachter nicht wahrnehmbar sei. Sie verglich diese Arbeit mit der Art, in der ein Schwan schwimmt: Er bewegt sich leicht und elegant vorwärts, doch unter der Oberfläche müssen seine Füße kräftig rudern. Wie viele Anstrengungen, in der Vergangenheit wie in der Gegenwart, liegen hinter der scheinbaren Leichtigkeit, die wir bei anderen bewundern? Oder die gelegentlich andere bei uns bewundern? Wie viele Anstrengungen waren nötig, um schmerzhafte oder bittere Gedanken, unnütze Ressentiments zu verwerfen? Wie viele Anstrengungen braucht es, um die Wolken zu vertreiben und der Sonne einen Platz im Himmel frei zu machen?

Seil und Kette Die Übungen der Positiven Psychologie sind wie die Fäden eines Seils. Einzeln können sie keine schwere Last heben, ohne zu reißen. Kein Faden hält, wenn er allein ist. Doch in Verbindung mit den anderen Fäden bildet er ein stabiles Seil. Das ist manchmal stabiler als eine Kette, die nur so stark ist wie das schwächste ihrer Glieder. Und je schwerer die Last des Unglücks ist, desto zahlreicher und vielfältiger müssen die Übungen in Positiver Psychologie sein.

Selbstheilung Viele Studien zeigen, dass die meisten von uns schweres Unglück ohne Spätfolgen überwinden können und dass nur eine Minderheit posttraumatische Symptome entwickelt.[15] Unser Geist verfügt nämlich wie unser Körper über bemerkenswerte Fähigkeiten zur Selbstheilung, die zum großen Teil unbewusst ablaufen.

Leben heißt handeln, Beziehungen zu anderen haben, den Himmel betrachten, essen, sich zerstreuen. Je mehr wir uns dem Leben zuwenden und je weniger uns selbst, den schmerzvollen Prüfungen, die wir durchmachen, desto mehr Chancen geben wir unseren Selbstheilungsfähigkeiten, in Ruhe ihre Arbeit zu tun. Deshalb ist es die schlechteste aller Möglichkeiten, über die Vergangenheit zu grübeln, wenn man schwierige Zeiten erlebt hat (es ist das Gleiche, wie an einer Wunde zu kratzen, dadurch verhindert man das Vernarben); und das Beste, das wir tun können, ist, uns davon frei zu machen. Achtung, sich von der Vergangenheit frei zu machen bedeutet nicht, sie zu vergessen oder auszulöschen, sondern sie daran zu hindern, weiter Macht über uns zu haben.

Ist das schwer? Ja, das ist schwer. Es geht aber nicht darum, eine absolute Kontrolle zu erlangen. Es geht vielmehr um eine ausdauernde Kontrolle: Jedes Mal, wenn ich merke, dass ich die Vergangenheit wiederkäue, sollte ich zur Gegenwart, zum Handeln, zur Beobachtung der Wirklichkeit zurückkehren, statt in die verführerische Falle zu tappen und über vergangene Schmerzen und Zukunftsängste nachzugrübeln.

Alle Freuden, auch die mikroskopisch kleinen, auch die flüchtigen, unvollständigen, unzulänglichen, werden die Wunden pflegen, die das Dasein geschlagen hat. Je besser ich das Dasein in ruhigen Zeiten genießen kann, umso besser werde ich es in stürmischen Zeiten oder angesichts der von Stürmen angerichteten Schäden meistern können. Und in diesen Momenten sollte ich nicht versuchen, mich glücklich zu fühlen, sondern die Sonne des Glücks auf mich scheinen lassen. Und darauf warten, dass sie mich allmählich wieder aufwärmt und meine Stimmung wieder hebt.

Das Leben ist heilsam; ein glückliches Leben ist es noch mehr.

Selbstkontrolle Ich sitze in meinem Büro, mit Schreibarbeiten beschäftigt: mein nächstes Buch, Artikel, Vorworte. Ich schreibe gern, doch an manchen Tagen ist es schwieriger als an anderen. Und an jenem Morgen ist genau dies der Fall: Ich habe Schwierigkeiten, mich zu konzentrieren, eine Eingebung zu finden. Ich spüre die ersten Impulse, mit der Arbeit aufzuhören. Vor einigen Jahren wäre dies in Form einer kurzen Siesta geschehen, ich wäre in die Küche hinuntergegangen und hätte etwas Obst gegessen oder einen Augenblick in neu eingetroffenen Zeitschriften oder Büchern geblättert – unter dem Vorwand, auf andere Gedanken zu kommen, bevor ich wieder mit der Arbeit anfing. Heute gibt es die gleichen Versuchungen, und auch neue. Zum Beispiel die zwischenzeitlich eingegangenen E-Mails durchzusehen, sofort die empfangene SMS zu lesen, sofort abzunehmen, wenn das Telefon klingelt (statt es klingeln zu lassen und abends die Leute zurückzurufen), im Internet zu surfen. All diese Unterbrechungen sind gar nicht schlimm, abgesehen davon, dass ich am Abend nicht viel geschrieben haben werde, wenn ich die Sache nicht etwas steuere.

Als ich gerade über diese Dinge nachdenke, höre ich jemanden an meine Bürotür klopfen: meine zweite Tochter. Sie arbeitet ebenfalls zu Hause, weil sie sich auf das Abi vorbereitet. Sie möchte mich etwas fragen:

»Papa, kannst du mir mein Handy wegnehmen?«

»Dir dein Handy wegnehmen?!«

»Ja, ich möchte es dir geben, damit du es in deinem Schreibtisch aufbewahrst.«

»Einverstanden, aber warum?«

»Weil ich nicht zum Arbeiten komme, wenn ich es bei mir habe. Es ist stärker als ich, ich beantworte alle Anrufe und alle SMS. Und wenn ich Langeweile habe, möchte ich telefonieren oder SMS verschicken.«

Ich fühle mich plötzlich nicht mehr so allein in meinem Kampf und bei meinen Bemühungen um Selbstkontrolle!

Selbstkontrolle ist kein Begriff unserer Alltagssprache, doch seine Bedeutung ist uns vertraut. Und seine Praxis unverzichtbar. Sie ist es, die uns zu Piloten unseres Alltagslebens macht, die es uns ermöglicht, wie Seeleute so gut wie möglich zu navigieren und bei allen Winden, ob günstig oder Gegenwind, den Kurs zu halten. Ohne sie würden wir nur auf unsere Emotionen und Impulse reagieren, auf den Druck und die Veränderungen der Umwelt, ohne Distanz und Überlegung. Und das würde uns gelegentlich einige Probleme bereiten. Selbstkontrolle hingegen ermöglicht uns, intelligent, nach unserer Wahl, unserer Entscheidung und unserem Lebensideal auf alles zu reagieren, was uns widerfährt.

Selbstkontrolle umfasst eine Reihe von Fähigkeiten, die sich in zahlreichen Lebensbereichen als sehr wertvoll erweisen: für Gesundheit, soziale Beziehungen, schulische und berufliche Selbstverwirklichung, kurz, bei allem, was helfen kann, unser Glück zu steigern.

Die Fähigkeit zur Selbstkontrolle hatte zweifellos schon immer höchste Bedeutung im Leben der Menschen, doch heute scheint sie noch wichtiger zu sein. Unsere modernen Umwelten sind mitreißend und vielfältig, aber möglicherweise destabilisieren sie uns auch, denn sie setzen uns permanent der Versuchung aus. Unsere materialistischen Gesellschaften haben den Anreiz, »sich ein kleines Vergnügen zu gönnen«, »heute zu kaufen und morgen zu bezahlen«, wie es die Slogans der Werbung versprechen. Sie verleiten dazu, diesen Impulsen zu gehorchen, vor allem, wenn die Werbemaßnahmen wissenschaftlich auf dem neuesten Stand sind. Der Kampf zwischen Bürgern und Unternehmen ist in diesem Sinne ungleich. Die Selbstkontrolle zu kultivieren hilft, in der Auseinandersetzung zwischen unserer individuellen Freiheit und den im industriellen Maßstab organisierten destabilisierenden Anreizen wieder die Oberhand zu gewinnen.

Selbstkontrolle ist die Fähigkeit, einem Impuls zu widerstehen, der ein unmittelbares (also konkretes) Vergnügen bewirkt, aber ein späteres (also virtuelles) Glück opfert: Zucker essen, wenn man Diabetiker ist (für etwas Vergnügen verkürzt man seine Lebenserwartung und seine Chancen, Glücksmomente zu erleben), Alkohol trinken, wenn man nachher noch fahren muss, rauchen, obwohl man weiß, dass es nicht gut ist, sich zerstreuen, wenn man arbeiten muss. Der Mangel an Selbstkontrolle bewirkt häufig, dass man das Glück von morgen dem Vergnügen von heute opfert. Selbstkontrolle ist unerlässlich für dauerhaftes Glück. Durch sie sind wir in der Lage, das Wichtige nicht dem Leichten und Unmittelbaren zu opfern.

Selbstmord Ich treffe eines Tages einen Freund, einen Schriftsteller, der verspätet zu einer Buchmesse kommt, zu der wir beide eingeladen sind.[16] Er ist tief bewegt, denn der Zug, mit dem er gekommen ist, ist wegen eines Selbstmords auf den Gleisen gestoppt worden: »Stell dir vor, die meisten Leute dachten an ihre Verspätung und an ihre Schwierigkeiten wegen dieser Verspätung. Während sich jemand das Leben genommen hat!«

Ich bin dieses Jahr viel gereist, und es ist mir zweimal passiert, dass mein Zug wegen eines Selbstmords gestoppt wurde. Und jedes Mal hatte ich den gleichen Reflex: Zuerst »Mist, ich werde zu spät kommen!«, danach die Scham: »Machst du Scherze, oder wie? Was ist deine mickrige Verspätung gegenüber dem Tod eines Menschen, der absolut verzweifelt war?«

Ich spreche ein wenig mit meinem Freund über die Veränderungen der Gemütszustände und unseres Bewusstseins, wenn die Verzweiflung anderer Menschen in unser wohlgeordnetes Leben eindringt. Am nächsten Tag schickt er mir eine E-Mail mit, wie er sagt, »Fragen eines Romanciers«: Nach unserem Gespräch hat er noch einmal darüber nachgedacht, wie die Passagiere des Airbus von Air France, der kürzlich über dem Atlantik abgestürzt war, wohl ihre letzten Augenblicke erlebt haben mochten. Er ist überrascht, dass sämtliche Journalisten, die von dem Unglück berichteten, von den technischen Umständen des Unfalls sprachen und nicht von den Gefühlen, die diese Menschen in den letzten Minuten ihres Leben gehabt haben mochten.

Für mich sind das nicht lediglich »Fragen eines Romanciers«. Doch stellen sich Romanciers, sensible Menschen, diese Fragen häufig mit mehr Beharrlichkeit und Intensität als andere. Weil sie von Mitleid beseelt sind (auch wenn sie versuchen, das Gegenteil zu beweisen), und damit von der Sensibilität und der Neugierde für alle menschlichen Erfahrungen. Auch die fürchterlichen, extremen, äußersten Erfahrungen.

Selbstwertgefühl Selbstwertgefühl ist vorteilhaft für unser Glück. Insbesondere erlaubt es uns, nicht aggressiv gegen uns selbst zu sein, uns nicht ständig und übermäßig mit Selbstkritik zu behelligen. Es ermöglicht uns auch, uns für würdig zu halten, auf andere zuzugehen und von ihnen geliebt zu werden. Das Selbstwertgefühl hat übrigens in Bezug auf Selbstachtung und Beziehungen zu anderen die deutlichste Wirkung.[17] Seine Vorteile für Leistung und Erfolg sind weniger greifbar und hängen von vielen anderen Faktoren ab.

Selektives Gedächtnis Der weise Lao-Tse sagte: »Lerne, deine Verletzungen in Sand zu schreiben – und deine Segnungen in Stein zu meißeln.« Wissen Sie, warum? In meinen Augen ist das wichtigste Wort dieses Ratschlags »Lerne«. Wir können es lernen und uns darin üben, uns bei geringen Schmerzen (damit es am Anfang leichter ist) sanft sagen, dass es vorbeigehen wird, auch wenn wir noch nicht daran glauben, auch wenn uns das noch nicht erleichtert, es uns trotzdem sagen, so wie ein Vater oder eine Mutter ein Kind tröstet. Und uns bei allen Freuden sagen: »Vergiss dies nie, nie; fülle dich auf mit diesem Glück, schlucke es, genieße es, nimm diese Freude in jede Zelle deines Körpers auf.«

Seufzen oder nicht mehr seufzen »Was man seufzend tut, ist mit Nichtigkeit befleckt«, schreibt Christian Bobin in *Les Ruines du ciel*. Ich erinnere mich, dass ich Anfang dieses Jahres beschlossen hatte, nichts mehr unter Seufzen zu tun. Ich wollte nicht, dass es zu viele Momente, die mit Nichtigkeit behaftet wären, in meinem Leben gäbe. Da ich kein Masochist bin, habe ich mich zunächst bemüht, abzulehnen, was Seufzen bei mir auslöst: langweilige oder zu häufige Einladungen, häufiger Dienst zu haben, als ich müsste. Oder auch mal eine Filmvorführung zu verlassen, wenn mich der Film zu sehr langweilt. Wenn jedoch unumgänglich ist, was mich seufzen lässt, bemühe ich mich, es leichten Herzens anzugehen und nicht widerwillig.

Ich will nicht mehr seufzend handeln, um nicht Momente mit Nichtigkeit zu beflecken, die trotz allem Augenblicke des Lebens sind. Auch wenn ich mich langweile, auch wenn das, was ich tue, keinen Spaß macht (zum Beispiel Geschirr spülen, den Mülleimer rausbringen), auch wenn ich mich woanders wohler fühlte, als da, wo ich gerade bin, sind all diese Augenblicke gelebte Zeit. Man existiert, man atmet, man hört, man sieht, man riecht. Das ist schon gar nicht so schlecht. Die Toten würden vielleicht gern noch erleben, was uns, die Lebenden, seufzen lässt.

Im Urlaub, der auf meinen Entschluss folgte, bin ich krank geworden. Ich musste mehrere Tage im Zimmer bleiben, mit Fieber, mit Schmerzen, im Leerlauf. Während alle anderen ausgingen, um zu schlemmen, spazieren zu gehen und staunend dem Leben zu begegnen. Es hat mir wirklich nicht gefallen, krank zu werden, ich habe aber nicht darüber geseufzt, es zu sein. Ich habe gelesen, ich habe (gezwungenermaßen) durchs Fenster beobachtet, was man sonst nicht beobachtet: wie sich der Himmel verändert, die Passanten, die auf der Straße vorübergehen, alle möglichen unbewegliche Dinge. Ich habe Geräuschen zugehört, denen man sonst nicht zuhört: der Lärm von draußen oder das Knarren des Parketts. Ich habe also fast nicht geseufzt, sondern diese Zeit so gut wie möglich gelebt. Und heute habe ich seltsamerweise den Eindruck, dass diese Tage, an denen ich krank war, an denen ich die Stunden vorbeigehen sah, letztlich die schönsten und fruchtbarsten meines Urlaubs waren. Weil sie die kontemplativsten waren. Weil ich ohne zu seufzen stärker gelebt habe, als wenn ich die ganze Zeit üppig gegessen hätte oder ausgegangen wäre, um beispielsweise Museen zu besichtigen.

Deshalb halte ich auch heute noch an meinem Entschluss fest, nicht mehr zu seufzen, wenn mich etwas belastet. Entweder etwas zu vermeiden, es zu ändern oder es zu akzeptieren, aber nicht mehr darüber zu seufzen. Ich hoffe, ich halte das durch. Und ich hoffe, dass ich, wenn ich nachgebe (das wird mir bestimmt auch passieren), es schnell bemerke und mich auf Kurs bringe. Ohne zu seufzen.

Sex und Glück: »Oh ja!« Nachdem ich das Manuskript dieses Buches fertiggestellt hatte, habe ich es natürlich meinem Lektor vorgelegt, der mir eine ganze Reihe guter Vorschläge machte und überrascht bemerkte: »Es ist seltsam, du sprichst nie von Sexualität. Die Beziehungen zwischen Sex und Glück scheinen mir aber doch wichtig zu sein!« Ja, sie sind wichtig. Aber es stimmt, dass ich in meinen Büchern und in meinem Leben fast nie über Sexualität spreche. Eine Frage des Schamgefühls, sicherlich etwas antiquiert. Ich habe außerdem den Eindruck, das gleiche Verhältnis zu Sex zu haben wie manche Leute zum Glück: Es langweilt mich ziemlich schnell, darüber zu sprechen, ich möchte ihn lieber erleben. Doch abgesehen von meinem persönlichen Fall, was kann man über die Beziehungen zwischen Sex und Glück sagen?

Zunächst, dass ihnen verschiedene Mechanismen zugrunde liegen. Natürlich ist Sex ein angeborenes und notwendiges Vergnügen, das zu empfinden wir biologisch programmiert sind, weil Sex unverzichtbar für das Fortbestehen unserer Art ist. Aber wie alle Vergnügen kann er durch unsere Einstellung auch bereichert (oder völlig zerstört) werden. Lernen, sich gehen zu lassen und zu genießen, wird dieses animalische Vergnügen verstärken und in ein Gefühl der Freude und intensiver Erfüllung verwandeln. Ein anderer wichtiger Mechanismus, der Sex und Glück verbindet, besteht darin, dass sexuelle Aktivität uns völlig in Anspruch nimmt und im Allgemeinen unsere ganze Aufmerksamkeit bindet. In einer sehr interessanten und wichtigen Studie über den Zusammenhang von Aufmerksamkeit und Glück hat ein Forscherteam gezeigt, dass Sex die einzige menschliche Aktivität ist, bei der die meisten Menschen völlig konzentriert bleiben (statt an anderes zu denken oder auf das Display ihres Handys zu sehen).[18] Und man weiß heute, dass diese Fähigkeit zur Konzentration das Wohlbefinden und das, was man den »Flow« nennt, diesen Zustand der intensiven mentalen Präsenz bei einer befriedigenden Tätigkeit, begünstigt. Zu erwähnen ist noch ein letzter Mechanismus, derjenige der Gegenseitigkeit. Sex ist ein Austausch, und er befriedigt uns umso mehr, je mehr Vergnügen wir geben und empfangen. Diese Dimension der Nähe und der Gegenseitigkeit ist auch eine Quelle für Glück. Aus all diesen Gründen und anderen mehr sind Sex und Glück miteinander verbunden. Übrigens liegen die Spitzen der sexuellen Aktivität, jedenfalls nach den Umsatzzahlen für Kondome, in den Sommerferien und in der Weihnachtszeit, das heißt in den Zeiten des Jahres, in denen man tendenziell glücklich ist.[19]

Sex und Glück: »Naja ...« Alle Menschen, oder fast alle, genießen die Beziehungen zwischen Sex und Glück und profitieren davon. Es gibt aber auch Gegenmodelle.

Zum einen benötigen manche Menschen keinen Sex, um glücklich oder gar sehr glücklich zu sein: Man begegnet vielen davon etwa in religiösen Gemeinschaften. Ob es sich bei ihnen um Verdrängung handelt, um Verzicht oder lediglich darum, dass sie anderen Glücksmöglichkeiten, die sie für wichtiger halten, wie etwa religiöses Engagement, Priorität einräumen, sie können ohne Sexualleben sehr, sehr glücklich sein.

Ein anderer Einwand lautet, dass die Rede über Sex die Stereotypen über die Unterschiede zwischen Männern und Frauen aktiviert, wie zahlreiche Untersuchungen gezeigt haben:[20] Wenn man gegenüber freiwilligen Testpersonen auf Sexualität anspielt, sei es visuell oder verbal, unterschwellig oder offen, führt dies systematisch dazu, dass sie sich deutlicher so verhalten, wie es die Stereotypen erwarten lassen: Frauen zeigen sich sanfter und fügsamer als gewöhnlich, Männer selbstsicherer und dominanter. Die Verbreitung von Reden und Bildern mit sexuellem Inhalt ist kontraproduktiv für unser Glück, insbesondere was die Beziehungen zwischen Männern und Frauen angeht. Denn die Geschlechterstereotypen bringen unseren Blick und unsere Erwartungen in Bezug auf das Glück durcheinander. In einer anderen Studie, in der unbekannte Männer auf einer Reihe von Fotos verschiedene Gefühlsausdrücke darstellten, zeigten die Wissenschaftler, dass in den Augen der meisten Frauen der Mann am attraktivsten war, der Stolz und Dominanz ausdrückte; der Ausdruck von Glück ließ die Männer am wenigsten anziehend wirken.[21]

Die Moral von der Geschichte: Um verführerisch zu sein, müssen Männer eher angeben und die Brust herausstrecken, statt freundlich zu lächeln. Auf den ersten Blick ist das lustig, und etwas traurig auf den zweiten, denn viele schlechte Gefühlsentscheidungen der Frauen gehen zweifellos auf diesen Mechanismus zurück.

Sinn des Lebens Einer der zwei großen Wege zum Glück besteht darin, seinem Leben einen Sinn zu geben, das ist der Eudämonismus. Was gibt unserem Leben Sinn? Im Allgemeinen, um sich herum Gutes zu tun: das Leben unserer Freunde und Verwandten, von Menschen, Tieren, der Natur zu lieben, zu schützen und zu verschönern. Doch wie André Comte-Sponville bemerkt: »Man lässt sich nicht im Sinn des Lebens nieder wie in einem Sessel. Man besitzt ihn nicht wie eine Nippesfigur oder ein Bankkonto. Man sucht ihn, man verfolgt ihn, man verliert ihn, man greift ihm vor.«[22] Der Sinn, den wir unserem Leben geben, hat mit dem Verfolgen und der Konstruktion eines Ideals zu tun; manchmal damit, es vorübergehend zu erreichen. Das Gefühl, dass das Leben einen Sinn hat, ist sehr labil. An manchen tristen Tagen haben wir im Gegenteil das Gefühl, dass nichts einen Sinn hat; oder noch schlimmer: dass, was bisher einen Sinn für uns hatte, nun keinen mehr hat und vielleicht nie einen gehabt hat. In diesen Momenten müssen wir klug sein und auf das Glück verzichten, aber nicht auf die Suche nach dem, was Sinn für uns hat. Dann haben wir uns nur kurz verlaufen, uns aber nicht endgültig verirrt.

Sklave seiner selbst Vor einigen Jahren, an einem Sonntag spätnachmittags, sah eine meiner Töchter mir zu, als ich auf dem Boden saß und meine Schuhe polierte: »Armer Papa, du siehst aus wie ein kleiner Sklave!« Dieses Bild brachte mich zum Lachen, und ich nutzte die Gelegenheit, um mich ein wenig bedauern zu lassen: »Ja, ich bin ein Sklave in diesem Haus!« Meine Tochter lachte mit mir, dann, durch mein Sklavendasein nicht weiter bewegt, ging sie weg, um sich mit etwas anderem zu beschäftigen. Allein, denke ich über unser Gespräch und die Sklaverei nach. Ich begreife, dass ich weniger ein Sklave der anderen Bewohner des Hauses bin als meiner selbst. Ich bin nämlich wie alle: Am Wochenende muss ich ein Minimum an Heimwerkerei und Pflichten erledigen, während ich natürlich davon träume, mich nur auszuruhen und bedienen zu lassen. Angesichts meiner staubigen und schmutzigen Schuhe hatte ich zwei Möglichkeiten: Sie nicht zu polieren und in der kommenden Woche schmutzige Schuhe zu ertragen – es gibt Schlimmeres. Oder sie polieren, aber mit einem Lächeln: Immerhin, einen schmutzigen Gegenstand zu säubern und zu verschönern ist keine so sinnlose und schmerzliche Arbeit, dass man sich darüber beklagen müsste. Es gibt also zwei Arten, der Sklaverei zu entgehen, die wir uns selbst aufbürden: nichts tun, oder es leichten Herzens tun. Sie sagen, das ist nicht immer möglich? Das stimmt: Manche Pflichten sind unumgänglich und lästig, oft nur schwer ins Erfreuliche zu wenden, damit man innerlich lächeln kann. Doch denken wir einmal nach: Es gibt dennoch viele solcher Ketten, die wir aufbrechen können, viel häufiger, als wir meinen.

Snobismus Diese Form der Arroganz zielt im Allgemeinen mehr gegen das Glück als gegen das Unglück. Logisch, man schießt nicht auf den Krankenwagen. Aber warum auf die Feuerwehr schießen, wenn das Glück, wie ich glaube, das Gegenmittel gegen die Leiden unseres Daseins ist?

Snoopy Snoopys Worte in einem Comic des Zeichners Charles Schultz, *The Peanuts*, aus dem Jahr 1959: »Manchmal bin ich in einer seltsamen Stimmung. Mir ist, als müsse ich eine Katze beißen. Manchmal denke ich, wenn ich nicht vor Sonnenuntergang eine Katze beiße, werde ich verrückt. Dann atme ich tief durch und denke nicht mehr dran. Das nenne ich wahre Reife.« Ich auch! Snoopy hat recht: Es ist so etwas wie Reife in dieser Fähigkeit und dieser Bemühung zum Verzicht. Und darum habe ich darüber nachgedacht, was mein psychologisches Äquivalent des Verlangens, eine Katze zu beißen, wäre. Sicherlich, mich meinen Grübeleien hinzugeben. Und Ihres?

Sokrates Eines Tages kam ein Mann zu Sokrates und sagte ihm: »Höre, Sokrates, das muss ich dir erzählen, wie dein Freund ...« – »Halt ein«, unterbrach ihn der Weise. »Hast du das, was du mir sagen willst, durch die drei Siebe gesiebt?« – »Drei Siebe?«, fragte der andere voll Verwunderung. – »Ja, guter Freund. Lass sehen, ob das, was du mir zu sagen hast, durch die drei Siebe hindurchgeht. Das erste Sieb ist die Wahrheit. Hast du alles, was du mir erzählen willst, geprüft, ob es wahr ist?« – »Nein, ich hörte es erzählen und …« – »Aber sicher hast du es mit dem zweiten Sieb geprüft, es ist das Sieb der Güte. Ist das, was du mir erzählen willst – wenn es schon nicht als wahr erwiesen –, so doch wenigstens gut?« Zögernd sagte der andere: »Nein, das nicht, im Gegenteil …« – »Hm«, unterbrach ihn der Weise, »so lass uns auch das dritte Sieb noch anwenden und lass uns fragen, ob es notwendig ist, mir das zu erzählen, was dich so erregt!« – »Notwendig nun gerade nicht …« – »Also«, lächelte der Weise, »wenn das, was du mir erzählen willst, weder wahr noch gut, noch notwendig ist, so lass es begraben sein und belaste dich und mich nicht damit!«[23] Sich nicht mit Klatsch und schlechten Nachrichten, die ungeprüft, gemein und nicht nötig sind, zu belasten – und schon hat man ganz viel geistigen Platz, um das Leben zu genießen!

Sorgen Sorgen sind der Staub der Angst und der Unruhe, der sich unablässig auf unserem Geist absetzt. Öffnen wir die Fenster zum ganzen Rest unseres Lebens, und die Sorgen werden durch die frische Luft aufgewirbelt und verjagt.

Sorge um das Glück Kann man um das Glück besorgt sein? Und um was für eine Sorge handelt es sich dann genau? Die Sorge, es nicht zu finden? Es zu schnell zu verlieren? Die Sorge, dass es nicht so vollständig und überwältigend sei wie erwartet? Diese Sorgen hängen häufig mit dem Gefühl der Zerbrechlichkeit des Glücks zusammen: Es ist labil, stets bedroht. Kann man diese Sorgen loswerden? Besorgte und Pessimisten meinen, es sei einfacher, sich von dem Streben nach Glück zu befreien; Michel Houellebecq hierzu: »Haben Sie keine Angst vor dem Glück; es existiert nicht.«[24] Es gibt eine bessere Möglichkeit (doch ist das schwieriger): Wie bei allen Sorgen ist das beste Gegenmittel, sie zu akzeptieren (ja, Glück ist unsicher und zerbrechlich; ja, es geht stets einmal zu Ende) und sich etwas anderem zuzuwenden. Ein aktives Leben ermöglicht es, weniger über Glück nachzudenken, und es erhöht unsere Chancen, es neu erscheinen zu sehen.

Soziale Bindungen Goethe hat die Frage vollkommen auf den Punkt gebracht: »Mir gäb es keine größ're Pein, wär' ich im Paradies allein.« Nebenbei ist das Paradies seit jeher der Ort, an dem man geliebten Menschen wiederbegegnet.[25] Wozu sollte es gut sein, wenn alle unsere Bedürfnisse zufriedengestellt wären, wir aber niemanden hätten, mit dem wir uns austauschen und mit dem wir teilen könnten? Unsere sozialen Beziehungen zählen zu den wichtigsten Quellen für Wohlbefinden: in seiner Dauer und Tiefe (das Glück, mit denen zusammen zu sein, die man kennt und die man liebt), aber auch in seiner Neuheit und der relativen Oberflächlichkeit (das Vergnügen, neuen Menschen zu begegnen). Wir brauchen die anderen mehr als die anderen uns. Wie La Rochefoucauld bemerkte: »Wer glaubt, daß er auf alle Welt verzichten könnte, täuscht sich«, dem er schelmisch hinzufügt: »aber wer glaubt, daß man auf ihn nicht verzichten könnte, der irrt noch viel mehr.«

Später »Ich werde mich später um mein Glück kümmern: Wenn ich meine Arbeit fertig habe, wenn die Kinder groß sind, wenn ich den Kredit für meine Wohnung abgezahlt habe, wenn ich endlich meine Beförderung erreicht habe, wenn ich in Rente bin.«
    Aua, aua, aua.

Spinoza Sein Vorname war Baruch, der »Glückliche«. Wie sein Zeitgenosse Descartes interessierte Spinoza sich sehr für unsere Emotionen, und er war von Folgendem überzeugt: »Ein Affekt kann nur durch einen Affekt, der entgegengesetzt und stärker als der einzuschränkende Affekt ist, eingeschränkt und aufgehoben werden.«[26] Anders ausgedrückt, wenn man eine schmerzhafte

Emotion loswerden möchte, hilft eine angenehme Emotion mehr als die Vernunft. Spinoza wäre sicherlich mit den Grundlagen der Positiven Psychologie einverstanden gewesen, die darauf hinweist, dass man eine Emotion umso leichter verspürt, je mehr man sie »geübt« und regelmäßig aufgerufen hat. Wenn wir die (kleine) Anstrengung unternehmen, uns zu freuen, wenn alles gut läuft, steigert dies erheblich unsere Chancen, uns (ein wenig) freuen zu können, wenn die Dinge nicht so gut laufen.

Man kann nicht sagen, Spinoza habe ein glückliches Leben gehabt: 1656, im Alter von 23 Jahren, wurde er aus obskuren Gründen aus der jüdischen Gemeinde Amsterdams ausgeschlossen, sicherlich, weil er bestimmte religiöse Dogmen kritisiert hatte. Kurz darauf wurde er von einem psychisch Gestörten angegriffen und mit einem Messer verletzt. Spinoza hat den Mantel mit dem Loch, das die Waffe gerissen hatte, lange behalten, wie um nicht zu vergessen, wohin Fanatismus führen kann. Den Rest seines Lebens verbrachte er damit, optische Linsen für Mikroskope und astronomische Brillen zu schleifen, um sich seinen Lebensunterhalt zu verdienen; und er war berühmt für seine präzise Arbeit. Dabei schrieb er ein komplexes und wichtiges philosophisches Werk, das unsere Reflexion auch Jahrhunderte später noch nährt.

Stärken und Schwächen Dies ist eins der großen Prinzipien der Positiven Psychologie: »Arbeite auch an deinen Stärken, nicht nur an deinen Schwächen.« Wir meinen häufig, Fortschritte zu machen bedeute, Eigenschaften zu erlangen, die wir noch nicht oder noch nicht zur Genüge haben. Es bedeutet aber auch, jene zu kultivieren, über die wir bereits verfügen. Zum Beispiel empfiehlt man im Zusammenhang mit guten Vorsätzen wie jenen, die man sich am Jahresanfang vornimmt, nicht solche zu wählen, die sich auf unsere Schwächen beziehen (weniger rauchen, sich weniger ärgern, weniger fernsehen oder an Bildschirmen kleben), sondern auch solche, die unsere Stärken betreffen: sich zu fragen, was man Gutes und Richtiges tut (ich bin gern freundlich und hilfsbereit, ich lerne gerne Neues) und sich vorzunehmen, mehr davon zu tun.

Doppelter Vorteil: Zum einen macht mich das etwas glücklicher, und zweitens gibt mir dieses Mehr an Glück die Kraft, um meine Vorsätze zu meinen Schwächen umzusetzen, was besonders gut ist, denn das wird schwerer sein!

Steiler Hang und Freundschaft Wenn man Sie zum Fuße eines kleinen Bergs bringt und Sie bittet zu schätzen, wie steil der bevorstehende Anstieg ist, wird Ihre Schätzung anders ausfallen, je nachdem, ob Sie allein sind oder von einem Freund oder Verwandten begleitet werden, der an Ihrer Seite bleibt: Im letzteren Fall wird Ihnen der Hang weniger steil vorkommen.[27] Und auch wenn man Sie bittet, lediglich sehr intensiv an diesen Freund oder Verwandten zu denken (was man etwas pompös »Techniken der bildhaften Vorstellung« nennt), wird Ihnen der Hang weniger steil erscheinen. Drei Schlussfolgerungen:

1. Wenn Sie im Gebirge wandern, ist das mit Freunden leichter.
2. Wenn Sie im alltäglichen Leben große Schwierigkeiten erwarten, wird Ihnen die Gegenwart von Freunden oder Verwandten Mut machen.
3. Wenn diese nicht bei Ihnen sind, lächeln Sie, denken Sie an sie, an Ihre Zuneigung zu ihnen und an deren Zuneigung Ihnen gegenüber; und dann beginnen Sie schwungvoll und leichten Herzens den Aufstieg zu dem Gipfel, der auf Sie wartet!

Stille verbinde ich mit Glück. Ich verbinde sie mit einer respektvollen Aufmerksamkeit gegenüber der Welt, mit Langsamkeit, mit Demut, mit Offenheit. Man muss schweigen, damit das Glück kommen kann, um zu merken, wie es einen durchdringt. Der griechische Dichter Euripides sagt: »Sprich, wenn deine Worte stärker sind als die Stille, sonst schweig.« Er lebte, so heißt es, in einer Höhle auf der Insel Salamine, umgeben von Büchern, und betrachtete jeden Tag das Meer und den Himmel.[28] Wenn ich glücklich bin, möchte ich zunächst schweigen. Denn in diesem Moment ist kein Wort das richtige. Nachher übrigens auch nicht: Glück ist die Emotion, die am schwierigsten in Worte zu fassen ist. Es lässt sich nicht durch Worte mitteilen. Liest man einen Bericht oder eine Erzählung über Glück, macht einen das nicht ohne Weiteres glücklich, es ärgert einen gelegentlich sogar. Deshalb schafft man keine wirklich guten Geschichten, Romane oder Filme mit dem Glück. Unglück wirkt fesselnder auf die Leser und Zuschauer.

Stimmungsabhängigkeit Ein etwas abstrakter Begriff, aber ein wichtiges und nützliches Konzept. Jeder emotionale Zustand ist mit dem verbunden, was die Forscher im Bereich der Emotionspsychologie ein »Verhaltensprogramm« nennen. Das heißt, dass jede Emotion von bestimmten automatischen Handlungstendenzen begleitet wird, die ausgelöst werden, wenn die Emotion eintritt. Bei Traurigkeit bewirken diese Handlungstendenzen Rückzug und Unbeweglichkeit, um sich zu schonen und nachzudenken (es sind insofern eher Handlungshemmungstendenzen). Bei Beunruhigung sind es Verhaltensweisen wie Vorsicht, Überwachung der Umgebung, um Gefahren zu erkennen. Bei Wut Äußerungen von Einschüchterung und Feindseligkeit. Bei Ekel ist es das Zurückweichen. Diese Handlungstendenzen sind Automatismen, eine »erste Bewegung«, die durch die Emotion ausgelöst wird. In der Natur sind sie zweckmäßig: Sie halfen unseren Vorfahren, physische Bedrohungen oder Gefahren besser zu bestehen. Doch unserem heutigen kulturellen Umfeld mit seinen symbolischen oder virtuellen Gefahren sind sie weniger angemessen.

Das Gleiche gilt auch für die natürliche Neigung des Körpers zu Aggressivität, die die Wut mit sich bringt. Bei Tieren dient Aggressivität dazu, Gegner und Partner einzuschüchtern; bei Menschen verkompliziert sie manchmal die Situationen, in denen Diplomatie sinnvoller wäre als Gebrüll. Die von der Traurigkeit bewirkte Handlungshemmung kann einem Tier dabei helfen, wieder zu Kräften zu kommen und sich zu erholen, ihm Zeit geben, um die Traurigkeit vorübergehen zu lassen, wie man ein Gewitter vorüberziehen lässt (Tiere geben sich nicht ihrem Kummer hin). Beim Menschen hingegen kann sie die traurige Stimmung noch verschlimmern. Deprimierte sind umso deprimierter, je weniger sie tun.

Deshalb kann es manchmal ganz hilfreich sein, diese Stimmungsabhängigkeit und diese Handlungstendenzen zu erkennen und ihnen entgegenzuwirken. Zumindest sollte man es probieren. Zum Beispiel spazieren gehen, wenn man aufgrund einer Depression das Gefühl hat, sehr müde zu sein. Nach einem einstündigen Spaziergang können die Müdigkeit und die depressive Stimmung immer noch da sein, aber nach zwanzig Tagen, an denen man sich täglich gezwungen hat, eine Stunde spazieren zu gehen, werden beide nachgelassen haben.[29] Wenn man mit einer Aufgabe Schwierigkeiten hat, besteht die Stimmungsabhängigkeit darin, dieser Empfindung zu folgen und aufzugeben, oder »auf andere Gedanken zu kommen«, indem man einmal bei Facebook vorbeischaut oder in sein Postfach sieht. Das ist nicht immer gut. Was nicht heißt, dass man niemals seinen Empfindungen folgen sollte, sondern vielmehr, dass es zu prüfen gilt, ob man nicht in bestimmten Situationen zu sehr auf sie hört. Das Gegenteil wäre auch nicht gut (niemals von einer Aufgabe zu lassen, bevor man die Lösung gefunden hat), sondern es geht darum, Flexibilität und Urteilsfähigkeit zu erlangen, auf die Empfindungen zu hören, zu erkennen, wohin sie mich führen wollen, und entscheiden, ob ich darauf eingehe oder nicht.

Sie werden vielleicht festgestellt haben, dass ich bisher nur von der Stimmungsabhängigkeit unserer Verhaltensweisen bei negativen Emotionen gesprochen habe. Das Gleiche gibt es auch für positive Emotionen: Freude und Glück veranlassen uns zu spontanem Annäherungs- und Erkundungsverhalten, zu Vertrauen in uns und in andere, zum Ausdruck unseres Wohlbefindens. Das ist im Allgemeinen weniger problematisch, aber gelegentlich möglicherweise nicht angemessen, etwa in feindseligen oder böswilligen Umgebungen. Oder gegenüber unglücklichen Personen. Daher sind auch hier ein wenig Urteilsfähigkeit und Selbstkontrolle gefragt: »Ist das Verhalten, zu dem ich mich durch meine Stimmung veranlasst fühle, in diesem Augenblick das Beste?«

Stolz Eine positive Emotion, die in meinen Augen etwas überschätzt wird. Das ist gefährlich, denn sie kann ein Gefühl der Überlegenheit nähren gegenüber anderen Menschen oder der Natur. Ich empfinde niemals Stolz auf mich, lediglich Zufriedenheit mit mir. Wenn ich niemals gegen Gefühle der Selbsterhöhung, gegen Stolz und seine Varianten, den Hochmut oder die Überheblichkeit, angehen musste, dann deshalb, weil ich lange kein Selbstvertrauen hatte. Als ich dann Selbstvertrauen entwickelt habe, ist mir das Misstrauen gegenüber seinen Exzessen geblieben wie eine Erinnerung an meine frühere Unfähigkeit, stolz auf mich zu sein. Unsere einschränkenden Eigenschaften können sich, sind sie einmal überwunden, in Tugenden verwandeln, ohne dass wir viel dafür getan hätten.

Stopp! Halte an und genieße! Zahlreiche Untersuchungen zeigen, dass eine Unterbrechung bei einer angenehmen Tätigkeit die Zufriedenheit, die man daraus zieht, erhöht.[30] Seltsam, oder? Zum Beispiel eine Pause während einer köstlichen Massage, eine Unterbrechung mitten in einem hinreißenden Film oder Theaterstück, das Aussetzen einer faszinierenden Unterhaltung, durch all dies wird die Erfahrung letztlich noch befriedigender. Der Nachteil dieser Forschungsarbeiten: Werbefachleute ziehen daraus das Argument, dass die Werbesequenzen in Fernsehsendungen oder Filmen letztlich das Vergnügen nicht schmälern.[31] Der positive Aspekt: Wenn wir selbst beschließen, eine Erfahrung zu unterbrechen, um uns dieser bewusst zu werden, ist dies sicherlich eine bessere Möglichkeit, unser Vergnügen zu transzendieren, als eine Werbesequenz zu ertragen. Hier zeigt sich wiederum das faszinierende Vermögen unseres Bewusstseins, ein großer Verstärker für unser Wohlbefinden und Glück zu sein!

Strecken Ich erinnere mich an den Geschichtsunterricht in der Grundschule, wo man uns erzählte, dass König Ludwig XI. seine Gegner und Feinde in Käfige sperren ließ, die euphemistisch *fillettes* (»kleine Mädchen«) genannt wurden. Man konnte darin weder sitzen noch liegen noch stehen. Lediglich in einer Hockstellung bleiben, ohne jede Möglichkeit, sich zu strecken. Als Kind erschütterte mich dieses absolute körperliche Unglück, in dem dieser fürchterliche König seine Gefangenen über Jahre oder ihr ganzes Leben lang hielt. Vielleicht strecke ich mich deshalb so gern. Wenn ich zu Hause schreibe, oder zwischen zwei Patienten im Krankenhaus, stehe ich regelmäßig auf und strecke mich genüsslich.

T wie Traurigkeit

Empfange sie, höre ihr zu wie einem Freund,
der recht hat, aber übertreibt.
Gehe und lebe weiter.
Und dann drehe dich um: Sie ist nicht mehr da.

Tetrapharmakos (»Vierfache Medizin«) So nennt man den Kern der Lehre des Philosophen Epikur, die einer seiner Schüler, Diogenes von Oinoanda, in vier Maximen zusammengefasst und auf den Frontgiebel einer Säulenhalle gemeißelt hat:

»Hab keine Angst vor den Göttern.
Hab keine Angst vor dem Tod.
Du kannst lernen, dich zu freuen.
Du kannst lernen, weniger zu leiden.«

Ein Programm, das mir sehr gut gefällt, und ich würde es ebenfalls über die Tür zu meinem Büro in Sainte-Anne meißeln!

Therapie »Die Therapie ist unwichtig, Hauptsache, die Verzweiflung ist weg!« Einer meiner Patienten, Philippe, hat mir diese Maxime zum Geschenk gemacht, die das Pastiche einer Maxime Alfred de Mussets ist (»Der Flakon ist unwichtig, Hauptsache, der Inhalt berauscht.«).

Tiere Wenn für sie alles gut läuft, sind sie dann nur zufrieden, oder sind sie völlig glücklich? Bleiben sie bei einer animalischen Wahrnehmung ihres Wohlbefindens, weil der Bauch voll ist, weil sie sich sicher fühlen, weil sie sich inmitten anderer wohlwollender

Tiere befinden? Oder gehen sie zu einem reflexiven Bewusstsein über, wie wir das ja können, einem Bewusstsein, das bewirkt, dass sie sich zutiefst glücklich fühlen? Viele Tierhalter behaupten, dass sie wirklich aus den Augen und dem Körper ihres Hundes oder ihrer Katze deren Glück ablesen können. Das ist natürlich schwer zu überprüfen. Was man jedoch mit Sicherheit weiß, ist, dass Haustiere ihre Halter etwas glücklicher machen:[1] Sie leisten ihnen Gesellschaft, was für viele einsame Menschen sehr wertvoll ist. Hunde sind Meister der unbedingten Liebe, ihre Gegenwart wirkt beruhigend. Katzen verteilen ihre Zärtlichkeiten sparsamer, ihr Verhalten ist elegant, aber distanzierter, aber gerade ihre unvorhersehbare Seite macht ihre Gunstbezeugungen noch genussvoller. Hunde vermitteln ihrem Besitzer den Eindruck, ihn immer zu lieben, was auch kommen mag. Katzen zeigen ihm, dass sie ihn ausgewählt und angenommen haben. Beide jedoch verschaffen dem Menschen regelmäßig kleine Quäntchen Glück.

Tod »Der Tod hat viele Tugenden, insbesondere die des Erweckens. Er führt uns auf das Wesentliche zurück, zu dem, was uns wirklich lieb ist«, erinnert uns Christian Bobin.[2] Das, woran uns liegt, das ist das Leben, das Glück, die Liebe. Der Tod schließt für immer die Augen eines Menschen und öffnet die aller anderen, die um ihn herum sind, ganz weit. Das Glück und der Tod sind schon immer unlösbar miteinander verbunden gewesen. Es ist absurd und unnütz, über das Glück zu theoretisieren, sich mit Positiver Psychologie abzumühen, wenn man sich nicht die Zeit nimmt, dem Tod ins Gesicht zu sehen und sich mit ihm auseinanderzusetzen, zumindest mit der Vorstellung vom Tod. Gemeint ist nicht die abstrakte Vorstellung, das allgemeine Konzept, sondern die konkrete und personalisierte Vorstellung: Ich stelle mir vor, ich bin tot oder die, die ich liebe, sind tot. Niemand hat die Gleichung, die wir als Menschen zu lösen haben, besser formuliert als Pierre Desproges: »Lasst uns glücklich leben, solange wir auf den Tod warten.« Angesichts dessen denken Pessimisten: »Warum sollen wir uns bemühen, glücklich zu sein, da wir doch am Ende sterben?«

Worauf Optimisten antworten: »Genau darum, weil es zu blöd wäre, wenn man vorher nicht glücklich gewesen wäre.« Doch das klarsichtige Glück, das unsere Verbindung mit der Welt aufrechterhält und das nicht erstaunt und erschreckt die Augen aufreißt, wenn das Unglück zuschlägt, dieses Glück muss sich ein wenig am Tod gerieben haben. Und das muss es regelmäßig wieder tun.

Todeslager Sie bedeuten den Gipfel von Horror und Unglück, scheinen also weit von unserem Thema entfernt zu sein. Doch Historiker haben sich dafür interessiert, wie die Gefangenen dieser Lager diesen Horror und dieses absolute Unglück leben und aushalten konnten. Und Überlebende haben davon berichtet. Meiner Ansicht nach ist jede Form des Nachdenkens und Theoretisierens über das Glück unmöglich, wenn man ihre Schriften nicht gelesen hat. Mehrere Dinge haben mich an dieser umfangreichen, bewegenden und verstörenden Literatur beeindruckt. Zunächst die Tatsache, dass Frauen im Verhältnis viel besser überlebt haben als Männer.[3] Eine der überzeugendsten Erklärungen dafür ist, dass sie untereinander viel solidarischer waren, wo die Männer sich gegenseitig ignorierten oder gegeneinander arbeiteten. Die soziale Bindung ist eine der stärksten Quellen für positive Emotionen; sie hat natürlich materielle Vorteile (gegenseitige Unterstützung bei Arbeit und Ernährung), doch auch ihre psychologische Wirkung hat sehr wahrscheinlich zum besseren Überleben der Frauen in den Lagern beigetragen. Ich weiß nicht, ob es legitim oder anstößig ist, hier von Glück zu sprechen, doch der Trost, den die menschliche Wärme in der Hölle gewährte, war ohne Zweifel unendlich kostbar.

Ein anderes überraschendes Phänomen, von dem die Lagerliteratur berichtet, ist das Andauern ästhetischer oder intellektueller Erfahrungen: Es wird berichtet von Emotionen angesichts eines Sonnenuntergangs,[4] bei der Lektüre von Poesie oder beim Hören von Gesang oder Musik.[5] Und dabei waren es nicht unbedingt nur Künstler oder Intellektuelle, die so tief berührt waren. Es handelt sich hierbei nicht direkt um Glück, sondern um eine positive Emotion, um eine Erhebung, die wir empfinden, wenn uns Größe oder Schönheit unserer einfachen menschlichen Bedingtheit enthebt. Wenn uns diese Erhebung in unserem alltäglichen Leben trifft, ist das eine bewegende Erfahrung. Wenn sie im Herzen von Personen auftritt, deren Leben oder Menschsein in Gefahr ist, wie in den Todeslagern, dann ist das ein erschütterndes Phänomen.

»Total happiness!« Ein bipolarer Patient, der also mal an schweren Depressionen, mal an krankhafter Euphorie litt, ruft mich an und sagt: »Herr Doktor, es ist fantastisch, ich habe mich noch nie so gut gefühlt. Ich habe beschlossen, meine Arbeit aufzugeben und nach Australien zu gehen. Ich bin voll in Form. Total happiness, Doc!« Diese total happiness, die einige Tage dauerte, kündigte nichts Gutes an, eher eine unfreiwillige Noteinweisung in ein Krankenhaus.

Tragisch Man darf sich nicht täuschen lassen: Glück ist ein tragisches Thema. Überhaupt nicht bonbonrosafarben. Das Glück des Menschen ist mit einer doppelten und unauflöslichen Bewegung unseres Bewusstseins verbunden. Auf der einen Seite bewegen wir uns Richtung Wohlbefinden: Glück ist hier der Bewusstseinsakt, sich auf angenehme Weise in günstigen Umgebungen als existierend zu empfinden. Auf der anderen Seite bewegen wir uns Richtung Tod: Wir sind *morituri*, dem Tode Geweihte, und vor allem sind wir uns bewusst, dass wir Sterbliche sind. Das Glück ist dann unser Gegenmittel gegen die beherrschende Angst vor dem Tod, denn es bietet Momente der Unsterblichkeit, Momente, in denen die Zeit ausgesetzt, angehalten, sogar abwesend ist. Doch es ist auch eine mächtige und destabilisierende Botschaft der Vergänglichkeit: Das Glück wird am Ende immer entschwinden und die Menschen werden sterben. Glück ist also eine »tragische« Empfindung, denn es ist mit jenen Momenten verbunden, in denen man sich eines Schicksals oder eines Verhängnisses bewusst wird, das auf einem lastet. Das Tragische ist das Akzeptieren und die

Integration des Unglücks der menschlichen Existenz, das in Form von Leid und Tod auftritt. Und das Glück ist die Antwort auf die tragische Frage: Wie kann man damit leben?

André Comte-Sponville schreibt: »Das Tragische ist alles, was sich der Versöhnung, dem Wunschdenken, dem naiven oder dümmlichen Optimismus widersetzt.« Oje! Und weiter: »Es ist das Leben, wie es ist, ohne Rechtfertigung, ohne Vorsehung, ohne Gnade.« Ja, einverstanden. Und schließlich erläutert er: »Es ist das Gefühl, dass man die Wirklichkeit annehmen oder loslassen muss, verbunden mit dem fröhlichen Willen, sich für das Annehmen zu entscheiden.«[6] Uff, einmal durchatmen! An anderer Stelle fügt er hinzu: »Was jene angeht, die behaupten, das Glück gebe es nicht, so beweist dies nur, dass sie niemals wirklich unglücklich waren. Wer das Unglück kennengelernt hat, weiß aufgrund des Unterschieds sehr gut, dass auch das Glück existiert.«[7] Ja, das Leben ist tragisch, die Welt ist tragisch. Wir möchten trotzdem lieber lächeln und vorwärts gehen, mit klarem Bewusstsein, statt grinsend zu erstarren und unfähig zu sein, uns zu freuen. Vielleicht ist das Glück ja auch gar nicht tragisch, sondern lediglich mit Tragik belastet, und diese Last gibt ihm seinen ganzen Wert, seinen Reiz, und erinnert uns an seine unausweichliche Notwendigkeit.

Ein anderer Philosoph, Clément Rosset[8], bemerkt Folgendes: »Jede Zustimmung zur Wirklichkeit besteht in dieser Mischung aus Hellsichtigkeit und Freude, welche die tragische Empfindung ausmacht [...], die einzige Spenderin des Wirklichen und die einzige Spenderin der Kraft, die fähig ist, das Wirkliche anzunehmen, das ist die Freude.« Dauerhaft nach Glück zu streben, nach einem Glück, das nicht den Rückzug aus der Welt in eine goldene Festung verlangt, das nicht auf der Abstumpfung unserer Gemütszustände durch Alkohol, Drogen, Videospiele oder verbissenes Arbeiten beruht, erfordert es, die Welt zu akzeptieren, wie sie ist, nämlich tragisch. Die Intelligenz unserer Gemütszustände hilft uns, das Folgende zu verstehen: Es kann keine klimatisierte Innerlichkeit geben, sondern nur eine lebendige Innerlichkeit, bei der die Gemütszustände des Leidens die Notwendigkeit der Gemütszustände des Glücks verstärken.

Training für den Geist Ich liebe das Konzept des Trainings für den Geist. Ebenso wie man seine physischen Fähigkeiten (Kraft, Ausdauer, Beweglichkeit) trainieren kann, kann man auch seine psychischen Fähigkeiten (Konzentration, Aufmerksamkeit, Erinnerung) und emotionalen Fähigkeiten (die Gegenwart zu genießen, seinen Zorn und seine Beunruhigungen einzuschränken) entwickeln. Im Allgemeinen machen wir zwei Fehler, wenn wir das Funktionieren unseres Geistes, speziell im emotionalen Bereich, beurteilen: Der erste besteht darin zu glauben, man sei so geboren, könne also nichts ändern, der zweite ist zu glauben, dass der Wunsch und die Absicht zur Veränderung allein schon genügen, man müsse es nur richtig wollen. Beide Ansichten zählen natürlich, aber was am meisten zählt, ist, regelmäßig zu üben, bestimmte positive Empfindungen zu kultivieren, sie zu begünstigen, sie zu verstärken, wenn sie auftreten.

Merkwürdigerweise sind wir bereits Fachleute in Sachen Training des Geistes, aber in negativer Hinsicht. Indem wir regelmäßig negative Gedanken und Emotionen (Traurigkeit, Groll, Pessimismus) wälzen, trainieren wir bereits: Wir verstärken die neuronalen Bahnen für Traurigkeit, Groll, Pessimismus, wir bereiten sie darauf vor, immer schneller, systematisch und vordringlich bei jedem Lebensereignis, zu intervenieren. Wir werden zu Athleten der Negativität. Ist dies wirklich die Richtung, in die wir gehen wollen? Wäre es nicht besser, wenn wir stattdessen übten, positive Emotionen zu haben und zu trainieren?

Trauer des Caligula In der kollektiven Vorstellung ist Caligula ein geisteskranker, ausschweifender und brutaler römischer Kaiser, den seine Prätorianergarde wegen seiner mörderischen Wahnvorstellungen schließlich ermordete. Weniger bekannt ist, dass seine Regierungszeit anfangs sehr gut verlief und er, bevor er dem Wahnsinn verfiel, den man mit seinem Namen verbindet, sehr beliebt war. Was geschah? Manche meinen, es war die Machtlüsternheit. Albert Camus vertritt in dem Drama, das er Caligula widmet, eine andere Hypothese. Der Schlüssel zu seinem Wahnsinn liegt demnach möglicherweise im Schmerz einer Trauer, die er nicht akzeptiert:

»CALIGULA: Ich weiß auch, was du denkst: Wie viel Aufhebens um den Tod einer Frau! Nein, das ist es nicht. Ich glaube mich zwar zu erinnern, dass vor einigen Tagen eine Frau gestorben ist, die ich liebte. Aber was ist die Liebe? Eine Bagatelle. Jener Tod bedeutet nichts, das schwöre ich dir. Er ist nur ein Hinweis auf eine Wahrheit, die mir den Mond unerlässlich macht. Das ist eine ganz einfache, ganz klare Wahrheit, ein bisschen dumm, aber schwierig herauszufinden und schwer zu ertragen.
HELICON: Und was ist das für eine Wahrheit, Gajus?
CALIGULA *(abgewandt, in sachlichem Ton)*: Die Menschen sterben, und sie sind nicht glücklich.«[9]

Caligula hat eben seine Schwester und inzestuöse Geliebte verloren, und sein Schmerz treibt ihn in eine Raserei, die alles zerstört, was nach Glück aussieht. Und wir stehen ebenfalls jedes Mal, wenn uns das Leiden überwältigt, wie er am verlockenden Abgrund der Weltverachtung.

Trauer und Trost Ich habe einen Freund, der seine Lebenspartnerin verloren hat. Es geht ihm sehr schlecht, ihm kommen immer wieder die Tränen, immer wieder unterbricht er sich, weil er vor Schluchzen keine Luft bekommt. In solchen Momenten meine ich, sein Herz brechen zu hören, wie das Geräusch eines Eiswürfels, der im heißen Wasser des Kummers knackt. Dann denke ich ganz betreten: Moment mal, was soll jetzt dein Bild vom Eiswürfel, da es deinem Freund schlecht geht? Und außerdem kommt der Eiswürfel vom Kalten ins Warme, während dein Freund gerade vor Verzweiflung gefriert. Und dann sage ich mir, dass es vielleicht das gleiche Geräusch ist wie beim Eiswürfel, weil es sich um das gleiche Phänomen handelt: Die schreckliche Kälte in seinem Herzen erwärmt sich vielleicht ein wenig, während er mit mir spricht. Und deshalb knackt es. Oder dass ich auditive Halluzinationen in Bezug auf das Knacken in seinem Herzen habe. Ganz außer sich vor

Traurigkeit, hat er nicht einmal bemerkt, dass ich einige Sekunden nicht bei der Sache war. Ich begreife, dass ich bloß da sein muss, dass tröstende Worte nicht ankommen, dass es zu früh dafür ist. Ich sehe ihn an, und ich lächle ihn liebevoll und mitfühlend an. Ich lege meine Hand auf die seine. Er weint wieder. Ich atme und bemühe mich, ihm meine ganze Zuneigung zu übermitteln, durch meine Gedanken, meine Emotionen, durch Ansteckung, durch Telepathie. Mir scheint, dass, wenn ich spreche, ich nur Dummheiten sagen kann, Dinge, die nicht ankommen. Doch werden wir den Tag nicht damit enden lassen, dass wir beide weinen. Bevor ich ihn tröste, bitte ich ihn daher, mir von sich zu erzählen, zu erzählen, was in seinem Kopf und in seinem Körper vorgeht, davon, wie er seine Tage verbringt. Wir kehren in die Realität zurück; eine schmerzvolle Realität, aber eine, über die man sprechen kann. Dann beginne ich allmählich, ihm Ratschläge zu geben: »Ich weiß, dass keines meiner Worte dich trösten kann, weil du im Augenblick untröstlich bist. Ich möchte dich lediglich bitten, jeden Augenblick zu leben, einen nach dem anderen. Jedes Mal, wenn du in den enormen Wogen des Kummers untergehst, atme, weine, finde Abstand, damit sich die Wogen brechen können und du zu Atem kommst. Dann beginne sofort wieder etwas zu tun, spazieren zu gehen, zu arbeiten, fange mit all dem wieder an, was deinen Körper und nach Möglichkeit auch dein Gehirn beansprucht. Das ist alles, mehr musst du nicht tun.«

Wenn wir uns später wiedersehen, werde ich ihn behutsam darum bitten, an seine Partnerin als Lebendige und nicht nur als Tote zu denken, alle zusammen verlebten glücklichen Momente in ein Heft zu schreiben. Sie als Lebendige zu feiern, nicht als Tote zu beweinen. Er wird mir die unglaublichen Träume erzählen, die er durchlebt, mit ihr, die fast jede Nacht zu ihm spricht. Ich werde ihm erzählen, wie ich nach dem Tod meines besten Freundes jahrelang jedes Mal, wenn ich einen glücklichen Moment erlebte, mit ihm gesprochen habe und ihm sagte: »Sieh mal, mein Freund, das alles ist auch für dich.« Und wie gut mir das tat, zu wissen – oder mir vorzustellen –, wie er über mir schwebt, das Leben genießt und mit mir lacht. Nichts kann uns trösten, jeder Tod lässt uns untröstlich zurück. Glücklichsein ist uns nicht verboten, aber es hat nicht mehr den gleichen Geschmack. Es wird verwandelt sein, ebenso wie wir. Wir können mit unseren Toten weiterleben. Mit ihnen leben, und ein wenig auch für sie. Und es geschehen komische Dinge, die die Dichter weitaus besser beschreiben als die Psychologen. Mein Freund Bobin zum Beispiel: »Mein Vater, der vor nun dreizehn Jahren gestorben ist, wird immer größer, nimmt immer mehr Platz in meinem Leben ein. Dieses Wachsen von Menschen nach ihrem Tod ist sehr eigenartig. [...] Wie der Goldklumpen, den man in einem Sieb findet, ist das, was von einer Person bleibt, sehr glänzend. Und ändert sich nicht mehr. Während sich unser Blick vorher aus vielerlei Gründen, meistens schlechten (Feindschaften, Groll usw.) verdüstern konnte, erkennen wir nun das Innerste und den besten Teil der Person wieder.«[10]

Träumen Einmal schickt mir meine Frau einen Internet-Link, hinter dem ein paradiesischer Urlaub an einem wunderbaren Ort angeboten wird. Und ich antworte ihr, etwas erschrocken: »Nein. Wir können nicht! Das ist sehr teuer, und im Augenblick haben wir kein Geld und können schon gar keinen Urlaub machen!« Und sie antwortet: »Ja, aber das ist nicht schlimm. Es macht mir Spaß, einen Augenblick davon zu träumen!« Es ist seltsam, wie überrascht ich in diesem Augenblick bin. Man glaubt, seinen Ehepartner zu kennen, und doch gibt es immer wieder Momente wie diesen, in denen man eine Facette entdeckt, die einem noch unbekannt war. Ich selbst lasse mich nicht gern zu Träumereien von Dingen hinreißen, die mir unmöglich zu sein scheinen; das interessiert mich nicht, und vielleicht möchte ich nicht, dass sie Bitternis in mir zurücklassen. Ich möchte das nicht riskieren, ich beuge in gewisser Weise der Enttäuschung vor. Doch meine Frau, die viel mehr Begabung für das Glück hat als ich, hat keine Angst, sich zu Träumen hinreißen zu lassen, um dann wieder herunterzukommen und mit ihrem wirklichen Leben weiter genauso glücklich zu sein wie bisher.

Traurigkeit Traurigkeit ist eine unerschöpfliche Quelle der Inspiration und viel fruchtbarer als die anderen negativen Emotionen (Zorn, Angst, Neid, Scham). Das hat einen einfachen Grund: Sie bringt uns uns selbst näher, drängt uns dazu, über unser Leben aus der Perspektive seiner Unzulänglichkeiten und Schwierigkeiten nachzudenken und sie ist auch diejenige der schmerzhaften Emotionen, die paradoxerweise dem Glück am nächsten ist. Sie bringt uns nämlich auch einer gewissen Ruhe näher, drängt uns dazu, uns zu bremsen, die Waffen niederzulegen, darauf zu verzichten, mit dem Leben zu kämpfen (was gelegentlich ganz gut ist). Was die anderen negativen Emotionen angeht: Der Zorn entfernt uns im Gegensatz zur Traurigkeit vom Glück. Die Angst erlaubt uns das Glück erst, wenn wir uns in unsere Festungen eingeschlossen und uns verschanzt haben (unser Haus, unser Ehepartner, unsere Gewissheiten oder unsere Träume).

Aber mit der Traurigkeit ist das anders, ihre Milde macht sie manchmal zur Cousine des Glücks: Wie zum Beispiel die Melancholie, dieses »Glück, traurig zu sein«, wie Hugo meint. Aus diesen zwei Gründen kann Traurigkeit manchmal fruchtbar sein. Aber wie eine Freundin, die etwas anstrengend ist, die manchmal recht hat, die sich aber stets bis zum Überdruss wiederholt und übertreibt. Wenn sie uns »am Ärmel zieht«, sollten wir zwar zuhören und ansehen, was sie uns zeigt, doch sie dann hinauskomplimentieren. Aber nicht zu schnell, nicht bevor man sie hat aussprechen lassen. Denn sonst kommt sie unablässig wieder und erfüllt bald unser Leben, weit über die Bereiche hinaus, in denen sie legitim ist: »Die Traurigkeit senkt sich und lässt sich unterschiedslos auf alles nieder wie die Dunkelheit, wie der Nebel, wie der Schnee.«[11] Der richtige Umgang mit der Traurigkeit ist somit einer der Schlüssel zum Glück.

Trost »Das Ziel ist, glücklich zu sein. Man nähert sich ihm nur langsam. Es bedarf täglicher Anstrengungen. Wenn man dann glücklich ist, bleibt noch viel zu tun: die anderen trösten.« Jules Renard weist damit in seinem *Tagebuch*[12] elegant auf Folgendes hin: Indem wir dafür sorgen, dass wir glücklich sind, werden wir zum einen fähig, uns für das Unglück der anderen zu öffnen, und zum anderen haben wir die Kraft, ihnen zu helfen. Ist man selbst nicht glücklich, wird das schwieriger.

Trotzdem Eine meiner Leserinnen sagte einmal zu mir: »Man ist immer nur *trotz* einer Sache glücklich: trotz seiner Vergangenheit, trotz seiner Gegenwart, trotz des Leids, das einen umgibt, trotz allem glücklich.« Ich wusste nicht, was ich ihr antworten sollte; das ärgerte mich, denn es war zu der Zeit, als ich noch dachte, dass ich auf alles eine Antwort haben müsse, um meine Patienten nicht verzweifeln zu lassen. Kurz darauf, als ich nach Hause kam, hatte ich eine mögliche Antwort gefunden: Vielleicht sind diese Glücksmomente umso schöner und bewegender und mächtiger, weil sie »trotzdem« Glücksmomente sind. Heute weiß ich nicht, ob ich das antworten würde. Mir scheint, ich würde eher sagen: Unser ganzes Leben ist »trotzdem«, und das Glück macht hier keine Ausnahme. Aus diesem Grund lieben und brauchen wir es.

»Tu dein Bestes« Perfektionismus ist häufig eine gefährliche Haltung. Doch das hindert uns nicht daran, Dinge gern gut zu machen und gut machen zu wollen. So gut wie möglich. Das ist nicht das Gleiche. Das ist der klassische Unterschied, den die stoische Philosophie zwischen *telos* und *skopos*, zwischen Ziel und Ergebnis macht. Mit aller Kraft versuchen, etwas so gut wie möglich zu machen, und dabei vermeiden, das Ziel um jeden Preis zu erreichen. Man nennt häufig das Beispiel des Bogenschützen, der ein Ziel anvisiert: Er darf sich nicht darauf konzentrieren, das Zentrum des Ziels zu treffen, sondern muss seine gesamte Aufmerksamkeit auf den Bewegungsablauf richten (sich auf das Ziel und jede seiner Bewegungen konzentrieren). Statt auf das perfekte Ergebnis muss er die Aufmerksamkeit auf die Bewegung, auf das Ziel hin konzentrieren. Dies gilt für die Mehrzahl unserer Unternehmungen. Und erst recht für die Suche nach dem Glück.

Tugenden Tugendhaftigkeit bezeichnet sämtliche Anstrengungen, die wir unternehmen, um uns im Einklang mit unseren Werten zu verhalten. Tugendhaft zu sein bedeutet, das Gute nicht zufällig oder aus Zwang zu tun, sondern absichtlich. Diese Anstrengungen verhindern weder das Vergnügen daran noch die Befriedigung darüber, sich gut zu verhalten. Im Gegenteil bestätigen die positiven Emotionen, die man bei tugendhaftem Verhalten empfindet, die Ernsthaftigkeit (ich tue nicht nur so) und die Authentizität (es entspricht wirklich einem persönlichen Wert). Deshalb ist es ein integraler Bestandteil der Positiven Psychologie, Tugenden zu entwickeln, denn sie bewirken mehr Glück für den jeweiligen Menschen und sein Umfeld. Wissenschaftler, die über diese Dimensionen gearbeitet haben, haben einen erheblichen Aufwand getrieben, um quer durch alle Kulturen von den heiligen Büchern bis zu Abhandlungen aus Philosophie und Lebenskunst alles zusammenzutragen, was die Menschen als wünschenswert erachten. Dabei sind sie auf sechs sogenannte »übergeordnete« Tugenden gekommen: Weisheit, Mut, Menschlichkeit, Gerechtigkeit, Mäßigung, Transzendenz. Danach wurden jeder dieser übergeordneten Tugenden »Kräfte« zugeordnet, durch deren regelmäßiges Üben man sie erreichen könnte. Für die Mäßigung zum Beispiel waren die zu übenden Kräfte Selbstbeherrschung, Vorsicht und Demut. All dies wird derzeit in zahlreichen Forschungsarbeiten ausgewertet und die Entwicklung wird in den kommenden Jahren zweifellos weitergehen. Aber auch hier stimmt die Positive Psychologie mit den Überzeugungen der griechischen Philosophie und vor allem der Überlegung des Aristoteles überein: »Das menschliche Gute ist die Tätigkeit der Seele im Einklang mit der Vernunft.«

U wie Unglück

Das Glück öffnet das Herz.
Das Unglück öffnet die Augen.
Suche nicht: Du brauchst beide.

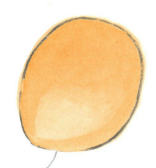

Überall Ich erinnere mich an eine Patientin, die zu Depressionen neigte und der ihre Freunde rieten, in den Urlaub zu fahren, um auf andere Gedanken zu kommen. Sie antwortete ihnen: »Zwecklos, ich kann absolut überall unglücklich sein!«

Überfluss Tötet das »zu viel« die Fähigkeit zum Glücklichsein? Zu viele Begabungen, zu viele Möglichkeiten, zu viel Schutz, zu viel Liebe? Sind Kinder, die vom Leben verwöhnt werden, am Ende weniger glücklich? Das ist möglich, denn sie laufen Gefahr, sich zu langweilen. Wir, die Westeuropäer des 21. Jahrhunderts, laufen Gefahr, uns zu langweilen; dabei sind wir in den Augen vieler Bewohner dieses Planeten privilegiert, denn die meisten von uns haben Zugang zu Wasser, Nahrungsmitteln, Pflege, Kultur und so weiter. Überfluss und Beständigkeit wirken einschläfernd auf unsere Fähigkeiten zum Glücklichsein, sie unterdrücken diese aber glücklicherweise nicht. Die Erklärung dafür lautet *hedonistische Gewöhnung*: Wenn eine Quelle des Glücks stets vorhanden ist, verliert sie für uns schließlich ihre erfreuende Wirkung. Es gibt zwei Möglichkeiten, dieser Gewöhnung zu begegnen: die Not, die uns den ganzen Wert unseres Glücks in Erinnerung ruft, und die Bewusstwerdung, die uns dazu bringt, die Augen offen zu halten, auch wenn alles gut ist. Wären wir Weise, würde die zweite Möglichkeit genügen, um uns die einfachen Glücksmomente genießen zu lassen; doch oft ist es die erste, die uns die Augen öffnet.

Üble Nachrede Eine schlechte Angewohnheit, die kurzfristig als lustig oder angenehm empfunden werden kann. Sie besteht darin, sich gegenüber Bekannten den wirklichen oder vermuteten Fehlern von Abwesenden zu widmen. Üble Nachrede hat überhaupt keinen Sinn, weder für unser Glück, das man auf lange Sicht eher mindert, indem man sich daran gewöhnt, in den Mülleimern des Lebens seiner Mitmenschen zu wühlen, noch indem es die betreffenden Personen ändert (denn theoretisch ist üble Nachrede nicht dazu gedacht, ihnen zu Ohren zu kommen). Was tun? Es sich zur Gewohnheit machen, keine üble Nachrede zu betreiben. Man kann beobachten, man kann für sich selbst urteilen. Dann kann man entweder der betreffenden Person sagen, was nicht in Ordnung ist, oder sich um das eigene Leben und um Dinge kümmern, die interessanter und erfreulicher sind.

Umherschweifen des Geistes Eine schöne Studie über das Umherschweifen des Geistes, an der fast 5 000 Versuchspersonen jeden Alters mehrere Wochen lang teilnahmen, hat neben mehreren faszinierenden Ergebnissen die folgenden Punkte aufgezeigt:

1. Wenn man zufällig die mentalen Inhalte einer großen Anzahl von Personen zu unterschiedlichen Tageszeiten untersucht, schweift in einem von zwei Fällen der Geist umher, das heißt, man denkt an etwas anderes als an die aktuelle Tätigkeit.
2. Je mehr der Geist umherschweift, desto geringer sind die Chancen, dass der Mensch glücklich ist (die Versuchspersonen bewerteten auch ihre Stimmung im Moment der Befragung).
3. Auch wenn die Emotionen angenehm sind, die wir in dem Moment verspüren, in dem unser Geist abwesend ist (wenn wir von netten Dingen vor uns hinträumen), sind sie doch nie angenehmer, als wenn wir uns auf das konzentrieren, was wir tun.

Schlussfolgerung der Wissenschaftler, die daraus den Titel ihrer Publikation gemacht haben: »Ein umherschweifender Geist ist (häufig) ein unglücklicher Geist.«[1] Und eine weitere Schlussfolgerung, in Form einer Empfehlung: Sich auf das zu konzentrieren, was man tut, auch wenn es Arbeit ist, macht uns stets glücklicher als an anderes zu denken, auch wenn es etwas Angenehmes ist. Hier besteht auch ein Kausalzusammenhang: Nicht weil wir unglücklich sind, schweift unser Geist umher (zum Beispiel in seinen düsteren Grübeleien), sondern eher umgekehrt: Weil wir nicht in der Lage sind, unseren Geist zu stabilisieren und uns das, was wir tun, zu vergegenwärtigen, verringern sich unsere Fähigkeiten, glücklich zu sein. Dies ist einer der Gründe dafür, dass die Meditation positive Emotionen steigert. Sie trainiert unsere Fähigkeit, in der Gegenwart zu bleiben und unseren Geist zu stabilisieren.

Unangenehmer Miesepeter Mürrische Menschen haben mich lange Zeit geärgert. Ich fand es nicht akzeptabel, nicht in der Lage zu sein, die geringste Anstrengung zu unternehmen, um freundlich oder höflich zu sein, sich wenigstens um einen freundschaftlichen Blick oder ein Lächeln zu bemühen! Dann habe ich verstanden, dass das nicht andere Qualitäten verhindert, beispielsweise die, sich nicht durch die gesellschaftlichen Regeln beeindrucken zu lassen. Seither stelle ich mir gern vor, dass der Charakter bestimmter Griesgrame vielleicht auch Ausdruck einer Form von Freiheit ist und vielleicht einen mürrischen Mut verbirgt: Dieser Griesgram, der mich nicht grüßt, wäre vielleicht derjenige, der mir im Krieg das Leben retten, mich vor dem Feind verbergen würde. Und der anschließend, genauso mürrisch, meinen Dank und meine Dankbarkeit zurückweisen würde.

Ungewissheit (vor angenehmen Ereignissen) Unvorhersehbarkeit kann das Glück steigern. Wenn man weiß, dass man ein Geschenk erhalten wird, ohne zu wissen, was für eins, bewirkt dies im Allgemeinen mehr positive Emotionen während der Zeit des Wartens. Und die Wirkung dieser Ungewissheit ist sogar mächtiger als hinzukommende positive Gewissheiten. In einer Studie[2] kündigte man den Freiwilligen an, dass sie als Dank für ihre Teilnahme am Ende einen der Gegenstände, die sie vorher in einer Liste aufgeführt hatten, zum Geschenk erhalten würden (eine Schachtel Pralinen, einen Wegwerffotoapparat, eine Tasse, einen USB-Stick usw.). Nachdem sie gewählt hatten, sagte man ihnen, dass sie entweder den von ihnen bevorzugten Gegenstand (angenehme Gewissheit), einen der von ihnen bevorzugten Gegenstände (angenehme Ungewissheit) oder zwei ihrer bevorzugten Gegenstände (doppelte angenehme Ungewissheit) erhalten würden. Anschließend bewertete man, wie lange die positiven Emotionen anhielten, die diese guten Nachrichten hervorgerufen hatten. Sie dauerten bei den Studenten deutlich länger an, die sich in angenehmer Ungewissheit befanden. Wie kann man das erklären? Zunächst durch die Neigung unseres Geistes, sich durch das anziehen zu lassen, was ungewiss, neu ist und neugierig macht. Das Wissen im Voraus um das, was uns widerfahren oder geschenkt wird, bewirkt außerdem, dass wir dieses Ereignis, nachdem wir uns im Voraus darüber gefreut haben, als bereits eingetreten und »eingeordnet« betrachten und uns dann davon abwenden. Wohingegen die Tatsache, dass man es nicht weiß, uns daran hindert, problemlos zu etwas anderem überzugehen und uns die Vorstellung eines überraschenden Glücks wieder gegenwärtig macht. Dies erleichtert gewissermaßen das positive Grübeln.

Praktische Schlussfolgerung: Sie müssen Ihren Kindern nicht alle Geschenke ihres Wunschzettels zu Weihnachten kaufen – und vor allem dürfen Sie ihnen nicht ankündigen, dass sie sie alle bekommen werden. Sie machen sie glücklicher, indem Sie den Überraschungseffekt beibehalten, indem Sie ihnen vielleicht sogar ankündigen, dass sie nur eines der gewünschten Geschenke erhalten werden (aber achten Sie darauf, dass es wirklich auf der Liste steht!).

Ungewissheit (nach angenehmen Ereignissen)

Wenn uns etwas Schönes widerfahren ist, hat Ungewissheit eine verstärkende Kraft. Die Tatsache, dass wir nicht wissen, warum und durch wen uns das widerfahren ist, macht uns für längere Zeit glücklich, als wenn die Situation klar wäre. Hierzu ein Beispiel aus einer Studie:[3] Am Ausgang einer Universitätsbibliothek wurden Karten verteilt, an die eine (echte) Ein-Dollar-Note geheftet war. Mal stand auf der Karte Folgendes: »Gesellschaft des Lächelns. Zur Förderung freundlicher Akte. Guten Tag!« Mal waren die Aussagen etwas klarer (und reduzierten so die Unklarheit, aber ohne dabei mehr Fakten anzugeben, um den Vergleich nicht zu stark zu beeinflussen): »Wer sind wir? Die Gesellschaft des Lächelns. Warum tun wir das? Um freundliche Akte zu fördern. Guten Tag!« Einige Meter weiter wurden die Personen, die eine Dollarnote erhalten hatten, gebeten, an einer Umfrage zum Leben auf dem Campus teilzunehmen. Unter den verschiedenen Fragen betraf eine ihre aktuelle emotionale Befindlichkeit. Die Studenten, die ihr Geschenk mit den minimalen Erläuterungen erhalten hatten, fühlten sich besser als diejenigen, die dachten, sie wüssten etwas mehr darüber. Wie bei der Ungewissheit vor angenehmen Ereignissen verlängert die Ungewissheit nach angenehmen Ereignissen das Vergnügen, und zwar aus den gleichen Gründen: Sie sorgt dafür, dass wir das angenehme Ereignis länger in unserem Geist behalten.

Praktische Schlussfolgerung: Wenn Sie anderen noch mehr Vergnügen bereiten wollen, machen Sie Geschenke oder seien Sie altruistisch, ohne dabei klare Gründe zu haben (nicht wegen eines Geburtstags oder um einem anderen zu danken): »Das war nur so, weil ich Lust dazu hatte, weil ich an dich gedacht habe.«

Ungewissheit und Angst Ungewissheit kann also unsere Aufmerksamkeit binden, zu unserem Vorteil, wie oben beschrieben, oder zu unserem Nachteil, wie bei der Angst. Während positive Ungewissheit im Zusammenhang mit angenehmen Ereignissen angenehm ist (zu wissen, dass ich ein Geschenk erhalten werde, ohne zu wissen was, oder in den Urlaub zu fahren, ohne zu wissen wohin), ist negative Ungewissheit eine der unangenehmsten Erfahrungen, die es gibt. Es ist gruselig zu wissen, dass etwas Beschwerliches auf mich zukommt, ohne zu wissen auf welche Art, wann oder was es sein wird. Das geschieht zum Beispiel, wenn man Ihnen mitteilt, dass man bei einer Untersuchung anormale Ergebnisse festgestellt oder ein verdächtiges Bild auf Ihrer Röntgenaufnahme gefunden hat. Andere Untersuchungen laufen noch, aber es ist wahrscheinlich, dass es weitere, mehr oder weniger schlechte Neuigkeiten geben wird. Diese Art von Ungewissheit in Bezug auf negative Ereignisse setzt im Allgemeinen Phasen schmerzhaften Grübelns in Gang. Bei den sehr Ängstlichen ist dieses Grübeln permanent, denn das Leben ist ungewiss: Ich weiß nicht, was morgen, in einer Woche, in einem Jahr geschehen wird; die Zukunft ängstigt mich, also ängstigt mich das Leben. Anzumerken ist übrigens, dass Pessimisten das Problem auf ihre Weise lösen. Indem sie dem Gift der Ungewissheit eine negative Gewissheit vorziehen, gelingt es ihnen in gewisser Weise, die Sache zu den Akten zu legen und sich etwas anderem zuzuwenden … Sie verzichten darauf, glücklich zu sein, schützen sich aber auf ihre Weise vor übermäßig viel Unglück.

Unglück Der unvermeidliche Schatten des Glücks. Es ist unnötig, darum zu beten, nicht vom Unglück getroffen zu werden, denn das ist unmöglich. Wir sollten eher darum bitten, nur an gewöhnlichem Unglück leiden zu müssen. Und um die Fähigkeit, es durchzustehen, hinter uns zu lassen und dann für das Glück wieder empfänglich zu sein. Das genügt.

Unhöflich Ein Sonntagmorgen. Ich fahre einen Freund, der aus dem Ausland bei mir zu Besuch ist, zu anderen Freunden am anderen Ende von Paris. Es regnet Bindfäden, wir haben uns einen Wagen geliehen. Auf dem Weg haben wir über das Leben geplaudert, es war sehr angenehm. In der kleinen Straße, wo ich ihn absetzen muss, versperrt ein Wagen die Fahrbahn, mit offenem Kofferraum, Warnblinker an, offensichtlich lädt jemand Gepäck oder Pakete aus. Da wir Zeit haben, bleibe ich ebenfalls mitten auf der Straße stehen, und wir plaudern ruhig weiter. Und zwar ziemlich lange: bestimmt gute fünf Minuten. Es ist Sonntagmorgen, niemand ist hinter uns, die Straße ist friedlich. Nach einer ganzen Weile kommt der Eigentümer des Wagens aus dem Gebäude, und nun gibt es eine Irritation: Der Typ geht an uns vorbei, schaut uns verächtlich an, geht weiter zu seinem Wagen, startet ruhig den Motor und fährt davon. Kein Lächeln, kein kurzer Gruß, kein Danke. Nichts. Pustekuchen!

Ich weiß wohl, dass man nicht erwarten kann, immer im Gegenzug etwas zu bekommen: Er musste nicht höflich zu mir sein (indem er mir dankte), weil ich höflich zu ihm war (indem ich nicht hupte). Aber trotzdem ärgert mich die Sache sehr. Ich sage das meinem Freund: »Sieh mal, dieser Typ da! Vollkommen aufgeblasen! So ein Blödmann! Er lässt uns zehn Minuten hier herumstehen (aus Zorn verdoppele ich die Zeit), wir hupen nicht, wir bleiben cool, und er sagt nicht einmal danke!« Mein Freund nickt zustimmend, ist aber nicht so gereizt wie ich. Er ist sicher klüger und außerdem bloß der Beifahrer, der eher an die Verabredung mit seinen anderen Freunden denkt. Er nimmt diesen »Nichtdank« also nicht so wichtig. Gut, jedenfalls haben wir anderes zu tun, ich lasse den Motor wieder an, wir kommen ans Ende der Straße, ich setze meinen Freund ab, wir umarmen uns und ich fahre wieder los.

Auf dem Rückweg denke ich noch einmal an meinen Ärger. Nicht das Warten ist mir auf die Nerven gegangen, sondern dass es nicht anerkannt wurde. Ich war enttäuscht, dass ich nicht einmal ein kleines Zeichen, wenn schon nicht von Dank, dann wenigstens einer Entschuldigung erhalten hatte. Und dann habe ich den Eindruck, dass die Geschichte eine größere Tragweite hat, als nur mein Ego zu verärgern. Dieses Fehlen einer freundlichen Geste stellte für mich in jenem Augenblick einen Bruch in der Harmonie der Welt und eine Bedrohung eben dieser Harmonie dar. Ein Bruch in der Harmonie, die ich empfand, als ich mit meinem Freund sprach. Ich dachte zweifellos, alle Menschen könnten Freunde sein, sich zwar bewusst, dass sie stören könnten, aber fähig, sich zu bedanken. Ich hatte die Psychodiversität vergessen: Es gibt auch unhöfliche Egoisten. Und ich hatte nicht daran gedacht, welches Schicksal sich manchmal hinter einem Verhalten verbirgt. Vielleicht machte der Typ gerade schwierige Zeiten durch und war deshalb sauer auf die ganze Welt; vielleicht hatten ihn aber auch seine Eltern zur Verachtung der Mitmenschen erzogen.

Ich denke also noch einmal an all die kleinen Gesten der gegenseitigen Dankbarkeit, die so wichtig sind, um einvernehmlich zusammenzuleben. Zum Beispiel, um beim Thema zu bleiben, die vielen kleinen Signale, die man sich auf der Straße sendet: Der Fußgänger, der dem Wagen dafür dankt, dass er gebremst hat, um ihn über den Zebrastreifen ohne Ampel gehen zu lassen; er muss das nicht tun, doch indem er es tut, ermuntert er den Autofahrer, wieder so zu handeln. Der Motorradfahrer, der dem Pkw-Fahrer dafür dankt, dass er Platz gemacht hat, um ihn vorbeizulassen und so weiter. Die ganze Bedeutung dieses leichten und fast unsichtbaren Gewebes von Mikrogesten des Mikrodanks springt mir in die Augen. Seine Abwesenheit ist gefährlich, denn sie führt dazu, dass man Gleichgültigkeit oder Unfreundlichkeit mit Verachtung verwechselt. Und dass man sich zornig oder vernachlässigt fühlt, wo man eigentlich erstaunt oder traurig sein müsste. Ich denke an Passagen aus *Ermutigung zum unzeitgemäßen Leben* von André Comte-Sponville:[4] »Die Höflichkeit ist etwas Geringes, das zu etwas Großem hinführt« und »Die guten Manieren kommen von den guten Taten und führen zu ihnen.«

Ich beruhige mich ganz langsam, betrachte die Straße im Regen, denke noch einmal an meinen Freund, und sage mir, dass das Leben eben so ist. Dass das nicht schlimm ist. Dass ich mit diesem Herrn hätte sprechen können, wenn diese Geschichte wirklich so viel Bedeutung für mich hätte. Und dass ich weiß, was mir nun zu tun bleibt: selbst diese kleine Beziehungsarbeit fortzusetzen, danke schön, guten Tag, und all das. Für all diejenigen, die es nicht tun. Und vielleicht leisten diese unhöflichen Menschen und Rüpel (jedenfalls diejenigen, die ihnen nach meinen Kriterien ähneln) ja für die Welt ebenso wichtige Dinge, die zu tun ich nicht vermag und die ich nicht einmal sehe.

Der Regen begleitet mich mit seinem konstanten Rauschen. Das Leben ist schon eine sehr interessante Sache. Ich hoffe, ich habe noch einiges davon vor mir, denn mir gefällt es.

Untugend Nach Aristoteles treten Untugenden, anders als eine Tugend, in Paaren auf. Untugend beruht auf Übermaß oder auf Mangel, daraus entstehen die Paare Leichtsinn und Feigheit, Geiz und Verschwendung. Was sind beim Streben nach Glück Untugenden? Zweifellos auf der einen Seite die perfektionistische Obsession: »Bin ich wirklich glücklich? Genauso wie die anderen um mich herum? Habe ich das Maximum des möglichen Glücks erreicht?« Auf der anderen Seite die Nachlässigkeit beim Streben nach Glück; diese kann im Gewand der Trägheit auftreten (»Das Leben meint es nicht gut mit mir«) oder aus Hyperaktivität bestehen (»Zu beschäftigt, um glücklich zu sein«). Aristoteles fügt hinzu, dass zwischen diesen beiden Extremen das Ideal der goldenen Mitte liegt, die man nicht als Kompromiss sehen darf, sondern als Gratwanderung zwischen zwei Abgründen.[5] Und La Rochefoucauld ergänzt: »Die Laster sind eine Ingredienz der Tugenden wie die Gifte eine Ingredienz der Heilmittel, die Klugheit mischt und mildert sie und nutzt sie gegen die Übel des Lebens.« Als Zerstörer von Illusionen mahnt uns La Rochefoucauld, bis in die Ausübung unserer Tugenden bescheiden zu bleiben. Es ist richtig, dass es manchmal eine Spur Hochmut in der Bescheidenheit gibt, wie Jules Renard betont: »Ich bin stolz auf meine Bescheidenheit.« Und dass manche Akte der Großzügigkeit eine gewisse soziale Anerkennung erfordern. Aber das ist eine nachrangige Frage. Wichtig ist, dass überhaupt tugendhafte Handlungen vollzogen werden!

Utopie Wenn es uns sehr schlecht geht, beginnt das Glück, einer Utopie zu ähneln, das bedeutet etymologisch gesehen, einem Ort, den es nicht gibt. Doch das Glück ist wie ein kleiner Grashalm: Auch wenn das Unglück alles zubetoniert und zuasphaltiert hat, wächst es schließlich neu und findet einen Weg zur Sonne.

V wie Verzeihung

Verzeihe den Menschen, verzeihe dem Schicksal.
Du kannst nicht verzeihen?
Dann mach dich wenigstens frei vom Groll.

Veränderung: die Möglichkeit Kann man die Fähigkeit zum Glücklichsein steigern? Man dachte lange, dass es ein mittleres Glücksniveau gebe, zu dem wir unvermeidlich zurückkehren würden, entweder im positiven Sinne (nach großem Kummer) oder im negativen (nach wundervollen Ereignissen). Das ist immer noch richtig, neu ist aber, dass man heute davon ausgeht, dieses mittlere Glücksniveau anheben zu können: punktuell nach günstigen Ereignissen oder dauerhafter durch entsprechende Anstrengungen. Die gute Nachricht ist also: Wir sind weniger durch unsere Vergangenheit, unsere Hemmungen und Gewohnheiten festgelegt, als man dachte. Die nicht so gute Nachricht lautet jedoch: Das kann auch nach hinten losgehen, unser mittleres Glücksniveau kann abnehmen, wenn wir unsere Zeit mit Grübeln, Meckern und der Konzentration auf die schlechten Seiten unseres Daseins verbringen. Achten wir also weiterhin darauf, das Glück zu pflegen!

Veränderung: die Schritte Der amerikanische Schriftsteller Mark Twain sagte: »Eine Gewohnheit kann man nicht einfach zum Fenster hinauswerfen; man muss sie Stufe für Stufe die Treppe hinunter locken.« Daher reicht es auch nie aus, wenn wir beschließen, glücklicher zu sein. Wir brauchen ein Programm mit mehreren Schritten, wie bei jedem anderen Lernen auch. Betrachten Sie Ihre Übungen zum Glücklichsein wie ein Fußball- oder Gymnastiktraining: An manchen Tagen hat man keine Lust hinzugehen, wenn man sich aber dazu zwingt, fühlt man sich nachher meistens besser. Jedenfalls ist es besser, ein wenig trainiert zu haben, als es gar nicht zu tun.

Vergangenheit Positive Psychologie besteht nicht nur darin, den gegenwärtigen Augenblick zu genießen – auch wenn dies der wichtigste Aspekt ist. Sie bedeutet auch, mit der Vergangenheit zu arbeiten:[1] sich häufig an die schönen Momente zu erinnern, um sie noch einmal zu erleben; sie sich vorzustellen, um sie noch einmal auszukosten; »sich den Film noch einmal vorzuführen«, um daraus noch einmal eine Quelle des Vergnügens zu machen. Und sich gelegentlich an schwierige Momente zu erinnern, um sie zu analysieren, zu verstehen, ihnen einen Sinn zu geben, zu verstehen, was sie uns gelehrt haben; und auch um zu erkennen, dass sie uns nicht am Überleben gehindert haben. Dies ist vielleicht das Schwierigste und Nützlichste bei den Nöten der Vergangenheit: regelmäßig an all die Situationen zurückzudenken, in denen wir uns völlig verloren vorkamen, wie Ertrinkende; während wir in Wahrheit lediglich eine Zeit lang herumirrten und doch Boden unter den Füßen hatten.

Die Vergangenheit schönen Dieser Mechanismus wirkt in der Nostalgie: Man betrachtet gerührt seine Vergangenheit und nimmt unbewusst einige Verschönerungen vor. Das ist wunderbar, vorausgesetzt, man bleibt dabei, das erlebte Glück auszukosten, und stellt keine Vergleiche mit der Gegenwart an. Denn sonst treibt einen die Nostalgie in eine enorme Unzufriedenheit mit dem gegenwärtigen Leben.

Vergleiche Der Vergleich ist in der Positiven Psychologie im Allgemeinen Gift für das Wohlbefinden. Man sagt häufig, es gebe drei Vergleiche, mit denen man sein Glück verdirbt:

1. Man vergleicht das, was man gerade erlebt, mit den besseren Umständen in der Vergangenheit.
2. Man vergleicht seine Situation mit dem, was diejenigen erleben, die mehr Glück haben als man selbst.
3. Man vergleicht seine Situation mit dem, wovon man träumt.

Nach dieser dreifachen Übung bestehen gute Chancen, dass Sie sich weniger glücklich fühlen als vorher. Ich erinnere mich an einen meiner Patienten, mit dem ich darüber sprach, und er erklärte mir seine Sicht der Dinge: »Lange Zeit war ich schnell neidisch darauf, wie glücklich andere waren, ich glaubte, mir würde dadurch etwas weggenommen, gerade so, als wäre Glück in der Menge beschränkt wie beispielsweise Geld. Deshalb war das Glück anderer gleichbedeutend mit weniger Glück für mich. Dann begriff ich, dass ich mich zum Unglücklichsein und zur Unzufriedenheit verdammte, wenn ich so weitermachen würde. Ich habe mir allmählich Mühe gegeben, mich nicht mehr mit anderen zu vergleichen, mich zu prüfen und zu fragen: Hast du Fortschritte gemacht oder nicht? Und mich über das Glück der anderen zu freuen. Zunächst aus egoistischen Gründen, denn der Umgang mit den Menschen ist viel angenehmer, wenn sie glücklich sind. Dann aus altruistischen Gründen: Wozu sollte ich wünschen, dass sie unglücklich sind?«

Untersuchungen[2] zeigen, dass glückliche Personen ihr Schicksal nicht so viel mit dem von anderen vergleichen. Und auch, dass sie sich über das Gute freuen, das anderen widerfährt. Buddhisten nennen das »altruistische Liebe«. Man weiß heute, dass »gute Gedanken« zu kultivieren denjenigen wohltut, die sie hegen.

Vergnügen Eine Quelle für Glück, meist jedoch auf die Befriedigung körperlicher und intellektueller Bedürfnisse beschränkt: auf der einen Seite Ernährung, Körperpflege, Sexualität, auf der anderen das Verstehen und Entdecken. Jedes Vergnügen tut gut. Aber nicht jedes Vergnügen ist Glück, wenn das Bewusstsein fehlt. Und ein vergnügtes Leben ist noch lange kein glückliches Leben.

Verrückte »Erinnere dich daran, dass es zwei Arten von Verrückten gibt: diejenigen, die nicht wissen, dass sie sterben werden, und die, die vergessen, dass sie lebendig sind«, ruft uns der Psychoanalytiker Patrick Declerck in Erinnerung. Mit anderen Worten, die beiden größten Fehler, die wir machen können, sind: niemals an das Unglück zu denken (und nicht genügend zu realisieren, wie viel Glück man hat, dass man lebt) und ausschließlich daran zu denken (und dabei seine ganze Kraft zu verbrauchen, sodass man keine mehr hat, um das Leben zu genießen).

Verzeihung Wir versäumen viele glückliche Momente, weil wir nur schwer verzeihen können. Ich spreche hier nicht einmal von den Fällen, in denen das Verzeihen schwerfällt, wie etwa gegenüber jemandem, der uns schlimm angegriffen oder einem Verwandten extremes Übel zugefügt hat. Ich meine einfach nur alltägliche »Mikroverzeihungen« für ungeschickte Worte, Unachtsamkeiten, Fehler und so weiter. Verzeihen bedeutet nicht auszulöschen, was geschehen ist, zu vergessen und freizusprechen. Sondern zu beschließen, dass man nicht Gefangener des Grolls bleiben möchte, dass man den Schmerz nicht andauern, sich selbst nicht länger leiden lassen möchte. Sich an einer Beleidigung festzuklammern bedeutet, sich am Leiden festzuklammern. Man kann sehr gut beschließen, jemandem zu verzeihen, ohne sich mit ihm zu versöhnen, indem man sich sagt: »Ok, es ist gut, ich möchte mich nicht rächen und ihn nicht bestrafen.« Das Verzeihen wurde von allen großen philosophischen und religiösen Traditionen geschätzt, doch der Buddhismus bietet möglicherweise die frappierendsten und lehrreichsten Bilder an, darunter jenes von Buddha: »Groll mit uns herumzutragen ist wie das Greifen nach einem glühenden Stück Kohle in der Absicht, es nach jemandem zu werfen. Man verbrennt sich nur selbst dabei.« Wichtig ist, das Verzeihen nicht nur als einen Verzicht auf Bestrafung oder Rache zu sehen, sondern als Befreiung und Erleichterung vom Groll. Doch hat es nur dann einen persönlichen oder sozialen Nutzen, wenn es aus freier Wahl und überlegt geschieht. Das sind die Bedingungen der Positiven Psychologie.

Verzichten Verzichten ist für das Glück notwendig. Doch man muss in diesem Fall auf etwas Mögliches verzichten und nicht auf etwas Wirkliches. Darauf verzichten, jedes mögliche Glück und alle potenziellen Quellen für Glück ausleben zu wollen, und akzeptieren, dass wir niemals genug Zeit haben werden, um alles zu tun, was wir gern tun würden – beispielsweise in den Bereichen Reisen, Hobbys, Begegnungen. Aber man sollte auf keinen Fall auf jedes bisschen Glück, das vorbeikommt, verzichten mit der Ausrede, man habe Kummer oder anderes zu tun.

Verzweiflung Wenn ich von allem genug habe, denke ich gern an das jiddische Sprichwort: »Gib der Verzweiflung niemals nach: Sie hält ihre Versprechen nicht!« Ist es vielleicht das, was man die Kraft der Verzweiflung nennt? Zuerst lässt man sie in sich eindringen, lässt sie die Deiche brechen, stellt sich vor, diese Welt und ihre Leiden zu verlassen. Dann beginnt man, im Geiste in den Himmel aufzusteigen. Betrachtet alles mit einem ruhigen und gleichgültigen Auge. Wie schön es von oben aussieht! Und wie klein unsere Sorgen plötzlich erscheinen. Schließlich kann man wieder hinabsteigen und sich sagen: Es wird sich schon ein Weg finden, um zurechtzukommen. Es gibt immer eine Lösung. Irgend jemand sagte: »Es wird sich alles finden, sogar zum Schlechten.« Der Philosoph André Comte-Sponville geht noch weiter: Er meint, solange noch Hoffnung bestehe, könne es kein Glück geben.[3] Erst wenn man aufhört zu hoffen, um einfach zu genießen, kommt es herbei. Das scheint mir häufig nur die halbe Wahrheit zu sein. Auf die Zukunft zu hoffen kann uns nämlich auch glücklich machen, es darf uns aber nicht davon abhalten, die Gegenwart zu genießen. Was mir aber wahr zu sein scheint, ist, falls man sich entscheiden müsste, weil unser Geist nur zu einem von beidem fähig wäre, dann wäre es besser, *Genießen* statt *Hoffen* zu wählen. Doch unser Gehirn ist glücklicherweise von Natur aus zu beidem in der Lage – es liegt an uns, es regelmäßig zu trainieren.

Vier Lebensregeln Ich mag Weisheitsregeln, denn sie berühren mich. Ich reagiere auf sie immer so: Zuerst lobe ich sie, dann kritisiere ich sie. Wahrscheinlich, weil ich ein Grünschnabel in Sachen Weisheit bin (und es immer bleiben werde). Jedenfalls hat mir ein Freund neulich per Internet eine dieser Diashows mit schönen Fotos von indischen Weisen und schönen Sprüchen geschickt – Sie kennen das bestimmt. Darin wurde mir vorgeschlagen, vier Regeln der Weisheit zu befolgen, und zwar diese:

- »Jeder Mensch, den du triffst, ist der richtige Mensch.« Niemand tritt zufällig in dein Leben.
- »Es ist unwichtig, was geschehen ist: Es ist das Einzige, das geschehen konnte.« Alles, was dir widerfährt, ist gut, auch wenn es wider dein Ego, deine Logik oder deinen Willen ist.
- »Jeder Moment ist der richtige Moment.« Nichts geschieht dir zu früh oder zu spät, es geschieht genau dann, wann es geschehen muss, auch wenn es dich stört. Akzeptiere, was da ist.
- »Was vorbei ist, ist vorbei.« Bedaure nichts, lass die Vergangenheit los (vergiss sie nicht, aber lass sie los) und gehe vorwärts.

Es ist seltsam, wie mich diese starken Sätze berühren und über mein Leben nachdenken lassen konnten, auch wenn sie manchmal falsch oder nicht anwendbar waren. Jedes Mal hätte es mir viel Leiden und verlorene Zeit erspart, wenn ich nach diesen Grundsätzen gehandelt hätte. Aus diesem Grund kann ich sie auch niemals als Plattitüden betrachten, wie es manche bei diesen großen existenziellen Ratschlägen tun. Es gibt keine Plattitüden. Vielmehr sind unser Lebensdrang und unsere Neugierde manchmal erschöpft und wir sind überheblich oder blasiert; oft auch einfach nur schlecht gelaunt oder müde.

Vorbilder und Antivorbilder Lernen durch das Nachahmen von Vorbildern ist eine der mächtigsten Methoden, die es gibt. Das gilt besonders für das Glück und für unsere Fähigkeit, das Leben zu meistern.

Für Kinder sind Eltern, Lehrer und Freunde Vorbilder. Vor allem die Eltern natürlich, und sei es nur wegen der Zeit, die sie mit ihnen verbringen, und wegen ihrer symbolischen Bedeutung. Und was sie von ihnen über das Glück lernen, entnehmen sie natürlich nicht ihren Ratschlägen, sondern ihren Verhaltensweisen und ihren persönlichen Reaktionen. Man hört einem Vorbild nicht zu, man ahmt es nach.

Manche von uns hatten das Glück, glückliche Eltern an ihrer Seite gehabt zu haben und so im Kontakt mit ihnen verstehen zu können, was ein glückliches Leben ist – in allen Einzelheiten, in der Weise, wie man die schönen Momente auskostet und wie man den weniger schönen begegnet.

Andere lebten an der Seite von Eltern, die Schwierigkeiten mit dem Glücklichsein hatten (weil sie selbst zu schwere Kindheiten, zu harte Leben hatten). Als Kind versteht man die Fehler der Eltern im Umgang mit dem Glück kaum, weil es in der Gewohnheit des Unglücks stets eine gewisse Logik gibt. Diese Gewohnheit besteht in einer Umkehrung der Prioritäten: Es geht dann nicht mehr zuerst darum, Glück zu erstreben und auszukosten, sondern darum, in einer feindlichen Welt zu überleben. Aufmerksamkeit und Energie sind ganz auf dieses Ziel gerichtet. Wenn man heranwächst, versteht man, dass die Eltern auf dem falschen Weg sind, vor allem deshalb, weil man andere mögliche Vorbilder entdeckt. Unsere Eltern sind dann Antivorbilder geworden: Man liebt sie weiterhin, aber man möchte ihnen nicht mehr ähnlich sein.

Vorher und nachher Es gibt zwei Arten positiver Emotionen, die mit dem Glück zusammenhängen: die positiven Affekte vor Erreichen eines Ziels und die positiven Affekte nach Erreichen eines Ziels. Sie hängen von zwei verschiedenen Schaltkreisen im Gehirn ab. Und die ersteren sind stärker als die letzteren, was mit dem Überleben unserer Gattung zu tun hat: Die Motivation für das Erreichen eines Ziels ist wichtiger als die, das Erreichte auszukosten. Die Evolution interessiert sich nur für das Überleben der Gattung, nicht für das Glück der Individuen, die sie ausmachen.

Aus diesem Grund sind wir biologisch für die Suche nach Glück reichlich ausgestattet. »Das Glück ist die Suche danach«, schreibt Jules Renard. Hingegen sind wir viel weniger darauf programmiert, es auszukosten, worauf schon Shakespeare hinweist: »Das Glück erstirbt im Moment seines Genusses.«[4] Nun, dies alles sind nur Prädispositionen, von denen können wir uns natürlich freimachen. Nur weil wir biologisch darauf programmiert sind zuzuschlagen, wenn man uns unsere Banane oder unseren Imbiss wegnimmt, heißt das nicht, dass wir uns nicht beherrschen können. Das liegt an dem, was man (auf individueller Ebene) Erziehung und (auf kollektiver Ebene) Zivilisation nennt.

Vorsätze »Jetzt ist die Zeit für gute Vorsätze. Ich werde keine Gorillas mehr schlagen. Ich werde keine Kiesel mehr knabbern. Ich werde mit meinen beiden Beinen gehen. Das wird schwer, doch was wären wir, wenn wir nicht gelegentlich unseren Willen vor diese Herausforderungen stellen würden, die ihn stärken, indem sie ihn auf die Probe stellen?« Auf diese Weise macht sich der Schriftsteller Éric Chevillard in seinem Blog *L'Autofictif* über gute Vorsätze lustig. Ich mag die Neujahrsvorsätze trotzdem; sie bringen uns dem Handeln etwas näher, und es sind immerhin Vorsätze. Die wenigen Untersuchungen, die es zu diesem Thema gibt, zeigen übrigens, dass es trotz allem besser ist, Vorsätze zu haben, als völlig darauf zu verzichten nach dem Motto »Ich tue gar nichts, um an meinen Fehlern zu arbeiten, weder im Nachdenken noch im Handeln«[5]. Deshalb mache ich mich nicht darüber lustig und denke eher wie Jules Renard: »›Ich überbringe Ihnen meine Glückwünsche.‹ ›Danke. Ich werde versuchen, etwas daraus zu machen.‹«[6]

Vorschreiben oder verbieten Willst du als Mensch Fortschritte machen, begnüge dich nicht damit, gegen deine Fehler anzugehen, sondern entwickele auch deine Qualitäten. Untersuchungen über Tugenden in Bezug auf Verbote (»unerwünscht«) oder

Bestärkung (»erwünscht«) zeigen, dass restriktive Ansätze zwar Früchte tragen können (das Kind übernimmt die Werte, die von den Eltern oder vom Milieu angeboten werden), aber die Widerstandsfähigkeit einer Versuchung gegenüber nicht stärken.[7] Ein Beispiel: Statt ein Kind aufzufordern, nicht egoistisch zu sein (»das ist schlecht«), ist es besser, es in eine Situation zu bringen, in der es sich altruistisch verhält (Gutes tun). Das wird zum einen letztlich wirkungsvoller sein und zum anderen weniger psychische Energie kosten. Es ist nämlich einfacher, »Erwünschtes« zu tun als »Unerwünschtes« zu lassen.

Vorurteile und Geländewagen Ich habe Vorurteile. Jede Menge Vorurteile. Wie jeder, einverstanden, aber dennoch möchte ich lieber weniger haben. Geländewagen zum Beispiel. Ich gebe zu, dass die Fahrer von Geländewagen in meiner Wertschätzung weit unten rangieren; wenn sie sympathisch sind, ändere ich aber immerhin meine Meinung. Aber sie stehen für mich weiter unten als die Fahrer von Kleinwagen. Nun, Sie vermuten sicher, dass ich Ihnen jetzt eine Geschichte erzählen möchte. Richtig, hier ist sie.

Neulich, als ich in Südfrankreich einen Workshop für Kollegen leitete, kam der Freund, der mich vom Bahnhof abholte, in einem wunderbaren, enormen, funkelnden und gigantischen Geländewagen. Ich gestehe ihm meinen negativen ersten Eindruck. Er antwortet: »Ich weiß, ich weiß; ich lese gelegentlich deinen Blog« (ich habe in diesem Blog einige negative Postings über Geländewagen geschrieben[8]). Und er erzählt mir das Warum und Weshalb: Als Kind träumte er von Paris-Dakar, sah sich in der Fantasie als Ralleyfahrer. Nachdem er erwachsen und Arzt geworden war, machte er eines Tages einen fatalen Fehler, als er ein neues Auto brauchte: Er ging »nur, um mal zu schauen« zu einem Händler, der auf Geländewagen spezialisiert war. Verflixt, vorbei, reingefallen: Er ist mit einem großen Wagen wieder herausgekommen. Und er erzählt mir, dass er regelmäßig mit stechenden Blicken bedacht wird, dass ihn andere Autofahrer gereizt anherrschen. Dass man den Geländewagen nicht verzeiht, was man den Kleinwagen verzeiht: eine

Straße einige Minuten versperren, um Gepäck auszuladen, auf dem Bürgersteig parken. Sofort kommen aggressive Gedanken auf, und manchmal die Worte: »Die meinen, mit ihren fetten Kisten dürften sie alles!« Und er erzählt, wie er sich nun, da er sich kategorisch abgelehnt fühlt, bemüht, langsam zu fahren, Fußgänger vorbeizulassen, die Vorfahrt ohne Widerwillen zu gewähren und so weiter. Damit man ihm verzeiht, dass er in seinem großen Spielzeug herumfährt.

Ich höre ihm lächelnd zu. Nun, es ist wahr, alle Vorurteile sind zurückzuweisen; ich werde künftig versuchen, nicht zu schnell über diese Fahrer zu urteilen. Und wenn sie etwas tun, was mich ärgert, mich zu fragen: »Wenn sie in einem Kleinwagen säßen, würdest du dann das Gleiche sagen?«

Vorurteile (Rückfall) Gestern Vormittag ging ich in einer kleinen Straße über den Zebrastreifen (ich gebe zu, ohne auf die Ampel zu achten). Weit und breit kein Auto. Und dann plötzlich ein Geländewagen, der etwas zu schnell aus einer Kreuzung in der Nähe kommt und der bremsen muss, damit ich die Straße weiter überqueren kann. Die Fahrerin ist sauer, hupt und weist mit einer kurzen autoritären Geste auf die rote Fußgängerampel. Keine Beschimpfung oder allzu aggressive Geste. Dennoch ärgert mich das. Ja, mein erster Reflex ist Ärger: »Und du musst nur langsamer fahren«, sage ich mir. »Ich war immerhin schon auf dem Fußgängerweg, bevor du hier angerast kamst! Auch wenn Rot war. Ich bin nicht extra vor deine Räder gesprungen, um dich zu ärgern!«

Dann erinnere ich mich an meine guten Vorsätze zugunsten von Geländewagen (siehe oben) und ich sage mir, dass ich letztlich ja doch im Unrecht war. Und dass es einfacher ist, in der Stadt zusammenzuleben, wenn sich jeder an die Regeln hält. Und dass die Dame recht hat, auch wenn sie ein zu großes und angeberisches Auto fährt. Es tut mir leid, meine Dame, Sie haben recht, ich hätte nicht über die rote Ampel gehen sollen. Und wenn ich dafür angehupt werde, dann nehme ich das auf mich. Ich ertrage das. Es wäre aber viel cooler gewesen, wenn Sie mit einem strahlenden Lächeln auf die rote Fußgängerampel gewiesen hätten. Und zwar deshalb: Ich wäre für diese kleine »Zurechtweisung« empfänglicher gewesen, wenn Sie sie mir mit einem Lächeln statt mit Hupen und zusammengezogenen Augenbauen erteilt hätten.

Ich verlange zu viel? Vielleicht. Aber wenn das alle täten, wäre das Leben etwas schöner, überraschender und bereichernder, oder? Ich habe mir dann gesagt, dass, falls mir das noch einmal passieren sollte, ich mit gutem Beispiel vorangehen würde, ich würde der Dame ein kleines Zeichen meiner Zustimmung geben. Ich werde es versuchen. Und vielleicht hat sie bis dahin auch einen anderen Wagen.

W wie Wohlwollen

*Richte einen wohlwollenden Blick auf die Welt:
höre zu und lächele,
nimm dir Zeit, alle Zeit, um zu urteilen;
und dann handele.*

Waffenstillstand (Armistice[1]**)** Alice, 6 Jahre, die sich sehr für das Tagesgeschehen interessiert, aber manchmal die Dinge durcheinanderbringt, sagt am Abend des 11. November zu ihren Eltern und Brüdern, die zusammen zu Tisch sitzen: »Wisst ihr, warum die Leute heute durch die Straße marschiert sind und gestreikt haben? Nun, weil sie das Ende des Ersten Weltkriegs unterzeichnet haben!« Jedes Jahr, wenn die Feierlichkeiten und Ehrungen für die Toten des Ersten Weltkriegs anstehen, denke ich an das merkwürdige Glück der Überlebenden, die nach vier Jahren Gemetzel heimkehrten, ein Glück mit bitterem Beigeschmack. Das Glück, noch zu leben, zu seiner Familie zurückzukehren, das Singen der Vögel statt den Krach der Kanonen zu hören, in einem Bett zu schlafen statt im Dreck der Schützengräben. Aber dazu die ganze Traurigkeit, den Tod, das Gemetzel und die Absurdität gesehen zu haben, die ganze Schuld, zurückgekehrt zu sein, während andere dort blieben. An all dies denke ich, wenn ich diese alten Herren sehe, diese alten Kämpfer aus anderen Kriegen als dem Ersten Weltkrieg, wenn sie mit ernster Miene, ihren Medaillen und ihren Fahnen marschieren. Wie haben sie es geschafft, nach dem Schrecken wieder glücklich zu werden?

Wahrheit Für den Philosophen zählt eine schmerzhafte Wahrheit mehr als eine tröstliche Lüge. Was mich angeht, ich habe Schwierigkeiten mit dieser Position, von der ich jedoch zugebe, dass sie schwerlich zu widerlegen ist. Es liegt daran, dass ich ein unverbesserlicher Kümmerer bin. Mein geliebter André Comte-Sponville hat es auf ideale Weise (und nett) zusammengefasst, als er über diese Meinungsverschiedenheit zwischen uns sprach:

»Christophe möchte als guter Arzt, dass seine Patienten oder Leser gesund werden; ich möchte, dass die meinen der Wahrheit, der Hellsichtigkeit, der Weisheit ein wenig näher kommen. Nun gibt es Lügen oder Illusionen, die wohl tun, und Wahrheiten, die weh tun. Deshalb zählt für den Philosophen eine Wahrheit, die weh tut, mehr als eine Illusion, die wohl tut, und eine Wahrheit, die einen tötet, zählt mehr als eine Lüge, die zu leben hilft (unter der Bedingung, dass sie nur mich tötet!). Für einen Arzt ist das gezwungenermaßen anders. Dies bestätigt nur, dass Philosophie und Medizin zwei unterschiedliche Sichtweisen haben, beide aber gleichermaßen legitim und notwendig sind. Viele Leute erwecken die Illusion, dass im Zuge einer ›persönlichen Entwicklung‹ Philosophie und Medizin ein und dieselbe Sache werden können, dass die Philosophie heilen und die Gesundheit die Weisheit ersetzen kann. Ich glaube das nicht.«[2]

Walden »Als ich die folgenden Seiten, oder vielmehr den größten Teil derselben schrieb, lebte ich allein im Walde, eine Meile weit von jedem Nachbarn entfernt in einem Hause, das ich selbst am Ufer des Waldenteiches in Concord, Massachusetts, erbaut hatte, und erwarb meinen Lebensunterhalt einzig durch meiner Hände Arbeit. Ich lebte dort zwei Jahre und zwei Monate. Jetzt nehme ich wieder am zivilisierten Leben teil.«[3]

So beginnt *Walden*, die autobiografische Erzählung des amerikanischen Schriftstellers Henry Thoreau, das man wie eine mitreißende Abhandlung über das Glück durch den Verzicht auf alles, was nicht zwingend erforderlich ist, lesen kann. Ein Dach über dem Kopf, zu essen haben und gelegentlich anderen Menschen begegnen, vor allem aber die alltägliche Begegnung mit der Natur: Das machte Thoreaus Leben während der zwei Jahre aus, in denen er in den Wäldern lebte. Und die ihn zutiefst und auf stille Weise glücklich machten. Dieses Kultbuch hat Generationen von Lesern, von Proust bis Gandhi, fasziniert und ist nach wie vor eine Inspirationsquelle für zeitgenössische Umweltschutzbewegungen und ihren Kult des »glücklichen Wachstumsrückgangs«. Ich liebe es von Anfang bis Ende, und der letzte Satz der Erzählung (vor dem Schlusskapitel), ist von beispielhafter Nüchternheit: »Mein erstes Jahr in den Wäldern war verstrichen. Ihm ähnelte das zweite. Ich verließ Walden schließlich am 6. September 1847.«

Walhalla Das Paradies der Wikinger. Nur interessant, wenn man ein tapferer und aggressiver Krieger ist und in der Schlacht fällt. In der Walhalla isst man Wildschwein, man schlägt sich jeden Morgen bis auf den Tod; darauf wird man von Odin wieder zum Leben erweckt und schlemmt den Rest des Tages. Wenn man so etwas mag …

Wall Street »Ich bin auf der Terrasse mit einer Ameise um die Wette gelaufen, und ich habe verloren. Dann habe ich mich in die Sonne gesetzt und an die milliardenschweren Sklaven von der Wall Street gedacht.« Diese herrliche Szene über das Glück des einfachen Lebens und die Entfremdung beim Rennen nach dem Reichtum stammt von Christian Bobin.[4]

Wann bin ich wirklich ich selbst? Ist das in meinen glücklichen Momenten? Fühle ich mich eher als ich selbst, wenn ich glücklich bin? Offenbart mir das Glück alles, wonach ich strebe und womit ich mich identifiziere?

Oder ist das Unglück meine Offenbarung? Fühle ich mich mir selbst näher, wenn ich grübele, ärgerlich oder ängstlich bin?

Man muss auf diese Art von Fragen nicht antworten, man kann sich sagen, dass letztlich Glück und Unglück die verschiedenen Gesichter offenbaren, die in uns sind – denn da ist was Wahres dran.

Aber das ist nur ein Aufschub. Die folgende Frage lautet nämlich dann: Welches dieser Gesichter ziehe ich vor? In welchem dieser Zustände möchte ich in meinem Leben so oft wie möglich sein?

»Was hast du heute für andere getan?« Eine Freundin hat mir neulich ein Zitat von Martin Luther King geschickt, einer meiner Lieblingspersönlichkeiten (sein Foto hängt an der Wand über meinem Schreibtisch): »Die beständigste und wichtigste Frage im Leben lautet: Was tust du für andere?« Als ich den Satz an jenem Tag lese, berührt er mich und macht mich betroffen. Er bewirkt in mir diese Verstörung, die ich so liebe: den Übergang vom Wissen zum Tun. Wenn ich ihn lese, frage ich mich nicht: »Weiß ich das?«, sondern: »Tue ich das?«. Die Worte Martin Luther Kings sprechen mich nicht nur intellektuell an (»Oh, ja, das stimmt, das ist wichtig«), sondern sie lassen mich den ganzen Tag nicht los, sodass ich mir sage: »Und du? Was hast du heute für andere getan?« Einige Tage lang stelle ich mir regelmäßig vor dem Einschlafen diese Frage. Das Ergebnis ist sehr interessant für mich.

Zuerst habe ich den Eindruck, dass das eine sehr einfache Aufgabe ist, dass unser Leben uns jeden Tag die Möglichkeit gibt, viel für andere zu tun: Tausend und eine Geste, Worte des Trostes, der Hilfe, der Freundlichkeit. Doch mein Fall verfälscht die Sache. Ich habe das Glück, Arzt zu sein. Trösten, zuhören, beruhigen, pflegen sind normal an den Tagen, an denen ich im Krankenhaus praktiziere; an manchen Tagen ermüdet mich das und fällt mir etwas schwer, doch insgesamt ist es für mich ein Segen, diesen Beruf auszuüben, in dem ich anderen helfen kann. Ein anderer Glücksfall besteht für mich darin, Autor sein und durch meine Schriften helfen zu können. Als einen weiteren Glücksfall sehe ich meine Familie und Freunde an, ich bin ihnen gern zu Diensten, so gut ich kann. Viel zu leicht also, all das. Denn wenn ich einmal die Hilfe, die ich als Arzt, Autor, Familienvater und Freund anbiete, beiseite lasse, erkenne ich, dass es komplizierter ist, dass es Hilfe gibt, bei der man sich Mühe geben muss, um sie über die gewohnten Beziehungskreise hinaus zu tragen. Und dies ist im Alltag schwer zu leisten, es ist schwer, sich zu sagen: »Was hast du heute für andere getan? Für andere, die du überhaupt nicht kennst? Nicht für einen Verwandten, einen Nachbarn, einen Kollegen, einen Patienten, einen Leser, sondern für einen vollkommen Unbekannten?« Und nun sind meine Gewissheiten weg und mein Selbstbewusstsein ist erschüttert.

Um mich zu trösten, sage ich mir, dass es trotzdem schon gut ist, was ich regelmäßig tue: gern oder so gut ich kann in meinem Umfeld helfen, den Menschen, die ich kenne oder denen ich begegne. Doch gibt es Menschen, die mehr für ihresgleichen tun. Nun steigt meine Bewunderung für jene Ehrenamtlichen und Heiligen, ob berühmt oder anonym, für jene, die auf den Straßen des Lebens nach Verzweifelten suchen, um sie zu retten, steil an. Und meine abendliche Übung: »Was hast du heute für andere getan?« wird weniger angenehm, verstörender. Bin ich heute über meine Gewohnheiten, über meine bekannten Kreise hinausgegangen? Werde ich das in den nächsten Tagen tun?

Ich weiß es nicht, ich bin kein Heiliger, nur ein Mensch, der an manchen Tagen etwas müde ist. Doch hoffe ich, dass ich die Kraft und die Beharrlichkeit dafür haben werde.

Weisheit Es gibt enge Beziehungen zwischen Weisheit und Glück. Insbesondere diejenige, die mein Freund, der Philosoph André Comte-Sponville, betont, der Weisheit als »maximales Glück bei maximaler Hellsichtigkeit«[5] definiert. Sich so glücklich wie möglich zu machen, jedoch ohne die Wirklichkeit aus den Augen zu lassen, ohne sich selbst über sie zu belügen, ohne zu vergessen, sich in der Vorstellung von Unglück zu üben und sich auf sein Eintreffen vorzubereiten. Jedes Streben nach Glück muss auf ein hellsichtiges Glück zielen.

Weltuntergang Als ich einmal aus dem Urlaub heimkehrte, habe ich den Terminkalender meines Mobiltelefons durchgeblättert, um mir in Erinnerung zu rufen, was mich bei der Arbeit erwartet. Als ich die Termine zerstreut durchgehe, finde ich in der Liste ein merkwürdiges Datum: ein Eintrag für das Jahr 2068! Wow. Was ist denn das? Ich werde dann über hundert Jahre alt sein! Ganz sicher ein Fehler. Ich öffne den Termin und lese: »1. Dezember 2068, 18 Uhr: Weltuntergang.« Ok, ich habe verstanden, das ist wieder ein Coup meiner Töchter. Sie stibitzen mir immer wieder mein Handy, um Scherze, falsche Nachrichten, falsche Termine oder Fotos mit verrückten Grimassen darauf zu speichern. Doch was den Weltuntergang angeht, hat noch keine ihre Tat zugegeben. Nun, man weiß nie: Falls Sie vom Alter her dann betroffen sind, gebe ich Ihnen hiermit die Info weiter. Für alle Fälle.

Werbung Was für eine seltsame Welt, in der wir leben! Neulich stieß ich auf eine Reklame für eine Luxus-Kreditkarte, die ihrem Inhaber den Zugang zu einem ganzen Haufen Vorteile ermöglicht, darunter dieser: »Die exklusive Schneeausfallgarantie«, die die ganze Familie entschädigt, »wenn an zwei aufeinanderfolgenden Tagen zu wenig Schnee liegt oder wenn aufgrund schlechter Wetterbedingungen mindestens 50 Prozent der Skilifte oder der Pisten für mindestens fünf Stunden geschlossen werden.« Ich habe nichts gegen Versicherungen, und ich verstehe gut, dass es ärgerlich ist, wenn man sich durch den großen winterlichen Almaufrieb einen Weg bis zu einem fernen Gebirge bahnt und dann nicht Ski laufen kann. Aber jetzt bin ich doch perplex. Haben wir denn nichts Wichtigeres zu versichern als unsere Frustration? Wohin führen uns solche Angewohnheiten? Wenn wir eines Tages in der Lage sind, das Wetter zu steuern und es nach Belieben schneien zu lassen, wären wir dann versucht, dies nur für unser Vergnügen zu tun? Es ist beunruhigend, was das Auftauchen solcher Versicherungen erahnen lässt. Oder ich werde zu einem alten Griesgram, der über sein Zeitalter schimpft. Das ist auch möglich. Ich denke jedenfalls noch einmal an den Slogan vom Mai 68 zurück: »Hemmungslos genießen«. Durch die Werbung in unserer Hyperkonsumgesellschaft wird das wieder aufgegriffen: »Seien Sie versichert, dass Sie hemmungslos genießen können.« Wir werden bald Slogans erleben wie etwa das versicherte Glück, das garantierte Glück. Aber nein, ich vergaß: Das gibt es ja schon!

Wert Ein Wert ist ein existenzielles Ziel, dem wir Priorität einräumen oder das wir sogar zu unseren alltäglichen Prioritäten zählen: Liebe, Teilen, Gerechtigkeit, Großzügigkeit, Wohlwollen, Einfachheit, Aufgeschlossenheit, Solidarität, Respekt vor der Natur, Respekt vor Tieren, Offenheit und so weiter. Im Einklang mit unseren Werten zu handeln und sie zu fördern, macht uns glücklich, ganz gleich, was geschieht, auch wenn unsere Verhaltensweisen nicht belohnt oder anerkannt werden. Alle Untersuchungen zeigen, dass es auf lange Sicht glücklich macht, seine Werte zu leben.

Wetter Welchen Einfluss hat das Wetter auf unsere Gemütszustände? Die meisten wissenschaftlichen Studien stimmen mit unserer Intuition überein: Sonnenschein hebt leicht unser Wohlbefinden. Sonnenschein, nicht unbedingt die Temperatur. Bei schönem Wetter verzeichnet man weniger Zugänge in den psychiatrischen Notaufnahmen der Krankenhäuser und vermehrt altruistische Verhaltensweisen: Man erwidert häufiger ein Lächeln in der Öffentlichkeit, man gibt mehr Trinkgeld, man nimmt eher Tramper mit.[6] Andere Untersuchungen kommen hingegen zu dem Ergebnis, dass meteorologische Faktoren kaum Einfluss auf unsere Daseinszufriedenheit haben.[7] Die Erklärung dafür ist, dass es unterschiedliche Persönlichkeitsprofile gibt. Manche Menschen sind »wetterfühlig«, manche sind es kaum. Es scheint, dass es in Bezug auf die unterschiedlichen Wetterbedingungen grob vier Typen von Menschen gibt:[8] diejenigen, denen das Wetter egal ist; die Therophilen (oder *summer lovers*, denen es bei Sonne und Wärme viel besser geht); die Therophoben *(summer haters,* denen es eher schlechter geht, wenn es zu schön und zu warm ist); und die Ombrophoben *(rain haters;* deren Stimmung bei Regen schlechter wird). Was nützt das alles, wo wir das Wetter doch nicht ändern können? Dazu, unsere Stimmungsschwankungen besser zu verstehen und entsprechend zu handeln. Wenn wir aufgrund des Wetters nicht in Stimmung sind, kann es passieren, dass wir den ganzen Rest unseres Lebens grübeln. Wenn man dies weiß, kann man sich sagen: »Ok, ist gut, du weißt, warum du mürrisch bist, mach das jetzt nicht schlimmer; beurteile nicht dein Leben, tu, was du tun musst, warte darauf, dass die Sonne wieder scheint, und das ist auch schon alles.« Außerdem sollte man bedenken, dass diese Einflüsse, wie wir gesehen haben, geringfügig sind. Es braucht nur ein anderes günstiges Ereignis, um sie umzukehren; ein Grund mehr, sich kleine Freuden zu gönnen, wenn das Wetter deprimierend ist!

Widerstandsfähigkeit Es geht nicht nur darum, Schicksalsschläge zu überleben, sondern auch darum, anschließend auch wieder glücklich werden zu können. Zunächst muss man daran arbeiten, sich wieder ein Recht darauf zu gewähren; anschließend daran, sich die Lust darauf zu gestatten.

Widmung Ich bin auf einer kleinen Rundfahrt durch Frankreichs Büchereien, um anlässlich des Erscheinens eines meiner Bücher meinen Lesern zu begegnen. Ich mag das sehr, meinen Lesern zu begegnen und mit ihnen ein wenig zu plaudern. Auch wenn es gezwungenermaßen nur kurz ist, versuche ich dabei, so präsent und ernsthaft wie möglich zu sein. So werden viele kurze Begegnungen und Gespräche möglich, die stets angenehm und interessant sind, manchmal auch bewegend und faszinierend. Denn früher oder später geschieht immer etwas Starkes, etwas, das aus dem Rahmen des Üblichen oder Vorhersehbaren fällt.

Dieses Mal passiert es, als ich mit einer etwas merkwürdigen, aber sehr freundlichen Dame plaudere. Nachdem sie mir erzählt hat, wie sehr sie sich manchmal allein fühlt, bittet sie mich, mein Buch ihrer Tochter und ihr zu widmen. Ich gehorche und frage sie ein wenig nach dieser Tochter, ob sie Psychologie mag und so weiter. Auf diese Fragen hin erklärt sie mir nach einem Augenblick, dass ihre Tochter schon vor langer Zeit gestorben sei, dass sie vor Kummer fast verrückt geworden wäre und dass diese Widmung eine Möglichkeit sei, die Erinnerung an sie lebendig zu halten. Ich bin wie versteinert und weiß nicht, was ich sagen oder tun soll, außer den Kopf zu schütteln und zu wiederholen: »Es tut mir leid, es tut mir leid.« Sie aber sieht nicht betrübt aus, sondern erfreut wegen der Widmung und unseres Gesprächs, ein wenig abwesend, mit einem Ausdruck ruhigen Schmerzes und den Gedanken von Menschen, deren Leben nie so sein wird wie das der anderen, die niemals ein Kind verloren haben. Dann geht sie, mit ihrem Buch unter dem Arm, ihrer Tochter in ihrem Kopf und in ihrem Herzen. Ich fahre mit meinen Widmungen fort, etwas verstört und leicht erschüttert. Erfreut, dass ich sie getroffen habe, und in der Hoffnung, dass mein Buch ihr hilft. Und in dieser Art von besonderem Gemütszustand, der aus uns Menschen macht: Ich bin weder glücklich noch unglücklich, oder besser, ich bin beides zugleich.

Wiederfinden Es gibt Glück, das mit Überraschung und Ungewissheit verbunden ist. Es gibt aber auch das sanftere Glück, wieder anzutreffen, was man bereits kennt und was uns berührt oder manchmal auch erschüttert: regelmäßig an einen Ort zurückkehren, den man liebt, regelmäßig Freunde wiedersehen, die weit entfernt leben. Wir brauchen nicht nur Neues, manchmal genügen einfache Orientierungspunkte, an denen wir überprüfen, ob sie noch da sind, um uns Freude zu machen.

Winter Er bringt uns jedes Jahr das kindliche Erstaunen wieder, die Magie, durch einen entlaubten und eisigen Wald zu gehen, mitten im Winter, und sich zu sagen, dass er bald wieder grün werden und von den Lauten der Insekten und Vögel vibrieren wird. Es ist die Hoffnung auf den Frühling, die die Schönheit des Winters weniger furchterregend macht.

Wintersonnenwende Dieser Zeitpunkt des Jahres, im Allgemeinen der 21. Dezember, an dem der Tag nicht mehr kürzer und die Nacht nicht mehr länger wird: Ab dem nächsten Tag nimmt die Helligkeit zu und die Dunkelheit wird kürzer. Dieser Übergang erfreut mich jedes Jahr wieder. Mitten im Winter gibt sich die

Sonne Mühe, uns dabei zu helfen, den Frühling zu erwarten. Sie wird uns Licht spenden, damit wir die Kälte besser ertragen. Nur einige Minuten mehr jeden Tag, unmerklich. Doch das Wissen darum ist köstlich. Es ist häufig so in unserem Leben: Das Ende unserer Leiden hat mitten im Sturm, den wir durchqueren, bereits begonnen. Das Licht der Morgendämmerung beginnt in der Dunkelheit. Verzweifle niemals.

Wissenschaft Das Glück wissenschaftlich zu erforschen, läuft das nicht darauf hinaus, es zu entzaubern? Ich glaube das nicht, und ich bin in dieser Hinsicht der gleichen Meinung wie der Neurobiologe Antonio Damasio: »Indem wir die Geheimnisse des Geistes aufdecken, nehmen wir ihn als den am höchsten entwickelten Komplex biologischer Phänomene in der Natur wahr und nicht mehr als ein unergründliches Mysterium. Trotzdem wird der Geist die Erklärung seines Wesens überleben, ebenso wie eine Rose weiter duftet, wenn die Molekülstruktur ihres Duftes bekannt ist.«[9] Philosophie und Positive Psychologie schlagen zwei kompatible, aber nicht identische Interpretationen der Funktionsweise des menschlichen Geistes vor. Und jede behält ihren eigenen Reiz und ihren eigenen Zweck. Und das Glück seine Poesie.

Wohlbefinden Dies ist eine animalische, eine körperliche Empfindung, die entsteht, wenn man nirgendwo Schmerzen hat, wenn man sich an einem angenehmen und bequemen Ort befindet, sich in Sicherheit fühlt, satt ist und sich in Gegenwart von wohlwollenden Artgenossen befindet. Das ist schon gar nicht so schlecht! Den Tieren genügt das im Allgemeinen. Dem Menschen nicht immer, denn er kann zwischen zwei Möglichkeiten wählen. Zwischen der quantitativen, indem er versucht, dieses Wohlbefinden noch zu steigern oder zu verlängern, indem er sich auf eine äußerliche Suche nach immer neuen und zahlreicheren Vergnügungen begibt. Und der qualitativen, indem er sich nach innen wendet: sich dieses Wohlbefindens bewusst wird und es in

Glück transzendiert. Diese Erfahrung wird dann markanter, bedeutender; wahrscheinlich wird sie auch gründlicher erinnert (wo das Wohlbefinden häufig verblasst und in Vergessenheit gerät). Hier kann man eine der großen Übungen der Positiven Psychologie machen: die Augenblicke des Wohlbefindens auskosten und sich ihrer bewusst werden. Aller? Vielleicht nicht, es gibt auch andere Ziele im Leben als Glück. Aber je mehr desto besser.

Wohlwollen Es bedeutet, bei den anderen und für die anderen Gutes sehen wollen. Es bedeutet, die Welt mit freundschaftlichen Augen zu sehen: niemals aus dem Blick zu verlieren, was es an Gutem, Zerbrechlichem und Berührendem bei den Menschen gibt. Nicht bei Ärgerlichem oder Enttäuschendem stehen zu bleiben, sondern darüber hinausgehen. Wohlwollen ist der Blick, der den Panzer der schlechten Manieren und der üblen Angewohnheiten, der Verbote und Provokationen durchbohrt, um in das Herz der anderen und ihrer Zerbrechlichkeit zu dringen. Es schiebt den Deckmantel der Leiden oder Glaubensüberzeugungen beiseite, mit denen die Menschen sich schmücken, um stärker oder klüger zu erscheinen. Wohlwollen ist eine existenzielle Entscheidung: die Entscheidung, auf das Leben zuzugehen, um seine guten Seiten zu sehen. Das heißt nicht, *nur* seine guten Seiten, sondern *vor allem* seine guten Seiten.

Wohlwollen ist die beste Grundlage für die Begegnung mit der Welt und ihren Bewohnern. Wohlwollen verhindert jedoch nicht die kritische Einstellung. Wichtig ist aber, dass es am Anfang steht, anders als bei den Griesgrämigen, die stets von einer kritischen und feindseligen Sicht der Welt ausgehen. Achtung: Wohlwollen ist nicht Toleranz gegenüber dem, was uns stört. Es bedeutet nicht Neutralität, sondern Großzügigkeit, nicht Rückzug, sondern Fortschritt.

Übungen für das Wohlwollen: Um Wohlwollen zu trainieren, beginnen Sie an Tagen, an denen Sie guter Laune sind, mit etwas, das Sie wenig ärgert. Dann steigern Sie die Schwierigkeit. Der Höhepunkt wäre, auch dann Wohlwollen zu empfinden, wenn Sie gereizt und überhaupt nicht in Form sind. Ich selbst habe das nie erreicht: Ich beschränke mich dann darauf, still zu sein und zu lauschen.

Wölfe Ein Sioux-Großvater erklärte seinem Enkel das Leben: »Weißt du, in unserem Geist stehen sich ständig zwei Wölfe gegenüber. Der eine ist schwarz, das ist der Wolf des Hasses, des Zorns, des Pessimismus; der Wolf des Unglücks. Der andere ist weiß, das ist der Wolf der Liebe, der Großzügigkeit, des Optimismus; der Wolf des Glücks.« »Und welcher gewinnt am Ende?«, fragte das Kind. Was glauben Sie, hat der Großvater geantwortet? Und was hätten Sie selbst geantwortet? Hier auf jeden Fall die Antwort des alten Sioux (wirklich ein weiser Mann!): »Gewinnen tut immer der, den wir am meisten gefüttert haben.« Welchem dieser beiden Wölfe, die in uns sind, geben wir jeden Tag, in jedem Augenblick unseres Lebens am meisten zu fressen?

Wolken Man vergleicht häufig Sorgen mit Wolken, die den Himmel trüben. Man kann Wolken aber auch anders sehen, wie der Dichter Christian Bobin: »Ich bewundere jeden Tag, wenn ich hinausgehe, das große Vertrauen der Wolken, ihre unermüdliche Arglosigkeit, mit der sie über unsere Köpfen ziehen, als sei der Vorrat an Gutem unendlich viel größer als der an Schlechtem.«[10]

Worry Eine Freundin hat mir neulich einen Schlüsselanhänger geschenkt, auf dem diese Maxime steht, die zu mir passt (daher das Geschenk): »*Live. Believe. Worry a bit.*« Eigene Übersetzung: »Vergiss nicht zu leben. Behalte deinen Glauben. Mach dir ein ganz klein wenig Sorgen.« Das erinnert an ein Kochrezept mit einer Hauptzutat (leben), einer zweiten Zutat (glauben) und einem Gewürz, das dem Ganzen mehr Geschmack verleiht und daher unverzichtbar und nützlich ist, vorausgesetzt es wird nur in kleinen Dosen zugegeben (sich Sorgen machen). Ein Rezept mit Proportionen, die mir sehr gut gefallen.

Worte, Worte Sie sind nicht unbedeutend, überhaupt nicht. Unsere Worte sind mit unseren Empfindungen verbunden. Manchmal verraten sie sie: Das sind die Versprecher. Manchmal übersetzen sie sie: Was wir sagen, und vor allem die Weise, in der wir es sagen, spiegelt, ohne dass wir es wirklich bemerken, unsere Weltanschauung und unser emotionales Gleichgewicht wider. Eine schöne Studie, die mit 299 Psychotherapie-Patienten durchgeführt wurde, hat gezeigt, dass ihre Ausdrucksweise sich mit ihren Fortschritten veränderte.[11] Man hatte sie gebeten, einen kurzen Text nach dem folgenden Muster zu verfassen: »Versuchen Sie, Ihr Leben zu beschreiben: Was für ein Mensch sind Sie? Wie sind Sie dazu geworden? Wie läuft es im Augenblick bei Ihnen? Was erwarten Sie nun?« Drei Versionen dieses Textes (vor der Psychotherapie, nach einem Jahr und nach zwei Jahren) wurden durch eine Computeranalyse-Software gejagt. Die Ergebnisse waren eindeutig: Die Fortschritte, die die Patienten in der Therapie erzielten, gingen mit messbaren Veränderungen in ihrer Sprache einher. Manche dieser Veränderungen waren vorhersehbar und erwartungsgemäß. Zum Beispiel verwendeten die Patienten, je mehr sie sich erholten, in ihren Erzählungen umso weniger Worte, die negative Emotionen beschreiben, und sie drückten umso mehr positive Emotionen aus, was eine Neuausrichtung ihres emotionalen Gleichgewichts verriet. Ebenso zeigt sich ihre bessere Befindlichkeit durch Verben, die weniger häufig in der Vergangenheits- oder in der Zukunftsform, sondern häufiger in der Gegenwartsform standen, was von einer gesteigerten Fähigkeit zeugt, den gegenwärtigen Augenblick zu genießen, statt in die Zukunft zu blicken oder nachzugrübeln. Es gab aber auch unerwartete Ergebnisse. Dieses zum Beispiel: Das bessere Befinden ging mit einer abnehmenden Verwendung von »ich« und den Pronomen für die erste Person einher, was einer zunehmenden Fähigkeit entsprach, sich zu dezentrieren, sich zu vergessen und sich dafür mehr für seine Umgebung zu interessieren. Oder dieses: weniger negative Formulierungen (»nicht ...« usw.), was den Autoren der Studie zufolge den Rückgang des Gefühls verriet, Chancen vergeben, Verzicht, Verluste oder Niederlagen erlebt zu haben, die in den Lebensläufen dieser Menschen so häufig auftreten. Zumindest zeigen sie eine geringere Fokussierung auf diese unvermeidlichen Misserfolge im Alltag. Diese Ergebnisse sind sehr informativ. Wir sind auf dem richtigen Weg, wenn wir uns erstens bemühen, uns nicht auf uns zu konzentrieren, sondern uns so gut wir können für unsere Umwelt zu öffnen; und zweitens unablässig zur »Gegenwärtigkeit der Gegenwart« zurückzukommen, während unsere Grübeleien und Sorgen uns unablässig davon entfernen; und wenn wir drittens wieder und wieder, so gut uns unser Leben dies erlaubt, so viele positive Emotionen wie möglich kultivieren.

Wünsche Glück hängt nicht immer an der Befriedigung unserer Wünsche. Manchmal kommt es über uns, wenn wir nichts verlangt, nichts gesucht und nichts erhofft haben. Manchmal stellt uns auch die Erfüllung unserer Wünsche nicht zufrieden: Das ist das traurige Glück eines verdorbenen Kindes, das, kaum dass es etwas bekommen hat, schon wieder um etwas Neues bettelt. Es ist dem chronischen und schrecklichen Juckreiz der Unzufriedenheit ausgeliefert. Wenn uns das Wünschen glücklicher macht als das Genießen, haben wir in Sachen Glück noch Arbeit vor uns.

X wie anonym

Unglück bringt schöne Romane hervor,
Leben, die interessant zu erzählen aber nicht zu erleben sind.
Glückliche Leben sind langweilig?
Natürlich nicht: Sie sind fröhlich und still.

X Das ist der Buchstabe für Anonymität. Ich habe Glück, ich sehe mich häufig anonymen freundlichen Gesten meiner Leser und Leserinnen gegenüber. Ich erinnere mich, wie mir in einer Novemberwoche 2011 zwei zuteil wurden, als seien sie vom Himmel gefallen. Die erste war eine große Postkarte mit einer Abbildung von Claude Monets *Jardin de Vétheuil;* eine Leserin, die mit Georgette, ihrem Nachnamen und dem Namen ihrer Stadt (in der Schweiz) unterschrieb, dankte mir sehr freundlich für die Hilfe, die ihr mein Buch *Die Launen der Seele* geboten hatte. Sie gab mir aber nicht ihre Anschrift. Die zweite war ein Umschlag, der auf dem Tisch lag, auf dem ich anlässlich einer kleinen Tagung mit Matthieu Ricard meine Bücher signierte. Ich habe ihn erst bemerkt, als alle Leute gegangen waren: Er lag da, mit meinem Namen darauf, drauf und dran vergessen zu werden. Er enthielt eine CD und zwei Postkarten, auf denen man mir für meine Bücher dankte. Die CD war eine Sammlung von Musikstücken, die seit Jahren die Gemütszustände dieser bis zur Unsichtbarkeit diskreten Leserin begleitet hatten. Auch hier keine Anschrift, nur ein Vorname, Sandrine. Beide Male rührten mich diese Worte und diese Gesten. Und bewegten mich durch ihre Anonymität. So sehr, dass ich mich etwas unwohl fühlte, weil ich mich nicht dafür bedanken konnte. Ich habe mich gefragt, was wohl die Gründe für dieses Verstecken waren: Waren sie so an Anonymität gewöhnt, war es ein schmerzhafter Verzicht, ein Reflex, andere nicht zu stören? Anonym, damit ich nicht gezwungen war, zu antworten und mich zu bedanken? Oder ein Vorgehen aus reiner Demut: nur danken, ohne etwas im Gegenzug zu erwarten. Ein Vorgehen aus Klugheit, um des Vergessens und der Selbsterleichterung willen? Mich hat solches Sich-Zurücknehmen (von dem ich noch weit entfernt bin) immer fasziniert. Und es hat mich glücklich gemacht, dass meine beiden Leserinnen auf diesem Weg weiter waren als ich.

Vielen Dank an Georgette und Sandrine für diese Lektion.

X in Aktion Freundliche Handlungen völlig anonym auszuführen ist eine gute Übung in Positiver Psychologie. Es ist sehr gut für den Menschen, der die Geste ausführt und natürlich auch für denjenigen, der davon profitiert; es ist schön sich zu sagen, dass es Menschen gibt, die unser Bestes wollen, nicht unsere Anerkennung, die sie jedenfalls nicht direkt ausgedrückt bekommen wollen. Man kann zum Beispiel ein Trinkgeld geben (nur, wenn man mit dem Service zufrieden ist), auch wenn man nie wieder in das Restaurant oder in die Bar zurückkommen wird. Das Kriterium darf nicht der Nutzen sein (»Wenn ich ein Trinkgeld gebe, werde ich gut angesehen, und das ist gut, wenn ich wiederkomme«), sondern die Freude, die man anderen macht. Ein amerikanischer Kollege erzählte, dass er gelegentlich, wenn er guter Laune ist, die Autobahngebühren für den Fahrer hinter ihm bezahle. Ohne diesen Menschen jemals gesehen zu haben, ohne jemals Dank dafür zu erhalten. Anonym Gutes tun, das ist gut, um seine Stimmung zu verbessern und die Welt schöner zu machen: Zurücknahme des Ego in die Tugend, zum Vorteil der Gemeinschaft.

Xenismus Der Begriff bezeichnet ein aus einer anderen Sprache entliehenes Wort, das unverändert übernommen wurde. Es ist überraschend, wie viele Xenismen es im Vokabular des Wohlbefindens und des Glücks gibt, hier drei Beispiele: *cool, zen, top*. Könnte das darauf hindeuten, dass wir uns das Glück oft nicht zutrauen?

Xerophil Eine xerophile Pflanze kann an trockenen Standorten wachsen. Das Glück muss auch gelegentlich xerophil sein, wie ein Kamel, und sich mit wenig begnügen. Das nennt man im Leben »durch die Wüste gehen«. Wenig Anerkennung, wenig Erfolg, manchmal auch wenig Liebe und Zuneigung (was der weitaus schlimmste Mangel ist). Dann dürfen wir nicht vergessen, glücklich zu sein und uns trotz allem an ganz kleinen Glücksmomenten zu erfrischen.

Y wie Yin und Yang

Glück im Unglück: wenn man dich tröstet.
Unglück im Glück: der letzte Sommertag.
Beide folgen einander und bereichern dein Leben.
Alles ist gut.

Yacht An manchen Tagen hätte ich gern eine Yacht. Das passiert mir nicht oft, nur wenn ich im Sommer über die Stege eines Yachthafens gehe. In solchen Momenten habe ich auch Lust, meinen Aperitif auf der Brücke meines schönen Bootes zu nehmen, vor der untergehenden Sonne, beim Klackern der Wanten in der lauen Luft der nahen Sommernacht. Aber das ist schnell wieder vorbei. Und es tut mir nicht weh. Es macht mich glücklich, einige Minuten von diesem Luxus zu träumen, und hinterlässt keine Bitterkeit in mir. Die Reichen beneiden? Hören wir zuerst, was der heilige Augustinus sagt: »Die Reichen: man sieht wohl, was sie besitzen, aber nicht, woran es ihnen mangelt.«

Yin und Yang Die zwei großen Prinzipien, die der chinesischen taoistischen Philosophie zufolge die Welt regieren. Sie ergänzen sich gegenseitig und sind völlig abhängig voneinander (das eine kann ohne das andere nicht sein). Yin entspricht dem weiblichen Prinzip, Yang dem männlichen. Die Positive Psychologie hat die Lehre des Tao übernommen und weist darauf hin, dass mitten im Glück Unglück auftreten kann und umgekehrt. Das Leben sorgt regelmäßig dafür, dass sich beide nicht nur abwechseln, sondern dass sie miteinander verschränkt sein können.

Manchmal gibt es Glück im Unglück, zumindest mit der Zeit: Was heute wie eine Niederlage aussieht, kann sich morgen als

Chance erweisen. Oder man empfindet bei der Beerdigung eines Angehörigen im Unglück der Trauer das Glück, mit anderen lieben Menschen zusammen zu sein.

Und es gibt manchmal auch Unglück im Glück: All jene Momente, in denen wir uns bewusst werden, dass sich unser Glück verändern, verringern und vielleicht davongehen kann. Das Glück der Eltern, deren Kinder bald ausziehen werden. Sie empfinden das Glück zu sehen, dass die Kinder losgehen und auf eigenen Beinen stehen können. Und das leichte Unglück zu wissen, dass sie bald im Alltag von ihnen getrennt sein werden.

Das Taijitu, Symbol der Gegensätzlichkeit, aber auch der gegenseitigen Abhängigkeit und der gegenseitigen Durchdringung von Yin und Yang

Yippie! Der Ruf der Begeisterung. Den niemand mehr ruft, außer in Büchern oder schlechten Filmen. Mit ungewissem Ursprung, aber sicher ein Xenismus, wie sie in der Positiven Psychologie so zahlreich sind: vom englischen Whipee oder vom amerikanischen Yippee, beides Ausrufe der Begeisterung. Und Sie, was rufen Sie – innerlich oder laut – aus Begeisterung?

Z wie Zen

Der Weg des Zen: Arbeite daran, dich zu entlasten.
Versuche nicht, alles zu lösen,
Lass die Knoten sich selbst lösen.
Setze dich jeden Tag deines Lebens nieder,
Schaue, meditiere. Sei.

Zahnfee Jedes Mal, wenn ich vergaß, meinen Töchtern ein kleines Geschenk oder eine kleine Münze unter das Kopfkissen zu legen, nachdem sie einen Zahn verloren hatten, hatte ich die Empfindung unauslöschlicher Schuld beim Anblick ihres traurigen und betretenen Gesichts am nächsten Morgen: »Die Zahnfee hat mich vergessen.« Und es blieb der Eindruck, ihnen doppelten Schmerz zugefügt zu haben: den der Enttäuschung und den der Desillusion. Bei der schnellen Wiedergutmachung und Tröstung zeigte sich: Ihre Traurigkeit verflog schneller als meine, was ein gutes Beispiel für den Weg war, den es einzuschlagen galt. Nie vergesse ich auch ihre Freude am nächsten Tag angesichts der Entschuldigung der Zahnfee: »Es tut mir leid, ich hatte so viel Arbeit, ich konnte gestern nicht vorbeikommen. Aber jetzt habe ich es wiedergutgemacht! Viele Grüße und Küsse!«

Zahnschmerz Hat man Zahnschmerzen, ist einem das Glück egal. Oder Glück ist dann, einfach keine Zahnschmerzen mehr zu haben. Extremer Schmerz verschließt unser Bewusstsein für alles andere als das Ende des Schmerzes. Als ich klein war, hatte ich, wie ich mich erinnere, häufig Zahnschmerzen: Viele Bonbons und nicht genug die Zähne geputzt, die Eltern achteten seinerzeit nicht so gut darauf wie heute. Ich sprach neulich mit einem befreundeten Zahnarzt darüber, und er sagte, dass er nicht mehr so verwüstete Münder sehe wie früher. Doch gibt es noch Spuren jener Zeit, zum Beispiel in dem Chanson von Brassens, *Le Testament*: »J'ai quitté la vie sans rancune, / J'aurai plus jamais mal aux dents: / Me v'là dans la fosse commune, / La fosse commune du temps.« (»Ich bin aus dem Leben gegangen ohne Groll, / Weil ich nie wieder Zahnschmerzen haben werd' / Jetzt liege ich im Sammelgrab / Im Sammelgrab der Zeit.«)

Zappen Anfangs zappten Fernsehzuschauer, um die Werbung zu umgehen. Im Englischen bedeutet *to zap* zunächst »töten, abknallen, beseitigen«. Dann bezeichnete das Wort das schnelle und oberflächliche Springen von einer Sendung zur anderen, nicht nur, wenn Werbung gezeigt wurde, sondern sobald das Tempo oder das Interesse nachließ (deshalb machen die Regisseure jetzt Sendungen, bei denen die Bilder alle drei Sekunden wechseln und bei denen es alle drei Minuten eine überraschende Wendung geben muss). Und schließlich bedeutet zappen, den Gedanken oder das Thema zu wechseln, sobald die Aufmerksamkeit nachlässt. Alle Studien zu diesem Thema bestätigen, dass die Gewohnheit des geistigen Zappens sehr schlecht für unsere Aufmerksamkeit, unsere Intelligenz und unser Glück ist.[1]

Zebras *Warum bekommen Zebras keine Magengeschwüre?*, fragt ein Buch, das vor einigen Jahren in den USA großen Erfolg hatte.[2] Die Frage ist bedeutender, als man zuerst meint. Stellen Sie sich kurz vor, Sie wären ein Zebra. Ihr Leben wäre sehr häufig bedroht, denn in der Savanne, in der Sie lebten, wären Sie eine Lieblingsbeute der großen Raubtiere. Löwen würden regelmäßig Jagd auf Sie machen. Meistens entkämen Sie, aber trotzdem! Wahrscheinlich hätten Sie haufenweise schreckliche Erinnerungen; Albträume mit Verfolgungswahn, bei denen Sie nur knapp dem Tod entkommen, weckten Sie jede Nacht auf. Und Sie hätten jede Menge Angst vor dem nächsten Moment, in dem Sie zum Wasserloch gehen müssten, um zu trinken: Wenn nun die Löwen (oder besser die Löwinnen, denn die machen die ganze Arbeit) im Hinterhalt lauern?

Kurz, wenn Zebras die gleichen Gehirne hätten wie wir, hätten sie vermutlich viele Magengeschwüre, denn sie wären immer im Stress: während die Löwen sie verfolgen, aber auch vorher und nachher. Das heißt, ihr ganzes Leben lang. Aber ihre Gehirne funktionieren nicht wie die unseren. Die Zebras haben keine Magengeschwüre, weil sie im gegenwärtigen Augenblick leben. Wenn sie in Gefahr sind, sind sie zutiefst gestresst, doch sobald die Gefahr vorüber ist, genießen sie, was es zu genießen gibt. Es wäre gut für uns, etwas öfter ein Zebra zu sein.

Zeit haben Dies ist sicherlich eins der wirkungsvollsten Rezepte für Glück: Zeit für das zu haben, was man gern tut. Erstaunlich einfach, aber so ist das ja immer in der Positiven Psychologie. Viele unserer Tätigkeiten würden uns glücklicher machen, wenn wir mehr Zeit für sie hätten. Und sie machen uns kaum oder überhaupt nicht glücklich, eben weil wir nicht genug Zeit haben. Gärtnern, sich um die Kinder kümmern, auf den Markt gehen, unsere Arbeit: All dies kann ein Vergnügen oder Stress sein, je nachdem, wie viel Zeit wir dafür haben. Genug Zeit zu haben ist ein unendlicher Luxus. Man kann ihn mit Geld kaufen (Reiche lassen viele lästige Dinge von anderen erledigen, die sie dafür bezahlen, und gönnen sich die Zeit, um zu tun, was sie wirklich gern tun). Man kann ihn manchmal auch mit Klugheit erlangen, indem man bestimmte Lebensentscheidungen trifft, beispielsweise weniger arbeiten oder weniger ausgeben, um besser zu genießen.

Zeitweise glücklich Wir sind temporär Glückliche, so wie es Saisonarbeiter gibt. Unser Leben bietet uns niemals ewig währendes Glück, sondern Oasen glücklicher Momente, zwischen denen Wüsten durchquert werden müssen, die mal monoton, mal beängstigend sind. Doch es wäre falsch, wenn wir uns beeilten, von einer Oase zur anderen zu gelangen: Man kann auch lernen, die Wüste zu bewundern!

Zen In Wirklichkeit ist Zen, ein Zweig des Mahayana-Buddhismus, überhaupt kein *fun*, überhaupt nicht *cool!* Letztlich überhaupt nicht *zen.* Wie kommt es, dass er in unserer Vorstellung und unserem Vokabular mit etwas Entspanntem verbunden wird? Zen ist in Wirklichkeit sehr anspruchsvoll, das beweisen die Schule des Soto-Zen, wo man stundenlang mit halb geschlossenen Augen vor einer Wand meditiert, oder die des Rinzai-Zen, welche die Koans bekannt machte; das sind diese paradoxen Aporien, die man nicht zu lösen vermag, die man in der Nichtigkeit des Nichtsinns sich auflösen lassen muss. Aber der Zen kommt meiner Vision von Glück nahe, weil er wie die ganze Strömung des Mahayana-Buddhismus die Auffassung vertritt, dass jeder Mensch die Anlagen hat, die Erleuchtung zu erlangen. Darüber hinaus ist nichts zu erreichen oder zu entdecken. Sich nur vom Unnötigen lösen und sich von dem frei machen, was unser Leben und unseren Geist belastet. Wie Saint-Exupéry meint: »Vollkommenheit entsteht offensichtlich nicht dann, wenn man nichts mehr hinzuzufügen hat, sondern wenn man nichts mehr wegnehmen kann.«[3]

Zerstreuungen und Streuungen Unsere Zeit ist in einigen Aspekten wundervoll und in anderen toxisch. Einer ihrer Fehler ist die Abhängigkeit von der Zerstreuung, eine Abhängigkeit, die sie in uns bewirkt, indem sie unseren Geist mit unzähligen Möglichkeiten, sich zu informieren, zu zerstreuen, füllt, indem sie uns Bildschirme beschert, vor die man sich lediglich setzen muss, um sich stundenlang gefangen nehmen zu lassen. Man muss nicht mehr nachdenken, nur noch reagieren. Das ist nicht gut für unsere Fähigkeit, glücklich zu sein. Die vorhandenen Daten zeigen, dass instabile und gestreute Aufmerksamkeit negative Emotionen verstärken. Gustave Thibon, ein Bauer, der zum Denker wurde, sagte dazu: »Philosophen des Mittelalters, die die Unfruchtbarkeit von Prostituierten den Kämpfen zuschrieben, die sich die zahlreichen Embryos lieferten, welche sie täglich beim Kontakt mit ihren Partnern empfingen und die sich je nach ihrer Anzahl gegenseitig zerstörten. Was *mutatis mutandis* [*mit den notwendigen Änderungen*] auch hervorragend auf den Stil unserer Zivilisation angewendet werden kann, in der der Mensch, aus allen Richtungen durch neue Reize gefordert, weder die Fähigkeit noch die Zeit hat, was auch immer in sich reifen zu lassen, sodass der Unterschied zwischen Empfängnis und Abort in seinem Geist und in seiner Seele immer kleiner wird.«[4] Wenn wir nicht über unser Glück nachdenken, wenn wir uns damit begnügen, auf die Glücksversprechen der Konsumgesellschaft, in der wir leben, anzuspringen, dann werden wir nicht glücklich sein.

Zucchini-Gratin Wir waren einmal zusammen mit ein paar Freunden bei Verwandten in ihr Haus in den Bergen eingeladen worden.

Wir kommen spätabends an, und die gastgebende Cousine improvisiert uns freundlicherweise ein Essen mit dem, was sie noch in der Küche hat. »Es gibt Zucchini-Gratin. Möchte jemand davon? Nein? Christophe, du magst doch Gemüse, möchtest du etwas davon? Nein? Nun gut, dann werfe ich ihn weg, er steht schon tagelang im Kühlschrank herum.«

Ich pruste los vor Lachen, und sie braucht einige Sekunden, um zu verstehen weshalb, dann beginnt auch sie zu lachen, etwas verlegen, mehr nicht: So ist meine Cousine, spontan und aufrichtig. Und auch sehr freundlich.

Natürlich hatte sie es nicht so geplant: »1) Ich möchte das Ding wegwerfen; 2) aber falls es sich ergibt, versuche ich, es jemandem vorzusetzen, 3) ich werfe es weg, wenn niemand es möchte.« Es war eher so: »1) Sieh mal, es ist noch etwas Gratin da; 2) vielleicht isst den noch jemand; 3) gut, niemand möchte davon, und ich denke, dass er nur im Kühlschrank herumstehen wird; 4) also los, weg damit!«

Doch nach dem Essen, als alle in der Kaminecke plaudern, denke ich noch einmal über diesen Moment nach: Die Grenze zwischen Ungeschicklichkeit und Beleidigung wurde gewahrt. Wenn ich nicht gekränkt, sondern amüsiert war, dann deshalb, weil ich meine Cousine mag und weiß, dass sie mich mag. Ohne diese Gewissheiten wäre die Geschichte mit dem Gratin möglicherweise nicht so gut ausgegangen. Was zeigt, dass die sogenannte Kontextualisierung und der Abstand unabdingbar für eine ordentliche psychologische Verdauung der Lebensereignisse sind. Dies ist übrigens auch der Grund dafür, dass es günstiger für uns ist, so gut gelaunt wie möglich durch das Leben zu gehen. Alle Studien zeigen, dass wir mit guter Laune am leichtesten Abstand und die Fähigkeit zur Kontextualisierung gewinnen. Viel eher, als wenn man grantig ist.

Zukunft Ich weiß nicht mehr, wer das Folgende sagte (es wird gern Clemenceau zugeschrieben, und es ist auch wirklich eine schöne Wendung für einen Politiker): »Zukunft ist nicht, was uns geschehen wird, sondern was wir tun werden.« Eine klassische Übung der Positiven Psychologie (»Meine bestmögliche Zukunft«) hilft uns, uns in diesem Sinne zu entwickeln.[5] An vier aufeinanderfolgenden Tagen schreiben Sie zwanzig Minuten lang detailliert auf, wie Sie sich Ihr Leben in einigen Jahren wünschen: wie Ihr Familien-, Freundes- und Berufsleben aussehen soll, Ihre Reisen, Hobbys und so weiter. Es gibt keine andere Regel, als es wirklich zu tun: schreiben und nicht vor sich hinträumen, zwanzig Minuten und nicht zwei, präzise und detailliert, keine vagen Gemeinplätze. All dies ist wichtig, damit es funktioniert, das heißt, damit es 1. bewirkt, dass es Ihnen besser geht; und es Ihnen 2. Ihr Engagement bei diesen Projekten erleichtert. Sie meinen, das sei zu einfach und zu simpel? Ok, einfach ist es, aber nicht »zu« einfach. Haben Sie es schon versucht?

Zufrieden Zufriedenheit scheint weniger stark und edel zu sein als Glück. Sie wirkt leichter, banaler. Zufriedenheit hat nicht das gleiche Ansehen wie Glück. Doch darin liegt vielleicht ihre Überlegenheit: Zufrieden sein bedeutet, für den Augenblick glücklich zu sein, ohne mehr zu erwarten, ohne mehr vom Leben zu verlangen. Sollte man sich bemühen, mit dem zufrieden zu sein, was man hat, ohne sich allzu sehr zu fragen, ob man wirklich glücklich ist? Ich meine, das ist ein vernünftiges Programm, besonders für Perfektionisten.

Zum Atmen gezwungen Es gibt »zwei Prozesse, die der Mensch zu seinen Lebzeiten nicht anhalten kann: Atmen und Denken. In der Tat können wir unseren Atem länger anhalten als das Denken (falls dies überhaupt möglich ist). Bei näherer Betrachtung bedeutet diese Unfähigkeit, das Denken zum Stillstand zu bringen, eine Pause vom Denken einzulegen, einen erschreckenden Zwang.«[6] Viele Menschen haben Angst, mit dem Atmen aufzuhören und zu ersticken, diese Angst ist angesiedelt auf halbem Wege zwischen metaphysischer abstrakter Angst und konkreter hypochondrischer Furcht (bei der man die kleinsten Variationen seines Atmens genau beobachtet).

Es ist aber auch ein fruchtbarer und auf paradoxe Weise befreiender Zwang, wie es viele Zwänge sind: Er bewirkt, dass wir uns unserer Vergänglichkeit bewusst werden. Das ist gut, denn es erinnert uns daran, unserer Umwelt mit Respekt zu begegnen, statt sie zu zermalmen oder zu unterdrücken. Außerdem lenkt dieser Zwang unsere Aufmerksamkeit auf dieses Wunder, das unsere Atmung darstellt. So gesehen ist es gewiss die wichtigste Quelle der Beruhigung, die wir in uns tragen.

Zu spät Ich mag es nicht, wenn meine Patienten zu mir sagen: »Oh, wie schade, dass ich dieses Medikament, diese Psychotherapie, diese Diagnose nicht früher hatte! Das hätte mir viele Jahre Leiden erspart.« Dann beuge ich mich zu ihnen hinüber, mit dem sehr ernsten Gesicht eines Menschen, der eben etwas Gravierendes erfahren hat, und ich bitte sie, mir zu wiederholen, was sie eben gesagt haben. Im Allgemeinen sind sie dann überrascht, weil es den Menschen für gewöhnlich entweder gleichgültig ist, wenn man ihnen so etwas sagt (»Zu spät, wie schade«) oder sie trösten einen (»Aber nein, es ist nicht zu spät«). Aber nun (sie sind immerhin bei einem Psychiater!) verlangt man von ihnen, dass sie es wiederholen. Also wiederholen sie die Klage für mich; dabei schwächen sie sie übrigens häufig ab. »Sehr gut«, antworte ich ihnen, »aber was werden Sie jetzt tun, wenn es doch zu spät ist?« Meistens beginnen sie nun zu verstehen und zu lachen. Hm, ja: »Zu spät« gehört zu diesen unnützen und für das Glück schädlichen Binsenwahrheiten, die ich aus dem Sinn meiner Patienten zu vertreiben versuche. Doch statt ihnen zu sagen, »lieber spät als nie« (das hat man ihnen schon tausendmal gesagt), bringe ich sie ans Arbeiten. Da ich weiß, dass wir uns selten durch den Intellekt von unserem Bedauern frei machen, sondern eher durch Erfahrung, lasse ich sie einen kleinen Versuch machen: Erst lasse ich sie die schädliche Binsenweisheit formulieren, damit sie sie dann selbst genau analysieren können.

Zu viel Glück? Kann man zu glücklich sein? Nein, es ist wie mit der Gesundheit: Man kann nicht »zu« gesund sein. Diese zweifache Unmöglichkeit hat einen einfachen Grund: Glück und Gesundheit sind fragile und vergängliche Zustände, die nicht nur von uns abhängig sind. Man kann hingegen zu viel von seinem Glück sprechen, es zu sehr zur Schau stellen, zu sehr daran festhalten. Das sind drei Fehler, die Schmerzen bereiten: die beiden ersten für andere, wenn diese unglücklich sind; der dritte uns selbst, wenn die Zeit des Unglücks kommt.

Zum Schluss Ein Sommernachmittag, perfekt, nicht zu heiß, ein lauer Wind, keine lästigen Fliegen, die um mich herumsurren. Ich liege im Garten im Gras, will in Büchern herumblättern oder ein kleines Mittagsschläfchen halten. Aber zuvor beobachte ich das Spektakel auf dem Boden: ein fröhliches Dickicht, eine unglaubliche Mischung von Gräsern und Wiesenblumen, mit jeder Menge Betrieb darin, herumwandernde und arbeitende Insekten. Eine ganze lebendige Welt, die wimmelt und vor Energie vibriert und die für den eiligen oder gestressten Blick unsichtbar ist. Mein Geist flüstert mir zu: »Das ist schön«, und mein Körper sagt mir: »Das ist gut.« Beide bitten mich, noch eine Weile da zu bleiben, mit der Nase auf dem Boden. Ich spüre, dass ich nicht lediglich dabei bin, zu bewundern oder auf andere Gedanken zu kommen, sondern eine Verbindung mit der Kraft des Lebens herzustellen.

Ich habe keine klaren Worte, um dies zu beschreiben. Ich denke an jene Verse Rimbauds in seinem Gedicht *Empfindung*: »Ich werde dann nicht sprechen, werde an nichts denken: / Doch wird die Liebe meine Seele ganz durchtränken [...].« Beenden wir das ABC-Buch mit diesem Gedicht:

»In blauer Sommernacht werd' ich durch Felder geh'n,
Hälmchen zertreten auf den kühlen Pfaden
Und träumerisch ein Prickeln spüren an den Zeh'n.
Ich werde meinen bloßen Kopf im Winde baden.
Ich werde dann nicht sprechen, werde an nichts denken:
Doch wird die Liebe meine Seele ganz durchtränken;
Und ich werd' geh'n, wie ein Zigeuner, fort durchs Blau,
Durch die Natur, – so glücklich wie mit einer Frau.«

Schluss:
In der Stunde meines Todes

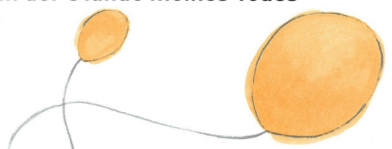

»An der Tankstelle, auf die ein Regenschauer niederprasselte, während ich darauf wartete, dass sich der Tank meines Wagens füllte, habe ich mich plötzlich daran erinnert, dass ich lebte, und die Herrlichkeit hat mit einem Mal alles verklärt, was ich sah. Nichts war mehr hässlich oder gleichgültig. Ich kannte, was den Sterbenden genommen wurde. Ich genoss es für sie, ich schenkte ihnen im Stillen diese unheimliche Pracht jeder Sekunde.«

Christian Bobin, *Les Ruines du ciel*

Ich denke oft an den Tod.

Ich erinnere mich sehr gut an meine erste Begegnung mit ihm. Das war eines Nachts, als ich von einer schrecklichen, jähen Angst gequält wurde. Ich war ein kleiner Junge und in meinen Geist brach brutal dieser Gedanke ein: Du wirst eines Tages sterben, verschwinden und nicht wieder in diese Welt zurückkehren. Ich erinnere mich genau an diese Sommernacht, an das Zimmer, an mein Bett. An meine Verzweiflung und meine unermessliche Einsamkeit. Ich habe keine Erinnerung an die tröstenden Worte meiner Eltern, die ich mit meinem Weinen aufgeweckt hatte. Nur die Erinnerung an diese Angst, die mich ergriffen und dann wieder losgelassen hat, wie eine schreckliche Hand, die sich ihrer Kraft bewusst ist, einen Spatz wieder loslässt, den sie im Flug gefangen hat. »Es eilt nicht, kleiner Vogel, ich werde dich wiederfinden.« Seitdem hat mich diese Angst nie wieder verlassen. Und mein Beruf hat mich dann gelehrt, dass sie niemanden je verlässt, keinen Menschen. Keinen.

Ich denke also oft an meinen Tod. Wie jeder andere auch. Aus diesem Grund liebe ich auch das Glück so sehr. Ebenfalls wie jeder andere auch. Es ist ein außerordentlich wirksames Mittel gegen dieses diskrete, aber permanente Bewusstsein unseres zukünftigen Verschwindens. Geld, Bekanntheit, Dankbarkeit und Bewunderung taugen lediglich mittelmäßig, uns vergessen zu lassen. Wie diese viel zu süßen Getränke, die nicht wirklich den Durst löschen. Das Glück hingegen ist wie ein Elixier, das allein die Lust am Leben weckt und die Kraft gibt, um den gegenwärtigen Tod zu wissen. Es ist wie tröstendes frisches Wasser. Und dieses frische Wasser fließt stets irgendwo in unserem Leben.

Es ist ein Frühjahrsmorgen. Der Winter war dieses Jahr hart, rau und manchmal sehr traurig. Mir nahestehende Menschen sind gestorben. Ich war krank. Diese Ereignisse haben nicht die gleiche Bedeutung, sind aber zusammen eingetreten. »Krankheiten sind die Anproben des Todes«, schreibt Jules Renard in seinem *Tagebuch*. Und so kommt das Alter, in dem man sich auch alt fühlt: Unsere Krankheiten sind nicht mehr wie früher nur Ausreden, um nicht in die Schule zu gehen, nichts, was am Ende stets heilt. Sie sind seit Langem zu verirrten Kugeln einer nahenden Schlacht geworden. Die uns verletzen, ohne uns zu töten. Die uns das Ende einer Geschichte ankündigen. Und uns zuflüstern: »Mach dich fertig für die Reise.« Wir müssen ihnen nur zuhören, lächeln und weitergehen.

Frühling also, dieser Morgen, ein Eindruck von Frühling, sehr stark und sehr klar, in jeder Zelle meines Körpers. Die Fenster sind offen für die Luft und das Licht eines Sonntagmorgens. Für seine Musik. Ich kann unter tausend das ruhige Geräusch der Sonntagmorgen erkennen. Die Sonne scheint, ein leichter, noch etwas kühler Wind, der bald lauwarm werden wird. Jeder hat in seinem Haus zu tun. Die Kinder spielen, und man hört ihr Rufen und ihr Lachen, das ununterbrochen von einem Ort an einen anderen geht. In der Ferne spielt eine Drehorgel ein etwas trauriges Lied, ein Lied von intelligenter Traurigkeit, die dennoch Lust zu leben und zu lächeln macht.

Gleich werden Freunde zum Mittagessen kommen, wir werden guten Wein trinken und miteinander reden. Irgendwann werde ich mich von den Gesprächen zurückziehen, mit lächelndem und abwesendem Gesicht. Ich werde mir des Gesangs der Vögel und der

Geräusche der Insekten bewusst, die Nektar von den Blumen im Garten sammeln. Ich werde die Biene beobachten, die rückwärts aus einer Blüte kriecht, ganz von Pollen bedeckt. Ich werde an das Wunder des Honigs denken. Ich werde die Stimmen um mich herum nur noch als fröhliches Summen des Glücks wahrnehmen, ohne überhaupt Lust zu haben, dessen Sinn zu verstehen. Die Glocken der Kirche nebenan läuten. Ich brauche nichts mehr. Ich kann jetzt sterben, in diesem Augenblick. Ich würde das Glück kennengelernt haben. Ich habe sein Gesicht häufig erahnt, seine Gegenwart gespürt. Ich habe es häufig neben mir, oder direkt hinter mir atmen gehört. Ich kann jetzt gehen. Ich kann meinen Platz anderen überlassen. Ich habe meinen Teil vom Kuchen gehabt. Alles, was mir fortan widerfährt, wird wie eine Folge von Gunstbezeugungen sein, die ich nicht verdient habe, die ich aber annehme und mit wachsender Entzückung genieße. Am Ende werde ich vor Freude sterben.

Ich frage mich, was ich dann auf der anderen Seite finden werde ...

Anmerkungen

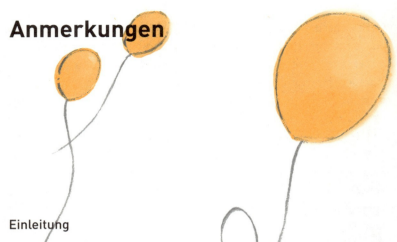

Einleitung

1 Renard, J.: »21 septembre 1894«, *Journal 1887–1910*, Paris, Robert Laffont, »Bouquins«, 2002.
2 Lecomte, J. (Hg.): *Introduction à la psychologie positive*, Paris, Dunod, 2009.
3 Siehe zum Beispiel: Lucas, R. E. et al.: »Reexamining adaptation and the set point model of happiness: Reactions to changes in marital status«, *JPSP*, 2003, 84, S. 527–39; Lucas, R. E.; Clark, A. E.: »Do people really adapt to marriage?«, *Journal of Happiness Studies*, 2006, 7, S. 405–426; Stutzer, A.; Frey, B. S.: »Does marriage make people happy or do happy people get married?«, *Journal of Socio-Economics*, 2006, 35, S. 326–347.
4 Lyubomirsky, S. et al.: »Becoming happier takes both a will and a proper way: An experimental longitudinal intervention to boost well-being«, *Emotion*, 2011, 11, S. 391–402.
5 Bobin, C.: *Prisonnier au berceau*, Paris, Mercure de France, 2005.

A wie atmen

1 Seligman, M. E. P., et al.: »Positive psychology progress. Empirical validations of interventions«, *American Psychologist*, 2005, 60 (5), S. 410–421.
2 Für eine genaue Erklärung siehe Kahneman, D.: *Schnelles Denken, langsames Denken*, München, 2012, S. 219–230.
3 Delerm, P.: *Le Bonheur. Tableaux et bavardages*, Monaco, Éditions du Rocher, 1986.
4 Brown, K. W.; Ryan, R. M.: »The benefits of being present: Mindfulness and its role in psychological well-being«, *Journal of Personality and Social Psychology*, 2003, 84 (4), S. 822–848.
5 Davidson, R. J. et al.: »Alterations in brain and immune function produced by mindfulness meditation«, *Psychosomatic Medicine*, 2003, 65, S. 564–570.

6 Falkenstrom, F.: »Studying mindfulness in experienced meditators: A quasi-experimental approach«, *Personality and Individual Differences*, 2010, 48, S. 305–310.
7 Segal, Z.; Bieling, P.; Young, T.; et al.: »Antidepressant monotherapy vs sequential pharmacotherapy and mindfulness-based cognitive therapy, or placebo, for relapse prophylaxis in recurrent depression«, *Archives of General Psychiatry*, 2010, 67 (12), S. 1256–1264.
8 Jeanningros, R.; André, C.; Billieux, J.: »Effects of mindfulness-based cognitive therapy on cognitive emotion regulation and impulsivity«, Vortrag bei der Tagung der European Association of Behavioural and Cognitive Therapies, Genf, 2012.
9 Nielsen, L.; Kaszniak, A. W.: »Awareness of subtle emotional feelings: A comparison of long-term meditators and non-meditators«, *Emotion*, 2006, 6 (3), S. 392–405.
10 Fredrickson, B. L.: »The role of positive emotions in positive psychology: The broaden-and-build theory of positive emotions«, *American Psychologist*, 2001, 56 (3), S. 218–226.
11 Killingsworth, M. A.; Gilbert, D. T.: »A wandering mind is an unhappy mind«, *Science*, 2010, 330 (6006).
12 Dambrun, M.; Ricard M.: »Self-centeredness and selflessness: A theory of self-based psychological functioning and its consequences for happiness«, art. cit.
13 Hollis-Walker, L.; Colosimo, K.: »Mindfulness, self-compassion, and happiness in non-meditators: A theoretical and empirical examination«, *Personality and Individual Differences*, 2011, 50, S. 222–227.
14 Shankland, R.; André, C.: »Pleine conscience et psychologie positive: Incompatibilité ou complementarité?«, *Revue québécoise de psychologie*, 2014 (in Vorbereitung), 35 (2).
15 Alain, 8. September 1910: »L'art d'être heureux«, *Propos*, Bd. I: *1906–1936*, Paris, Gallimard, »Bibliothèque de la Pléiade«, 1956/*Die Pflicht, glücklich zu sein*, Frankfurt a.M., Suhrkamp Taschenbuch, 1982, S. 221.
16 Lecomte, J.: *La Bonté humaine*, Paris, Odile Jacob, 2012.
17 Für eine Zusammenfassung siehe Ricard, M.: Plaidoyer pour l'altruisme. La force de la bienvaillance, Paris, NiL 2013.
18 Rosset, C: *Le Réel et son double. Essai sur l'illusion*, Paris, Gallimard, »Folio Essais«, 1993.
19 Epiktet: *Handbüchlein der Ethik*. Reclam, Stuttgart 1987, S. 20.
20 Fowler, J. H.; Christakis, N. A.: »Dynamic spread of happiness in a large social network: Longitudinal analysis over 20 years in the Framingham Heart Study«, British Medical Journal, 2008, 337, a2338, S. 1–9.
21 Harmer, C. J. et al.: »Increased positive versus negative affective perception and memory in healthy volunteers following selective serotonin and

norepinephrine reuptake inhibition«, *American Journal of Psychiatry*, 2004, 161 (7), S. 1256–1263.
22 Baudelot, C.; Gollac, M.: *Travailler pour être heureux?*, Paris, Fayard, 2003. Siehe auch: Cottraux, J. et al.: *Psychologie positive et bien-être au travail*, Paris, Masson, 2012.
23 Weich, S. et al.: »Mental well-being and mental illness: Findings from the Adult Psychiatric Morbidity Survey for England 2007«, *British Journal of Psychiatry*, 2011, 199, S. 23–28.
24 Renard J., »21 septembre 1894«, Journal 1887–1910, Paris, Robert Laffont, »Bouquins«, 2002
25 Hutcherson, C. A. et al.: »Loving-kindness meditation increases social connectedness«, *Emotion*, 2008, 8 (5), S. 720–724.
26 Kahneman, D.: *Schnelles Denken, langsames Denken*, München, 2012.
27 Killingsworth, M. A.; Gilbert D. T.: »A wandering mind is an unhappy mind«, *Science*, 2010, 330 (6006), S. 932.
28 Für eine Übersicht siehe Schwartz, B.: *Anleitung zur Unzufriedenheit: Warum weniger glücklicher macht*, Berlin, Ullstein, 2006.
29 Schwarz, B. et al.: »Maximizing versus satisficing: Happiness is a matter of choice«, *Journal of Personality and Social Psychology*, 2002, 83 (5), S. 1178–1197.

B wie beim Wort nehmen

1 Für eine Zusammenfassung siehe André, C.: »Regrets d'hier et d'aujourd'hui«, *Cerveau & Psycho*, 2005, 9, S. 32–36.
2 Dunn, E. W. et al.: »Misunderstanding the affective consequence of everyday social interactions: The hidden benefits of putting one's best face forward«, *Journal of Personality and Social Psychology*, 2007, 92, S. 990–1005.
3 Nietzsche, F. W.: *Der Wanderer und sein Schatten*, Kapitel 24.
4 Bobin, C.: *Ressusciter*, Paris, Gallimard, »Folio«, 2003, S. 27.
5 Camus, A,:»Licht und Schatten«, in: *Literarische Essays*, Rowohlt, Hamburg, 1959, S. 75.

C wie Chancen

1 Für einen Überblick siehe Wiseman, R.: *Comment mettre la chance de votre côté!*, Paris, InterÉditions, 2012.
2 Diese Aphorismen stehen in *Syllogismen der Bitterkeit*, Suhrkamp, Frankfurt 1995, S. 43.
3 Bobin, C.: *La Lumière du monde*, Paris, Gallimard, 2001, S. 44–45.

D wie Dankbarkeit

1 Inglehart, R. et al.: »Development, freedom and rising happiness: A global perspective (1981–2007)«, *Perspectives on Psychological Science*, 2008, 3 (4), S. 265–285. Für den besonderen Fall Dänemark siehe auch: Biswas-Diener, R. et al.: »The Danish effect: Beginning to explain high well-being in Denmark, *Social Indicators Research*, 2010, 97 (2), S. 229–246; Christensen, K. et al.: »Why Danes are smug: Comparative study of life satisfaction in the European Union«, *British Medical Journal*, 2006, 333, S. 1289–1291.
2 Für eine Übersicht siehe: Diener, E.; Suh, E. M. (Hg.): *Culture and Subjective WellBeing*, Cambridge (MA), Bradford, MIT Press, 2000.
3 iehe Davoine, L.: »Institutions, politiques et valeurs«, in: *Économie du bonheur*, Paris, La Découverte, 2012.
4 Bruckner, P.: *Verdammt zum Glück: Der Fluch der Moderne; ein Essay*, Berlin, Aufbau-Taschenbuch-Verl. 2002.

E wie Ehrfurcht

1 Siehe auch: Stiglitz, J. et al.: *Richesse des nations et bien-être des individus. Performances économiques et progrès social*, Paris, Odile Jacob, 2009.
2 Für eine Zusammenfassung siehe: Linley, A.; Harrington, S.; Garcea, N. (Hg.): *Oxford Handbook of Positive Psychology and Work*, New York, Oxford University Press, 2010.
3 Losada, M.; Heaphy, E.: »The role of positivity and connectivity in the performance of business teams: A nonlinear dynamics model«, *American Behavioral Scientist*, 2004, 47 (6), S. 740–765.
4 Heerdink, M. W. et al.: »On the social influence of emotions in groups: Interpersonal effects of anger and happiness on conformity versus deviance«, *Journal of Personality and Social Psychology*, 2013, 105 (2), S. 262–284.
5 Gable, S. L. et al.: »What do you do when things go right? The intrapersonal and interpersonal benefits of sharing positive events«, *Journal of Personality and Social Psychology*, 2004, 87, S. 228–245.
6 Für eine Zusammenfassung siehe: Lyubomirsky, S.: *The Myths of Happiness: What Should Make You Happy, but Doesn't, What Shouldn't Make You Happy, but Does*, New York, Penguin 2013, und insbesondere Kapitel 4: »I can't be happy when ... I don't have a partner.«
7 Dambrun, M.; Ricard, M.: »Self-centeredness and selflessness: A theory of self-based psychological functioning and its consequences for happiness«, *Review of General Psychology*, 2011, 15 (2), S. 138–157.

8 Bobin, C.: *La Dame blanche*, Paris, Gallimard, 2007, S. 120.
9 Lucas, R. E.; Gohm, C. R.: »Age and sex differences in subjective wellbeing across cultures«, in E. Diener und E. M. Suh: *Culture and Subjective Well-Being*, Cambridge (MA), Bradford, 2000, S. 291–317.

F wie Freude

1 Cioran, E. M.: *Pensées étranglées précédé de Le Mauvais Démiurge*, Paris, Gallimard, 1969.
2 Desmurget, M.: *TV lobotomie*, Paris, Max Milo, 2011.
3 Assouline, P.: »Bernanos, électron libre«, in seinem Blog »La République des Livres«, 12. Oktober 2013.
4 Csikszentmihalyi, M.: *Flow: das Geheimnis des Glücks*, Stuttgart, Klett-Cotta, 2008.
5 Freud, S.: *Das Unbehagen in der Kultur*, Wien, Internationaler Psychoanalytischer Verlag, 1930.
6 In seinem Gedicht »Le Chat« in *Le Bestiaire (Alcools suivi de Le Bestiaire*, Paris, Gallimard, »Poésie«, 1966): »Des amis en toute saison, sans lesquels je ne peux pas vivre.«
7 Mitchell, T. R. et al.: »Temporal adjustments in the evaluation of events: The ›rosy view‹«, *Journal of Experimental Social Psychology*, 1997, 33, S. 421–448.

G wie genießen

1 Cioran, E. M.: *Vom Nachteil, geboren zu sein*, Frankfurt a.M., Suhrkamp Taschenbuchverlag, 1979.
2 Bobin, C.: Interview mit François Busnel, France Inter, 2013. Transkription auf: http://www.lexpress.fr/culture/livre/christian-bobin-nous-ne-sommes-pas-obliges-d-obeir_1219139.html#sOQreU4JiTqiDQst.99.
3 Pascal, B.: *Gedanken*, Berlin, Suhrkamp Verlag, 2012, S. 72.
4 Renard, J.: »9. April 1895«, in: *Ideen in Tinte getaucht. Aus dem Tagebuch des Jules Renard*, München 1986, S. 97.
5 in *Faust II*. Goethe, J. W. von: *Werke – Hamburger Ausgabe Bd. 3, Dramatische Dichtungen I, Faust II*, 11. Aufl. München, dtv, 1981.
6 Grinde, B.: *The Biology of Happiness*, London, Springer, 2012.
7 Diener, E., u.a.: »The relationship between income and subjective well-being: Relative or absolute?«, Social Indicators Research, 1993, 28, p. 195–223.
8 Flaubert, G.: *Die Briefe an Louise Colet*. Haffmans Verlag, Zürich, 1995, Brief vom 13. August 1846, S. 54.
9 Diener, E.; Chan, M. Y.: »Happy people live longer: Subjective well-being

contributes to health and longevity«, *Applied Psychology: Health and Well-Being*, 2011, 3 (1), S. 1–43.
10 Veenhoven, R.: »Healthy happiness. Effects of happiness on physical health and the consequences for preventive health care«, *Journal of Happiness Studies*, 2008, 9, S. 449–469.
11 Larson, R.; Csikszentmihalyi, M.: »The experience sampling method«, *New Directions for Methodology of Social and Behavioral Sciences*, 1983, 15, S. 41–56. Siehe auch: Kahneman, D. et al.: »A survey method for characterizing daily life experience: The day reconstruction method«, *Science*, 2004, 306, S. 1776–1780.
12 Csikszentmihalyi, M.; LeFevre, J.: »Optimal experience in work and leisure«, *Journal of Personality and Social Psychology*, 1989, 56 (5), S. 815–822.
13 Killingsworth, M. A.; Gilbert, D. T.: »A wandering mind is an unhappy mind«, art. cit.
14 Gibson B.; Sanbonmatsu, D. M.: »Optimism, pessimism, and gambling: The downside of optimism«, *Personality and Social Psychology Bulletin*, 2004, 30, S. 149–160.
15 Gordon, K. C. et al.: »Predicting the intentions of women in domestic violence shelters to return to partners: Does forgiveness play a role?«, *Journal of Family Psychology*, 2004, 18, S. 331–338.
16 Post, S. et al.: *Why Good Things Happen to Good People*, New York, Broadway Books, 2008.
17 http://www.toujourspret.com.

H wie heute

1 Nach Alain de Botton: *Trost der Philosophie: Eine Gebrauchsanweisung*, Frankfurt am Main, Fischer-Taschenbuch-Verl., 2002.
2 Schwartz, R. M.; Caramoni, G. L.: »Cognitive balance and psychopathology: Evaluation of an information processing model of positive and negative states of mind«, *Clinical Psychology Review*, 1989, 9 (3), S. 271–274.
3 Apollinaire, G.: *Alkohol. Gedichte. französisch-deutsch*, Luchterhand, Darmstadt 1969, S. 133
4 *New York Times Magazine*, 1. Dezember 2004, S. 37.
5 Herzog, H.: »The impact of pets on human health and psychological well-being. Fact, fiction, or hypothesis?«, *Current Directions in Psychological Science*, 2011, 20 (4), S. 236–239. Siehe auch: Sable, P.: »Pets, attachment, and well-being across the Life Cycle«, *Social Work*, 1995, 40 (3), S. 334–341.

I wie Illusionen

1 Zitiert nach Mauzi, R.: *L'Idée du bonheur dans la littérature et la pensée françaises au xviii siècle,* Paris, Colin, 1979, S. 538.
2 Westermann, R. et al.: »Relative effectiveness and validity of mood induction Procedures: A meta-analysis«, *European Journal of Social Psychology,* 1996, 26, S. 557–580.

J wie Jubel

1 Jeremia 15, 17, *Die Bibel,* Stuttgart, Württembergische Bibelanstalt, 1968.

K wie Karma

1 Flaubert, G.: Briefe. Hrsg. v. Helmut Scheffel, Diogenes, Zürich, 1977, Brief an Alfred Le Poittevin, Juni/Juli 1845, S. 58.
2 Garland, E. L. et al.: »Upward spirals of positive emotions counter downward spirals of negativity: Insights from the broaden-and-build theory and affective neuroscience on the treatment of emotion dysfunctions and deficits in psychopathology«, *Clinical Psychology Review,* 2010, 30 (7), S. 849–864.
3 Bastian, B. et al.: »Feeling bad about being sad: The role of social expectancies in amplifying negative mood«, *Emotion,* 2012, 12 (1), S. 69–80.
4 Daly, M. C. et al.: »Dark contrasts: The paradox of high rates of suicide in happy places«, *Journal of Economic Behavior & Organization,* 2011, 80 (3), S. 435–442.
5 Thibon, G.: *L'Illusion féconde,* Paris, Fayard, 1995
6 Langer, E. J.; Rodin, J.: »The effects of choice and enhanced personal responsibility for the aged«, *Journal of Personality and Social Psychology,* 1976, 34, S. 191–198.
7 Friedman, R. S.; Forster, J.: »The effects of promotion and prevention cues on creativity«, *Journal of Personality and Social Psychology,* 2001, 81 (6), S. 1001–1013.

L wie Leben

1 Cosseron, C.: *Remettre du rire dans sa vie,* Paris, Robert Laffont, 2009.
2 Strack, F. et al.: »Inhibiting and facilitating conditions of the human smile: A nonobstrusive test of the facial feedback hypothesis«, *Journal of Personality and Social Psychology,* 1998, 54, S. 768–777.

3 Diener E.; Chan, M. Y.: »Happy people live longer: Subjective well-being contributes to health and longevity«, *Applied Psychology: Health and Well-Being*, 2011, 3 (1), S. 1–43.
4 Renard, J.: »1. Februar 1903«, *Ideen in Tinte getaucht*, op. cit, S. 219.
5 Weil, S.: *Schwerkraft und Gnade*, München, Kösel-Verlag, S. 116.

M wie Mantra

1 Mandela, N.: *Der lange Weg zur Freiheit: Autobiographie*, Frankfurt am Main: S. Fischer Verlag, 1994, S. 782 f.
2 Aurel, M.: *Selbstbetrachtungen VI 2*.
3 King, M. L.: Predigt vom 3. Mai 1963, in *Minuit, quelqu'un frappe à la porte. Autobiographie* (Texte zusammengestellt von Clayborne Carson), Paris, Bayard, 2000.
4 Kasser, T.: *The High Price of Materialism*, Cambridge (MA), Bradford/ MIT Press, 2002.
5 Für eine Zusammenfassung siehe: Davoine, L.: *L'Économie du bonheur*, op. cit.
6 Lyubomirsky, S.: *Comment être heureux... et le rester*, Paris, Flammarion, 2008. Lyubomirsky, S.: *Glücklich sein: Warum Sie es in der Hand haben, zufrieden zu leben*, Frankfurt, M.; New York, NY: Campus-Verl., 2013
7 Lyubomirsky, S. et al.: »Pursuing happiness: The architecture of sustainable change«, *Review of General Psychology*, 2005, 9, S. 111–131.
8 Seligman, M.: *S'épanouir. Pour un nouvel art du bonheur et du bien-être*, Paris, Belfond, 2013. Seligman, M.: *Flourish - wie Menschen aufblühen : Die Positive Psychologie des gelingenden Lebens*, München, Kösel, 2012.
9 André, C.: *Einfach glücklich: Der Schlüssel zu einem positiven Lebensgefühl*, Berlin, Ullstein, 2005.
10 Medvec, V. H. et al.: »When less is more: Counterfactual thinking and satisfaction among olympic medalists«, *Journal of Personality and Social Psychology*, 1995, 69 (4), S. 603–610.
11 Camus, A.: *Literarische Essays*, Hamburg, Rowohlt Verlag 1959, Sonderausgabe 1973, S. 37
12 Damasio, A. R.: *Der Spinoza-Effekt: Wie Gefühle unser Leben bestimmen*, Berlin, List 2005.
13 Renard, J.: »20 septembre 1905«, *Journal 1887–1910*, op. cit.
14 Renard, J.: »6. mai 1899«, *Journal 1887–1910*, op. cit.

N wie Natur

1 Gibson, B.: »Can evaluative conditioning change attitudes towards mature brands. New evidence from the implicit association test«, *Journal of Consumer Research,* 2008, 35, S. 178–188.
2 Einige interessante Studien zum Thema: Logan, A. C. und Selhub, E. M.: »Vis Medicatrix naturae: Does nature «minister to the mind?«, *BioPsychoSocial Medicine,* 2012, 6, S. 11; Mitchell, R.; Popham, F.: »Effect of exposure to natural environment on health inequalities: An observational population study«, *The Lancet,* 2008, 372 (9650), S. 1655–1660; Park, B. J. et al. »The physiological effects of Shinrin-Yoku (taking in the forest atmosphere or forest bathing): Evidence from field experiments in 24 forests across Japan«, *Environmental Health and Preventive Medicine,* 2010, 15, S. 18–26; Thoreau, H. D.: *Journal,* t. I: *1837–1840,* Bordeaux, Finitude, 2012; Ulrich, R. S.: »View through a window may influence recovery from surgery«, *Science,* 1984, 224, S. 420–421.
3 Van Tilburg, W. A. P. et al.: »In search of meaningfulness: Nostalgia as an antidote to boredom«, *Emotion,* 2013, 13 (3), S. 450–461. Siehe auch: Wildschut, T. et al.: »Nostalgia: Contents, triggers, functions«, *Journal of Personality and Social Psychology,* 2006, 91, S. 975–993. Oder auch: Zhou, X. et al.: »Couteracting loneliness: On the restaurative function of nostalgia«, *Psychological Science,* 2008, 19, S. 1023–1029.
4 Joormann, J. et al.: »Mood regulation in depression: Differential effects of distraction and recall of happy memories on sad mood«, *Journal of Abnormal Psychology,* 2007, 116 (3), S. 484–490.
5 Für eine Zusammenfassung siehe Haidt, J., *Die Glückshypothese: Was uns wirklich glücklich macht. Die Quintessenz aus altem Wissen und moderner Glücksforschung,* Kirchzarten, VAK, 2007.
6 Seery M. D. et al., »Whatever does not kill us: Cumulative lifetime adversity, vulnerability, and resilience«, *Journal of Personality and Social Psychology,* 2010, 99 (6), S. 1025–1041.

O wie Offenheit

1 Für eine Zusammenfassung siehe folgenden maßgeblichen Aufsatz: Fredrickson, B. L.; Braningan, C.: »Positive emotions broaden the scope of attention and thought-action repertoires«, *Cognition and Emotion,* 2005, 19, S. 313–332.
2 Fredrickson, B. L.; Joiner, T.: »Positive emotions trigger upwards spirals toward emotional well-being«, *Psychological Science,* 202, 13, S. 172–175.
3 Fredrickson, B. Braningan, C.: »Positive emotions broaden the scope of

attention and thought-action repertories«, *Cognition and Emotion*, 2005, 19 (3), S. 313–332.
4 Seligman, M.: *Pessimisten küßt man nicht: Optimismus kann man lernen*, München, Droemer Knaur, 2001.
5 Shapira, L. B.; Mongrain, M.: »The benefits of self-compassion and optimism exercises for individuals vulnerable to depression«, *The Journal of Positive Psychology*, 2010, 5 (5), S. 377–389.
6 Corneille, P.: *Der Cid*, Vierter Aufzug, Dritter Auftritt, Leipzig: Philipp Reclam jun., 1890. (A.d.Ü.: Das französische »Cette obscure clarté« wäre wörtlich zu übersetzen mit »dieses dunkle Leuchten«.)
7 Cyrulnik, B.: *Un merveilleux malheur*, Paris, Odile Jacob, 1999; deutsch: *Die Kraft, die im Unglück liegt: Von unserer Fähigkeit, am Leid zu wachsen*, München, Goldmann 2001.

P wie perfekter Augenblick

1 Mit Pascal Bruckner bei einem Forum der Zeitung *Libération* in Rennes im Jahr 2010.
2 Schopenhauer, A.: *Aphorismen zur Lebensweisheit*, Leipzig, Insel-Verlag, 1917, S. 16.
3 D'Ansembourg, T.: *Qui fuis-je? Où cours-tu? A quoi servons-nous? Vers l'intériorité citoyenne*, Paris, Éditions de l'Homme, 2008.
4 Wood, A. M.; Joseph, S.: »The absence of positive psychological (eudemonic) well-being as a risk factor for depression: A ten year cohort study«, *Journal of Affective Disorders*, 2010, 122, S. 213–217.
5 Seligman, M. E. P. et al.: »Positive psychotherapy«, *American Psychologist*, 2006, 61, S. 774–788.
6 Cioran, E. M.: *Syllogismen der Bitterkeit*, op. cit., S. 19.
7 Für eine Zusammenfassung siehe: Rapoport-Hubschman, N.: *Apprivoiser l'esprit, guérir le corps. Stress, émotions, santé*, Paris, Odile Jacob, 2012.

Q wie Quellen des Glücks

1 Bobin, C.: *La Part manquante*, Paris, Gallimard, S. 13.

R wie Recht auf Unglück

1 Hackney, C. H.; Sanders, C. S.: »Religiosity and mental health: Meta-analysis of recent studies«, *Journal for the Scientific Study of Religion*, 2003, 42, S. 43–55.

2 Diener, E. et al.: »The religion paradox: If religion makes people happy, why are so many dropping out?«, *Journal of Personality and Social Psychology*, 2011, 101 (6), S. 1278–1290.

3 Marx, K.: *Zur Kritik der Hegelschen Rechtsphilosophie*, Leipzig, Reclam, 1986.

S wie Sonne

1 Rozin, P.; Royzman, E. B.: »Negativity bias, negativity dominance and contagion«, *Personality and Social Psychology Review*, 2001, 5, S. 296–320.

2 Baumeister, R. F. et al.: »Bad is stronger than good«, *Review of General Psychology*, 2001, 5, S. 323–370.

3 Van Dijk, W.W. et al.: »Self-esteem, self-affirmation, and schadenfreude«, *Emotion*, 2011, 11 (6), S. 1445–1449.

4 Gabilliet, P.: *Éloge de l'optimisme. Quand les enthousiastes font bouger le monde*, Paris, Saint-Simon, 2010.

5 Der Schriftsteller Éric Chevillard in seinem Blog »L'Autofictif«, Montag, 3. Juni 2013.

6 Aber ein Pokerface aufzusetzen ist mit verschiedenen Nachteilen verbunden, wie zum Beispiel, dass man dadurch die Emotionen auf den Gesichtern der anderen nicht so gut entschlüsseln kann. Siehe Schneider, K. G. et al.: »That ›Poker Face‹ just might lose you the game! The impact of expressive suppression and mimicry on sensitivity to facial expressions of emotion«, *Emotion*, 2013, 13 (5), S. 852–866.

7 Bobin, C.: Interview in einer Sondernummer der Zeitschrift *La Vie, Vivre le deuil*, 2013.

8 Sie stammt von dem Schriftsteller Henri Calet, und er ist den letzten Zeilen seines unvollendeten Romans *Peau d'ours (Bärenhaut)* entnommen, die Calet zwei Tage vor seinem Tod 1956 schrieb: »Auf der Haut meines Herzens würde man Falten finden. Ich bin bereits ein wenig fort, abwesend. Tut so, als wäre ich nicht da. Meine Stimme trägt nicht mehr sehr weit. Sterben ohne zu wissen, was der Tod ist und das Leben. Müssen wir uns schon verlassen? Schüttel mich nicht. Ich bin voller Tränen.« (Paris, Gallimard, »L'Imaginaire«)

9 Renard, J.: *Ideen, in Tinte getaucht. Aus dem Tagebuch von Jules Renard*, München, Winkler, 1986, 23. Oktober 1887, S. 8).

10 Duneton, C.: *Je suis comme une truie qui doute*, Paris, Seuil, 1976.

11 Osvath, M.: »Spontaneous planning for future stone throwing by a male chimpanzee«, *Current Biology*, 2009, 19 (5), S. 190–191.

12 Bobin, C.: *Les Ruines du ciel*, Paris, Gallimard, 2009, S. 75.

13 Ferriss T., *Die 4-Stunden-Woche: Mehr Zeit, mehr Geld, mehr Leben,* Berlin: Ullstein, 2011.
14 Schaumberg, R. L.; Flynn, F. J.: »Uneasy lies the head that wears the crown: The link between guilt proneness and leadership«, *Journal of Personality and Social Psychology,* 2012, 103 (2), S. 327–342.
15 Luhmann, M. et al.: »Subjective well-being and adaptation to life events: A meta-analysis«, *Journal of Personality and Social Psychology,* 2012, 102, S. 592–615.
16 Es handelt sich um Gilles Leroy, ein scharfsinniger Romancier, der 2007 mit dem Prix Goncourt für seinen wundervollen *Alabama Song* (Zürich, Kein & Aber, 2008) ausgezeichnet wurde.
17 Baumeister, R. F. et al.: »Does high self-esteem cause better performance, interpersonal success, happiness, or healthier lifestyles?«, *Psychological Science in the Public Interest,* 2003, 4 (1), S. 1–44.
18 Killingsworth, M. A.; Gilbert, D. T.: »A wandering mind is an unhappy mind«, art. cit.
19 Wellings, K. et al.: »Seasonal variations in sexual activity and their implications for sexual health promotion«, *Journal of the Royal Society of Medicine,* 1999, 92, S. 60–64.
20 Hundhammer, T.; Mussweiler, T.: »How sex puts you in gendered shoes: Sexuality-priming leads to gender-based self-perception and behavior«, *Journal of Personality and Social Psychology,* 2012, 103 (1), S. 176–193.
21 Tracy, J. L.; Beall, A. T.: »Happy guys finish last: The impact of emotion expressions on sexual attraction«, *Emotion,* 2011, 11 (6), S. 1379–1387.
22 Comte-Sponville, A.: *Dictionnaire philosophique,* op. cit.
23 Es war mir nicht möglich, die Quelle dieser kurzen Geschichte aufzufinden. Ich habe nichts Ähnliches bei Platon, dem Sprecher von Sokrates, gefunden. Es ist also vorstellbar, dass es sich um eine erbauliche Geschichte ohne bekannten Autor handelt. (Deutsch nach http://de.wikiquote.org/wiki/Diskussion:Sokrates)
24 Houellebecq, M.: *Lebendig bleiben,* Köln, DuMont-Literatur-und-Kunst-Verlag, 2006, S. 23.
25 Comte-Sponville, A.; Delumeau, J.; Farge, A.: *La Plus Belle Histoire du bonheur,* Paris, Seuil, 2006.
26 Spionoza, B.: *Ethik,* 4. Teil, Lehrsatz 7.
27 Schnall, S. et al., »Social support and the perception of geographical slant«, *Journal of Experimental Social Psychology,* 2008, 44, S. 1246–1255.
28 Snodgrass, M. E.: *Cliffs Notes on Greek Classics,* New York, John Wiley & Sons, 1988, S. 148.
29 Hoffman, B. M. et al.: »Exercise and pharmacotherapy in patients with major depression: One-year follow-up of the SMILE study«, *Psychosomatic Medicine,* 2011, 73, S. 127–133.

30 Nelson, L. D.; Meyvis, T.: »Interrupted consumption: Disrupting adaptation to hedonic experiences«, *Journal of Marketing Research*, 2008, XLV, S. 654–664.
31 Nelson, L. D. et al.: »Enhancing the television viewing experience through commercial interruptions«, *Journal of Consumer Research*, 2008, 36, S. 160–172.

T wie Traurigkeit

1 Für eine Zusammenfassung siehe Barofsky, I.; Rowan, A.: »Models for measuring quality of life: Implications for human-animal interaction research«, in Wilson, C. C., Turner, C. C., *Companion Animals in Human Health*, Thousand Oaks (CA), Sage Publications, 1997.
2 Bobin, C.: Interview in einer Sondernummer der Zeitschrift *La Vie, Vivre le deuil*, 2013.
3 Für eine Zusammenfassung siehe Todorov, T.: *Angesichts des Äußersten*, München, Fink Verlag, 1993.
4 Frankl, V.: ... *trotzdem Ja zum Leben sagen: ein Psychologe erlebt das Konzentrationslager*. München, Kösel, 2009.
5 Buber-Neumann, M.: *Déportée à Ravensbrück*, Paris, Seuil, 1988.
6 Comte-Sponville, A.: *Dictionnaire philosophique*, op. cit.
7 Interview in *Philosophies Magazine*, November 2007, Nr. 14, S. 52–55.
8 Rosset, C.: *Le Monde et ses remèdes*, Paris, PUF, 1964.
9 Deutsch nach Camus, A.: *Dramen: Caligula/Das Mißverständnis/Der Belagerungszustand/Die Gerechten/Die Besessenen*, Rowohlt 1989.
10 Bobin, C.: Interview in einer Sondernummer der Zeitschrift *La Vie, Vivre le deuil*, 2013.
11 Éric Chevillard in seinem Blog »L'Autofictif«, 14. Oktober 2009.
12 Renard, J.: »9 octobre 1897«, *Journal 1887–1910, op. cit*.

U wie Unglück

1 Killingsworth, M. A.; Gilbert, D. T.: »A wandering mind is an unhappy mind«, art. cit.
2 Kurz, J. L. et al.: »Quantity versus uncertainty: When winning one prise is better than winning two, *Journal of Experimental Social Psychology*, 2007, 43, S. 979–985.
3 Wilson, T. D. et al.: »The pleasures of uncertainty: Prolonging positive moods in ways people do not anticipate«, *Journal of Personality and Social Psychology*, 2005, 88, S. 5–21.
4 Comte-Sponville, A.: *Ermutigung zum unzeitgemäßen Leben: Ein kleines Brevier der Tugenden und Werte*, Reinbek, Rowohlt, 1996.

5 Zitiert nach Comte-Sponville, A.: »Médiocrité«, *Dictionnaire philosophique*, op. cit.

V wie Verzeihung

1 Lyubomirsky, S. et al.: »The costs and benefits of writing, talking, and thinking about life's triumphs and defeats«, *Journal of Personality and Social Psychology*, 2006, 90, S. 692–708.
2 Lyubomirsky, S.; Ross, L.: »Hedonic consequences of social comparison«, *Journal of Personality and Social Psychology*, 1997, 37 (6), S. 1141–1157.
3 Comte-Sponville, A.: *Le Bonheur, désespérément*, Nantes, Pleins Feux, 2000.
4 Shakespeare, W.: *Troilus und Cressida*, 1. Akt, 2. Szene.
5 Norcross, J. C. et al.: »Auld lang syne: Success predictors, change processes, and self-reported outcomes of New Year's resolvers and nonresolvers«, *Journal of Clinical Psychology*, 2002, 58 (4), S. 397–405.
6 Renard, J.: »28 janvier 1901«, *Journal*.
7 Sheikh, S.; Janoff-Bulman, R.: »Paradoxical consequences of prohibitions«, *Journal of Personality and Social Psychology*, 2013, 105 (2), S. 301–315.
8 http://psychoactif.blogspot.fr.

W wie Wohlwollen

1 Anm. d. Übers.: Französischer Gedenktag für den Waffenstillstand von Compiègne am 11. November 1918, der den Ersten Weltkrieg beendete. Das im französischen Kalender wichtige Datum – der Tag ist ein Feiertag – hat in Deutschland, das den Krieg verloren hat, nicht diese Bedeutung.
2 »Christophe André, médecin des âmes«, Interview von Marie Auffret-Péricone, La Croix, Samstag 5. und Sonntag 6. Juni 2010.
3 Thoreau, Henry D.: *Walden oder Leben in den Wäldern*, Eugen Diederichs, 1922.
4 Bobin, C., *Freude-Funken*, Winterthur, Edition Spuren, 2013.
5 Comte-Sponville, A.: *Dictionnaire philosophique*, op. cit.
6 Cunnigham, M. R.: »Weather, mood and helping behavior: Quasi experiments with the sunshine samaritan«, *Journal of Personality and Social Psychology*, 1979, 37 (11), S. 1947–1956.
7 Lucas, R. E.; Lawless, N. M.: »Does life seem better on a sunny day? Examining the association between daily weather conditions and life satisfaction judgments«, *Journal of Personality and Social Psychology*, 2013, 104 (5), S. 872–884.

8 Klimstra, T. A., et al.: »Come rain or come shine: Individual differences on how weather affects mood«, Emotion, 2011, 11 (6), S. 1495–1499.
9 Damasio, A., »La science en 2050«, *Pour la science,* janvier 2000, S. 81.
10 Bobin, C.: *Prisonnier au berceau,* op. cit., S 109.
11 Arntz, A. et al.: »Changes in natural language use as an indicator of psychotherapeutic change in personality disorders«, *Behaviour Research and Therapy,* 2012, 50 (3), S. 191–202.

Z wie Zen

1 Desmurget, M.: *TV lobotomie,* op. cit.
2 Sapolsky, R. M.: *Why Zebras Don't Get Ulcers,* New York, Holt Paperbacks, 2004, 3. Auflage.
3 Saint-Exupéry, A.: *Wind, Sand und Sterne,* Bad Salzig u. Boppard am Rhein, Karl Rauch Verlag 1941, S. 60.
4 Thibon, G.: *L'Illusion féconde,* Paris, Fayard, 1995, S. 98.
5 Peterson, C.: *A Primer in Positive Psychology,* New York, Oxford University Press, 2006.
6 Steiner, G.: *Warum Denken traurig macht: Zehn (mögliche) Gründe,* Frankfurt a.M., Suhrkamp, 2006, S. 70.

Werner Tiki Küstenmacher
Limbi
Der Weg zum Glück führt durchs Gehirn

2014. Ca. 288 Seiten, gebunden, mit zahlr. Illustrationen, inklusive E-Book

Auch separat als E-Book sowie als Hörbuch erhältlich

Küstenmacher lässt den Limbi raus!

Warum verwandelt sich die Couch in einen Magneten, wenn wir gerade joggen wollen? Warum kann die To-do-Liste nicht einfach unser Freund sein? Antworten auf diese Fragen finden wir im Buch von simplify-Erfinder Werner Tiki Küstenmacher. Seine neue Leidenschaft gilt dem limbischen System, unserem emotionalen Gehirn. Limbi, gezeichnet vom Autor selbst, ist zu mindestens sieben Emotionen fähig – aber nur eine davon ist positiv. Hat Limbi Angst, ist wütend oder ekelt sich, haben wir ein Problem. Das aber, so Küstenmacher, ist lösbar, wenn man weiß, wie Limbi tickt … Denn: Ist Limbi glücklich, freut sich der Mensch!

campus.de

Frankfurt. New York

Christiane Stenger
Lassen Sie Ihr Hirn nicht unbeaufsichtigt!
Gebrauchsanweisung für Ihren Kopf

2014. 224 Seiten

Auch als E-Book erhältlich

Eine Reise durch die unendlichen Weiten unseres Gehirns

Was geht eigentlich im Gehirn vor, wenn Sie diese Zeilen lesen, sich freuen oder sich an etwas erinnern? Wie konstruiert unser Gehirn unsere Realität? Gedächtnisweltmeisterin Christiane Stenger erklärt in ihrem Buch nicht nur, wie die 100 Milliarden Nervenzellen im Gehirn arbeiten, sondern bringt sie auch gleich ordentlich auf Trab. Ihr unwiderstehlicher Vorschlag: Erschaffen Sie eine genialere Version von sich selbst, die den Alltag effizienter gestaltet, konzentrierter arbeitet und dabei noch wesentlich entspannter ist. Einen leicht verständlichen Überblick über unser Gehirn und seine Regionen sowie viele Trainingsmethoden fürs Gehirnjogging liefert die Stenger gleich mit. Das Buch mit Überfliegergarantie!

campus.de

Frankfurt. New York

Thomas Bauer, Gerd Gigerenzer, Walter Krämer
Warum dick nicht doof macht und Genmais nicht tötet
Über Risiken und Nebenwirkungen der Unstatistik

2014. 211 Seiten, zahlreiche Tabellen

Auch als E-Book erhältlich

Durchblick in einer Welt voller Unstatistiken

Trockenobst ist giftig, Fast Food macht depressiv, Choleragefahr nimmt rasant zu, Polen sind fleißiger als Deutsche: Mit solch dramatischen Meldungen auf höchst fragwürdiger Datenbasis lassen wir uns täglich nur allzu gern aufstören. Der Psychologe Gerd Gigerenzer, der Ökonom Thomas Bauer und der Statistiker Walter Krämer diagnostizieren uns eine Art Analphabetismus im Umgang mit Wahrscheinlichkeiten und Risiken und haben darauf mit der Ernennung der »Unstatistik des Monats« (www.unstatistik.de) reagiert. Anhand haarsträubender Beispiele aus dem Reich der Statistik erklären sie, wie wir Humbug durchschauen, zwischen echter Information und Panikmache unterscheiden und die Welt wieder sehen, wie sie tatsächlich ist.

campus.de

Frankfurt. New York